职业教育电工电子类基本课程系列教材

电冰箱与空调器维修

张 彪 李 杰 主编

电子工业出版社

Publishing House of Electronics Industry

北京·BEIJING

内 容 简 介

本书主要介绍了电冰箱和空调器的原理及检修技术，内容包括电冰箱和空调器的器件识别、系统结构组成、制冷工作原理、测试维修方法、故障检修思路等基本知识，同时也安排了对应项目的操作实训，突出理实一体化教学。本书理论浅显易懂、言简意赅、内容翔实，图文并茂，有较强的实用性和参考价值。

本书可作为中等职业学校及各级劳动和社会保障部职业资格考核的教材（有关制冷初中高级实操答辩题请上华信教育资源网下载），也可供广大电冰箱、空调器爱好者及制冷专业维修人员的参考教材。

图书在版编目（CIP）数据

电冰箱与空调器维修 / 张彪，李杰主编. —北京：电子工业出版社，2016.7（2025.7 重印）
职业教育电工电子类基本课程系列教材

ISBN 978-7-121-28981-1

Ⅰ. ①电… Ⅱ. ①张… ②李… Ⅲ. ①冰箱—维修—职业教育—教材②空气调节器—维修—职业教育—教材
Ⅳ. ①TM925

中国版本图书馆 CIP 数据核字（2016）第 125944 号

策划编辑：杨宏利　　　投稿邮箱：yhl@phei.com.cn
责任编辑：杨宏利　　　特约编辑：李淑寒
印　　　刷：河北虎彩印刷有限公司
装　　　订：河北虎彩印刷有限公司
出版发行：电子工业出版社
　　　　　北京市海淀区万寿路 173 信箱　邮编　100036
开　　本：787×1 092　1/16　印张：23.75　字数：608 千字
版　　次：2016 年 7 月第 1 版
印　　次：2025 年 7 月第 3 次印刷
定　　价：48.50 元

前　言

随着社会不断进步，电冰箱和空调器已经和我们的生产生活密不可分。制冷技术已经成为一个相对成熟的行业，社会对掌握中、高级制冷维修技能型人才需求量巨大。因此，培养专门的维修人员，提高维修人员的专业技术水平成为当务之急。

本书采用模块式加任务驱动法的编写方式，将理论与实际相结合，突出"做中学，学中做"的"理实一体化"教学理念，使学习者带着任务有动力，方式新颖有兴趣，知识递进易学会。同时教师好用，而且容易对学生的学习情况作出合理评价。

本书着力于技能操作的角度出发，突出实际实训，使具有初中以上文化程度的读者即可看懂书中内容，并能动手去实践。书中所列实例涉及面广，实用性强。

本书配有电子教案和相关参数等素材，请登录华信教育资源网下载使用。

由于作者水平有限，书中难免有错误和不当之处，恳请广大读者批评指正。

编者

2016 年 4 月

目　　录

模块一

电冰箱的整体认识

【知识目标】

（1）知道电冰箱的分类、型号、发展及新技术。

（2）知道电冰箱的整体结构。

（3）理解管道加工要求及方法。

（4）理解氧气—乙炔焊接要求及方法。

【技能目标】

（1）学会通过上网、走进家电市场等方式方法获得信息和知识。

（2）会通过铭牌解读电冰箱的参数。

（3）能对铜管进行熟练的切管、扩口、弯管操作。

（4）能熟练使用焊炬对铜管进行焊接加工操作。

（5）培养良好的职业素养。

项目一　初识电冰箱

任务1　知道电冰箱的分类、型号、选购

一、任务的准备

（一）明确任务

本次任务主要是知道电冰箱的分类、型号，通过图例、实物的对照，同时走进家电市场，身临其境，使学生对电冰箱有一个整体的、初步的认识和了解。

（二）知识准备

电冰箱是以人工方法获得低温并提供储存空间的冷藏与冷冻装置，其种类有很多，分类的方法也不尽相同。而电冰箱的型号主要由五部分组成，根据品牌的不同，生产厂家在命名型号时可能会有些差异。

1. 按用途不同分类（图 1.1）

（1）冷藏箱。它没有冷冻功能，主要用于食品和药品的冷藏保鲜，也可以用来短期储存少量的冷冻食品。

（2）冷冻箱。它没有冷藏室，只有一个冷冻室，可提供−18℃以下的低温，供冷冻较多的

食品之用。

（3）冷藏冷冻箱（家用冰箱）。它具有冷藏和冷冻两种功能，其箱体分为两到三个相互隔离的小室，各室温度不同，其中一个为冷冻室（有的还具有速冻功能），其余为具有不同温度的冷藏室。

（a）冷藏箱   （b）冷冻箱   （c）家用冰箱

图 1.1　冰箱按用途分类

2. 按容积大小分类（图 1.2）

（1）携带式电冰箱。容积为 12～20L，多为半导体冰箱，供旅行及汽车上使用。

（2）台式电冰箱。容积为 30～50L，多设在旅馆房间内供住客使用。

（3）落地式电冰箱。容积为 50L 以上，我国家庭多使用 150～270L 的电冰箱。

（a）携带式电冰箱   （b）台式电冰箱   （c）落地式电冰箱

图 1.2　冰箱按容积大小分类

3. 按使用环境温度不同分类

（1）亚温带型（SN 型）。使用的环境温度为 10～32℃。

（2）温带型（N 型）。使用的环境温度为 16 ～32℃。

（3）亚热带型（ST 型）。使用的环境温度为 18 ～38℃。

（4）热带型（T 型）。使用的环境温度为 18 ～43℃。

4．按箱体结构分类（图 1.3）

（1）平背式电冰箱。

平背式电冰箱的背部为平板，采用内藏式冷凝器，冷凝器内藏于箱体的夹层内。图 1.3（a）所示为其外形图，其优点是外壳平整美观、噪声低。

（2）凸背式电冰箱。

凸背式电冰箱采用外露式冷凝器，一般装在箱体背面外部，如图 1.3（b）所示。其优点是单位尺寸散热面积大、通风条件好、维修方便。但其表面易积灰尘又不易清洁，移动时冷凝器易损坏，外表不够美观。

（a）平背式电冰箱　　　　（b）凸背式电冰箱

图 1.3　电冰箱箱体外形结构

5．按箱门数量分类

（1）单门电冰箱。

单门电冰箱只设一扇箱门，其箱内上部有一个由蒸发器围成的冷冻室，可储藏冷冻食品。冷冻室下面为冷藏室，由接水盘与蒸发器隔开。单门电冰箱都属于直冷式电冰箱，如图 1.4 所示。

（a）单门冰箱外观　　　　（b）单门冰箱内部

图 1.4　单门电冰箱

（2）双门电冰箱。

双门电冰箱有两个分别开启的箱门，多为立柜上下开启式，如图 1.5 所示。它有两个大小不等的隔间，小隔间为冷冻室，大隔间为冷藏室。

（a）双门电冰箱（左右开启式）　　　　　　　（b）双门电冰箱（上下开启式）

图 1.5　双门电冰箱

（3）三门电冰箱。

三门电冰箱有 3 个分别开启的箱门或 3 只抽屉，对应有 3 个不同的温区，适合储藏不同温度要求的各类食品，做到各间室的功能分开，食品生熟分开，保证了冷冻冷藏质量。这是近年来流行的产品，如图 1.6 所示。

（a）三门电冰箱内部结构　　　　　　　　　（b）三门冰箱内部功能分区

图 1.6　三门电冰箱

（4）四门或多门电冰箱。

此类冰箱容积都在 250L 以上，制冷方式为风冷式，多为抽屉式结构，可设置不同的温区，便于储存温度要求不同的各种食品，如图 1.7 所示。

图 1.7 四门电冰箱

6．按冷却方式不同分类

（1）直冷式电冰箱。

直冷式电冰箱也称有霜电冰箱，采用空气自然对流的降温方式，冷藏室和冷冻室各有独立的蒸发器，可以直接吸收食品或室内空气中的热量而使其冷却降温，如图 1.8 所示。此类电冰箱结构简单，冻结速度快，耗电少，但冷藏室降温慢，箱内温度不均匀，冷冻室蒸发器易结霜，化霜麻烦。

（2）间冷式电冰箱。

间冷式电冰箱又称风冷无霜电冰箱，是采用强制空气对流降温方式的电冰箱，在结构上将蒸发器集中放置在一个专门的制冷区域内，依靠风扇吹送冷气在冰箱内循环来降低箱内温度。此类冰箱的蒸发器可装在冷冻室与冷藏室隔层中，也可以装在冷冻室后壁隔层中，前者称为横卧式，后者称为竖立式，如图 1.9 所示。

（3）直冷、风冷混合式电冰箱。

这种电冰箱冷藏室一般采用空气自然对流降温方式，冷冻室采用强制冷气对流降温方式，如图 1.10 所示。这种电冰箱性能良好，使用电子温控装置，价格较昂贵，适用于大容积多门豪华型电冰箱。

1—箱体；2—蒸发器；3—箱门；4—温控器；5—照明灯；6—搁架；

7—果菜盒；8—启动器；9—压缩机；10—冷凝器；11—接水杯；12—接水盘

图 1.8   单门直冷式电冰箱

1—风扇电机；2—蒸发器；

3—风门调节器；4—压缩机

图 1.9   双门风冷式电冰箱

1—快速冷却板；2—主蒸发器；

3—风扇；4—旋转压缩机

图 1.10   直冷、风冷混合式电冰箱

7. 按制冷原理不同分类

（1）全封闭蒸气压缩式电冰箱。

这种电冰箱在理论和制造工艺上都比较成熟，制冷效果较佳，使用寿命可达 10～15 年。它是目前生产和使用最多的电冰箱，本书将重点介绍这类电冰箱。

（2）吸收式冰箱。

吸收式制冷循环的原理如图 1.11 所示。吸收式冰箱的最大特点是利用热源作为制冷原动力，没有电动机，所以无噪声，寿命长，且不易发生故障。家用吸收式冰箱的制冷系统是以液体吸收气体和加入扩散剂（氢气）所组成的"气冷连续吸收扩散式制冷系统"（连续吸收—扩散式制冷系统）。在不断地加热下，它能连续制冷。吸收式冰箱若以电能转换成热能，再以热能作为热源，其效率不如压缩式电冰箱效率高。但是，它可以使用其他热源，如天然气、煤气等。

在吸收式冰箱的制冷系统中，注有制冷剂氨（NH_3）、吸收剂水（H_2O）、扩散剂氢气（H_2）。在较低的温度下，氨能够大量地溶于水，形成氨液。但在受热升温后，氨又要从水中逸出。其工作原理简述如下：若对系统的发生器进行加热，发生器的浓氨液就产生氨—水混合蒸气，其中存留液化温度高，故先凝结成水，沿管道流回到发生器的上部；氨蒸气则继续上升直至冷凝器中，并放热冷凝为液态氨。液氨由斜管流入储液器（储液器为一段 U 形管，其中存留液氨，以防止氢气从蒸发器进入冷凝器），然后流入蒸发器。液氨进入蒸发器吸热后，有部分液氨气化，并与蒸发器中的氢气混合。氨向氢气中扩散（蒸发）并强烈吸热，实现制冷的目的。吸收器中有从发生器上端流来的水，水便吸收（溶解）氨氢混合气体中的氨气，形成浓氨液流入发生器的下部。而氢气因其比重轻，又升回到蒸发器中。这样就实现了连续吸收—扩散式的制冷循环。目前生产的吸收式冰箱有 BC—42 型冰箱等。

（3）半导体式电冰箱。

半导体式电冰箱是利用半导体制冷器件进行制冷的，是根据法国珀尔帖发现的半导体温差电效应制成的一种制冷装置。一块 N 型半导体和 P 型半导体连接成电偶，电偶与直流电源连成电路后就能发生能量的转换。电流由 N 型元件流向 P 型元件时，其 PN 结合处便吸收热量成为冷端；当电流由 P 型元件流向 N 型元件时，其 PN 结合处便释放热量成为热端。冷端紧贴在吸热器（蒸发器）平面上，置于冰箱内用来制冷；热端装在箱背，用冷却水或加装散热后靠空气对流冷却。其制冷原理如图 1.12 所示。串联在电路中的可变电阻用来改变电流的强度，从而控制制冷的强弱。如果改变电源的极性，则热点与冷点互易位置。为了提高制冷效率，可将若干相同的电偶并联运行，也可将电偶串联运行。

1—热源；2—发生器；3—精馏管；4—冷凝器；

5—斜管；6—贮液器与液封；7—蒸发器；8—吸收器

图 1.11 吸收式冰箱制冷原理

1，2—N-P 型半导体；

3—散热片；4—可变电阻器

图 1.12 半导体式电冰箱制冷原理

半导体式电冰箱的制冷系统无机械运动、无噪声、制造方便。但它的制造成本高、制冷效率较低，且必须使用直流电源，故只限于使用在某些特定的场合（如实验室、汽车等）。

8. 电冰箱的型号表示及含义

近年来生产电冰箱都根据国家标准 GB8059.1—87 的规定，其型号表示方法和含义如图 1.13 所示。

B　□—□　□　□

改进设计号，以A, B…表示，且各个厂家本部分定义不统一

普通电冰箱不用表示，无霜冰箱用汉语拼音字母W表示

规格代号，有效容积用阿拉伯数字表示，单位为L

用途分类代号，C—冷藏箱；CD—冷藏冷冻箱；D—冷冻箱

产品代号，B表示家用电冰箱

图 1.13　电冰箱型号表示方法示意图

还有些型号是比较复杂的字母在数字后面，不同的后缀字母有不同的解释。有的是颜色，有的是材料，一般为英文单词的第一个字母，B 为黑色，C 为香槟色，R 为红色，W 为白色等。

例如，BC—180 表示家用冷藏箱，有效容积为 180L；BCD—150B 表示家用冷藏冷冻箱，有效容积 150L，经过第二次设计改进；BCD—251WA 表示家用冷藏冷冻箱，风冷式（无霜），有效容积 251L，经过第一次设计改进。

二、任务的完成过程

1. 知道电冰箱的分类

通过到实训室、走进家电市场、走进维修部和上网查询等方式进一步认识电冰箱的分类，并完成表 1.1 内容的填写。

表 1.1　电冰箱的分类（每空 3 分，共 36 分）

常用的分类方式	分类的主要依据	本分类的主要类型	参考产品型号
按用途分类			
按容积分类			
按箱门数量分类			
按冷却方式分类			

2. 知道电冰箱的型号

通过到实训室、走进家电市场、走进维修部和上网查询等方式进一步认识电冰箱的型号，并完成表 1.2 内容的填写。

表 1.2　电冰箱的型号（每空 2 分，共 40 分）

型号举例	第一部分含义	第二部分含义	第三部分含义	第四部分含义	第五部分含义
容声 BCD 211YM/T					
海尔 BCD 215SFES					
美的 BCD 215TGMK					
奥克斯 BCD 192					

三、任务的评价（表 1.3）

表 1.3 电冰箱的分类、型号、选购评价表

学生姓名		班级		日期	
测评项目	应得分值	自评得分	小组互评	教师评分	实得分
电冰箱分类（表 1.1）	36				
电冰箱型号（表 1.2）	40				
能从外观上识别是冷藏箱、冷冻箱或家用冰箱	6				
能根据外形识别携带式、台式、落地式电冰箱	6				
能根据外形识别平背式和凸背式电冰箱	6				
能根据外形识别单门、双门、多门电冰箱	6				
合计	100				

知识拓展：基本的制冷概念

一、温度

温度在宏观上是描述物体冷热程度的物理量，温度在微观上标志物质内部大量分子热运动的激烈程度。

1. 温度计

测量温度的仪器叫温度计。当温度计与物体之间不再有热量传递，或者说达到热平衡时，温度计的指示值不再变化，此时温度计的指示值就是被测物体的温度。

温度计的种类很多，常见的有液体温度计（如水银温度计、酒精温度计等）、气体温度计、电阻温度计、温差电偶温度计、比色高温度计。

2. 温标

测量温度的标尺称为温标，工程上常用的温标又可以分为 3 种：热力学温标、摄氏温标和华氏温标。

（1）热力学温标。

其又称开尔文温标或绝对温标，符号为 T，单位为 K；热力学温标是在一个标准大气压下定义纯水的冰点温度为 273.16K，沸点温度为 373.16K，其间分为 100 等份，每等份称为绝对温度 1 度（1K）。

（2）摄氏温标。

其又叫国际温标，符号为 t，单位为℃；在一个标准大气压下，把纯水的冰点温度定为 0℃，沸点温度定为 100℃，其间分成 100 等份，每一等份就叫 1℃。若温度低于 0℃，应在温度数字前面加"–"号。

（3）华氏温标。

其符号本书用 θ 表示，单位为℉。华氏温标是在一个标准大气压下把纯水的冰点温度定为 32℉，沸点温度定为 212℉，其间分成 180 等份，每一等份就叫 1℉。

（4）3 种温标之间的关系如图 1.14 所示。

3 种温标的换算关系：

1—开氏温度计（K）；2—摄氏温度计（℃）；
3—华氏温度计（℉）

图 1.14 3 种温标的关系

$$t = T{-}273.16 \approx T{-}273 （℃）$$
$$\theta = 9/5t{+}32 （℉）$$
$$T = t{+}273.16 \approx t{+}273 （K）$$

二、压力

工程上常把单位面积上受到的垂直作用力叫做压力，压力的法定单位是 Pa（帕）。大气压力是指地球表面的空气对地面的压力；在工程上为使用方便和计算方便，把一个大气压按 0.98×10^5Pa 来计算，称为一个工程大气压，即 1 个工程大气压为 0.98×10^5Pa。除了法定单位外，还有几种常见的非法定单位，此处不加阐述。

压力有绝对压力、表压力和真空度之分。绝对压力是指被测流体的实际压力，用 $P_绝$ 表示；当绝对压力高于大气压力（用 B 表示）时，压力计的示数叫做表压力，用 $P_表$ 表示；而系统抽真空时压力计的示数叫做真空度，用 $P_真$ 表示，它们之间的关系是：

$$P_绝 = P_表 + B, \qquad P_真 = B - P_绝$$

三、湿度和露点

空气是由干空气和水蒸气两部分组成的。在一定温度下，空气中所含水蒸气的量达到最大值，这种空气就叫做饱和空气。当空气未达到饱和时，空气中所含水蒸气的多少用湿度来表示，湿度常用绝对湿度、相对湿度、含湿量、露点来表示。

1. 绝对湿度与相对湿度

单位体积空气中所含水蒸气的质量，叫做空气的绝对湿度，单位为 kg/m³。而相对湿度是指在某一温度时，空气中所含的水蒸气质量与同一温度下空气中的饱和水蒸气质量之百分比。在实际中直接测空气所含水分质量较困难，由于空气中水分产生的压力在 100℃ 以下时与空气中含水量成正比，从而可用空气中水蒸气产生的压力表示空气中的绝对湿度。饱和空气的绝对湿度与温度有关，温度高（低），饱和空气的绝对湿度大（小），因此，在空气中水蒸气含量不变的情况下，可降低温度以提高空气的相对湿度。空气中的绝对湿度与相对湿度的关系是：

$$相对湿度 = \frac{绝对湿度(以水蒸气分压表示)}{饱和水蒸气压力} \times 100\%$$

相对湿度可用由两支完全相同的温度计组成干、湿球温度计来测量。其中一支温度计叫干球温度计，用来测量空气温度；另一支叫湿球温度计，其下端包着棉纱且浸在水中。由于水分的蒸发，湿球温度总是低于干球温度，如图 1.15 所示。

空气相对湿度越小，水越容易蒸发，干、湿球温差越大；反之，空气相对湿度越大，干、湿球温差就越小。不同温度下的饱和水蒸气压力见表 1.4。

图 1.15 湿球温度测试

表 1.4 不同温度下的饱和水蒸气压力

t/℃	P/Pa	t/℃	P/Pa	t/℃	P/Pa	t/℃	P/Pa
0	604	7	1001	18	2064	40	7375
1	657	8	1073	20	2339	50	12332
2	705	9	1148	22	2644	60	19918
3	759	10	1228	24	2984	70	31157
4	813	12	1403	25	3168	80	47343
5	872	14	1599	30	4242	100	101325
6	935	16	1817	35	5624		

2. 含湿量与露点

在实际应用中，一般不使用绝对湿度，而使用"含湿量"这一概念。1kg 干空气所含水蒸气的质量，叫做空气的含湿量，其单位是 g/kg。在含湿量不变的条件下，空气中水蒸气刚好达到饱和时的温度或湿空气开始结露时的温度叫露点。在空调技术中，常利用冷却方式使空气温度降到露点温度以下，以便水蒸气从空气中析出凝结成水，从而达到干燥空气的目的。空气的含湿量大，它的露点温度就高，物体表面也就容易结露。

四、饱和温度与饱和压力

液体沸腾时维持不变的温度称为沸点或称为在某一压力下的饱和温度，而与饱和温度相对应的某一压力称为该温度下的饱和压力。

饱和温度和饱和压力都是随着相应的压力和温度的增大而升高，一定的饱和温度对应着一定的饱和压力。如在一个大气压（约 0.1MPa）下水的饱和温度为 100℃；水在 100℃时的饱和压力为一个大气压，而在 0.048MPa 的绝对压力下，水的饱和温度为 80℃，即 80℃时水的饱和压力为 0.048MPa。

饱和温度和饱和压力对制冷系统有重要的意义。在蒸发器中，制冷剂液体在（与蒸发器内压力相对应的）饱和温度下进行吸热、沸腾；而在冷凝器中，制冷剂蒸气的冷凝温度即是所处压力下的饱和温度。在整个凝结过程中，尽管蒸气还是不断受到冷却，但饱和温度始终维持不变（因冷凝器内压力不变）。

五、临界压力与临界温度

当饱和气体的温度不变，压力升高，比容值减小，随着压力的不断升高，气态的比容值逐渐接近液态的比容；当压力增加到一定值时，气态和液态之间就没有明显的区别了，这种状态叫做临界状态。此时所对应的压力和温度分别叫做临界压力、临界温度。在临界温度以上的气态，无论加多大的压力都不能使它液化。因此，对于制冷剂来说，为了使制冷剂在常温下能够液化，其临界温度应较高一些。

六、物态变化

1. 物质的状态

在自然中，物质的状态通常是固态、液态和气态。在一定的条件下，这 3 种物态之间可以相互转化，此转化过程叫做相变。物态变化与热量转移如图 1.16 所示。物质从固态变成液

图 1.16　物态变化与热量转移

态叫熔解，熔解过程要吸收热量；而物质从液态变成固态叫凝固，凝固过程会放出热量。物质从固态变成气态叫升华，升华过程要吸收热量；而从气态变成固态叫凝华，凝华过程会放出热量。物质从液态变成气态叫汽化，汽化过程要吸收热量；而物质从气态变成液态叫液化，液化过程会放出热量。

2．汽化

汽化有蒸发和沸腾两种形式。蒸发是只在液体表面进行的汽化现象，它可以在任何温度和压强下进行。沸腾是在液体表面和内部同时进行的强烈汽化，沸腾时的温度叫沸点。在一定的压强下，某种液体只有一个与压强相对应的确定沸点，压强增大沸点升高，压强减小沸点降低。因此，在制冷设备中常用调节制冷剂的沸腾压强来控制制冷温度。在相同的压强下，不同的物质具有不同的沸点。如在标准大气压下，水的沸点是 100°C；氟里昂 12（R12）的沸点是–29.8°C，在制冷行业中，习惯上把沸腾称为蒸发，同时把沸腾器、沸腾温度和沸腾压强分别叫做蒸发器、蒸发温度和蒸发压力。

3．液化

气体液化的方法是将气体的温度降到临界温度以下，并且增大压力。每种物质都有自己特定的临界温度和临界压力。如果某种气态物质的温度超过它的临界温度，无论怎样增大压力，都不能使它液化。

如果蒸气跟产生这种蒸气的液体处于平衡状态，这种蒸气叫做饱和蒸气。饱和蒸气的温度、压力分别叫饱和温度、饱和压力。一定的液体在一定温度下的饱和气压是一定的。但随着温度的升高（或降低），饱和气压及饱和蒸气的密度一般会随着增大（或降低）。而在空气含湿量不变的情况下，将空气的温度降到露点，未饱和蒸气也就变成饱和蒸气。因此，在制冷装置中常利用制冷剂的饱和温度与饱和压力一一对应的特性，通过调节压力来调节温度。

七、过热度与过冷度

在压力不变的前提下，如果对饱和蒸气进行加热，当温度超过饱和温度时，蒸气的比容将会增大，这种情况叫做过热，超过的温度叫过热度。同样地，在压力不变的情况下，对饱和液体进行进一步的冷却，饱和液体的温度将会低于饱和温度，这种情况叫做过冷，温度差值即叫做过冷度。过热度与过冷度都是与同压力下的饱和温度相比较而得来的。

电冰箱中为了限制节流汽化，从冷凝器出来的液态制冷剂应进一步降温，使其过冷；而为了防止液击，气态制冷剂进入压缩机前，应吸热升温，使其成为过热蒸气。因此常常将毛细管和压缩机低压回气管套在一起，使低压回气管中的低温低压干饱和蒸气状态的制冷剂与毛细管中的高压常温饱和状态的制冷剂进行热交换，一方面降低了节流前制冷剂的温度，使之变成比饱和温度低的过冷液，另一方面又让蒸发器流出来的低温低压干饱和蒸气吸收热量，变成为低温低压的过热蒸气，这样就大大提高了制冷系统的制冷量。

八、热量

热量是能量变化的一种量度，表示物体在吸热或放热过程中所转移的热能。热量有显热和潜热两种形式。

1. 显热

显热是指物质在只改变温度而不改变其状态的过程中所转移的热量，如水的温度从 20℃ 升至 80℃，这时水吸收的热量为显热。

2. 潜热

潜热是指物质在只改变状态（如熔解、液化等），而不改变温度的过程中所转移的热量。如将 100℃ 的水变为 100℃ 的水蒸气时，需要吸收的热量。依据物态变化，潜热可分为汽化潜热、液化潜热、熔化潜热和凝固潜热等。

3. 潜热与显热的关系

在实际应用中，潜热与显热的关系如图 1.17 所示。

图 1.17　显热与潜热的关系

热量的法定单位是 J（焦），非法定单位是 cal（卡）。英美等国家常用 Btu 和 MBH 作为热量单位，它们之间的关系是：

$1J=0.2388cal$，　　$1cal=4.1868J$，　　$1Btu=252cal$，$1MBH=10^3Btu$

九、焓与熵

1. 焓

热能是物质分子所具有的动能与位能的总和，而物质分子在各种状态下都在不停地运动，所以物质总是含有一定的热量，只是所处状态不同时，所含热量不同而已。1kg 的物质在某一状态时，所含的热量称为该物质的焓。符号为 H，单位为 kJ/kg。制冷工质在系统中流动时，其内能和外功总是同时出现的，因此焓可以转化成热力计算。

焓的物理意义是指以特定温度作为起点的物质所含的热量。例如，通常把水在压力为 101325Pa，温度为 0℃ 时的焓定义为零。把 0℃ 的 R12 和 R134a 液态制冷剂的焓值规定为 200kJ/kg。

焓随制冷剂的状态、温度和压力等参数的变化而变化。当对制冷剂加热或做功时，焓就增大，反之，制冷剂被冷却或蒸气膨胀向外做功时，焓就减小。

2. 熵

熵和焓一样，也是描述物质状态的参数，它是从外界加进 1kg 物质（系统内）的热量 Q 与加热时该物质的绝对温度 T（K）之比，用 S 表示，其关系式为：

$$S = Q/T \text{ (kJ/kg)}$$

熵值也是复合状态参数，它只与状态有关，而与过程无关，在一定的状态下，制冷剂的熵值是确定的。熵不需要计算绝对值。由于绝对温度 T 永远是正值，故热量的变化 $\triangle Q$ 与熵的变化 $\triangle S$ 符号相同。工质吸热，$\triangle Q$ 为正值，工质的熵值必然增加，$\triangle S$ 也为正值。反之工质放热（被冷却）$\triangle Q$ 为负值，工质的熵减少，$\triangle S$ 也为负值。因此，根据制冷过程中熵的变化，就可判断出工质与外界之间热流的方向。

十、制冷量

电冰箱或空调器进行制冷运行时，单位时间从密闭空间或区域移走的热量叫制冷量，因此制冷量的单位是瓦（W，1W=1J/s）或千瓦（kW）。空调器铭牌上所标的制冷量，叫名义制冷量，它是在规定的标准工况下所测得的制冷量。不同国家所规定的空调标准工况不一样。我国房间空调器的标准测试工况为：室内侧，干球温度 27.0℃，湿球温度 19.5℃；室外侧，干球温度 35℃，湿球温度 24℃。外国空调器测试的标准工况与我国的不同。因此，名义制冷量相同的空调器，其实际制冷能力未必完全相同。

十一、能效比

压缩机的制冷量与其运行时所消耗的功率之比叫能效比，也叫性能系数。能效比是反映压缩机能耗的一项重要指标。目前冰箱、空调都张贴有能效标识，该标识用于表示产品的能源效率等级、能源消耗量等指标。目前已有 100 多个国家实施了能效标识制度。能效标识为蓝白背景的彩色标识，分为 1、2、3、4、5 共 5 个等级，等级 1 表示产品达到国际先进水平，最节电，即耗能最低；等级 2 表示比较节电；等级 3 表示产品的能源效率为我国市场的平均水平；等级 4 表示产品能源效率低于市场平均水平；等级 5 是市场准入指标，低于该等级要求的产品不允许生产和销售。能效标识为背部有黏性的，顶部标有"中国能效标识"（CHINA ENERGY LABEL）字样的彩色标签，一般粘贴在产品的正面面板上。电冰箱能效标识的信息内容包括产品的生产者、型号、能源效率等级、24 小时耗电量、各间室容积、依据的国家标准号。空调能效标识的信息包括：产品的生产者、型号、能源效率等级、能效比、输入功率、制冷量、依据的国家标准号。 具体的能效标识如图 1.18 所示。

图 1.18　电冰箱能效标识

任务 2　知道电冰箱的发展及新技术

一、任务的准备

（一）明确任务

本次任务主要是了解电冰箱的现状及发展，知道电冰箱的新技术。通过图例、实物的对照，通过上网查阅资料，同时还走进家电市场，身临其境，使学生对电冰箱的现状、发展及电冰箱的新技术有一个整体的、初步的认识和了解。

（二）知识准备

1．电冰箱的现状

我国电冰箱的生产是从 1956 年开始的。20 世纪 80 年代起得到迅速发展。80 年代中期出现第一轮消费高潮，国内产品占有率较高，是较早进入百姓家庭的大件家用电器之一。然而我国电冰箱的平均寿命为 10 年，最长也不过 15 年，也就是说，当城市的电冰箱趋于饱和时，第一代电冰箱已相继步入寿命终期，需要更新换代。据报道，我国新一轮电冰箱消费高潮已经来临。面对消费市场的新需求，各大电冰箱厂家纷纷采取相应措施，不断进行技术创新，为市场提供了各式各样的名优产品。

（1）采用高效节能技术。

电冰箱耗电量是广大消费者购买电冰箱时最关心的主要参数之一。我国相继颁布了《家用电冰箱电耗限定值及测定方法》（GB12021.2—89）和《家用电冰箱产品质量分类分级规定》。后者规定：电冰箱电耗低于国际限定值 20%为 A 级产品。美国能源部颁布的电冰箱电耗限定值几乎是每 3 年就提高一次标准。1990 年实施的电耗限定值比 1987 年低 20%，1993 年实施的电耗限定值比 1990 年低 25%～35%，目前已实施的 1998 年电耗限定值比 1993 年低 30%～40%。因此，节能技术的开发已成为电冰箱行业的重要课题。

（2）采用电子控制技术。

将电子技术引入电冰箱设计中，通过设置工作状态选择（如最大制冷、快速制冷、省电等），自诊断系统，自动处理与报警（声、光、电）功能，使电冰箱始终处于最佳工作状态，以达到节能目的。

（3）采用超静音技术。

最大限度地降低电冰箱运行噪声，一直是各电冰箱厂家追求质量的目标之一。

（4）采用各种多功能新技术。

a．风冷无霜技术。

无霜电冰箱采用强制冷风循环制冷方式，箱内温度均匀，能自动除霜，而且可对储存食品进行冰温保鲜、除臭抗菌，更适合现代人快节奏的生活。

b．自动除臭技术。

大多数电冰箱厂家纷纷推出了可自动除臭的电冰箱。一般采用触媒除臭、电子除臭和光除臭等技术。

c．冰温室、保鲜室。

用于储存鲜鱼、鲜肉、贝壳类、乳制品等的冰温保鲜室，既能保持食品的新鲜风味和营养成分，又不用解冻，且可比冷藏室储存更长时间，还可对冷冻室食品进行解冰，深受广大消费者的欢迎。

d．果菜保湿室。

大多电冰箱果菜室均增加了保湿功能。该技术采用微孔材料制成的透湿板结构，可以高湿时吸湿，低湿时放湿，使果菜室始终保持适宜的湿度，免除了无霜电冰箱的"风干"现象，相对延长了新鲜蔬菜的保留时间。

e．方便性设计。

在电冰箱设计中，引入了人机工程学原理，方便实用。如设计大容积电冰箱时，一般将箱体加宽，而深度、高度则以人存取食品方便为原则，将使用频率最高的冷藏室设置在使用方便的电冰箱上部，将使用频率不太高的冷冻室设计在电冰箱的下部，而将果菜室设置在中间。这样就充分考虑到人以最为舒适的姿势存取食品的最佳位置。另外将冷冻室设计成抽屉式储物结构，可使储存食品一目了然，而且生熟食品分开储存，互不串味，开门存取食品时，冷气泄漏较少，便于节能省电。

（5）采用箱门一体发泡新技术。

采用箱门一体发泡新技术，就是在装配门面板、门把手、门端盖和门封座等部件后，将门内胆置于其上，一侧用黏胶带固定好门内胆，发泡时用机械手拉开门内胆，注入发泡液，再盖上门内胆，合模熟化成形，最后装门封。此方法可以省去门衬板及螺钉，且可减薄门内胆厚度。门内胆与门板间均匀充满绝热泡沫，既提高了隔热性能，又可加强门内胆强度，防止门搁架储物过重而导致门内胆变形，同时也降低了产品成本。

（6）采用可左右开门技术。

这种冰箱是利用互锁联动装置，不用对门和铰链等做任何切换调整便可使门左右随意开启。该电冰箱可放在房间内不同位置，不受开门方向限制，大大方便了人们不同的使用取向，可有效利用电冰箱空间，不存在储物死角。门体四周有助吸弹簧，保证门体受力均衡，密封性良好，减少漏冷。该技术采用整体门铰链座，结构对称，可保证门体不倾斜、下坠。

（7）具有抗菌功能。

最近，市场上推出了一种具有抗菌功能的电冰箱，这种电冰箱在内箱、门内胆、门内搁架、棚架及门把手等零件成形时，加入了一种具有抗菌功能的材料，成形后的上述零件即具有一定的抗菌作用。

（8）采用多风口送风技术。

对于间冷式电冰箱的大冷藏室或冷冻室，采用多风口分层送风，可使各部分温度均匀，棚架尽可能大，增大了有效储存空间。采用上下或左右两温控风门分别控制不同区域通风量，可实现一室两温甚至多温，使之分别适合存储不同种类的物品。

（9）具有报警功能。

当冷冻室、冷藏室、冰温保鲜室或果菜室的门开启时间超过一定时间（时间可预先设置好）时，控制系统便会发出报警声，提醒用户关好门。

2. 电冰箱的发展趋势

（1）向大容量、多门、多温方向发展。

随着人们生活节奏的加快，人们已逐渐形成一次购买几天甚至一个星期的新鲜肉类、蔬菜的习惯，市场需要大容量、多门、多温的电冰箱。

虽然双门电冰箱目前尚在批量生产，但逐渐将被三门、四门电冰箱所代替。箱门的增多可适应电冰箱容量的增大、温区和功能增多的需要；温区增多后又可适应不同食品对冷藏或冷冻温度的要求，从而提高电冰箱的使用价值。

市场上带抽屉和超大容量冷冻室电冰箱的出现，满足了现代家庭对分类存储食品和增大冷冻食品容积的需要。

由冷藏箱和冷冻箱两部分组成的分体组合式电冰箱也是市场上出现的品种。如青岛海尔推出的双王子系列电冰箱，就是冷藏箱与冷冻箱的独立组合，既可将两部分垂直放置化二为一，又可将两部分并列放置，还可根据需要单独或同时使用两部分。

（2）向智能化方向发展。

新型电冰箱中已应用了变频与模糊逻辑控制、箱外显温控温、电脑温控与自动除霜系统、自动解冻、自动制冰、自我诊断、功能切换以及深冷速冻等智能化技术。

（3）向多元化发展。

我国地域广大，南北气候差异较大，各地区发展不平衡，经济文化、生活习惯有差异，加之个性发展与市场细分，因此家用电冰箱将向多元化发展。只有针对不同地区、不同层次的消费者需求设计出多元化的产品，才能满足广大用户不同的需要。例如，以北京为代表的广大北方用户喜欢豪华气派的大冷冻室抽屉式电冰箱；以上海为代表的华东沿海用户喜欢精致美观的电冰箱；以广州为代表的用户则注重营养保鲜功能，喜欢有冰温保鲜室、大果菜室、能自动除臭的无霜电冰箱。带变温功能的多门电冰箱（某一间室可用于速冻、局部冷冻、冰温保鲜、冷藏或作为果菜室，一室五用）便可以较好地满足消费者不同的储物需求。

（4）向隐形化发展。

随着国民素质的不断提高，对电冰箱的外观造型设计提出了更高、更全面的需求。设计时既要考虑到电冰箱本身的色彩和造型，又要考虑到电冰箱与家居环境的协调与配套。根据今后全国住宅设计的发展趋势，家用电冰箱设计将与厨房用具、家具相结合，如可并列摆放或叠放，可随意组合，可将电冰箱放进墙壁或与厨具结合在一起等。电冰箱的隐形化应成为未来电冰箱发展的一个趋势。

（5）开发新制冷原理的电冰箱。

目前，各国的科学家正竞相寻找从根本上解决 CFC（氯氟烃）问题的途径，研究开发新制冷原理和比较有前途的电冰箱技术，如吸收-扩散式电冰箱、半导体制冷电冰箱、太阳能制冷电冰箱、磁制冷电冰箱等。

a．太阳能制冷电冰箱。

太阳能是取之不尽的清洁能源，不存在对环境的污染问题。利用太阳能制冷的技术难点，除了制冷系统本身以外，还在于地面上能接收到的太阳能单位面积能量密度较低，这些技术难点可通过各种手段逐步予以解决。

利用太阳能制冷可通过吸收式或吸附式制冷原理来实现。但迄今为止，市场上尚未有成熟的太阳能电冰箱供应。

b．磁制冷电冰箱。

20 世纪 90 年代初，随着 CFC 禁用的国际性热潮的兴起，国外有不少报道，建议在电冰箱中摒弃常规的压缩式制冷机及其常规制冷剂，而采用崭新的磁制冷技术。这个方案若能实现，可彻底免除 CFC 或 HCFC 类物质对臭氧层的破坏及其对全球气候变暖的影响。

磁制冷机主要是用来获得–270℃ 以下的极低温，其制冷量也很微小。为了在家用电冰箱中应用磁制冷技术，必须研究能适用于室温区工作、具有相当制冷能力的磁制冷机。为此，要解决一系列的技术难点，诸如要寻求适用于室温区的顺磁物质，运用蓄冷技术并采用新的制冷循环，以及解决强永久磁铁和传热等问题。

一般的顺磁盐，工作在室温区几乎不能获得制冷效果。1952 年，基洛斯基（C.Chilowsky）提出，铁磁材料的磁热效应在较高温度具有实用的可能性。1976 年，布朗（G.V.Brown）采用铁磁稀土元素钆（Gd）作为制冷介质，并用斯特林磁循环代替卡诺循环，首次研制成室温区的磁制冷机。

与常规的压缩机制冷机相比，磁制冷机具有结构紧凑、不需要压缩机、运行部件少、振动与噪声低、可完全免除制冷剂对环境的有害影响等优点。近年来，在室温区工作的磁制冷机的种种研究与进展，为磁制冷技术在家用电冰箱中的应用拓展了一条新路。但它要在家用电冰箱中占有一席之地，还有许多问题需要解决。

3．除臭技术

随着家用电冰箱在我国的普及以及人们生活水平的提高，人们对家用电冰箱的要求也越来越高，除了保质保鲜、节能省电、外形美观外，还要求箱内互不串味且不产生臭气。否则，既影响食品卫生，又破坏食品的美味。为此我国的电冰箱生产厂家纷纷开发带有除臭装置的新型电冰箱。

1）电冰箱除臭原理

电冰箱中的臭气主要由氨、甲胺、三甲胺、甲基硫、硫化氢等组成。为了除去箱内这些臭气成分，通常采用物理吸附除臭法和化学除臭法。

（1）物理吸附除臭。

物理吸附除臭主要是用活性炭、分子筛等多孔物质的表面吸附臭气来进行除臭。活性炭由椰子壳、木屑、焦油纤维等制成。活性炭内部具有许多极细小的孔隙，因此大大地增加了与空气接触的表面面积。1g（约 $2cm^3$）活性炭的有效接触面积约为 $1000m^2$，在正常条件下，它所吸附的物质量能达到它本身质量的 15%～20%，这时，活性炭就需要更换或经过再生处理。

采用活性炭吸附除臭的优点是价廉、安全、不耗电、无噪声。但时间过长，吸附达到饱和时，就失去了除臭作用，必须通过加热来使它活化再生。由于活性炭吸附除臭是依靠电冰箱原有的自然对流（直冷式）或气流（间冷式）将臭气带到活性炭的表面进行吸附，因此，除臭速度较慢。另外它还占据一定的储物空间。

（2）化学除臭。

a．中和反应除臭。

酸性的臭气用碱性物质，碱性的臭气用酸性的物质来进行中和反应，生成无臭的物质。例如氨、三甲胺等碱性的臭气用脂肪酸、抗坏血酸等有机酸来中和。

b．缩合反应除臭。

该方法是使臭气的分子变大，降低它的挥发性，从而抑制臭气。这一方法对氨很适用，但对硫磺系的臭气除臭效果差，因此，要与分子筛、活性炭一起使用。

c．氧化还原除臭。

用氧化剂、还原剂与臭气成分反应，使其分解。臭氧用无声放电的方法便可产生，它的氧化能力强，除臭效果好。但它会对电冰箱内的铜、铝、银、钢造成腐蚀，对 ABS 影响较大。此外，臭氧的氧化作用可使食品中的饱和成分发生变化，使食品逐步发生异变。

2）电冰箱除臭装置

（1）纤维活性炭加自动活化功能除臭装置。

针对粒状活性炭吸附除臭的不足，一些电冰箱生产厂家开发了这种新型除臭装置。离子极板除臭器就是其中之一。该除臭装置的设备和冷气的流向如图 1.19 所示。为了完全去除箱内的臭气，除臭装置应安装在回风管道的入口处，这是冷气必经之路。从蒸发器出来的冷气通过风道，经过冷藏室、冰温室、蔬菜室，再通过除臭装置回到蒸发器。如图 1.20 所示为除臭装置结构，里面有离子极板和蜂窝状的纤维活性炭，对通过的臭气进行吸附、分解及中和反应，除去臭味。如图 1.21 所示为该除臭装置的原理图。除臭装置内的蜂窝状纤维活性炭将大量的臭气迅速吸附，离子极板则使氧化除臭和分解除臭同时进行，主要是将活性炭吸附的臭气成分分解成低分子量分子，无臭后释放出来。

纤维状的活性炭与粒状的相比，外表面积增大，吸附除臭的速度也同时增加。活性炭纤维的制造方法是将纤维素、聚丙烯腈炭化，再用氧化性的气体使之活化。活化是将炭化物的细孔处附着的焦油除去而现出细孔。粒状的活性炭在小孔的深处有微孔，如图 1.22 所示。与椰子壳活性炭那样的粒状活性炭不同，纤维活性炭的微孔是暴露的纤维的表面，具有能迅速吸附气体状态分子的特征。蜂窝状的纤维活性炭是将切断的纤维活性炭与纸浆一起制成纸片，然后对纸片进行加工，叠起来呈蜂窝状，如图 1.23 所示。与粒状活性炭充填层相比，蜂窝状的纤维活性炭引起的压力损失明显减少，到达表面的臭气分子能迅速被吸附。

图 1.19　除臭装置安装位置

图 1.20　除臭装置结构

图 1.21　除臭装置工作原理

图 1.22　活性炭表面

图 1.23　蜂窝状纤维活性炭构造

（2）臭氧加催化剂除臭装置。

这是为一般臭氧发生器除臭时存在的问题而开发出的一种除臭装置，其结构示意图如图1.24所示。在送风管道内装有上下两层蜂窝状的催化剂，它们中间装有电极（陶瓷电极），通过表面放电产生臭氧。催化剂除可以提高除臭效果外，还可以把残存的臭氧分解，防止臭氧流入箱内。催化剂上附着的臭氧分解，所以催化剂不断被活化，因其放在多风口送风管道内，不需要专用的风扇，故其节能且静音。

（3）加热管除臭装置。

其通过间冷式电冰箱中使用的除霜玻璃管加热的表面上涂上除臭催化剂而制成。催化剂有两种成分：一种是用于吸附的催化剂，如二氧化硅、氧化铝等；另一种是对吸附的臭气进行分解的催化剂，如铂、铈的氧化物等。

由于除霜加热器安装在冷气循环的通路中，所以电冰箱内的臭气在电冰箱工作的过程中就不断地被玻璃管表面的吸附催化剂所吸附。当电冰箱除霜时，加热管通电，在蒸发器除霜的同时，涂在管子上的催化剂也被加热，其中起分解作用的催化剂受热后，能将吸附的臭气氧化分解变成无臭的物质，并在催化剂涂层上脱附，生成的氧化物、水等由排水管排出。这种方法除臭效果很好，是目前应用最多的一种除臭装置。

图1.24 臭氧加催化剂除臭装置结构示意图

4.节能技术

由于我国电冰箱行业发展历程较短，大多数电冰箱的耗电量与发达国家同类产品相比偏高。随着我国电冰箱工业的飞速发展和电冰箱普及率的提高，电冰箱的能耗问题在国民经济中越来越突出，它关系到节约资源和环境保护等重大问题。因此节约能耗、保护环境、研制和生产全替代节能型电冰箱，是我国电冰箱行业持续健康发展的大趋势。

当前电冰箱主要的节能措施有：改善电冰箱结构设计，主要包括换热器采用新材料、新工艺以提高换热系数；增加箱体绝热层厚度，提高绝热层的隔热系数；采用微型控制阀，根据不同的制冷工况切换调节制冷系统，改变毛细管节流，以提高换热器的换热系数；采用高性能的滚动转子式或涡旋式压缩机；采用智能微电脑控制，在不同的工况下，改变制冷循环，提高制冷系数，降低电能消耗。

1）新型高效压缩机

采用高效压缩机可以有效地节能。电冰箱压缩机由原来的往复活塞式发展到现在的滚动转子式和涡旋式，这个发展过程使得压缩机的制冷系数有较大的提高，节能效果显著。从发展趋势看，活塞式压缩机将逐渐被滚动转子式和涡旋式所取代。日本日立公司对滚动转子式压缩机进行重新改型设计，使得压缩机电动机效率得以提高；对汽缸、滚动活塞、进出气口的结构尺寸经过精确的改进设计，最终达到了降低噪声、提高输气系数和制冷系数的目的。

2）改进制冷系统设计

（1）改进电冰箱制冷循环。

电冰箱新型制冷循环流程如图1.25所示。它有两个温控器，当冷冻室温度达到设定值时，电磁阀1打开，制冷剂液体几乎全部进入冷藏室蒸发器，冷藏室迅速降温，冷藏室温度设定值较高，可提高制冷系数。当压缩机停机后，关闭止回阀 2 和 3 便可防止制冷剂和蒸气回流现象的发生，电磁阀 4 在压缩机启动时起卸载作用。

（2）蒸发器的改进设计。

为减小蒸发器内的流动阻力，可采用大内径蒸发管来减小流阻；通过增大蒸发器的传热面积来保证箱体内所需

图 1.25 电冰箱新型制冷循环示

的冷量，从而可以适当提高蒸发温度，而蒸发温度的提高对提高电冰箱的能效是极为重要的；通过冷冻室和冷藏室传热面积的合理匹配来使冷冻室、冷藏室保持适当的温度，避免由于冷冻室过冷形成较大的热负荷而增加能耗。

（3）回气管换热器的改进设计。

在电冰箱制冷系统中设置回气管换热器可提高电冰箱的效率。可从三个方面采取措施来提高毛细管和回气管内部的换热效率：采用逆流热交换方法来提高换热效率；毛细管和回气管采用平行并焊的方法以提高两者间的换热效率，这种方法的热交换效率比毛细管穿入回气管内部的换热效率高；通过增加毛细管和回气管的换热长度来加强两者间的换热。

（4）改进制冷系统的管路走向。

在对电冰箱制冷系统进行设计时，会面临系统管路走向的问题，防凝管的布置和走向是影响电冰箱能耗的一个方面。我国大多数电冰箱厂家都采用压缩机排出的过热气体来加热门框以达到使门框温度升高防止凝露的方法。但由于过热气体温度较高，形成的温差较大，增加了箱体内的漏热量，这对降低电冰箱能耗是不利的。为了解决这一问题，可采用分体式冷凝器，将防凝管置于左右冷凝器之间，采用冷凝器中的饱和段对门框进行适当加温，既达到了防凝露目的，又减少了向箱体内漏热，达到了节能的目的。

（5）选定最佳制冷剂充注量。

制冷剂的充注量是影响电冰箱制冷性能的关键因素之一。充注量不同，电冰箱内各特征点的温度不同，所对应的电冰箱能耗也不同。在满足电冰箱储藏温度要求的前提下，充注量偏大或偏小都不能达到最小的能耗。应通过理论计算和实验验证的方法准确地确定最佳制冷剂的充注量。

3）提高电冰箱箱体隔热保温性能

（1）采用整体发泡技术。

采用整体发泡技术既可避免螺钉连接，增加门体的强度和寿命，又可减少门体对外漏冷。另外，在冷冻室内，往往靠近门的地方温度最高，采用整体发泡门可以降低此处的温度，提高冷冻室温度的均匀性，从而达到节能的目的。

（2）合理分配保温层的厚度。

应根据电冰箱箱体的不同位置以及箱体内外壁面间的温差，合理地分配保温层的厚度。可采用计算模拟和实验验证相结合的方法来使电冰箱保温层厚度得到合理的分配。

4）采用智能化控制技术

（1）对于冷藏室、冷冻室容积一定的电冰箱，它的工作周期、开机率是和压缩机的制冷量及控制系统的设计密切相关的。在开机率一定的情况下，工作周期太短，压缩机启动频繁，会引起能耗的增加；工作周期太长，开机的时间也较长，这样会使蒸发温度较低，对降低能耗也不利。通过合理地选择压缩机的制冷量、开停比、工作周期和控制参数，可实现控制系统的节能设计。

（2）采用模糊控制技术。它根据实际需要对压缩机的开停或制冷量的大小实行自动控制或调节，使电冰箱始终保持在最佳运行工况，达到节能的目的。其关键技术是模糊控制器的开发和电冰箱模糊控制规则的建立。

5. 模糊控制技术

采用了模糊控制技术的电冰箱具有温度自动控制、智能除霜、故障自诊断等功能，同时还具有控制精度高、性能可靠、省电等优点，是电冰箱发展的方向。

1）概述

在日常生产和生活中，许多被控对象难以建立精确的数学模型，因经典的控制理论难以应用，需要发展新的控制技术，模糊控制技术就是为满足这一需要而产生的。模糊控制的优势在于：

（1）它不用知道被控制的对象或过程的数学模型，即不需要建立精确的数学模型。

（2）对于不确定性系数，如随时间变化的和非线性的系数能有效地进行控制。

（3）对被控对象和过程有较强的健壮性，健壮性是指参数变化和受干扰时仍能保持控制效果的性能。

在实际控制中，由传感装置检测得到的是精确量，而不是模糊量。这些精确量要变成模糊量才能进行推理，这叫模糊化。此外，模糊推理出来的结果，也就是模糊集，它是无法实际执行的。传输到操作系统执行的也是精确量。因此，要将推理结果的模糊集转换成精确量，这个过程叫精确化，也称去模糊或反模糊。因此，模糊控制是由如图 1.26 所示的模块组成的。

图 1.26　模糊控制组成模块

实现模糊控制，或者说开发模糊控制装置、模糊控制器，核心技术是用计算机来实现模糊规则的存储和模糊推理的运算。目前，以通用单片机加模糊控制软件的方法开发模糊控制装置是基本的办法，家用电器的模糊控制亦如此。不少单片机生产厂家还生产了各种模糊控制软件开发工具。它一般有一个友好的人机界面，用户可以方便地输入语言变量、确定对应的隶属函数，建立控制规则，可以方便地修改、编辑规则库。同时这种工具软件还提供了模糊化、精确化、推理算法等各种方法供用户选择。它们一般还可将用户建立的模糊控制全部软件转换成某一特定的单片机汇编代码，以便于写入单片机。这类工具，大多还有一个计算控制面板，也就是模拟输入、输出关系的算法，以便用户判断开发出的模糊控制器是否能满足预定的要求。

一个完整的模糊控制器，当然还要有其他相应的电器满足相应的功能，如 A/D 和 D/A 转换等。此外，传感装置是检测被控对象状态、用以模糊控制的输入，更是必不可少的部分，不同的被控对象必须有一套可靠的传感装置。

目前模糊控制与传统的 PID 控制和人工智能的专家系统相结合，形成了功能更灵活、控制效果更好的控制系统。此外与神经网络结合，特别是将人工神经网络的学习功能和模糊推理结合起来，形成了有在线自学功能的模糊控制器，使模糊控制器能适应被控对象的变化和状况或自动学习使用者的经验，改善了控制效果。

2）模糊控制系统

家用电冰箱一般包括冷冻室和冷藏室，冷冻室温度一般为 $-18 \sim -6°C$，冷藏室温度为 $0\sim10°C$。显然电冰箱的主要作用是通过保持箱内食品的最佳温度，达到食品保鲜的目的。但电冰箱内的温度要受诸如存放物品的初始温度、散热特性及其热容量、物品的溢满率和开门的频繁程度等因素的影响。电冰箱内的温度场分布不均匀，数学模型难以建立，只有采用模糊控制技术才能达到最佳的控制效果。

为了适应家用电冰箱向大容量、多功能、多门体、多样化控制风冷式结构发展，达到高精度、智能化控制目的，一些新型电冰箱采用了智能化温度控制和除霜控制。温度控制就是要根据电冰箱内存放食物的温度和热容量，控制压缩机的开停、风扇转速和风门开启度等，使食物达到最佳保存状况。这就需要传感器来检测环境温度和各室温度，并运用模糊控制推理确定食物温度和热容量。智能除霜就是根据霜层厚度，选择门开启次数最少的时间段，即温度变化率最小的时候快速除霜，这样对食物影响较小，有益于保鲜。这就要运用模糊控制推理来确定除霜指令。另外该系统还具有故障自诊及运行状态的显示等功能，图 1.27 所示为控制电路框图，图 1.28 为系统程序流程框图。

图 1.27 模糊控制系统控制电路框图

图 1.28 模糊控制系统程序流程框图

该系统采用高性能的 8 位 87C552 单片机为控制器，传感器采用热敏电阻，主要有冷冻室、冷藏室、冰温室及环温等传感器。门状态检测电路采用多个状态开关共用一根输入线的方式，通过输入线状态变化和箱内温度变化来确定是冷冻室门打开，还是冷藏室门打开。显示电路由 LED 显示和数码显示两部分组成。LED 显示电冰箱运行状态，数码显示则为维修人员检查电冰箱故障提供了有力的手段。压缩机断电时间检测克服了传统的只要控制主板上断电，无论压缩机是否已延迟 3min，都要再延迟 3min 后才能启动压缩机的缺陷，实现了无论是压缩机自动停机还是强制断电停机，只要压缩机停电时间超过了 3min，就可以启动压缩机。

3）温度模糊控制

电冰箱一般以冷冻室的温度作为控制目标。根据温度与设定指标的偏差，决定压缩机的开停。由于温度场本身是个热性较大的实体，所以系统是一个滞后环节。冷冻室的温度和食品温度有很大的差别，因此电冰箱为了保鲜，仅仅保持电冰箱内的温度是不够的，还要有自动检测食品温度的功能，以此来确定制冷工况，保证不出现过冷现象，才能达到高质量保鲜的目的。

电冰箱模糊控制是由温度传感器和具有 A/D 和 D/A 转换器的单片机组成的。通过传感器安放在冷冻室和冷藏室的适当位置，来改变其设定位，可调节冷冻室和冷藏室的温度。当冷冻室内温度上升到高于电脑中设定的温度值，电脑通过 D/A 转换器启动继电器使压缩机运转；当达到冷冻室温度值后，单片机就通过 D/A 停止压缩机运转。

（1）食品温度及热容量的检测。为了检测放入电冰箱内食品的初始温度和食品量的多少，应用模糊控制推理来确定相应的制冷量，达到及时冷却食品又不浪费能源的目的，因此在食品放入电冰箱的初期，制冷系统应设法检测食品的初始温度和热容量，对食品种类和数量进行综合分析。食品温度和热容量的检测是在食品放入冷冻室并关门后 5min 内进行的。

（2）确定食品温度的模糊推理框图。图 1.29 所示为判断食品温度的模糊推理框图。冷冻室温度传感器采集的信息和推算的温度变化率，经模糊推理 I 输出食品温度的初步判断，还要根据开门状态及室温的情况加以修正。修正系数由模糊控制推理 II 来确定，经乘法器运算得到推论食品温度。

图 1.29　食品温度的模糊推理框图

（3）制冷工况的控制。若食品温度高、变化率大，则压缩机开，风机高速运转，风门开启；若食品温度低、变化率小，则压缩机关，风机低速运转，风门开启。

4）除霜模糊控制

传统的除霜控制装置是由除霜定时器控制的。定时器对压缩机开启时间进行计时，当计时超过设定值时，定时器即由一个接入其电路的电阻接通电流后产生的热量来加热蒸发器，用以除掉结在蒸发器上及冷冻室内壁的霜层，当除霜加热器工作到设置的时间时，便断开电阻电路，并启动压缩机工作。

上述传统的除霜控制装置的缺点是其控制值是事先设定的，易使许多能量消耗在目的相异的各种动作及因缺少灵活性而发生的各种多余动作，并造成器件因频繁开启而导致的器件损坏，同时温度的起伏较大。而模糊控制的制冷除霜克服了这种确定性控制的缺点，同时它的控制是平缓的连续过程，解决了电冰箱内起伏较大的温度变化。

模糊控制的智能除霜采取了与传统除霜人为控制不同的策略。控制目标是除霜过程要对食品保鲜质量影响最小。为此除了根据压缩机累计运行时间及蒸发器制冷剂管道进、出口两端温差来推断着霜量外，还要由凝霜及门开启间隔时间的长短来确定是否除霜。也就是说，选取门开启间隔时间长的，也就是开门频度低的时段除霜，以达到最理想的保温效率。除霜控制推理框图如图 1.30 所示。

图 1.30 除霜控制推理框图

二、任务的完成过程

1. 了解电冰箱的现状及发展

通过到实训室、走进家电市场、走进维修部和上网查询等方式进一步认识电冰箱的分类，并完成表 1.5 内容的填写。

表 1.5 电冰箱的现状及发展（每空 2 分，共 28 分）

状 态	特 点
电冰箱的现状	
电冰箱发展趋势	

2. 知道电冰箱的新技术

通过到实训室、走进家电市场、走进维修部和上网查询等方式进一步认识电冰箱的型号，并完成表 1.6 格内容的填写。

表 1.6　电冰箱的新技术（每空 3 分，共 51 分）

新　技　术	分类/方法	具体措施
除臭技术		
节能技术		
模糊控制技术		

三、任务的评价（表 1.7）

表 1.7　电冰箱的发展及新技术评价表

学生姓名		班级		日期	
测评项目	应得分值	自评得分	小组互评	教师评分	实得分
电冰箱的现状及发展（表 1.5）	28				
电冰箱的新技术（表 1.6）	51				
能描述现在主流冰箱的基本	11				
能预测电冰箱将来可能具有的功能	10				
合计	100				

知识拓展一：无氟电冰箱

　　"无氟电冰箱"和普通电冰箱比较，从箱型结构、部件组成、制冷原理，到使用与检修方法、故障表现特征等方面是基本相同的。两者的主要区别在于使用的制冷剂种类、特性不同，以及由于某种原因引起的对部分材料性能要求和维修工艺上的差别。

一、无氟制冷剂的特性

　　1. R134a 与 R12 制冷剂的比较

　　普通的电冰箱使用 R12 制冷剂的首选替代物 R134a 或 HC—600a（异丁烷）。HC—600a 环保性能良好，无毒无味，而且物理性质与 R12 相近，替换时须更换压缩机和冷冻油，能减少能耗 30%～40%。它的不足之处是易燃易爆，生产及维修过程中对安全条件要求很高。R134a 制冷剂的性质与 R12 十分接近，无毒无味，不可燃，但在环保及经济性方面稍嫌不足。R134a 的生产工艺复杂，成本比 R12 高 3～4 倍，制冷效率降低约 10%，还需要采用特定的冷冻油，压缩机成本也要增加，并对制冷系统清洁度要求较高。

　　目前，欧盟国家已采用 HC—600a 做新一代制冷剂，而美国、日本等国考虑到安全、商业利益及实用等原因，多采用 R134a 做制冷剂替代 R12，我国大部分厂家也如此。

　　目前，市面上常见的无氟电冰箱大多选用 R134a 制冷剂，即 HFC134a。这种制冷剂与普通电冰箱最常见的 R12 氟利昂制冷剂比较，有相似的物理性质，其主要性能的比较见表 1.8。

表 1.8　制冷剂 R12 与 R134a 的基本物理性质比较表

	R12	R134a
化学名称	二氟二氯甲烷	四氟乙烷
化学分子式	CF_2Cl_2	$C_2H_2F_4$
分子大小/A	4.4	4.2
分子量	120.92	102.04
标准沸点/℃	−29.8	−26.5
凝固点/℃	−155	−101
临界点/℃	112	101
汽化潜热/kj.kg-1	167.3	219.8
25℃时水的溶解性 g/100g	0.009	0.15
臭氧破坏潜能（ODP）	1.0	0.0
温室效应潜能（GWP）	2.8～3.4	0.24～0.29
与矿物油互溶性	相溶	不相溶
适应冷冻油	矿物油 18 号	酯类油 RL329
适应密封材料	氯丁橡胶、氟橡胶、丁腈橡胶	氯丁橡胶、高丁腈橡胶、尼龙橡胶

2. R134a 制冷剂的使用特点

从表 1.8 中可以看出，R134a 制冷剂的最大优点是其对臭氧层的破坏潜能为零，能满足环保要求。

但从另一方面来看，R134a 制冷剂的分子小、分子量轻、渗透能力强，又极易吸水，与矿物油不相溶。因此，R134a 制冷剂对压缩机内的洁净度要求更高。同时利用 R134a 制冷剂的无氟电冰箱还必须用酯类或新型合成油多元醇润滑油。R134a 对金属件有腐蚀性，为此无氟电冰箱的压缩机内部零件表面均做了特殊处理。而且 R134a 标准沸点、凝固点、汽化潜热较高，其制冷量低于 R12 制冷剂 10%左右。

目前，无氟电冰箱在使用与推广中还存着一个重要的维修保障问题。由于市场滞后等原因，不仅专用的制冷剂、冷冻油、润滑油、干燥过滤器和压缩机配件较少，价格贵，同时无氟电冰箱对维修设备及工艺要求也很高。

采用 R134a 制冷的无氟电冰箱，对系统管道中的油、水、杂质等要求较高，是它的固有弱点。同时它对专用密封材料、干燥处理、维修工具的要求，也是一般维修店的技术设备难以胜任的。不可否认，R134a 制冷剂在当前仍是一种比较理想的替代品，但在不远的将来，一定会在它的基础上研制出既无公害，又无负面影响，适应全方位替代的制冷剂，广泛应用于绿色环保电冰箱中。

3. R134a 与 R12 互换

采用 R134a 制冷剂的压缩机，可以改用 R12。但这会造成技术参数的改变，对系统管路提出了要求：

（1）如果系统管路没有充注过 R134a 制冷剂，那么可以用 R12 制冷剂直接充注到使用 R134a 的压缩机中。

（2）如果系统管路曾用过 R134a 制冷剂，那么系统管路必须用 R113 清洗济彻底冲洗干净，以防造成毛细管阻塞及压缩机燃坏。

（3）干燥过滤器应更换以符合 R12 制冷剂的要求。

采用 R12 制冷剂的普通电冰箱，不能改用 R134a 制冷剂。因为普通电冰箱的压缩机内部洁净度低，不能满足 R134a 制冷剂的特殊工艺要求。

二、制冷系统技术特点

1. 对压缩机的要求

使用 R134a 制冷剂的无氟电冰箱系统，由于 R134a 比 R12 制冷剂具有更强的化学腐蚀性和亲水性，且成分中不含氯，会使压缩机零部件润滑性变差，引起不利的化学变化，因此，要使用专门设计的高效压缩机电动机。这种压缩机高压侧温度较高，压力也较大，故对结构材料有更高要求。其中包括电动机漆包线绝缘材料的选用，以及内装润滑油的种类，都与使用 R12 制冷剂的普通电冰箱不同，不能替代。为了克服 R134a 制冷效率较低的缺点，压缩机加装背阀，有效控制压缩机阀片，以提高效率。同时采用直接进气方式，用软管将吸气腔与回气管连接起来，以减少热量损失。

2. 对干燥过滤器的要求

无氟电冰箱使用的 R134a 制冷剂，它的化学结构属于部分卤化物，极易因发生水解卤化反应而改变性质，因此要求制冷系统要保持绝对干燥。所以无氟电冰箱要使用性能好的分子筛干燥器。常用的干燥过滤器是新开发产品 XH-7 型，或 XH-9 型，体积略大，有极强的吸水作用。采用 R12 制冷剂的制冷系统，常选用 4A-XH-5 干燥过滤器。这两种过滤器的分子筛材料不同，不能互相换用。

3. 对冷冻油的要求

我们知道，压缩机内注入的冷冻油在制冷循环中起着重要作用，它必须具有良好的润滑性、密封性、低温流动性及化学稳定性。普通电冰箱压缩机内注的常规的 18 号矿物油，能与 R12 互溶，而不能与 R134a 互溶。因此，无氟电冰箱采用 R134a 做制冷剂时，须对冷冻油做相应改变。

无氟电冰箱压缩机内充注的润滑剂，是水解挥发性较强的 RL329 酯类油，或合成油多元酯。这类润滑剂能与 R134a 互溶，在制冷系统内能很好地流动。而一旦错充了制冷剂，不仅不能满足压缩机润滑要求，而且在经过冷凝器后可能会发生凝固堵塞制冷系统的现象。

无氟电冰箱中，如果采用往复式压缩一般采用 R134a 酯类油，而对于旋转式压缩机，则采用日本三菱电机公司开发的硬质烷基苯（HAB）做冷冻油。为了解决回油困难等问题，旋转式压缩机中要使用特殊的储液器，并通过改变 R134a 流向的办法，使制冷剂与冷冻油分离，保证压缩机内各摩擦部件处于良好的运行状态，并降低了能耗，提高了制冷性能。

4. 对密封材料的要求

由于无氟电冰箱 R134a 制冷剂的分子比 R12 分子小，饱和压力也较高，在管路中运行更容易泄漏。同时，当系统在低温度制冷状态下运转时，低压侧出现负压值，容易进入空气。而且 R134a 制冷剂容易与管路里残留的水分发生水解，起卤化反应，所以要求系统保持绝对干燥。由于这些原因，无氟电冰箱制冷系统对密封材料的选用与普通电冰箱 R12 制冷系统不同，它的气密试验指标比 R12 制冷系统的要求更高。

知识拓展二：电冰箱主要规格与技术参数

1. 有效容积

电冰箱的有效容积是指关上门后，冰箱内壁所包围的可供储藏物品的空间的大小，单位通常用升（L）表示。生产厂家在产品铭牌或样本上标出的有效容积为该产品的额定有效容积。

2. 箱内温度范围及星级规定

（1）冷藏室温度。双门双温电冰箱冷藏室温度一般为 0 ～10℃；三门冰箱果蔬室的温度约6℃以上；四门冰箱设计温室，用于冷藏新鲜肉和豆腐等，其温度为 0 ～1℃。

（2）冷冻室温度用星级规定区分，见表 1.9。

表 1.9　电冰箱星级规定

级　别	星　号	冷冻室温度/℃	冷冻室储藏期
一星	*	<−6	7 天
二星	**	<−12	1 个月
高二星（日本 JIS 标准）	**	<−15	1.8 个月
三星	***	<−18	3 个月
四星	****	<−24	6～8 个月

3. 压缩机输入功率

电冰箱采用全封闭式压缩机，其铭牌上标出压缩机的输入功率。如广州白云雪柜公司生产的华凌牌 175L 电冰箱的旋转式压缩机的输入功率为 83W。

4. 日耗电量

电冰箱的日耗电量是按国家标准测度方法，在 25℃ 的环境温度下运行 24h 测出的所消耗的电能，并标注在产品的铭牌上，单位为千瓦小时/24 小时（kW·h/24h）。例如上述华凌牌 175L 电冰箱的耗电量为 1.2kW·h/24h。

5. 电源

我国生产的电冰箱多采用单相交流市电，额定电压为 220V，频率为 50Hz。

6. 制冷剂及其充注量

目前家用电冰箱多采用 R12 或 R134a 为制冷剂。不同规格的电冰箱制冷剂的充注量是不同的；相同规格的电冰箱，生产厂家不同，充注量也不一定相同。通常生产厂家都将制冷剂充注量标明在产品铭牌或说明书上，备维修时查用。

项目二　剖析电冰箱

任务　知道电冰箱的组成

一、任务的准备

（一）明确任务

本次任务主要通过走进实训室，知道电冰箱的组成，通过图例、实物的对照，同时走进家电市场，身临其境，使学生对电冰箱的组成有一个整体的、初步的认识和了解。

(二)知识准备

1. 电冰箱的组成

电冰箱主要由箱体及门体、制冷系统、控制系统和附件组成，虽然各个品牌、型号的电冰箱在具体结构上有所区别，但它们的主要组成器件相差无几。电冰箱各部分的主要部件见表 1.10。

表 1.10　电冰箱主要部件表

保温箱体	保温门体	制冷系统	控制系统	应用附件
侧板			温控器	
背板			电磁阀	
上\中\下梁	门壳（或玻璃）	压缩机	照明灯	搁架、门托盘
箱胆	门端盖	冷凝器	灯座	温控盒
底板组件	立柱	防露管	补偿加热器	果菜盒
保温层	门胆	毛细管	开关	抽屉
排水管	保温层	蒸发器	线束	除臭器
接水盘	门封条	干燥过滤器	电脑控制器	保鲜器
压缩机安装板	止挡	制冷剂	化霜加热器	制冰盒
滚轮	自锁机构	连接管路	化霜温控器	
调平脚	中空玻璃		温度熔断器	
上\中\下铰链				
箱顶盖				

电冰箱的结构，我们也可以用示意图和实物图来说明。图 1.31 为电冰箱的系统组成示意图，图 1.32 为某实际电冰箱的结构示意图。从图 1.32 中我们基本上看不到电冰箱的制冷系统和控制系统，这是因为这两个系统大多做在电冰箱外壳内部，并没有裸露在外。

图 1.31　电冰箱系统组成

图 1.32 电冰箱系统实物图

2. 各组成部分的作用

（1）箱体。由箱体、门体、绝热材料、门封条等组成，其作用是使冰箱内与外界空气隔绝，以保持箱内的低温。

（2）制冷系统。由压缩机、冷凝器、蒸发器、毛细管和干燥过滤器五部分组成，制冷系统主要是利用制冷剂在物态变化（制冷剂低温沸腾吸收热量后变为蒸气的特性）的过程中，将箱内的热量转移到向外的空气中，使箱内的温度降低，达到冷冻、冷藏食物的目的。

（3）控制系统。主要由压缩机、启动继电器、温控器、过电流保护继电器等组成，用于保证制冷系统按照不同的使用要求而自动安全地工作，使冰箱实现自动开停、温控、化霜等功能，即将箱内的温度控制在一定范围内，以达到冷藏、冷冻的需要。

（4）附件。完善和适应冷藏、冷冻的不同要求，还包括照明装置。

3. 外箱

电冰箱箱体由外箱、内胆、绝热层、箱门（门封胶条、门铰链等）、箱内附件（搁架、各类盒盘）等组成。除制冷系统外，箱体的保温和箱门的密封性是电冰箱制冷效果好坏的关键。箱体的热损失主要表现为如下 3 个方面：一是箱体绝热层的热损失，占总热损失的 80%左右；二是箱门和门封条的热损失，约占总热损失的 15%；三是箱体结构零件的热损失，约占总热损失的 3%。

1）外箱的结构

外箱的结构形式一般有整体式和拼装式两种，如图 1.33 所示为整体式箱体结构，如图 1.34所示为拼装式箱体结构。

（1）整体式。它将顶板与左右侧板按要求辊轧成一倒 "U" 字形，再与后板、斜板点焊成箱体，或将底板与左右侧板弯折成 "U" 字形，再与后板、斜板点焊成一体，前者要求辊轧线长度较长，而后者要求辊轧宽度较宽。整体式结构的电冰箱多为美国和日本厂家采用。

（2）拼装式。它由左中侧板、后板、斜板等拼装成一个完整的箱体。其优点是不需要大型辊轧设备，箱体规格变化容易，适应于多规格、多系列的产品特点，但对每块侧板要求高，强度不如整体式好。拼装式结构的电冰箱多为欧洲厂家采用。我国引进的电冰箱生产设备多为欧洲厂家的，因此电冰箱结构也多为拼装式结构。

1—门外壳；2—门封条；3—内衬板；4—蛋架；5—瓶架；6—瓶栏杆；
7—顶板；8—上顶边框；9—上前梁；10—右侧板；11—箱体内胆；
12—后背板；13—左侧板；14—后梁；15—除露管；16—下前梁；17—下底

图 1.33　整体式箱体结构　　　　　　图 1.34　拼装式箱体结构

2）外箱的组成

外箱与门面板一般采用 0.6～1mm 厚冷轧钢板经裁切、冲压、焊接成形、外表面磷化、涂漆或喷塑处理。近年来，国外已开发出了各种彩板（包括在门面板上压膜各种大小不同彩色图画），既改变和丰富了产品的外观，又免除了繁杂的涂覆等工序，保护了环境。

4. 箱体内胆

它位于箱体内层，用以将冷藏冷冻空间与隔热层分开，并通过制冰格、搁架和果菜盒等附件存放食品。由于箱体内胆有可能与食品直接接触，因此它必须是无毒、无味、耐腐蚀性的。

1）选用的材料

目前电冰箱内胆（含门胆）既有采用经过搪瓷处理或喷涂的薄钢板、防锈铝板、不锈钢板等金属成形的，也有用优质的 ABS 或改性聚苯乙烯塑料经过加热干燥后真空成形的。后者已成为目前国内生产厂家的首选方式，其中大部分用 ABS 板材，也有不少厂家内胆采用 HIPS 板材。

2）发展

随着人们生活水平的提高，越来越多的消费者希望用上能够预防和抵抗有害细菌生存的健康型电冰箱。近年来，国内一些电冰箱厂家为适应市场需求，开发了一种新型的健康的电冰箱，它采用了经过特殊处理加入高效广谱无机系抗菌杀菌剂的塑料（ABS 或 HIPS）板材作为电冰箱内胆。用这种新型抗菌板材成形的内胆能有效抑制电冰箱内有害细菌的滋生，对附着在内胆上壁的大肠杆菌、金黄色葡萄球菌等对人体有害及导致食物变质的毒菌有一定的杀伤力，使电冰箱内食品的卫生环境有显著提高。

5. 箱门

1）箱门的结构

箱门由外壳、门衬板和磁性门封条组成，其结构如图 1.35 所示。图 1.36 所示为普通箱门断面图。为了提高外观效果，也可在门周边加有装饰性塑料边框，如图 1.37 所示。近年来又使装饰性边框成为箱门主体结构，即框架结构的门体，如图 1.38 所示，这种结构是将门封条嵌入塑料框架内，取代螺钉固定的连接方法，从而简化了板金成形和组装工艺。

1—门壳；2—门封条；3—门衬板；4—门轴

图 1.35　箱门结构

2）磁性门封

为了防止从箱门与箱体结合处泄漏冷气，电冰箱的箱门上均装磁性门封，如图 1.39 所示。磁性门封是电冰箱的主要部件之一，它是在软质聚氯乙烯门封条内插入磁性胶条。

1—门衬板；2—门封条；3—门壳

图 1.36　普通箱门断面图

1—门衬板；2—门封条；3—装饰边框

图 1.37　带装饰边框的箱门

1—门衬板；2—门封条；3—面板；4—框架

图 1.38　塑料框架箱门结构

1—箱体；2—塑料磁条；3—塑料门封；4—门体

图 1.39　磁性门封结构

6. 绝热材料

目前电冰箱的绝热材料常采用硬质聚氨酯泡沫塑料，其优点是重量轻，导热系数低，绝热性能好，使电冰箱绝热层越来越薄。目前日本已成功研制出导热系数为 0.01W/m·K 的真空绝热方法，并已用于电冰箱生产中。硬质聚氨酯泡沫塑料的发泡方法，目前主要有一次发泡法和二次发泡法。

1) 一次发泡法

在常压下，使两组由若干种原料配制而成的发泡液体混合喷出，沉积在工件表面，进行化学反应，产生二氧化碳并释放出热量，使低沸点的组分汽化发泡。

2) 二次发泡法

在一定的压力下，利用 R12，R11（或 R113）等作为发泡剂。当分为两组的若干原料以一定压力从喷头喷出降为常压时，R12 首先汽化，使喷出的原料混合液变为泡沫状，此即第一次发泡。泡沫状液体原料沉积在工件表面，又开始进行化学反应，释放出热量使 R11 或 R113 汽化，进行第二次发泡。

二次发泡法比一次发泡法性能优越，主要表现为：发泡倍数大，第一次发泡为 10～12 倍，第二次发泡为 3～4 倍，总发泡倍数为 40 倍左右。国外采用二次发泡法较多，而我国一般采用一次发泡法。

二、任务的完成过程

1. 知道电冰箱主要部件并分类

根据前面所学内容，将图 1.31 中的各个部件进行实际的分类，并将分类的结果填在表 1.11 中。

表 1.11　电冰箱部件分类表（每空 8 分，共 40 分）

电冰箱结构图	分　类	具 体 部 件
	保温箱体	
	保温门体	
	制冷系统	
	控制系统	
	应用附件	

2. 识别实际电冰箱主要部件

根据前面所学内容，结合实训室、家电市场、上网查询等方式，在表 1.12 中根据备选名称，填写出实际电冰箱各部件名称。

表 1.12　实际电冰箱部件识别（每空 5 分，共 40 分）

实　物	名　称	实　物	名　称
备选名称		1．箱体侧板　2．箱体背板　3．箱体内胆　4．箱体底板组件 5．箱体顶盖　6．门体　7．铰链　8．照明灯	

三、任务的评价（表 1.13）

表 1.13　电冰箱的组成评价表

学 生 姓 名		班　级		日　期	
测评项目	应得分值	自评得分	小组互评	教师评分	实得分
电冰箱部件分类（表 1.11）	40				
实际电冰箱部件识别（1.12）	40				
能准确说出电冰箱 4 大部分的功能	10				
安全和纪录	10				
合计	100				

知识拓展一：制冷原理

一、制冷方法

根据制冷产生的环境温度的不同，制冷技术大致可分为普通制冷（环境温度到−153.15℃）、深度制冷（−153.15℃ 到−253.15℃）、低温和超低温制冷（−253.15℃ 到接近绝对零度，即−273.15℃）3 种。电冰箱和空调器中的制冷属于普通制冷。制冷的方法很多，所获得的低温温度范围也不同。普通制冷常用的制冷方法有相变、节流、膨胀、涡管、电热制冷等。

1. 相变制冷

物质在状态变化过程中，如熔解、汽化和升华等，都要吸收热量，因此都有制冷作用。利用相变制冷，系统所能达到的温度取决于物质相变的温度，而系统所获得的制冷量，取决于该物质的相变潜热。为了连续获得一定的制冷量，使系统保持所要求的低温，就必须不断补充相变物质。而相变物质的补充方式有单向和循环两种方式，固体熔解和升华属于单向制冷，液体汽化可实现循环制冷，因为汽化后的相变物质可采用一定方法使之重新液化，供循环使用。由于汽化、液化的潜热很大，因而制冷能力很强。目前，广泛采用的相变循环制冷方式有下面两种。

（1）蒸气压缩制冷循环。

将蒸发器出来的蒸气冷却加压后，重新冷凝为液体，然后再蒸发，如此不断循环，这就是蒸气压缩制冷循环。电冰箱和家用空调器采用这种制冷方式。蒸气压缩制冷循环原理如图 1.40 所示。将制冷用的工质充灌在一个密封的系统内，液态工质经节流装置节流降压后，在蒸发器中等压汽化吸热，变为低温、低压蒸气，然后经过压缩机绝热压缩成高温高压蒸气，最后在冷凝器中液化放热，再进入节流装置，从而完成一个制冷循环。

（2）吸收式制冷循环。

吸收式制冷循环利用热源所提供的热能，使工质产生循环，其工作原理如图 1.41 所示。它用吸收器和发生器等部件代替压缩机，并采用两种工质，低沸点的工质称为制冷剂，高沸点工质称为吸收剂，而其他部件的作用和原理与蒸气压缩制冷循环基本相同。

图 1.40　蒸气压缩制冷循环

图 1.41　吸收式压缩制冷循环

吸收式制冷循环存在两个循环回路，它的工作过程为：液态制冷剂经节流装置节流降压后，在蒸发器中等压蒸发吸热，变为低压、低温的制冷剂蒸气后进入吸收器，被吸收剂强烈吸收，形成高浓度的制冷剂溶液，并放出溶解热。制冷剂溶液由泵送入发生器中，被热源加热升温，产生高压制冷剂蒸气，送到冷凝器中冷凝成液态制冷剂，而发生器中剩下的稀溶液经减压后又回到吸收器中。

2．节流制冷

一定压力的流体在管内流动过程中，若管子的某一部分的横截面积突然缩小，则流体会由于局部的作用而降压，这种现象称为节流，节流后流体温度会降低。因此，节流后的低温气体可以作为制冷源，而且节流降温还可能使气体液化。

3．膨胀制冷

高压气体绝缘膨胀一方面可以降低温度，产生制冷作用；另一方面膨胀过程还会对外做功，回收能量，提高制冷装置的效率。气体在节流与膨胀过程都有降温制冷作用，但气体绝热节流制冷的初温必须低于转换温度，而气体绝热膨胀后温度总是降低的。因此实际应用中常根据需要来选择适当的制冷方式。例如，在高温高压或高温中压时，通常选用绝热膨胀制冷；而在温度较低时，采用节流制冷效果较好；至于气体液化，往往将两种方法结合起来，组成气体液化系统。

二、电冰箱的基本工作原理

1．制冷循环过程

电冰箱一般常使用 R12 作为制冷剂，并广泛采用蒸气压缩制冷方式，它的制冷循环包括节流、蒸发、压缩和冷凝 4 个过程。而蒸发器、压缩机、冷凝器和节流阀是蒸气压缩制冷系统的 4 个必不可少的基本部件，如图 1.42 所示。

图 1.42　蒸气压缩制冷系统

（1）蒸发过程。

蒸发过程是在蒸发器中进行的。液态制冷剂在蒸发器中蒸发时吸收热量，使其周围的介质温度降低或保持一定的低温状态，从而达到制冷的目的。蒸发器制冷量大小主要取决于液态制冷剂在蒸发器内蒸发量的多少。气态制冷剂流经蒸发器时不发生相变，不产生制冷效应，因而应限制毛细管的节流汽化效应，使流入蒸发器的制冷剂必须是液态制冷剂。另外，蒸发温度愈低，相应的制冷量也略为降低，并会使压缩机的功耗增加，循环的制冷系数下降。

（2）压缩过程。

压缩过程在压缩机中进行，这是一个升压升温过程。压缩机将从蒸发器流出的低压制冷剂蒸气压缩，使蒸气的压力提高到与冷凝温度对应的冷凝压力，从而保证制冷剂蒸气能在常温下被冷凝液化。而制冷剂经压缩机压缩后，温度也升高了。

（3）冷凝过程。

冷凝过程在冷凝器中进行，它是一个恒压放热过程。为了让制冷剂蒸气能被反复使用，须将蒸发器流出的制冷剂蒸气冷凝还原为液态，向环境介质放热。

冷凝器按工作过程可分为冷却区段和冷凝区段。冷凝器的入口附近为冷却区段，高温的制冷剂过热蒸气通过冷凝器的金属盘管和散热片，将热量传给周围的空气，并降温冷却，变成饱和蒸气。冷凝器的出口附近为冷凝区段，制冷剂由饱和蒸气冷凝为饱和液体放出潜热，并传给周围空气。

（4）节流过程。

电冰箱的节流阀是又细又长的毛细管。由于冷凝器冷凝得到的液态制冷剂的冷凝温度和冷凝压力要高于蒸发温度和蒸发压力，在进入蒸发器前须让它降压降温。液态制冷剂通过毛细管时由于流动阻力而降压，并伴随着一定程度的散热和少许的汽化，因此节流过程是一个降压降温的过程。节流汽化的制冷剂量越大，蒸发器中的制冷量就越少，因而必须减少节流汽化。

2. 回热制冷循环

为了限制节流汽化，从冷凝器出来的液态制冷剂应进一步降温，使其过冷。为了防止液击，气态制冷剂进入压缩机前就吸热升温，使其成为过热蒸气。为此，在循环管路上加热交换器，使从冷凝器流出来的温度较高的液态制冷剂，同蒸发器流出来的温度较低的气态制冷剂进行热交换，从而使液态制冷剂过冷，气态制冷剂过热，该过程称为回热制冷循环，如图1.43所示。

图 1.43　回热制冷循环

采用回热制冷循环不但可以提高系统的性能，使制冷循环能正常进行，而且还能回收冷凝器的部分热量，提高系统的效率。

电冰箱制冷系统并不加设专门的回热器，而是将蒸发器出口的低温蒸气管（俗称回气管）与冷凝器出口的凝液管（俗称供液管）用隔热保温材料包扎在一起，使气、液两管紧密接触交换热量达到回热目的。

三、空调器的基本工作原理

空调器的基本功能是调节房间空气的温度和湿度。依据系统的用途的不同，空调分为工艺性空调和舒适性空调。舒适性空调的基本工况为制冷、制热和除湿。

1. 制冷工况

空调器要不断把房间内的多余热量转移到室外，使室内温度保持在一个较低的范围内。它包括两个循环——制冷循环和空气循环。

（1）制冷循环。空调器采用蒸气压缩制冷循环方式，它包括压缩、冷凝、节流和蒸发 4 个热力过程，如图 1.44 所示。

制冷剂经节流降压后，在室内侧的蒸发器中等压蒸发，吸收潜热，变成低温低压的蒸气，然后经过压缩机压缩，变成高温高压的蒸气，最后在室外侧的冷凝器中冷凝成液体，放出潜

图 1.44 空调器的制冷循环

热。如此周而复始，不断循环。小型空调器节流装置为毛细管，大、中型空调器节流装置为膨胀阀。

（2）空气循环。空气循环是利用机内电风扇强迫室内、室外空气按一定路线对流，以提高换热器的热交换效率。空调器的空气循环包括室内空气循环、室外空气循环和新风系统。下面以窗式空调为例，说明这 3 种循环。室内空气循环如图 1.45 所示。室内空气从回风口进入空调器，通过滤尘网后，进入室内侧蒸发器进行热交换，冷却后再吸入离心风扇，冷风最后由送风口吹回到室内。

图 1.45 室内空气循环

室外空气循环和室内空气循环是彼此独立的两个循环系统,这两个循环系统用隔板隔开。室外空气从空调器左右两侧的进风口进入,经风扇吹向室外侧的冷凝器,热交换后的热空气从空调器的背后的出风口排到室外。

为了使空调房间与室外交换新鲜空气,多数窗式空调器设有排气门和新风门,如图 1.46 所示。通过操作空调器面板上的开关,可吸入新鲜空气,或将室内混浊空气排出室外。

图 1.46　窗式空调器新风系统

2. 制热工况

空调器制热方式有两种:一种是电热,即电流通过电热丝发热;另一种是热泵制热,即气态制冷剂冷凝放热。在制冷循环中,冷凝器进行的冷凝过程是一个放热过程,蒸发器内进行的蒸发是一个吸热过程,如果将室内侧的蒸发器改为冷凝器,而将室外侧的冷凝器改为蒸发器,空调器就从制冷状态转变为制热状态,而热泵型空调器就是根据这个原理设计的,如图 1.47 所示。空调器制冷系统中,加一个电磁四通换向阀,以切换高低压制冷剂在管道中的流向,使空调器既能制冷,又能制热。

(a) 制冷工况　　　　　　　　　　(b) 制热工况

图 1.47　热泵型空调器运行原理

3. 除湿工况

空调器在制冷工况时，蒸发器盘管表面的温度往往低于空气的露点温度，因而室内循环空气流经蒸发器时，空气中的水蒸气就会冷凝成水，落在积水盘上，排出室外，从而使室内空气的含湿量降低。所以，空调器制冷运行时兼有除湿作用。但由于室内空气含湿量减少，绝对湿度降低，并不等于相对湿度也降低。而影响舒适性空调质量的湿度指标是相对湿度而不是绝对湿度，因而有些空调器增加了独立除湿功能。

知识拓展二：制冷剂的使用

一、制冷剂

1. 制冷剂的概念

制冷剂又称工质，它是在制冷系统中完成循环并通过其状态的变化以实现制冷的工作介质。如果把压缩机当成制冷系统的心脏，则制冷剂可视为血液。国际上规定可作为制冷剂的物质都以 R 为缩写字头，后缀以数码表示，如：氨用 R717 表示，氟里昂用 R12 表示。

2. 制冷剂的分类

一般依据制冷剂在冷凝器中冷凝压力的高低将制冷剂分为 3 类。

（1）低温高压制冷剂。

冷凝压力大于 2MPa，正常汽化温度低于−70℃。主要有 R13，R14 和 R503 等，适用于低温制冷装置及复叠式制冷的低温部分。

（2）中温中压制冷剂。

冷凝压力为 0.3～2MPa，正常汽化温度为−70～0℃。主要有 R12，R22 和 R502 等，适用于电冰箱及中、小型空调器。

（3）高温低压制冷剂。

冷凝压力为 0.2～0.3MPa，正常汽化温度大于 0℃。主要有 R11，R21，R113 和 R114 等，多用于空调系统的离心式压缩机（大宾馆的中央空调）。

3. 制冷剂的性能

（1）物理性能。

临界温度比环境温度高，在常温或普通低温下可冷凝成液体，因为制冷循环的冷凝温度如果接近临界温度，节流损失就很大，制冷循环的经济性能势必不好；在制冷温度范围内，制冷剂的饱和蒸发压力应稍高于大气压，以免空气漏入制冷系统；冷凝压力不能过高，一般不超过 1.5～2.2MPa，以免设备过于笨重，压缩机功耗太大。同时，冷凝压力与蒸发压力之比也不能过大，以免压缩机排气温度过高；凝固温度尽可能低，以便获得更低的蒸发温度；单位容积制冷量要大，以提高压缩机的能效比，减少设备的体积；导热系数要高，以提高热交换器的效率；黏度和密度要小，以减少制冷剂在流动过程中的能量损耗；能与润滑油互溶或混合，而且不影响润滑油的润滑性能和电气性能，也不降低制冷剂本身的热力学性能。

（2）化学性能。

化学稳定性好，在高温下不分解；对金属和其他材料无腐蚀作用；与冷冻油不发生化学反应。

（3）安全性能。

在一般条件下，不燃烧，不爆炸，无毒，无臭，无味，不污染环境。

（4）经济性能。

价格低廉，易于购买、储运。

二、常用制冷剂

目前，能够用做制冷剂的物质有 80 余种，常用的不过 10 多种，而电冰箱、空调器常用的制冷剂有 R12，R22，R502 以及 R134a，R152a，R600a 等环保型制冷剂。

1. R12（$CHCl_2F_2$，二氟二氯甲烷）

它是甲烷的衍生物，属于中压制冷剂，主要用于中、小型制冷设备。它无色、无味、不燃烧、不爆炸，对人体危害较少。R12 在一般情况下是无毒的，对金属也无腐蚀作用，只在温度达 400℃ 以上并与明火接触时，才分解出有毒的光气；如空气中 R12 的含量超过 25%～30% 时，两小时后也会使人窒息。

R12 的特点是极易溶于油而不易溶于水，同时渗透力强。溶解于油，使润滑油性能降低，不易溶解于水，就容易使系统水分结冰，堵塞调节阀与管道，而且当氟里昂含有水分时，对金属有很大的腐蚀性。R12 还能溶解多种有机物质，所以不能用一般的橡胶密封垫。R12 在一个大气压下，沸点是–29.8℃，凝固点为–115℃。

2. R22（$CHCLF_2$，二氟一氯甲烷）

它是氢原子的甲烷衍生物，在相同蒸发压力下，R22 蒸发温度和冷凝温度比 R12 要低。R22 无色、无味、不燃烧、不爆炸、毒性比 R12 略大，但仍然是安全的制冷剂。R22 溶于油并稍溶于水，但仍属于不溶于水的物质。

R22 对金属与非金属的作用与 R12 相似，其泄漏特性与 R12 相似，同样需要系统密封性能高。

3. R502

它是由 48.8% 的 R22 和 51.2% 的 R12 组成的一种混合溶液，沸点是–45.6℃，使用温度是–60～–20℃。这种由两种或两种以上制冷剂按一定比例相互溶解而成的具有一定沸点的制冷剂叫做共沸溶液制冷剂。其在一定压力下，有一定的蒸发温度，而且液相和气相的成分是恒定的。

R502 兼有 R22 与 R12 的优点，使用 R502 的压缩机排气温度约比使用 R22 的低 10～15℃，单位容积制冷量比 R22 高。在蒸发温度和冷凝温度相同的情况下，R502 的吸入压力高，压缩机的压缩比小，制冷系数大，在低温工况时，R502 的制冷量比 R22 大；蒸发温度若高于 0℃，则 R502 的制冷量反而比 R22 小。R502 的溶油性比 R22 差。R502 多用在低温的制冷系统。若用于小型空调器中，则须对制冷系统进行必要的改进。R502 虽然价格较贵，但因其性能优良，已逐渐代替 R22。

4. 新型制冷剂代替剂

由于 R12，R22 和 R502 均属于低氯化氟化碳类物质，其分子中都含有氯原子，会破坏臭氧层，引起地球的"温室效应"，并且分子中氯原子数越多，破坏作用越强。因此，1992年哥本哈根国际会议规定：发达国家从 1996 年 1 月 1 日起禁用 R12，从 2020 年 1 月 1 日起禁用 R22，而发展中国家的禁用期允许推后 10 年。寻找 CFCs 的最佳替代物是世界性的热点研究课题。

（1）R12 的替代物。

比较成熟的有两类：一类是氢氟烃，以 R134a 为代表；另一类是丙烷和丁烷形成的烃。美国、日本及我国部分企业主张使用 R134a。这种物质不会破坏臭氧层，无毒，不可燃，物化性质也与 R12 相近；但它具有使全球变暖的温室效应，而且不溶于矿物油，须选用新的与 R134a 兼溶的酯类润滑油，并且要对压缩机、热交换器等制冷零部件的设计做相应的改动。欧洲国家普遍主张使用烃类制冷剂，有的用丙烷和丁烷各 50%的混合物替代 R12，有的用 R600a（异丁烷）替代 R12 等。

（2）R22 的替代物。

氢氟烃类物质不破坏臭氧层。经过反复实验筛选，发现用 R32/R134a 的混合物替代 R22，不但热力性能更好，又可节能，而且电气绝缘性能比 R22 更好，因而使空调器整机性能有所提高。但它仅对聚酯类润滑油有兼溶性，而且这种兼溶性还受添加剂的种类、数量的影响。

三、冷冻油

压缩机所有运动零部件的磨合面必须用润滑油加以润滑，以减少磨损。制冷压缩面所使用的润滑油叫做冷冻机油，简称冷冻油。冷冻油还把磨合面的摩擦热能及磨屑带走，从而限制了压缩机的温升，改善了压缩机的工作条件。压缩机活塞与汽缸壁、轴封磨合面间的油蜡，不仅有润滑作用，而且有密封作用，可防止制冷剂的泄漏。

1. 冷冻油的性能与要求

冷冻油与制冷剂有很强的互溶性，并随制冷剂进入冷凝器和蒸发器，因此，冷冻油既要对运动部件起润滑和冷却作用，又不能对制冷系统产生不良影响。所以，冷冻油的物理、化学、热力性质应满足下列要求。

（1）黏度适当。

黏度是表示流体黏滞性大小的物理量。黏度分为动力黏度和运动黏度两种，黏度随温度的升高而降低，随压力的增大而增大。黏度是冷冻油的一项主要性能指标。因此，冷冻油通常是以运动黏度值来划分牌号的，不同制冷剂要使用不同黏度的冷冻油。如 R12 与冷冻油互溶性强，使冷冻油变稀，应使用黏度较高的冷冻油。制冷系统工作温度低，应使用黏度低的冷冻油；制冷系统工作温度高，应使用黏度高的冷冻油。转速高的往复式压缩机及旋转式压缩机应使用黏度高的冷冻油。

（2）浊点低于蒸发温度。

冷冻油中残留有微量的石蜡，当温度降到某个值时，石蜡就开始析出，这时的温度称为浊点。冷冻油的浊点必须低于制冷系统中的蒸发温度，因为冷冻油与制冷剂互相溶解，并随着制冷剂的循环而流经制冷系统的各有关部分，冷冻油析出石蜡后，会堵塞节流阀孔等狭窄部位，或存积在蒸发器盘管的内表面，影响传热效果。

（3）凝固点足够低。

冷冻油失去流动性时的温度称为凝固点，其凝固点总比浊点低。冷冻油的凝固点必须足够低，以 R12 和 R22 为制冷剂的压缩机，其冷冻油的凝固点应分别低于−30℃ 和−40℃。冷冻油中溶入制冷剂后，其凝固点会降低。如冷冻油中溶入 R22 后，其凝固点会降低 15～30℃。

（4）闪点足够高。

冷冻油蒸气与火焰接触时发生闪火的最低温度，叫做冷冻油的闪点。冷冻油的闪点应比压缩机的排气温度高 20～30℃，以免冷冻油分解、结炭，使润滑性能和密封性能恶化。使用 R12 和 R22 为制冷剂压缩机，其冷冻油闪点应在 160℃ 以上；而在热带等高温环境下使用的空调器，其冷冻油闪点宜在 190℃ 以上。

（5）化学稳定性好。

冷冻油在与制冷剂、金属共存的系统中，若温度比较高，则会在金属的催化作用下，发生分解、聚合、氧化等化学反应，生成具有腐蚀作用的酸。因此，化学稳定性好的冷冻油，其含酸值比较低。

（6）杂质含量低。

制冷剂、冷冻油溶液中若混入微量水分，则会加速该溶液的酸化作用，使制冷系统出现有害的镀铜现象，并使压缩机的电动机绝缘性能降低。因此，1kg 冷冻油中含水应低于 40mg。冷冻油在生产过程中虽然经过严格的脱水处理，但它有很强的吸水性，因此冷冻油存储中要做好容器的密封工作，勿让其长时期与空气自然接触。冷冻油中若含有机械杂质，则会加速运动机件的磨损，并引起油路堵塞。所以，冷冻油不含机械杂质。

（7）绝缘性能好。

封闭式压缩机的电动机绕组及其接线柱与冷冻油直接接触，因此，要求冷冻油有良好的绝缘性能。纯净冷冻油的绝缘性能一般都很好，但是，若油中含有水分、尘埃等杂质，则其绝缘性能就会降低。冷冻油的绝缘性能用击穿电压来表示。击穿电压测定的方法为：将冷冻油倒入装有一对 2.5mm 间隙的电极的玻璃容器内，电极通电后逐渐升高电压直到冷冻油的绝缘被破坏而发出激烈的响声，此时的电压值就是这种油的击穿电压。冷冻油的击穿电压要求在 25kV 以上。

2. 冷冻油的选用

（1）牌号选择。

目前，我国生产的冷冻油主要有 5 种，其牌号按运动黏度来标定，黏度越大，标号越高。不同牌号的冷冻油不能混用，但可以代用。代替原则是：高标号冷冻油可代替低标号冷冻油，而低标号冷冻油不能代替高标号冷冻油。使用 R12 做制冷剂的压缩机可采用 HD -18 号冷冻油；使用 R22 做制冷剂的压缩机可采用 HD -25 号冷冻油。

（2）质量判断。

从冷冻油外观可以初步判断其质量的优劣。当冷冻油中含有杂质或水分时，其透明度降低；当冷冻油变质时，其颜色变深。因此，可在白色干净的吸墨纸上滴一滴冷冻油，若油迹颜色浅而均匀，则冷冻油质量尚可；若油迹呈一组同心圆状分布时，则冷冻油内含有杂质；若油迹呈褐色斑点状分布，则冷冻油已变质，不能使用。优质冷冻油应是无色透明的，使用一段时间后会变成淡黄色，随着使用时间的延长，油的颜色会逐渐变深，透明度变差。

知识拓展三：电冰箱的正确使用

我们在日常使用电冰箱的时候，必须掌握科学、正确的使用方法，才能发挥电冰箱良好的制冷效果，具体的方法有以下 4 个方面。

一、摆放及搬运

（1）电冰箱应摆放在远离火炉、暖气片等热源的地方，同时应避免阳光的直接照射。这样有利于电冰箱的散热。

（2）电冰箱应摆放在通风良好的地方。冰箱背部应离墙 10cm 以上，顶部应有 30cm 以上的高度空间，四周不应放置过多的杂物。电冰箱上不应摆放重物或过多的杂物，特别是不能摆放其他电器，以免相互干扰损坏电冰箱的电气部件。

（3）内藏冷凝器的冰箱（平背式冰箱）在放置时，两侧应留空隙，因为此类冰箱的冷凝器放置在冰箱的两侧，冰箱正常工作后放置在冰箱两侧的冷凝器会有不同程度的发热，留空间的目的是使冰箱两侧进行充分散热，冰箱的散热越充分，冷凝效果越好，这样才能使电冰箱的制冷效果提高。

（4）电冰箱应摆放在地面平稳的地方。否则当压缩机启动时会产生振动并发出很大的噪声，长期如此会缩短电冰箱的使用寿命。

（5）在搬运时应注意机身倾斜不能超过 45°。

（6）搬运电冰箱时要保持箱体的竖直状态，千万不可倒置和横放，千万不能抓住门把或拖拉冷凝器，以免造成损坏。

二、电源连接

（1）在接通电源之前，先检查铭牌上规定的电压是否与家用电压相同，若相同方可使用。

（2）要为电冰箱安排单独的电源线路和使用专用插座，不能与其他电器合用同一插座，否则会造成不良事故。

（3）安装好接地装置。以上条件都符合后，给电冰箱通电。

（4）若电源电压波动大，例如反复断电，应暂停电冰箱的使用，并拔去电源插头，以防止电冰箱频繁启动而烧坏压缩机。

（5）冰箱断电停机后不要马上再通电启动压缩机，应停 3～5min 后再通电启动，以免损坏电冰箱的压缩机。停电期间尽量减少开箱门的次数，在冰箱门紧闭情况下食品可以保鲜 15～20 小时。

（6）在冰箱使用过程中，应注意它的制冷性能，应该选择一挡最适合于自己家庭的冰箱温度。转换温度控制器旋钮可改变冰箱内温度。

三、化霜

（1）电冰箱冷藏室后背内装有蒸发器，当冷藏室后背和冷冻室蒸发器上的冰和霜的厚度超过 6mm 时，应进行断电化霜。否则会使电冰箱冷藏室和冷冻室的制冷量下降，能耗增加。断电的方式可以采用切断电源或关闭温控器来实现。

（2）冰箱化霜、除霜时，对在蒸发器表面结霜较厚的部位可以用冰铲轻轻铲除。以免在除霜时将蒸发器的表面铲出划痕，严禁用锋利的工具来铲除结霜。

（3）当使用了低温开关后，由于环境温度回升需要关闭低温开关时，应对电冰箱进行断电化霜，用干燥的抹布擦去冰箱内的水珠，才可通电继续工作。以免造成冰箱冷藏室后背结霜和结冰严重的现象。

（4）化霜结束后，电冰箱内的冷藏室和冷冻室用干燥的抹布进行擦洗，去除冷藏室和冷冻室内的水珠。以免在冰箱重新工作后，重新结霜和结冰。

（5）电冰箱处在潮湿的季节或潮湿的环境，箱体和门体的表面可能会出现露水现象，此现象属于正常自然现象，可及时用干布擦去。若不及时将出现的露水擦去会影响冰箱的保温性能。

四、清洁电冰箱

电冰箱必须保持清洁、干燥，经常进行除尘、去污、排臭味，进行电冰箱清洁卫生工作时要注意以下几点。

（1）勿用酸、碱、有机溶剂、热水擦洗冰箱的箱体表面、门封条、塑料装饰件等，以免造成这些部件的变色、老化和开裂等。

（2）勿用水冲洗电冰箱的外壳和内胆。

（3）勿用锐器刮除污垢。

（4）清洗电冰箱时应用软布蘸温水或中性洗涤剂（如肥皂水）擦洗电冰箱的外壳和内胆，用软毛刷刷除冷凝器上的积尘，也可用吸尘器来吸尘。如果箱体上的积垢过多，可用毛巾粘上牙膏涂擦再用清水擦净。清洗工作结束后，应等冰箱完全干燥后再放入食品通电，使之启动工作。

（5）冷藏室搁架、果菜盒、门上的瓶框、冷冻室抽屉等附件，应定期拆卸下来清洗。主要是清除粘附在这些储存食品部件上的细菌和污物，使食品保持常鲜。

项目三　管道加工技术

任务 1　学会切管技术

一、任务的准备

（一）明确任务

在电冰箱、空调器维修过程中，经常需要进行管道加工。管道加工主要包括切管、扩口和弯管等。因此，切管技术是电冰箱、空调器维修人员必须掌握的一项基本技能。

（二）知识准备

1. 管子割刀切管

（1）优点。

使用管子割刀切割管道后管口整齐光洁，适宜扩口，比用手工锯割出的管口要好得多。用手工锯割管道往往会因操作不当而将铜管夹扁变形，而且容易使锯屑落入管内，增加清洗管道的麻烦。

（2）切管的方法。

用管子割刀切割管道的方法如图 1.48 所示。首先将管子展直。铜管若有弯曲，则不能正确地将铜管切断，或者是断面倾斜，或者是断口不平，给加工带来麻烦。然后将欲切断的管子放在管子割刀的导向槽内，夹在刀片与滚轮之间，并使割刀与管子垂直，再旋紧手柄，让割刀刀片接触铜管。然后将割刀旋转，在旋转割刀的同时旋转手柄进刀，大约每旋转两周进刀一次，而且每次进刀不宜过深。过分用力进刀会增加毛刺，或将铜管压扁。故在进刀时，进刀速度要慢，用力要小；同时注意整个过程保持滚轮与刀片应垂直压向铜管，不能侧向扭动。

图 1.48　管子割刀切割管道

2. 切割毛细管

由于毛细管管径小，可以用锉刀锉出槽子后将其折断，也可用刃口较利的剪刀夹住毛细管来回转动，划出刀痕，然后用手轻轻折断即可。

3. 切管的要求

无论用何种方法切割铜管，当管子切断后都要用绞刀或管子割刀后面配置的尖铁，将管子内缘的毛刺刮净。打毛刺时，应尽可能将毛刺刮净，直到它的端面厚度与壁厚相同。刮毕后用毛刷刷净端面，并清除管内碎屑。

二、任务的完成过程

1. 准备设备及器材

直径为 8mm 和 12mm、长度为 20cm 的铜管若干，毛细管若干，管子割刀数把，剪刀数把，毛刷数把，直尺数把。

2. 操作步骤

（1）将所需加工的直径为 8mm 和 12mm 铜管展直，然后用笔和直尺在铜管上按 5cm 间距画出刻度。

（2）将画好刻度的铜管放在割刀的导向槽内刀片与轮之间，并使割刀与铜管垂直，且割刀刀片对准 5cm 刻度线。

（3）旋紧割刀手柄，让刀片刚好接触铜管。然后将割刀绕铜管顺时针方向旋转。在旋转割刀同时，旋转手柄进刀，大约每旋转割刀 1/2 圈，须调整手柄 1/4 圈，直至将铜管割断。

（4）将割刀的背部刮刀放入铜管内，然后一手握紧铜管，另一只手握紧刮刀沿刀刃方向旋转。

（5）反复操作，直到去除毛刺和收口。

（6）用直尺测量切割下来的铜管长度，误差应保证在 ±5mm 以内。

（7）对于毛细管的切割，应用剪刀夹住毛细管来回转动划出刀痕，然后用手折断即可。

3. 操作要点

（1）铜管一定要架在导轨中间。

（2）所加工的铜管一定要平直、圆整，否则会形成螺旋切割。

（3）由于所加工的铜管管壁较薄，所以调整手柄进刀时，不能用力过猛。否则会导致内凹收口和铜管变形，影响切割。

（4）铜管切割加工过程中出现的内凹收口和毛刺需要进一步处理。

4. 操作时间

完成本任务全程时间为 20min。

三、任务的评价（表 1.14）

表 1.14 切管操作评价表

序号	评分内容	配分	评分标准	自评得分	小组互评	教师评分
1	8mm 铜管切割 4 段	8	每完成 1 段，且长度误差在 ±5mm 以内得 2 分，误差超标得 1 分，缺 1 段扣 2 分			
2	12mm 铜管切割 4 段	8				
3	毛细管切割 4 段	8				
4	铜管切割质量	32	每段铜管的两个切口光滑且规则得 2 分，基本光滑或规则得 1 分，严重变形不得分			
5	毛细管切割质量	16				
6	按时完成	10	20min 内完成不加分，每延迟 2min 扣 1 分			

续表

序号	评分内容	配分	评分标准	自评得分	小组互评	教师评分
7	规范整洁	10	设备完好、摆放整齐、工位干净得10分。其他酌情扣分			
8	安全操作	8	无安全事故及安全隐患得8分。其他酌情扣分			
	合计得分	100				

任务2　学会管口的扩口技术

一、任务的准备

（一）明确任务

在制冷管道的连接中，需要将管道的连接接口人工扩成对应的形状。下面我们就来学习并操作管口的扩管技术。

（二）知识准备

管子的焊接、全接头连接和半接头连接都需要对管口进行扩口，管子的扩口加工包括冲扩杯形口和扩喇叭口两种。

1. 扩喇叭口

（1）扩口器。

扩口器是铜管扩喇叭口的专用工具。它的结构如图1.49（a）所示。

1—螺杆；2—锥形支头；3—扩口夹具；4—弓架；5—元宝螺帽

图1.49　扩口器结构示意图

（2）扩喇叭口的方法。

在空调器的安装中，需要现场加工时多采用此工具。扩口时，将已退火且割平的管口去掉毛刺，放入与管径相同孔径的孔中，管口朝向喇叭面，铜管露出喇叭口斜面高度1/3，如图1.49（b）所示。将两个元宝螺帽旋紧，把铜管紧固。再将顶压器的锥形支头压在管口上，其弓架脚卡在扩口夹具内，再慢慢地旋动螺杆，管口就能挤出喇叭口形，如图1.49（c）所示。

（3）扩喇叭口的要求。

扩出的喇叭口应当光滑，无裂纹和卷边，扩口无伤疤。扩成后的喇叭口既不能小，也不能大，以压紧螺母能灵活转动而不致卡住为宜。如图1.50所示的都是不合格的喇叭口形状。

在操作中若遇到这些形状的喇叭口，都应割掉后重新加工，以保证喇叭口连接质量。

铜管切割不良造成的偏心	厚度不同	扩口用圈杆上表面贴合不良造成的角度不良	切屑粉末等造成的内表面伤疵
扩口部尺寸小	扩口部尺寸大	打毛刺加工不良	打毛刺过分所造成的缺口

图 1.50　不合格的喇叭口

2. 冲扩杯形口

管道的杯形口主要用来进行管道的焊接连接。其加工方法有两种。

（1）采用扩口器，把管子夹在扩口器上，铜管露出夹具的长度稍长，只是把扩喇叭口的锥头，换成扩杯形口的冲头。图 1.51 所示为扩杯形口的夹具及冲头。

D_1=铜管内径−0.2mm
D_2=铜管外径+0.1mm
D_3=D_2+1mm

（a）　　　　　　　　　　　　　　　（b）

图 1.51　扩杯形口的夹具及冲头

（2）采用扩管冲头，它是冲胀铜管杯形口的专用工具，结构如图 1.52 所示。扩管冲胀杯形口时，应先将铜管夹于与扩口工具相同直径的孔内，铜管露出的高度为 H（稍大于管径 D 约 1～2mm）。然后选用扩口内径等于 D+（0.1～0.2mm）规格的扩管冲头，并涂上一层润滑油，再插入铜管内，用手锤敲击扩管冲头。敲击时用力不要过猛，每次敲击后，须轻轻地转动扩管冲头，否则冲头不容易取出来。

D_1=铜管内径-0.2mm
D_2=铜管外径+0.1mm
D_3=D_2+1mm

图 1.52　扩管冲头结构及扩管操作

二、任务的完成过程

1. 准备设备及器材

直径为 8mm 和 12mm、长度为 5cm 的铜管若干，扩口器若干，扩管冲头若干，手锤若干。

2. 操作步骤

1）扩喇叭口

（1）将所需加工的直径为 8mm、长度为 5cm 的铜管，用扩刀倒角，去除铜管端部毛刺和收口。

（2）将需要加工的铜管夹装到相应的夹具卡控中，铜管端部露出夹板面 H/3 左右（H 为夹具凹陷锥体的高度），然后旋紧夹具螺母直至将铜管夹牢。

（3）将扩口顶锥卡于铜管内，然后顺时针慢慢旋转手柄使顶锥慢慢下压，直至形成喇叭口。

（4）退出顶锥，松口螺母，从夹具中取出铜管观察扩口面，应光滑圆整，无裂纹、毛刺和折边。

（5）将铜管掉头，将铜管另一端扩喇叭口。

2）扩杯形口

（1）将所需加工的直径为 12mm、长度为 5cm 的铜管，用扩刀倒角，去除铜管端部毛刺和收口。

（2）将需要加工的铜管夹装到相应的夹具中，铜管端部稍微高于夹板面，然后旋紧夹具螺母直至将铜管夹牢。

（3）选定对应的扩管冲头，并将扩管冲头插入铜管内，同时注意冲头与铜管要同轴。

（4）用手锤适当用力敲击扩管冲头，每次敲击后，须轻轻地转动扩管冲头，以保证杯口形状。

（5）杯形口扩口完成后，将铜管从夹具上取出。

（6）将铜管掉头，将铜管另一端扩杯形口。

3. 操作要点

（1）注意铜管与夹板的米英制形式要对应。

（2）有条件的话，最好在扩管器顶锥上加上适量冷冻油。

（3）铜管材质要有良好延展性（忌用劣质铜管），铜管应预先退火。

（4）铜管端口应平整、圆滑。

（5）喇叭口大小适宜，太大容易撕裂且螺母不易夹紧，太小容易脱落或密封不严。

（6）铜管壁厚不易超过 1mm。

4. 操作时间

完成本任务全程时间为 40mim。

三、任务的评价（表 1.15）

表 1.15　扩口操作评价表

序号	评分内容	配分	评分标准	自评得分	小组互评	教师评分
1	扩喇叭口 8 个	16	每完成 1 个，得 2 分			
2	扩杯形口 8 个	16				
3	喇叭口质量	20	喇叭口和杯形口形状规则，表面光滑。喇叭口符合标准得 20 分，基本符合标准得 1～19 分，开裂或严重变形不得分			
4	杯形口质量	20				
5	正确采用扩管工具	10	全部选择正确得 10 分，每项错误扣 5 分			
6	规范整洁	10	设备完好、摆放整齐、工位干净得 10 分。其他酌情扣分			
7	安全操作	8	无安全事故及安全隐患得 8 分。其他酌情扣分			
	合计得分	100				

任务 3　学会弯管技术

一、任务的准备

（一）明确任务

在电冰箱、空调器维修过程中，经常需要进行管道加工，管道加工主要包括弯管、切管和扩口等。因此，弯管是电冰箱、空调器维修人员必须掌握的一项基本技能。

（二）知识准备

电冰箱、空调器制冷系统的管道经常需要弯成特定的形状，而且要求弯曲部分和管道内腔不变形。弯曲铜管的加工有两种方法，即用弯管器弯管和直接用手弯管。

1. 用弯管器弯管

（1）弯管器。

弯管器是用来弯管的专用工具。弯管时注意铜管的弯曲半径不小于铜管直径的 3 倍。否则，会因弯曲半径过小，使铜管的弯曲部位压扁变形。

弯管时，先将铜管的弯曲部位退火，把铜管插入滚轮和导轮之间的槽内，并用紧固螺钉将铜管固定。然后将活动杠杆按顺时针方向转动。所用的弯管器规格应与铜管直径相符，在弯管过程中应注意不要将管子压扁。如果铜管两端需要扩喇叭口时，应在弯管后再进行。用弯管器弯管如图 1.53 所示。

（2）弹簧弯管器。

弯管器有各种不同的形式，用粗细不同的钢丝，绕制成不同内径和不同长度的弹簧，就成为一组弹簧弯管器。弯管径较大的弹簧弯管器钢丝较粗，内径也较大，而绕成的弹簧也较长。

对于直径小于 10mm 的较细的铜管可以采用弹簧弯管器弯管，如图 1.54 所示。这种方法是将铜管弯成环形或任意角度，但弯曲半径不能过小，否则弹簧弯管器不易抽出。操作时，将铜管套入弹簧弯管器内，轻轻弯曲，如果弯管时速度过快、用力过猛都会使铜管损坏。也不要用管径不相匹配或过粗的弹簧弯管器。如不加以选择而随意乱用，也会把铜管弯扁。

图 1.53　弯管器弯管

图 1.54　弹簧弯管器弯管

2. 直接用手弯管

对于一些管径较细的铜管和分体式空调器的排列连接管，也可以直接用手弯管。

（1）直接用手弯曲铜管的方法。双手握住铜管，距离不能太大，用拇指的指肚从弯曲的内侧撑住，一只手紧握，另一只手一边滑动，一边慢慢地将铜管弯曲，如图 1.55 所示。

（2）直接用手弯曲铜管的注意事项。若铜管较粗，弯曲起来则比较困难；管壁较薄时，用力不能过猛，过猛则容易使铜管压扁或损坏。同时，用手弯曲铜管时弯曲的程度不能过大，若弯曲程度过大，也会压坏铜管。

图 1.55　直接用手弯管

二、任务的完成过程

1. 准备设备及器材

直径为 8mm、长度为 30cm 的铜管若干，弯管器若干。

2. 操作步骤

（1）将所要加工的直径为 8mm、长度为 30cm 的铜管展直。

（2）将需要加工的铜管插入滚轮和导轮之间的槽内。

（3）然后将活动杠杆按顺时针方向慢慢转动。

（4）在弯曲角度达到要求后，将铜管取下。

3. 操作要点

（1）注意弯曲的铜管内壁不能太薄，否则容易将铜管压扁。

（2）注意弯管的力度和速度，不能用猛力。

（3）铜管材质要有良好延展性（忌用劣质铜管），铜管应预先退火。

4. 操作时间

完成本任务全程时间为 20mim。

三、任务的评价（表 1.16）

表 1.16　弯管操作评价表

序号	评分内容	配分	评分标准	自评得分	小组互评	教师评分
1	弯管 4 个	40	每完成 1 个，得 10 分			
2	弯管质量	40	弯管平顺，无异形，每个 10 分			
3	规范整洁	10	设备完好、摆放整齐、工位干净得 10 分。其他酌情扣分			
4	安全操作	10	无安全事故及安全隐患得 10 分。其他酌情扣分			
	合计得分	100				

知识拓展一：电冰箱故障的检修方法及步骤

一、电冰箱常见故障的检查方法

电冰箱的故障判断是电冰箱维修的一个重要环节，一般常用"一看、二摸、三听、四测"的方法来判断发生故障的部位。

1. 看

电冰箱在正常工作状态下，蒸发器表面的结霜应该是均匀的。因而判断电冰箱故障时应首先查看蒸发器的结霜情况。

（1）正常工作的直冷式电冰箱蒸发器表面应有霜且霜层均匀、厚实，若发现蒸发器无霜，或上部结霜、下部无霜，或结霜不均匀、有虚霜等现象，都说明电冰箱制冷系统工作不正常。如果出现周期性结霜情况，说明制冷系统中含有水分，可能出现冰堵。若电冰箱工作很长一段时间后，蒸发器仍不结霜，说明制冷系统可能有泄漏。

（2）观察毛细管、干燥过滤器局部是否有结霜或结露。若有则表明局部有堵塞现象。观察压缩机吸气管中否结霜、箱门过滤器局部是否凝露，由此可判断制冷剂是否过量，防露管是否有故障。再观察制冷管路系统，主要观察管路的接头处是否有油迹。管中外部若有油迹出现，说明此处制冷剂有渗漏，由于制冷剂有很强的渗透力并可与冷冻油以任意比例互溶，故若有油迹，就说明有制冷剂渗漏。

2. 听

听电冰箱的运行情况。电冰箱正常工作时，压缩机会发出微弱的声音，这是高压液态制冷剂通过毛细管进入低压蒸发器内，蒸发器吸热制冷。打开箱门，将耳朵贴在蒸发器或箱体外侧，即可听到有气流声，这说明电冰箱工作正常。若有以下声音则属不正常现象。

（1）接通电源后，听到"嗡嗡"的声音，说明电动机没有启动，应立即切断电源。

（2）听到压缩机壳内发出"嘶嘶"的气流声，这是压缩机内高压缓冲管断裂后，高压气体窜入机壳的声音。

（3）压缩机在运行过程中若发出"铛铛"的异常声时，说明压缩机外壳内吊簧松脱或折断，压缩机倾斜运转后发出撞击声。

（4）若听到"嗒嗒"的声音，这是压缩机内部金属的撞击声，表面内部运动部件因松动而碰撞。

（5）若听不到蒸发器内的气流声，说明制冷系统产生脏堵、冰堵或油堵。若听到的气流声很小，说明制冷剂基本漏完了。

3. 摸

用手摸有关部件，以感觉其温度情况，可分析、判断故障所在的部位。

（1）在室温 30℃ 时，接通电冰箱电源运行 30min 后，用手触摸压缩机排气管应烫手。冬季触摸应有较热的感觉。

（2）用手触摸冷凝器表面温度是否正常。电冰箱在正常连续工作时，冷凝器表面温度约为 55℃，其上部最热、中部较热、下部微热。冷凝器的温度与环境温度有关。冬天气温低，冷凝器温度低一些；夏天气温高，温度高一些。

手摸冷凝器时应有热感，但可长时间放在冷凝器上，这是正常现象。若手摸冷凝器进口处感到温度过高，这说明冷凝压力过高，系统中可能含有空气等不凝结气体或制冷剂过量。若手摸冷凝器不热，蒸发器中也听不到"嘶嘶"声，这说明制冷系统在干燥过滤器或毛细管等部位发生了堵塞。

（3）用手触摸干燥过滤器表面温度。正常工作时，应与环境温度相差不多，手摸应有微热感觉（约 40℃）。若出现明显低于环境温度或有结霜、结露现象，说明干燥过滤器内部发生脏堵。

（4）用手沾水贴于蒸发器表面，然后拿开，如有粘手感觉，表明电冰箱工作正常。若手贴蒸发器表面不粘手，而且原来的霜层也化掉，表明制冷系统内制冷剂过少或过多。

通过上述的看、听、摸之后，可再次按表 1.17 和表 1.18 所示的方法进行区别，即可对故障发生的部位和程度做到心中有数。由于电冰箱是多个部件的组合体，各个部件之间相互影响，相互联系。因此在实际维修过程中，只掌握个别故障现象，很难准确地判断出故障发生的部位。若须进一步分析判断故障的准确部位及故障程度，须用有关仪表对电冰箱进行性能检测。

表 1.17 电冰箱制冷系统故障现象比较

故 障	故障情况	运行时外观检查			切断毛细管时喷气	
		蒸发器气流声	蒸发器冷感	冷凝器热感	与蒸发器连接端	与干燥过滤器连接端
制冷剂泄漏	大	大	无	无	无	无
	小	小	小	小	小	不大
脏堵	严重	无	无	无	无	多
	微	小	小	小	小	多
冰堵	—	开始有	开始有	开始有	小	多
压缩机效率下降	大	无	无	无	有	多
	小	小	小	小	有	多

表 1.18　直冷式电冰箱电气系统故障检测

		测火线（L）与零线（N）			测火线（L）或零线（N）与地线（E）		
箱门关闭	阻值	7～20Ω	∞	0Ω	∞	0Ω	2MΩ以下
	结论	正常	断路	短路	正常	短路	绝缘不良
	故障部位	—	温控器、过载保护器、压缩机电动机	压缩机电动机	—	导线及各电气部件	压缩机电动机、温控器
箱门打开	阻值	>7～20Ω	∞	0Ω	∞	0Ω	2MΩ以下
	结论	正常	断路	短路	正常	短路	绝缘不良
	故障部位	—	灯座、灯泡	灯座	—	灯座	灯座

4. 测

（1）用电子卤素检漏仪或电子检漏仪可以查出泄漏的部位。根据检修阀上的压力表读数可以判断制冷系统的堵塞或泄漏情况，用温度计可测量箱内温度是否正常。

（2）检查电气系统绝缘情况。一般用 500V 的兆欧表或万用表（$R×10k$ 挡）来检测电气系统的绝缘电阻值是否为正常值，正常情况下的绝缘电阻值一般不得低于 2MΩ；若低于 2MΩ，应对压缩机、温控器、启动继电器电路做进一步检查，看其是否漏电。

（3）用万用表电阻挡检查压缩机电动机绕组电阻值是否正常。其中 MC 为运行绕组，阻值一般为 10～20Ω；M 为运行绕组接线头；SC 为启动绕组，它的阻值一般为 20～40Ω；S 为启动绕组接线点，两个绕组的另一端连接在一起，用 C 表示其接头。压缩机外壳上的 3 个接线柱可根据它们之间电阻值的不同来判别，亦即 $R_{MS}>R_{SC}>R_{MC}$ 以及 $R_{MS}=R_{SC}+R_{MC}$，其中 R_{SC} 为启动绕组阻值，R_{MC} 为运行绕组阻值，R_{MS} 为该两绕组阻值之和。

（4）用万用表检测判断电冰箱电气故障情况。检测时，电冰箱不通电，将温控器调至非"零"挡，用万用表电阻挡检测电源插头。分别关上箱门和打开箱门，测试插头上火线（L）与零线（N）间电阻，再测火线（L）或零线（N）与接地线（E）间的电阻，然后根据表 1.18 来判断电冰箱各有关电气件正常与否，对可能有故障的部件须做进一步的检测。

（5）通过测试电冰箱工作时的电流大小来判断。电冰箱正常工作时，其工作电流与铭牌上标称的额定电流应基本相同。因此，当电冰箱压缩电动机、压缩机或制冷系统出现故障时，其工作电流就会增大或减小。所以，可用检测电冰箱工作电流的办法，来判断电冰箱制冷系统的故障。

引起电冰箱工作电流过大的故障主要有制冷系统发生堵塞、制冷剂过量、润滑油不足或润滑油泵系统故障、压缩机抱轴或卡缸、压缩机电动机转子之间的间隔配合不当以及压缩机电动机绕组绝缘强度降低或绕组匝间短路。

引起电冰箱工作电流较小的故障主要有制冷剂不足或泄漏以及压缩机气阀密封不严、活塞与汽缸间隔过大、高低压腔串通、汽缸垫损坏等。

（6）可用万用表检测温控器的工作情况。检测时温控器旋钮或滑键在旋转或拨动过程中应导通，这说明其工作正常；否则表明温控器损坏。用万用表检测除霜加热丝电阻值应在 300Ω 左右。也可用万用表检测除霜定时器工作是否正常，除霜定时器由时钟电动机和一组触点组成，检测时可用万用表 $R×100$ 挡或 $R×1k$ 挡测量其电动机的绕组阻值，其阻值一般应为 1～10kΩ。在测量转换开关时，当旋钮在制冷位置时应导通，在除霜位置时应断开。

二、电冰箱常见故障的检查步骤

1. 询问

询问的目的是缩短查找故障的时间，准确地找出故障所在的部位。有时根据用户反映的情况，就可以立即准确地判断出故障。

2. 压缩机能启动运转但不能制冷

如果用户反映这种故障现象，则可直接通电检查，看温控器设置的位置是否适当，若温控器设置没问题，就怀疑是制冷系统内的制冷剂可能已漏完，用手去摸冷凝器感觉不太热。还有可能是毛细管或干燥过滤器发生堵塞，这时可用手触摸毛细管或干燥过滤器。毛细管发生堵塞时，进出口端没有温差；而干燥过滤器发生堵塞时，会在干燥过滤器上出现结露或结霜现象。

3. 电冰箱不运行

首先应检查使用的电压与电冰箱要求电压是否一致。然后测量压缩机电动机绕组对地绝缘电阻，其值不得小于 $2M\Omega$。若低于 $2M\Omega$，应进一步检查温控器、启动继电器等部件是否有接地现象。还应检查压缩机电动机绕组的阻值是否正常，是否发生短路、断路故障。将测量的阻值记录下来，其中两个阻值的和应等于另一个电阻值，否则不正常。

4. 压缩机"嗡嗡"响且不能正常启动

这时可用万用表检测启动继电器是否有故障。若启动继电器无故障，压缩机"嗡嗡"响，说明压缩机有抱轴或卡缸现象，需要修理或更换压缩机。

三、电冰箱常见的假性故障

电冰箱假性故障是指非电冰箱本身各部件、元器件问题引起的各种故障。在检修时，必须先排除这些假性故障，才能使检修工作顺利进行。电冰箱常见假性故障主要有以下几方面。

1. 电冰箱使用不当

电冰箱摆放位置不妥、通风不良、冷凝器积尘过多而不加清洁，这些都会使冷凝器散热不良，使电冰箱制冷效果变差。箱内的食物过多，阻碍了冷气的循环，会使箱内温度偏高。频繁开启箱门，压缩机开机时间必然会延长。

2. 电源电压不足或插头与插座接触不良

这两种情况都可能使加至电冰箱的电压低于工作电压，而使电冰箱不启动或启动频繁。

3. 无霜电冰箱在化霜期间突然停电或来电后电冰箱不运转

化霜期间压缩机和电路及化霜定时器电路都已切断，来电时压缩机必然不启动运行，但化霜定时器开始运行。因此，过一段时间，化霜定时器运行至触点接通压缩机电路位置时，压缩机就自然启动运行。

4. 冬季电冰箱制冷效果差

不少电冰箱箱体内装有补偿加热器及节电开关，用以在冬季对箱体加热，适当提高箱温，以解决冬季环境温度低，温控器不易动作使压缩机启动运行的问题。冬季若此开关未合上，就可能出现电冰箱制冷效果变差现象。

知识拓展二：电冰箱的常见故障及检修流程

一、电冰箱常见故障

电冰箱常见故障现象主要有：压缩机不启动；压缩机能启动，但运行不正常；压缩机能正常运行，但完全不制冷或制冷不正常，箱内温度偏低或偏高；照明灯不亮；有异常响声；箱体漏电等。

1．压缩机不启动

首先应检查温控器是否已转离"停"的位置，化霜定时器转轴是否已离开"化霜"位置，如果压缩机仍不启动，则故障原因主要有以下几点。

（1）电路故障。

电源线开路，电源线插头与插座接触不良，启动继电器、过载保护器接线端子脱落或接触不良，压缩机电动机引线接线端子脱落等。

（2）启动继电器、过载保护器开路。

PTC 启动继电器击穿断路，组合式启动继电器电流线圈烧断或衔铁卡死使触头处于常开状态，过载保护器电热丝烧断，启动电容失效等，都会使主电路不通，压缩机无法启动。

（3）温控器故障。

普通温控器感温剂泄漏，传动机构失灵，触头严重氧化，会使触头无法正常闭合接通压缩机电路。电子温控器热敏电阻失效，有关元器件损坏或变质，也会引起压缩机不启动故障。

（4）压缩机本身故障。

如压缩机抱轴或卡缸，压缩机电动机绕组烧毁等。

2．压缩机启动频繁

压缩机启动频繁是电路存在过电流引起的。

（1）启动继电器失效，压缩机启动后，其触点不能释放，使启动绕组不能断开，整机运行电流可比正常运行电流高 5 倍以上。

（2）压缩机电动机绕组绝缘不良或绕组匝间短路，使运行电流增大。

（3）检修过程中，由于购不到原配元器件，代用时不匹配。如代用的启动继电器或过载保护器与压缩机不匹配，启动继电器的吸合电流或过载保护器的动作电流过小，易使压缩机频繁启动。

3．压缩机启动运行正常但完全不制冷

（1）制冷系统制冷剂严重泄漏或堵塞。

这两种情况都使制冷系统无制冷剂循环，使电冰箱不制冷。

（2）压缩机故障。

表现为压缩机不停机，机壳烫手，机内有"吱吱"声。可能是机内排气管断裂、阀片破裂、高压密封垫击穿等，使得制冷剂只在机内高低压腔窜流，无法进入制冷系统。

4．箱温偏低或偏高

（1）温控器失灵。

普通温控器感温管从蒸发器上脱落、触头黏合不能脱开，电子温控器热敏电阻变质，继电器等器件失效，都可能在箱温降到设定值时，无法切断压缩机电路，使箱温不停下降。

（2）门封不严，照明灯不熄。

门封不严向箱外漏冷气和照明灯开关问题，使箱门关闭后依然点亮，箱内热负荷增大，都会使箱温提高，同时压缩机运转时间明显延长。

（3）制冷系统制冷剂不足或微堵。

制冷剂不足，蒸发器结霜不满，冷凝器温度较低；微堵使流经蒸发器的制冷剂量少，都会引起制冷不良。

（4）化霜装置失效。

化霜装置失效后，蒸发器上结满霜，影响传热效率，同时易堵住风道，使冷空气难以对流，箱温必然降不到设定的温度。

（5）风门失灵。

间冷式电冰箱靠自动感温风门来调节冷风量，风门失灵，则冷藏室冷气不足，温度偏高，而冷冻室温度又偏低。

（6）冷却风扇故障。

间冷式电冰箱冷却风扇不转，或转速很慢，冷风难以在风道进行循环，会出现制冷不良现象。

5. 异常噪声

电冰箱运行时有正常声音，若声音异常，说明有故障。如压缩机内安装机心的弹簧脱落或断裂，压缩机运转中会发出金属的撞击声。机座减振装置失效，或未安装好，压缩机运转中会左右摇晃，发出异响，制冷管道安装不牢，冷却风扇风叶碰到异物等，也会出现不正常的噪声。

6. 漏电

电气线路导线绝缘老化破裂，箱内防水线老化，温控器或灯座内部进水，压缩机电动机绕组绝缘性能下降，电气部件引线接头碰壳等，都会引起漏电。

二、电冰箱常见故障的检修流程

1. 直冷式电冰箱故障的检修流程

（1）压缩机不正常（包括不启动或启动频繁）检修流程如图1.56所示。

（2）压缩机启动运行正常，但制冷不正常的故障检修流程如图1.57所示。

2. 间冷式电冰箱故障检修流程

（1）压缩机不正常（包括不启动与启动频繁）。若化霜定时器转轴已转离化霜位置，则故障检修流程如图1.58所示。

（2）压缩机启动运行正常而制冷不正常时的故障检修流程，如图1.59所示。

图1.56　压缩机不正常检修流程

```
┌─────────────────────┐
│  压缩机启动运转正常    │
│  而制冷不正常         │
└─────────────────────┘
          │
┌─────────────────────┐
│     检查蒸发器        │
└─────────────────────┘
          │
   ┌──────┼──────┬──────────┐
```

| 不结霜 | 局部结霜 | 结霜、化霜交替出现 | 结浮霜 |

| 压缩机不做功 | 冷凝器以后堵塞 | 制冷剂全部泄漏 | 部分堵塞 | 制冷剂部分泄漏 | 水分超标 |

| 压缩机壳温度很高 | 停机后切开工艺管，有气流喷出，再开机，手指堵切口有吸力 | 停机后切开工艺管，无气流喷出 | 停机后压力平衡很慢，液流声微弱，延续时间长 | 停机后压力平衡较快，液流声很快消失 | 更换干燥过滤器，重新抽真空，充灌制冷剂 |

| 停机后切开工艺管，有气流喷出，再开机，手堵切口无吸力 | 排除脏堵，重新抽真空，充灌制冷剂 | 找出泄漏点修补后，重新抽真空充灌制冷剂 | 排除堵塞，重新抽真空，充灌制冷剂 | 找出泄漏点修补后，重新抽真空，充灌制冷剂 | 制冷剂超量 | 压缩机效率差 |

| 检修或更换压缩机 | | | | | 冷凝器很热 | 冷凝器温度较低 |

| | | | | | 回气管结霜到压缩机附近 | 切开工艺管，有气流喷出，再开机后，手堵切口吸力很小 |

| | | | | | 适量放出部分制冷剂 | 检修或更换压缩机 |

图 1.57　制冷不正常的检修流程

```
                            ┌─────────────────┐
                            │   压缩机不正常    │
                            └─────────────────┘
                    ┌────────────────┴────────────────┐
          ┌──────────────────┐              ┌──────────────────┐
          │   压缩机启动频繁   │              │    压缩机不启动    │
          └──────────────────┘              └──────────────────┘
                    │                    ┌──────────┴──────────┐
          ┌──────────────────┐  ┌──────────────┐   ┌──────────────┐
          │   拆下启动继电器   │  │   照明灯不亮  │   │   照明灯亮   │
          │   接上启动试验线   │  └──────────────┘   └──────────────┘
          └──────────────────┘         │                   │
         ┌──────────┴──────────┐ ┌──────────────┐  ┌──────────────┐
  ┌──────────────┐ ┌──────────────┐│  检查冰箱电源线 │  │   短接温控器  │
  │  压缩机运行正常 │ │压缩机运转短时间就停│└──────────────┘  └──────────────┘
  └──────────────┘ └──────────────┘      │                   │
  ┌──────────────┐ ┌──────────────┐┌──────────────┐
  │   检修或更换   │ │   检查运行电流 ││  检查灯泡及灯座 │
  │   启动继电器   │ └──────────────┘└──────────────┘
  └──────────────┘   ┌──────┴──────┐    ┌──────────┴──────────┐
           ┌──────────────┐┌──────────────┐┌──────────────┐┌──────────────┐
           │   电流值正常   ││  电流超出正常值 ││  压缩机启动运转 ││  压缩机仍不启动 │
           └──────────────┘└──────────────┘└──────────────┘└──────────────┘
           ┌──────────────┐┌──────────────┐┌──────────────┐┌──────────────┐
           │   检修或更换   ││   检修或更换   ││  检修或更换温控器││  拆下启动器   │
           │   换热保护器   ││   换压缩机    │└──────────────┘│  接上启动试验线 │
           └──────────────┘└──────────────┘                └──────────────┘
                                      ┌──────────┴──────────┐
                              ┌──────────────┐┌──────────────┐
                              │  压缩机启动运转 ││  压缩机仍不启动 │
                              └──────────────┘└──────────────┘
                              ┌──────────────┐┌──────────────┐
                              │  检修或更换启动器││  检查化霜定时器 │
                              └──────────────┘└──────────────┘
                               ┌──────┴──────┐  ┌──────┴──────┐
                              ┌──────────────┐┌──────────────┐
                              │     正常     ││    不正常    │
                              └──────────────┘└──────────────┘
                              ┌──────────────┐┌──────────────┐
                              │  检修或更换压缩机││   检修或更换  │
                              └──────────────┘└──────────────┘
```

图 1.58　压缩机不正常的检修流程

压缩机启动运行正常

不制冷

- 制冷剂全部泄漏 → 制冷系统内无压力 → 切开工艺管，无气流喷出 → 找出泄漏点修补后，重新抽真空，充灌制冷剂
- 管路堵塞 → 停机后压力不能平衡 → 切开工艺管，有气流喷出，再开机，手堵切口有吸力 → 检修毛细管、更换干燥过滤器
- 压缩机不做功 → 制冷系统内有压力 → 压缩机壳温度较高 → 切开工艺管，有气流喷出，再开机，手堵切口无吸力 → 检修或更换压缩机
- 风扇不运转
  - 风叶卡死 → 检查修复
  - 风扇电机断路 → 检修
  - 门开关接触不良 → 用手同时按下两个门开关 → 仍不转 → 检修或更换门开关；转动正常 → 调整门与开关的距离
- 不化霜
  - 化霜定时器不工作 → 检修或更换化霜定时器
  - 过载保护器断路 → 检修电路或更换过载保护器
  - 化霜熔丝熔断 → 找出熔断原因，更换熔丝
  - 化霜电热丝断路 → 检修电热电路
  - 排水管堵塞 → 清除堵塞物

箱温偏高

- 制冷剂部分泄漏 → 找出泄漏修补后，重新抽真空，充灌制冷剂
- 管路部分堵塞 → 更换干燥过滤器，重新抽真空，充灌制冷剂
- 压缩机效率降低 → 切开工艺管，手堵切口，开机后吸力明显减小 → 检修或更换压缩机

冷藏室不降温，冷冻室温度正常

- 风门失灵
  - 感温元件漏气 → 更换风门
  - 传动机构卡住 → 检修传动机构
  - 补偿电热丝断路 → 检修电热线路

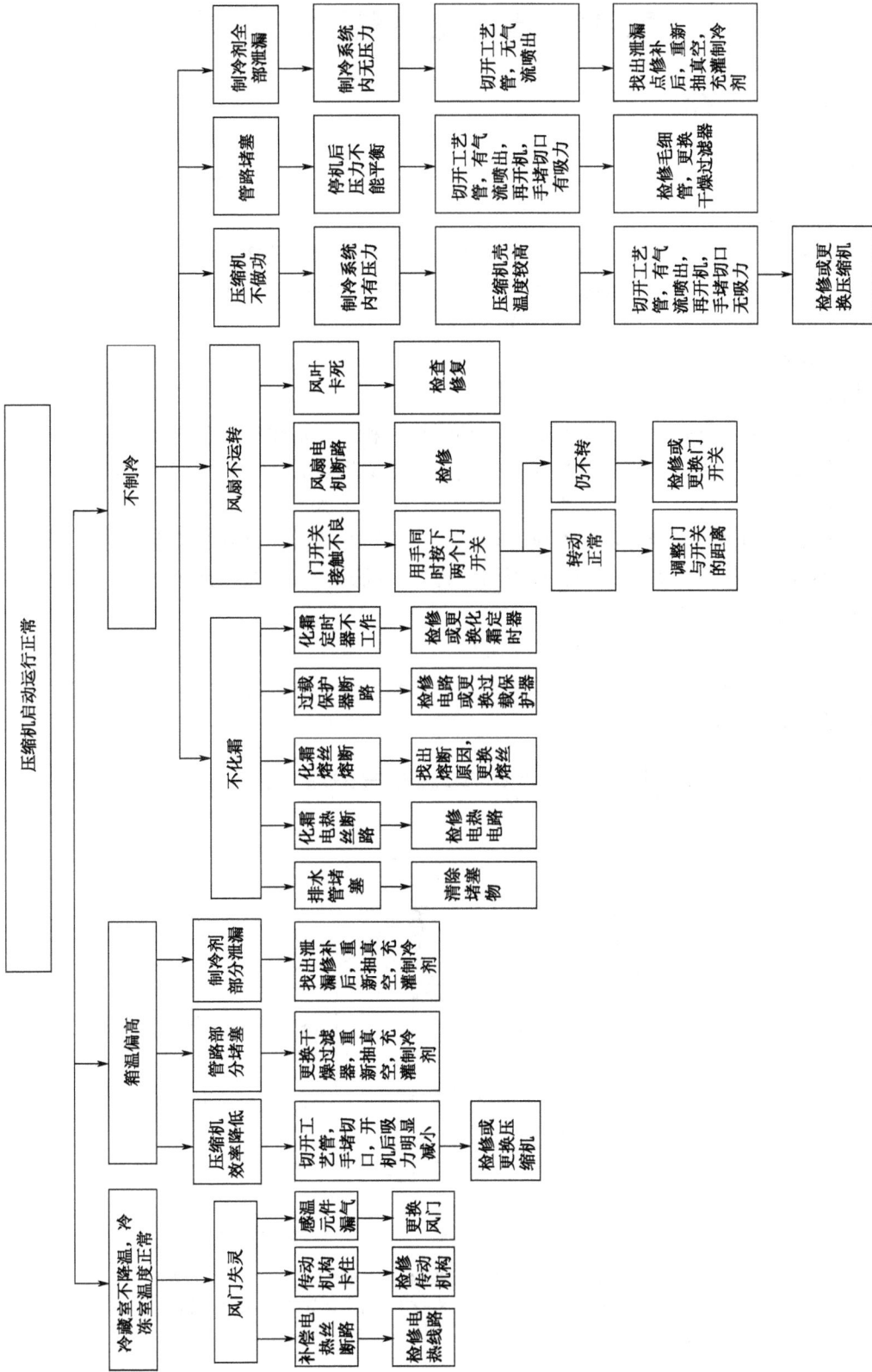

图 1.59 制冷不正常的检修流程

项目四　氧气-乙炔气焊接

任务 1　学会氧气-乙炔气焊接

一、任务的准备

（一）明确任务

在维修过程中，管道的连接和修补多采用焊接的方法，而焊接质量的好坏直接影响着电冰箱、空调器的性能。因此，焊接技术是电冰箱、空调器维修人员必须掌握的一项基本技能。我们今天的任务就是学会氧气-乙炔气焊接技术。

（二）知识准备

1. 焊接分类

焊接的方法主要有钎焊、交流氩弧焊、自动锡钎焊和闪光对焊等。若连接管件均是铝件时，一般采用交流氩弧焊或铝焊；连接管件是铜、铝接头焊点时，直接焊接十分困难，可换铜铝接头后再焊接；连接管件均是铜件时，一般采用氧气-乙炔气钎焊。电冰箱、空调器的全封闭制冷系统管路均是焊接而成的。在维修过程中，管道的连接和修补多采用焊接的方法，而焊接质量的好坏直接影响着电冰箱、空调器的性能。因此，焊接技术是电冰箱、空调器维修人员必须掌握的一项基本技能。

2. 氧气-乙炔气焊接的使用方法

电冰箱、空调器管道的连接和修补主要采用的是氧气-乙炔气焊接方法。氧气-乙炔气的焊接设备如图 1.60 所示。

1—焊枪喷火嘴；2—焊枪；3—乙炔气调节阀；4—氧气调节阀；5—乙炔气低压表；
6—乙炔气高压表；7—乙炔气钢瓶阀门扳手；8—乙炔气压力调节阀；9—乙炔气钢瓶；
10—乙炔气输气胶管；11—氧气钢瓶；12—氧气输气胶管；13—氧气压力调节阀；
14—氧气低压表；15—氧气高压表

图 1.60　氧气-乙炔气焊接设备

在氧气-乙炔气的焊接设备中，焊枪是主要的操作设备。焊枪又称焊炬，是气焊时用于控制气体混合比、流量及火焰，并进行焊接的工具。

焊枪的好坏直接影响着焊接质量，因此要求焊枪能很好地调节和保持氧气与可燃气体比例以及火焰大小，并使混合气体喷出速度等于燃烧速度，以形成稳定燃烧；同时焊枪本身的重量要轻，气密性要好，还要耐腐蚀和耐高温。

目前国产的焊枪均为射吸式。射吸式焊枪的工作原理：逆时针方向开启乙炔调节阀时，乙炔聚集在喷嘴的外围，并单独通过射吸式的混合气道由焊嘴喷出，但压力很低。当逆时针旋转氧气调节阀时，调节阀上的阀针就会向后移动，阀针尖端与喷嘴离开，且留有一定间隙，此时氧气即从喷嘴口快速喷出，将聚集在喷嘴周围的低压乙炔吸出，使氧气和乙炔按一定比例混合，经过射吸管，从焊嘴喷出（图 1.61）。

射吸式焊枪，是利用喷嘴的射吸作用，使高压氧气与低压乙炔均匀地按一定比例混合，以高速喷出，从而保证了焊枪的正常工作。

氧气-乙炔气的焊接操作可按以下步骤进行。

（1）首先在氧气-乙炔气钢瓶上配置合适的压力调节阀，满足焊接所需要的低压氧气和低压乙炔气。压力阀的技术参数见表 1.19。

表 1.19 氧气－乙炔气压力阀技术参数表

名称	进气口最高压力/MPa	最高工作压力/Mpa	压力调整范围/MPa	安全阀泄气压力/MPa
氧气减压阀	15	2.5	0.1~2.5	2.7~2.9
乙炔气减压阀	2	0.15	0.01~0.15	>0.18

（2）用不同颜色的输气管道连接焊枪和氧气-乙炔气的减压阀，然后关闭焊枪上的调节阀门。

（3）分别打开氧气-乙炔气钢瓶上的阀门，调节减压阀，使氧气输出压力为 0.5MPa 左右，乙炔气输出压力为 0.05MPa 左右。

（4）钎焊时，首先打开焊枪上乙炔气的调节阀，使焊枪的喷火嘴中有少量乙炔气喷出，然后在焊枪嘴左下端 3cm 左右点火。当喷火嘴出现火苗时，缓慢地打开焊枪上的氧气调节阀门，使焊枪喷出火焰。并按需要调节氧气与乙炔气的进气量，形成所需的火焰，即可进行焊接。

（5）钎焊完毕后，应先关闭焊枪上的氧气调节阀门，再关闭乙炔气调节阀门。若先关闭乙炔气的调节阀门，后关闭氧气调节阀门，焊枪的喷火嘴会发出爆炸声。

3. 焊接火焰的调节

使用气焊焊接管道时，要根据不同材料的焊件选用不同的气焊火焰。氧气-乙炔气的火焰可分为 3 类，即碳化焰、中性焰和氧化焰，如图 1.62 所示。

（1）碳化焰。

氧气与乙炔气的体积之比小于 1 时，其火焰为碳化焰，如图 1.62（a）所示。碳化焰的火焰分为 3 层，焰心的轮廓不清，为白色，但焰心的外围呈蓝色；内焰为淡白色；外焰特别长，呈橙黄色。碳化焰的温度为 2700℃ 左右，适于钎焊铜管与钢管。由于碳化焰中有过剩的乙炔，它可以分解为碳和氢，在焊接时会使焊件金属渗碳，从而改变金属的机械性能，使其强度增高，塑性降低。

图 1.61　焊枪

（2）中性焰。

氧气与乙炔气的体积之比为 1:1.2 时，其火焰为中性焰，如图 1.62（b）所示。中性焰的火焰也分为 3 层，焰心呈尖锥形，色白而明亮；内焰为蓝白色；外焰由里向外逐渐由淡紫色变为橙黄色。中性焰的温度为 3100℃ 左右，适宜钎焊铜管与铜管、钢管与钢管。中性焰是气焊的标准火焰，在对冰箱、空调的管路进行焊接时，火焰的整体长度一般为 20～30cm，但对毛细管进行焊接时须将火焰调小，火焰的整体长度一般为 10～15cm。

（a）碳化焰

（b）中性焰

（c）氧化焰

图 1.62　氧气－乙炔气气焊火焰

（3）氧化焰。

氧气与乙炔气的体积之比大于 1.2 时，其火焰为氧化焰，如图 1.62（c）所示。焰心短而尖，呈青白色；内焰几乎看不到；外焰也较短，呈蓝色，燃烧时有噪声。氧化焰的温度为 3500℃ 左右。氧化焰由于氧气的含量较多，氧化性很强，容易造成焊件熔化，钎焊处会产生气孔。因此，氧化焰适用于厚型材料的焊接。

对于不同材质的铜管进行焊接时，放入焊条的时机是不同的。否则当焊接温度过高时，容易造成焊接部位的氧化或将铜管焊漏；当焊接温度不足时，容易造成焊接部位出现焊渣或疙瘩。磷铜材质一般在 600℃ 左右时放入焊条，黄铜材质一般在 1300℃ 左右时放入焊条。焊接铜管处的温度，可以大致依据其外表呈现的颜色判断，见表 1.20。

表 1.20　焊接铜管处的温度与呈现的颜色对照表

颜　色	暗红	鲜红	浅红	橙色	黄色	浅黄色	白色	白而有光
温度（℃）	600	725	830	900	1000	1080	1180	1300

二、任务的完成过程

1. 准备设备、器材、场地

便携式焊炬设备多套，焊条、焊粉、助焊剂若干，隔热铁皮板若干，护目镜和手套若干，空旷且通风良好的场地。

2. 操作步骤

（1）安装好焊接设备，并检查各个管路是否连接正确和紧密。

（2）在确保设备完好的情况下，打开乙炔气瓶阀和氧气瓶阀，此时氧气瓶内的压力由压力表显示出来，再顺时针方向调节氧气减压器上旋钮，调到所需要的压力（氧气减压器上没有低压表，根据经验调节）。检查各调节阀和管接头处有无泄漏。乙炔气瓶不需要减压调节。

（3）点火操作。右手拿焊枪，左手逆时针少许拧开氧气阀，再开乙炔气阀，放出氧气和乙炔的混合气体，然后用火柴、打火机或电火花等明火点燃焊接火焰。

（4）焊接火焰的调整。刚点燃的火焰通常为碳化焰，然后根据需要调节氧气和乙炔气的混合比，即逐渐增加氧气，直到内焰与外焰没有明显的界限为止，使火焰呈中性焰。此时焰心呈光亮的蓝色，火焰集中，轮廓清晰。如果再增加氧气或减少乙炔，就能得到氧化焰。

（5）焊接完毕后，先关焊枪上的乙炔调节阀，再关氧气调节阀，即熄灭焊接火焰，如果先关闭氧气调节阀，会冒烟或产生回火现象。最后关闭各个瓶上的阀门。

3. 操作要点

（1）点火时必须要有适量的氧气，单纯的乙炔点燃会冒黑烟。

（2）火焰的调节速度一定要慢慢调节，不能操之过急而引发火焰熄灭等不良故障。

（3）注意氧气和乙炔调节阀关闭不要过紧（以不漏气即可），以防磨损，降低焊炬的使用寿命。

（4）气焊设备的安全操作，是确保自身安全和他人安全的重要一环，一定要注意。

4. 操作时间

完成本任务全程时间为10min。

三、任务的评价（表1.21）

表1.21　焊炬操作评价表

序号	评分内容	配分	评分标准	自评得分	小组互评	教师评分
1	气焊使用	75	压力调节正确得15分，焊枪阀门开启和点火正确得15分，火焰调节正确得15分，火焰加热部位正确得15分，焊枪阀门关闭正确得15分，二次点火扣15分			
2	完成时间	5	延迟每分钟扣1分			
3	规范整洁	10	设备完好、摆放整齐、工位干净得10分。其他酌情扣分			
4	安全操作	10	无安全事故及安全隐患得10分。其他酌情扣分			
	合计得分	100				

知识拓展：焊条及助焊剂的选用

1. 钎焊概述

电冰箱、空调器制冷系统的管道连接一般采用钎焊焊接。钎焊的方法是利用熔点比所焊接管件金属熔点低的焊料，通过可燃气体和助燃气体在焊枪中混合燃烧时产生的高温火焰加热管件，并使焊料熔化后添加在管道的结合部位，使其与管件金属发生粘润现象，从而使管件得以连接，而又不至于使管件金属熔化。

2. 钎焊焊条的选用

钎焊常用的焊条有银铜焊条、铜磷焊条、铜锌焊条等。为提高焊接质量，在焊接制冷系统管道时，要根据不同的焊件材料选用合适的焊条。如铜管与铜管之间的焊接可以选用铜磷焊条，而且可以不用焊剂。铜管与钢管或者钢管与钢管之间的焊接，可选用银铜焊条或者铜锌焊条。银铜焊条具有良好的焊接性能，铜锌焊条次之，但在焊接时须用焊剂。

3. 钎焊焊剂的选用

（1）焊剂的分类。焊剂又称焊粉、焊药、熔剂，它分为非腐蚀性焊剂和活性化焊剂。非腐蚀性焊剂有硼砂、硼酸、硅酸等，活性化焊剂是在非腐蚀性焊剂中加入一定量的氟化钾、氯化钾、氟化钠和氯化钠等化合物。活性化焊剂比非腐蚀性焊剂具有更强的清除焊件上的金属氧化物和杂质的能力，但它对金属焊件有腐蚀性，焊接完毕后，焊接处残留的焊剂和熔渣要清除干净。

（2）焊剂的作用。焊剂能在钎焊过程中使焊件上的金属氧化物或非金属杂质生成熔渣。同时，钎焊生成的熔渣覆盖在焊接处的表面，使焊接处与空气隔绝，防止焊件在高温下继续氧化。钎焊若不使用焊剂，焊件上的氧化物便会夹杂在焊缝中，使焊接处的强度降低，如果焊件是管道，焊接处可能产生泄漏。

（3）焊剂的选用。焊剂对焊件的焊接质量有很大的影响，因此钎焊时要根据焊件材料、焊条选用不同的焊剂。例如，铜管与铜管的焊接，使用铜磷焊条可不用焊剂；若用银铜焊条或铜锌焊条，要选用非腐蚀性的焊剂，如硼砂、硼酸或硼砂与硼酸的混合焊剂。铜管与钢管或钢管与钢管焊接，用银铜焊条或者铜锌焊条，焊剂要选用活性化焊剂。

4. 助燃气体和可燃气体的选用

（1）可燃气体。氧气本身不能燃烧，但却有很强的助燃作用，钎焊焊接中的可燃气体一般选用氧气。高压氧气在常温下能和油脂类物质发生化学反应，易引起自燃或爆炸。因此，在使用中要注意这一点，即不要让氧气瓶嘴、氧气表、焊炬及连接胶管沾污油脂类物质。

（2）可燃气体。乙炔气在氧气的助燃下，火焰的最高温度可达 3500℃ 左右，是一种理想的可燃气体。但乙炔气在低压下剧烈振动、撞击或加热时有爆炸的危险，同时在高温或 196kPa 的气压下，有自燃、爆炸的危险。液化石油气体也是一种理想的可燃气体，并且由于它的使用安全、方便，常常被制冷维修部门采用。但它需要的氧气量更多，而且火焰温度只有 2500℃ 左右。

任务2　掌握焊接工艺及焊接的安全操作

一、任务的准备

（一）明确任务

在维修过程中，管道的连接和修补多采用焊接的方法，而焊接质量的好坏直接影响着电冰箱、空调器的性能。因此，焊接技术是电冰箱、空调器维修人员必须掌握的一项基本技能。我们下面的任务就是学会氧气－乙炔气焊接技术。

（二）知识准备

1. 焊接工艺

在电冰箱、空调器管道的焊接过程中，应注意以下几个问题。

（1）清洁焊接的管道、管件的金属表面，以免水分、油污和灰尘等影响焊接的质量。

（2）根据焊件材料选用合适的焊条和焊剂。焊剂的使用对焊接的质量有很大影响，一般选用焊剂的温度比焊条温度低 50℃ 为宜。

（3）电冰箱、空调器中的管道焊接一般都采用套管焊接法。即将毛细管伸入粗管中，如图 1.63 所示。或者是将焊管做成杯形口，再将另一个管插入杯形口内，如图 1.64 所示。无论何种插入焊接法，对插入深度和间隙都有一定的要求。如果插入太短，不但影响强度和密封性，而且焊料容易注入管道口，造成堵塞；如果间隙过小，焊料不能流入，只能焊附在接口外面，强度差，很容易开裂而造成泄漏；如果间隙过大，不仅浪费焊料，而且焊料极易流入管内而造成堵塞。

图 1.63　直管插入焊接

图 1.64　杯形口插入焊接

（4）焊接部件必须固定牢靠，而且焊接管道最好采用平焊。如需立焊，管道扩管的管口必须朝下，以免焊接时熔化的焊料进入管道而造成堵塞。

（5）在焊接时，必须对被焊件进行预热。预热时，可通过改变焰心末梢与焊件之间的距离，使被预热件获得不同的温度。对同一种材料管道，要先加热插入的管道，然后加热扩口管道。焊接处要加热均匀，加热时间不宜过长，以免管道内壁产生氧化层，造成制冷系统毛细管、干燥过滤器堵塞。

（6）毛细管与干燥过滤器的焊接安装位置如图 1.65 所示。毛细管插入过滤器约 15mm，深度要合适。若插入过深，会触及过滤器内的滤网，易造成堵塞。插入过浅，焊接时焊料易堵塞在毛

1—壳体；2—过滤网；3—毛细管

图 1.65　毛细管与过滤器的焊接安装位置

细管口，杂质可能会直接进入毛细管造成脏堵。焊接时，必须掌握火焰对毛细管和干燥过滤器的加热比例，以防止毛细管加热过度而变形或熔化。

总之，焊接时最好采用强火焰快速焊接，尽量缩短焊接时间，以防止管路内生成过多的氧化物。氧化物会随制冷剂的流动而导致制冷系统脏堵，严重时还可能使压缩机发生故障。

2. 焊接的安全操作

焊接的安全操作，是确保自身安全和他人安全的重要一环，因而必须注意下面几点：

（1）焊接前一定要检查设备是否完好。操作人员必须带上护目镜和手套。

（2）乙炔气钢瓶不得卧放。开启乙炔气针阀时，动作要轻、缓。

（3）开启氧气针阀时也要轻、缓，不得同时开启乙炔气和氧气针阀，以免发生爆炸。

（4）点火时要取正确方向，以防止火焰吹向气瓶和气管。点燃乙炔气后有黑烟出现时，应将氧气阀慢慢开大，直至火焰合适为止。

（5）若发现火焰有双道，则应清理焊枪口。焊枪口的清理必须用专用的清理针进行，不能随意用物体擦拭。

（6）不准在未关闭压力调节阀的情况下清理焊枪口；不准用带油的布、棉纱擦拭气瓶及压力调节阀。不准在未关闭气阀和未熄火的情况下离开现场。焊枪及火嘴不应放在有泥沙的地上，以免堵塞。

（7）易燃易爆物品应远离焊接现场，以免发生意外。

（8）气瓶不得靠近热源，也不能置于日光下曝晒，应放在阴凉的地方。

（9）氧气与燃气的连接管道要足够长，至少在 2m 以上。

（10）连接管的多余部分要甩在身后，不要环绕在身体四周。

（11）在使用气焊设备时，如果某一部分出现了故障，不要带故障继续操作，或在不了解其内部结构的情况下盲目拆卸，应请专业维修人员进行修理。

二、任务的完成过程

1. 准备设备、器材、场地

直径为 8mm、长度为 20cm 且铜管的一端已扩口成杯形口的铜管若干，便携式焊炬设备多套，焊条、焊粉、助焊剂若干，护目镜和手套若干，隔热铁皮板若干，铜管夹具若干，空旷且通风良好的场地。

2. 操作步骤

（1）焊接铜管加工处理。扩管、去毛刺，若是旧铜管还必须用砂纸去除氧化层和污物；焊接铜管管径相差较大时，为保证焊缝间隙不易过大，需要将管径大的管道夹小。

（2）将 1 根铜管竖直放入另 1 根铜管的杯形口中，并保证二者保持良好接触。

（3）充氮气。若条件允许，将氮气充入待焊接的铜管中，并防止其散发出去。氮气是一种惰性气体，在高温下不会与铜管发生氧化反应，而且不会燃烧，使用安全，价格低廉。而铜管内充入氮气后进行焊接，可使铜管内壁光亮、清洁，无氧化层，从而有效控制系统的清洁度。

（4）打开焊枪点火，调节氧气和燃气的混合比，选择中性火焰。

（5）先用火焰加热插入管，稍热后把火焰移向外套管，再稍摆动加热整个管子，当管子接头均匀加热到焊接温度时（显微红色），加入焊料（银焊条或磷铜焊条）。焊料熔化是依靠管子的温度，并用火焰的外焰维持接头的温度，而不能采用预先将焊料熔化后滴入焊接接头处，然后再加热焊接接头的方法，这样会造成焊料中的低熔点元素挥发，改变焊缝成分，影响接头的强度和致密性。

（6）焊接完毕后，将火焰移开，关好焊枪。

（7）检查焊接质量，如发现有砂眼或漏焊的缝隙，则应再次加热焊接。

（8）重复前述步骤，再次焊接，共焊接 4 个接头。

3. 操作要点

（1）严格按照操作规程使用焊接设备。

（2）氧气瓶严禁接触油及油污。

（3）实训中焊接好的铜管应统一堆放，以防烫伤或烫坏焊接橡胶管。

（4）严禁将焊枪对准人或焊接设备、橡胶管。

（5）焊接时，火焰要强，焊接速度要快。如果焊接时间过长，管道生成氧化磷等过多氧化物，混入系统中，可能会导致毛细管堵塞，影响系统正常运行。还可能造成铜管被烧穿等故障。

（6）焊接设备出现故障时，应立即报告教师，不可自行随便拆修，更不可带故障继续工作。

4. 操作时间

完成本任务全程时间为 25min。

三、任务的评价

表 1.22　铜管焊接操作评价表

序号	评分内容	配分	评分标准	自评得分	小组互评	教师评分
1	气焊使用	25	压力调节正确得5分，焊枪阀门开启和点火正确得5分，火焰调节正确得5分，火焰加热部位正确得5分，焊枪阀门关闭正确得5分，二次点火扣5分			
2	焊口质量	50	焊口光滑，焊料合适无毛刺得50分，基本满足要求得1～49分，严重不符合要求不得分			
3	完成时间	5	延迟每2min扣1分			
4	规范整洁	10	设备完好、摆放整齐、工位干净得10分。其他酌情扣分			
5	安全操作	10	无安全事故及安全隐患得10分。其他酌情扣分			
	合计得分	100				

模 块 ⼆

电冰箱的制冷系统

【知识目标】

（1）知道压缩机的结构、原理及测试方法。

（2）理解蒸发器的结构及原理。

（3）理解冷凝器的结构及原理。

（4）理解干燥过滤器的工作原理。

（5）理解电磁阀的结构及工作原理。

（6）知道制冷系统清洗、抽真空、充注制冷剂的方法和步骤。

【技能目标】

（1）掌握压缩机的检测及故障划分技能。

（2）能判断蒸发器、冷凝器、干燥过滤器、毛细管、电磁阀的故障。

（3）能识别蒸发器、冷凝器、干燥过滤器、毛细管、电磁阀的实物。

（4）能熟练使用工具拆卸电磁阀。

（5）会熟练地进行制冷系统的清洗、抽真空、充注制冷剂操作。

（6）培养良好的职业素养。

项目一　压缩机

任务 1　知道压缩机的结构、原理及测试

一、任务的准备

（一）明确任务

压缩机是电冰箱、空调器制冷系统的心脏，通过压缩机的运转来实现制冷剂的循环或流动，一旦压缩机停止运转，电冰箱、空调器就停止制冷。下面我们就要学习压缩机的结构和工作原理，同时还要学会测量压缩机质量的好坏，以方便我们判断制冷系统的故障部位。

（二）知识准备

1. 压缩机作用及性能指标

压缩机就是通过消耗机械能，一方面压缩蒸发器排出的低压制冷蒸气，使之升到正常冷凝所需的冷凝压力，另一方面提供制冷剂在系统中循环流动所需的动力，达到循环冷藏或冷

冻物品的目的。所以说压缩机在制冷系统中的作用犹如人的心脏一样重要。压缩机质量的优劣，将直接影响电冰箱的制冷性能。选用高性能的压缩机，对电冰箱各种性能指标至关重要。压缩机性能的高低，可用以下几个指标加以考核。

（1）制冷量。

压缩机工作能力的大小就是以制冷量来衡量的，即压缩机工作时，每小时从被冷却物体带走的热量，以 J/h（焦/小时）或 W（瓦）表示，它是压缩机最主要的技术指标。压缩机制冷量大小随工况条件的变化而变化，工况条件不同制冷量大小也不同。

（2）功率。

功率是压缩机的一个重要指标，是指压缩机单位时间内耗电的多少。

（3）性能系数 COP。

为确切表示压缩机的性能，通常用性能系数来考核。性能系数就是制冷量与输出功率大小之比，COP 越大说明压缩机效率越高，但是效率不等于性能。

2．压缩机的分类

压缩机按密封方式可分为开放式、半封式和全封式 3 类；按压缩机背压（背压是指压缩机的吸气压力，也就是蒸发器的出口压力，它与蒸发器的温度有关）高低分为低背式、中背式和高背式 3 种；按压缩气体的原理又可将压缩机分为容积式和速度式两种。家用电冰箱压缩机一般为全封闭、低背压、容积式压缩机，它具有结构紧凑、体积较小、重量较轻、振动小、噪声低及不泄漏等优点。全封闭低背压容积压缩机又可分为往复式压缩机和旋转式压缩机，前者可细分为滑管式、连杆式和电磁振动式 3 种。电冰箱常用的是滑管式、连杆式和旋转式压缩机。

3．往复活塞式压缩机

往复活塞式压缩机是通过一定的传动机构，将电动机的旋转运动变成压缩机活塞的往复运动，靠活塞在汽缸中来回做直线往复运动所构成的可变工作容积，来完成气体的压缩和输送。往复活塞式压缩机的往复运动机构，常见的有曲轴连杆活塞式、曲柄连杆活塞式和曲柄滑管式 3 种结构。

（1）往复活塞式压缩机的工作过程是经过压缩、排气、膨胀和吸气 4 个过程，完成一次吸排气循环。往复活塞式压缩机的工作过程如图 2.1 所示。

① 压缩过程。

当汽缸内充满低压缩蒸气时，如图 2.1（a）所示，活塞从下止点开始往上移动。汽缸容积逐渐变小，汽缸内的蒸气受到压缩，压力与温度均随之上升，吸气阀片因受到较高的蒸气压力而关闭，而排气阀片则因这时蒸气压力未超过排气腔压力仍继续保持其紧闭状态，这样，蒸气的压缩过程将继续持续到活塞上升至汽缸内蒸气压力开始等于排气腔压力时为止。

（a）压缩　　（b）排气　　（c）膨胀　　（d）吸气

图 2.1　往复活塞式压缩机工作过程示意图

② 排气过程。

活塞继续向上移动，被压缩的蒸气压力就要比排气腔压力高。当蒸气压力稍高于排气阀片的重力和弹簧力时，排气阀片被顶开。于是，汽缸内的高温、高压蒸气开始被上行活塞推出，并进入排气腔内，如图 2.1（b）所示。直至活塞上行至上止点时，排气过程才告结束。

而活塞在止点位置时，为了防止活塞与阀板、阀片的撞击，活塞顶面和阀板面之间要留有一定的间隙，其直线距离称为直线余隙。活塞顶面与阀板底面之间所包含的空间（包括排气阀孔容积等）称为余隙容积。余隙容积是不可避免的。

在排气过程终了时，余隙容积依然残留着一小部分蒸气无法排出，其压力与排气腔压力相等。这时，排气阀片靠本身的重力和弹簧力的作用又下落，将阀口盖住，排气阀片关闭。

③ 膨胀过程。

活塞从上止点开始向下移动，汽缸容积逐渐变大，残留在余隙容积中的蒸气就要膨胀，如图 2.1（c）所示。其压力和温度亦随之下降，直到蒸气压力降低至等于吸气腔压力时，膨胀过程才算结束。在此期间，吸、排气阀均处于关闭状态。

④ 吸气过程。

活塞继续下移，汽缸内的蒸气压力开始低于吸气腔压力，当其压力差足以顶开吸气阀片时，吸气过程便开始了，如图 2.1（d）所示，直至活塞移动至下止点时，吸气过程才结束。

由上可见，活塞在汽缸中间每往复运动一次，即相当于曲轴每旋转一圈，就要依次进行一次压缩、排气、膨胀和吸气过程。压缩机在电动机的驱动下连续运转，活塞便不停地在汽缸中做往复运动。于是，压缩机就循环不断进行着上述的 4 个过程，达到持续不停地压缩、排气、膨胀、吸气的目的，完成气体的压缩和输送的工作。压缩机外形如图 2.2 所示。

1—吸气管；2—排气管；3—充气管

图 2.2　压缩机外形图

（2）曲轴连杆活塞式全封闭压缩机。活塞的活动由曲轴、连杆传动。连杆是活塞与曲轴的连接件，它将曲轴的旋转运动变为活塞的往复活动。曲轴是压缩机的重要零件，压缩机的功率都靠它输入，故要求有足够强度、刚度和耐磨性。该结构中由于活塞面受力均匀，故磨损小、寿命长。但加工精度要求高，工艺复杂。该结构适用于各种输出功率的压缩机组。

（3）曲柄连杆活塞式全封闭压缩机。曲柄连杆活塞式全封闭压缩机结构与曲轴连杆式基本相同，只是主轴呈内柄状。轴为单臂支撑，所以承受力较小，只适用于输出功率在 300W 以下的压缩机组。

由于曲柄连杆活塞式压缩机结构合理，主要运动部件受力均匀，磨损、振动和噪声都较小，使用寿命较长，目前被大量地应用在电冰箱上，北京和广州从国外引进的冰箱压缩机制造技术，都是生产连杆式压缩机。

（4）曲柄滑管式全封闭压缩机。曲柄滑管式压缩机是广泛用于家用电冰箱的 100W 左右的压缩机，在此进行重点介绍。对滑管式压缩机有了比较系统的了解，对连杆式压缩机也能了解。曲柄滑管式压缩机的结构如图 2.3 所示。

图 2.3　曲柄滑管式压缩机结构图

滑管式压缩机主要由电动机、机架、滑块、曲柄轴、汽缸体、阀座、阀片及一个与滑管制成一体的滑管活塞所组成。采用滑管、滑块来代替传统的连杆组件。由曲柄轴拨动活塞滑管中的滑块，曲柄轴旋转时，滑块围绕主轴中心旋转，同时在滑管内做往复运动，并带动活塞在垂直方向做往复运动，反复循环完成气体的压缩和输送。

曲柄滑管式压缩机的特点是：结构简单，零件少，形位偏差要求不严，工艺比较简单，而且汽缸体和机架不是一体的，能够自由调节余隙容积。但是只有一个支持轴承，曲柄轴受力不良，动力性能较差，运转时活塞对汽缸壁的侧向分压力较大，动平衡性较差。为此，主轴中心必须与汽缸中心偏离适当的距离。活塞行程越大，侧向分压力越大，容易出现单边磨损。因此，功率超过 250W 的压缩机不采用滑管结构。滑管式压缩机均采用单相二级电动机，安装在压缩机构的下方，用 3 根弹簧将压缩机和电动机支撑在机壳内，为整体内部悬吊（支撑）式，减振效果较好，振动、噪声较小。

4. 旋转式压缩机

自 1979 年日本三菱电机公司首先开发出卧式旋转式压缩机，并于 1980 年成功将其用于家用电冰箱以来，旋转式压缩机已广泛用于家用电冰箱。旋转式压缩机有螺杆式、滚动转子式和滑片式等多种结构。目前在电冰箱中应用较多的是滚动转子式和滑片式结构，国内电冰箱厂家如华凌、上菱等采用滚动转子式压缩机。

（1）旋转式压缩机结构。

旋转式压缩机结构的主要特点是用偏心转动的转子起活塞作用，对制冷剂气体进行压缩。它主要由汽缸体、转子、主轴、排气阀、吸气管、活动刮板或滑片、机座、机壳等组成。采用活动刮板分隔气室的，称为滚动转子式，其结构简图如图2.4所示。采用滑片分隔气室的称为滑片转子式，其结构简图如图2.5所示。活动刮板靠弹簧的压力紧贴在转子壁上，而滑片则是靠着转子快速转动时的离心力作用紧靠在转子壁上，以形成周期性的吸气与排气腔，因而滑片式压缩机的启动性能好。

1—排气管；2—汽缸体；3—滚动转子；4—主轴；
5—冷冻油；6—吸气管；7—弹簧、活动刮片组件；
8—机壳；9—排气阀；10—高压制冷剂气体

图2.4　滚动转子式压缩机结构简图

1—汽缸；2—转子；3—排气阀；4—滑片；
5—主轴；6—进气口

图2.5　滑片转子式压缩机结构简图

转子为圆柱形，中间套有偏心轴。滑片转子式的转子上，在径向上开有两个槽，以安放滑片，滑片与槽为精密偶件，因此，两只滑片不能互换使用，以免影响其正常工作。活动刮板或滑片两侧的汽缸壁上开有吸气口与排气口。排气口外侧装有排气阀。汽缸体整个浸在冷冻油中，防振、润滑良好。机壳一般分为左端盖、中间机壳、右端盖3部分，用二氧化氮保护焊接。图2.6、图2.7分别为其结构及零部件分解图。

旋转式压缩机较之往复式压缩机有着明显的优点：体积小，重量轻，结构简单，零部件少，耗电低，效率高。但由于它结构及工作过程与往复式压缩机不同，因此，检修时应注意：旋转式压缩机机壳温度高达99～110℃，较往复式压缩机高20～30℃，但排气管温度相差无几。检修抽真空时，最好是制冷系统高、低压侧同时进行。如单侧抽真空，宜在高压侧进行。

（2）旋转式压缩机工作原理。

滚动转子式压缩机工作时，主轴带动偏心轴转动，套在偏心轴上的转子随着一起转动。活动刮板在弹簧的作用下，把转子与汽缸之间的月牙形空腔隔为高、低压腔，如图2.8所示。在图2.8（a）中，A腔通过吸气管与吸气腔相通，A腔充满制冷剂气体。当转子转到图2.8（b）位置时，A腔容积缩小，气体被压缩而压力升高。同时新出现的B腔与吸气管相通，制冷剂气体进入B腔。转子转到图2.8（c）位置时，A腔进一步缩小，气体压力继续升高，而B腔容积进一步增大，继续吸气。当A腔气体压力超过排气腔压力时，排气阀开启，高压气体被输往制冷系统管道。转子转到图2.8（d）位置，A腔容积继续缩小，排气过程接近完成。而B腔继续增大，仍在吸气。转子继续转动，压缩机重复上述循环过程。

图2.6　旋转式（滚动转子）压缩机结构

1—电动机转子；2—轴承座；3—主轴；4—滚动转子；5—汽缸体；6—汽缸盖；7—活动刮板；8—接线盒；
9—机壳右端盖；10—接线端子；11—电动机定子；12—汽缸组件　13—中间机壳；14—冷却管；15—机壳左端盖

图2.7　旋转式（滚动转子）压缩机零部件分解图

　　滑片转子式压缩机工作过程与滚动转子式压缩机基本相同，只是主轴与转子同时转动，且用转子槽内能做径向自由滑动的滑片代替滑动刮板，把转子与汽缸间的腔室周期性地分成高、低压腔，从而不断吸进制冷剂气体，经压缩成高压后，输往制冷系统管道。

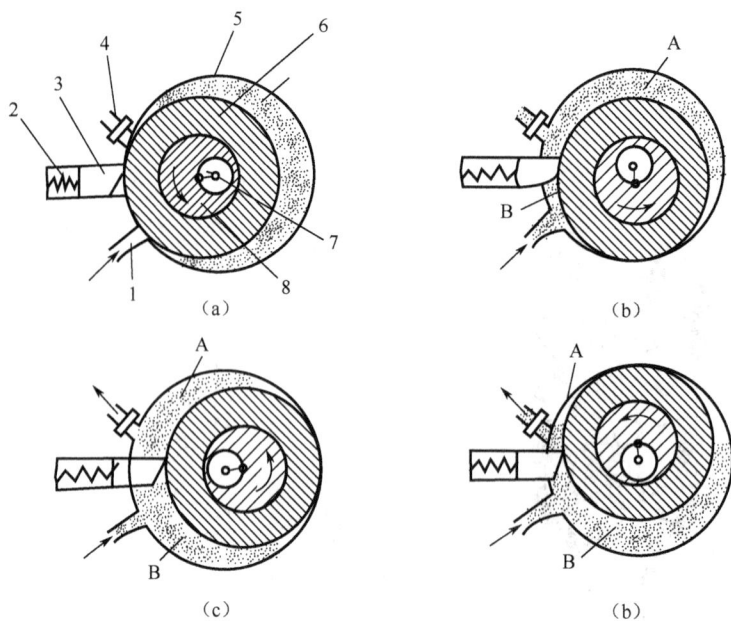

1—进气口；2—弹簧；3—活动刮板；4—排气阀；5—汽缸；6—滚动转子；7—主轴；8—偏心轴

图 2.8 滚动转子式压缩机工作过程

5. 无 CFC 制冷剂压缩机

（1）R134a 制冷剂压缩机。

R134a 制作工艺复杂，成本是 R12 的 3～4 倍，制冷效率降低约 10%，还要采用特定的冷冻油，压缩机成本因而增加，对制冷系统要求也较高。

R134a 制冷剂压缩机与 R12 制冷剂压缩机在以下几个方面存在区别。

① 压缩机结构的再设计。

由于 R134a 比 R12 的化学腐蚀性和亲水性增强，R134a 成分中不含氯，使压缩机零部件润滑性变差，引起不利的化学变化，因而其电动机线圈及绝缘材料必须加强绝缘等级。由于其制冷效率低于 R12，因此必须对压缩机采取一系列高效优化措施：采用高效压缩机电动机，并加装背阀；有效控制压缩机阀片，以提高效率；直接进气，用软管将吸气腔与回气管连接起来，以减少热量损失。

② 更换冷冻油。

压缩机冷冻油必须与制冷剂相溶，并具有良好的润滑性、密封性、低温流动性及化学稳定性等。由于用于 R12 压缩机的矿物油与 R134a 不相溶，因此采用 R134a 做制冷剂时，必须更换冷冻油。对于往复式压缩机，一般采用与 R134a 相溶的酯类油或聚二醇（PAG）油。对于旋转式压缩机，日本三菱电机公司开发出低黏度的硬质烷基苯（HAB）油做冷冻油。

对于 R12 和 R134a 做制冷剂的制冷系统，R134a 蒸发压力较低，冷凝压力较高，压比更大。低背压时，R134a 的制冷量较小，要获得相同的制冷量，须选用排气量大一些（约 10%）的压缩机。

由于新润滑油（特别是酯类油）具有极强的吸水性，水解性很强的酯类油与水反应生成酸，酸又腐蚀制冷管道及压缩机，甚至堵塞毛细管，酸与矿物油、水合成又使酯分解变质。故 R134a 压缩机对制冷系统中的含水量、含氯量、残油及杂质含量要求相当高，且真空泵（酯类油润）、连接软管、快速接头、密封圈等需要专用件，与 R12 系统不能通用，检漏仪要由卤素检漏仪改为电子检漏仪。

（2）R600a 制冷剂压缩机。R600a 即异丁烷，分子式为 C_4H_{10}，分子量为 58，沸点为 $-11.5℃$，其 ODP=0，GWP≈0，环保性能较好；取材易，有炼油工业就可生产，价格低（但我国目前尚未形成规模化生产，须高价进口）；润滑油仍可采用 R12 系统的矿物油，对系统材料无特殊要求，与水不发生化学反应，不腐蚀金属；运行压力低，噪声小，能耗可降 5%～10%，但须增大压缩机排气量 70%以上，制冷性能好，蒸发潜热高，压缩机能效比可高达 1.4 以上，有明显节能效果。

不足之处是其易燃易爆，使用在大容量的电冰箱上充注量较大时，如果发生泄漏，可能造成爆炸危险（爆炸体积浓度为 1.8%～8.4%）。因此一般把蒸发器固定在冷冻室外的硬质聚氨酯泡沫塑料中，且冰箱内电气元件采用防爆型，最好安装在冰箱外部。这时蒸发器固定在冷冻室内，且有化霜、定时、温控等电气元件的间冷式电冰箱安全性很难保证。故迄今为止，R600a 仅用于直冷式电冰箱上。

在有 R600a 存在的制冷管路上，不能用气焊和电焊，只能采用锁环连接方式，总之，生产及维修过程中对其安全性要求较严，安全系统引进的一次性投资较大，从而增加了冰箱成本和维修费用，其 POCP 值很大（属 VOC 类物质），因而影响了普及和推广。从异丁烷电冰箱上拆下的异丁烷压缩机，在未排干润滑油或未用锁环连接密封全部压缩机的封口以前，绝不允许车辆运输。

综上所述，异丁烷压缩机具有如下特点：

① 较高的能效比；

② 由于优越的运行状况，有很好的可靠性；

③ 较低的噪声；

④ 在电动机不变的情况下，为了达到同等的制冷量，R600a 压缩机的汽缸容积要比 R12 压缩机增大 70%以上；

⑤ 所有 R600a 压缩机必须采用 PTC 启动，减少燃烧爆炸的危险性。

6. 全封闭压缩机电动机

全封闭式压缩机组是将电动机与压缩机组成一个整体，密封在金属壳体中。电动机作为全封闭压缩机组中的原动力，是必不可少的部件。它将电能转换成机械能，带动压缩机活塞对制冷剂蒸气做压缩功，使制冷剂得以循环，实现制冷的目的。一般小型全封闭压缩机组都使用单相电源，其电动机都是单相异步电动机（以下简称为电动机）。下面简要介绍此类电动机。

电动机由定子和转子两部分组成，在定子铁芯上嵌有线圈，转子为铁芯上铸入铝条后形成的鼠笼式感应线圈，并进行了动平衡校验。用于单汽缸压缩机的转子，还装有配重块（有些机型的配重块直接制造在曲轴体上），转子被直接接入曲轴（同轴）。定子铁芯采用 4 个螺栓固定在机架上，或采用压入机体固定（空调器所用大功率压缩机的电动机采用此法）。按照启动方式不同，电动机可分为以下 4 种。

（1）阻抗分相启动电动机。

这种电动机定子上有启动绕组和运行绕组，启动绕组线径细、匝数少，电阻大而电感小，运行绕组线径粗、匝数多，电阻小而电感大。通入交流电，使两绕组形成两个不同感抗和不同相位角的启动电流，起到阻抗分相作用，由此产生旋转磁场，它作用在转子上，使其产生启动转矩。当启动转速达到额定转速的 70%～80%，在启动继电器控制下，断开启动绕组，而只让运行绕组工作。其电路如图 2.9 所示。这种电动机结构简单，成本低，启动转矩小，启动电流大，效率也不高。

图 2.9　阻抗分相启动电动机电路

（2）电容启动电动机。

这种电动机在启动绕组上须串联一只启动电容器（40～100μF），启动绕组线径粗一些，而匝数也少一些。目的是使启动绕组感抗小，而电容器的容抗较大，形成电容电感电路，容抗大于感抗，显示容抗的特性，启动绕组中电流超前电压，而运行绕组还是感抗性，显示出电压超前电流，使相位差加大，启动力矩也增大，启动电流较小，效率较高。其电路如图 2.10 所示。

（3）电容运转电动机。这种电动机定子绕组是两个不同布置角的绕组，都是运行绕组，其中一个绕组在工作中须串联一个小容量电容器（2～8μF），产生分相感应电流，使电动机旋转。这种电动机功率因数高，运行电流低，效率高。其电路如图 2.11 所示。

（4）电容启动、电容运转电动机。这是一种节能电动机，启动电路中有一只较大的电容（40～100μF）用于启动，此外还有一只小电容（2～3μF）与启动绕组串联作为运转电容。这种电动机的运行性能良好，功效和过载能力都有提高，降低了耗电量，但成本较高。其电路如图 2.12 所示。

图 2.10　电容启动电动机电路

所以，单相交流异步电动机的启动，一定要有两套绕组——主绕组（又称运行绕组）和副绕组（又称启动绕组）。前者在运转中一直通电，而后者只在启动时通电，运转后断开或相当于断开，用启动继电器来实现这一过程。

图 2.11　电容运转电动机电路

图 2.12　电容启动、电容运转电动机电路

全封闭压缩机阻值的测量包括电动机绕组阻值的测量和绝缘电阻的测量。

7. 全封闭压缩机电动机绕组阻值的测量

（1）测量原理。

全封闭压缩机包括压缩机和电动机，而电动机是压缩机的动力，只有电动机正常启动运转，才能带动压缩机运行，促使制冷剂在制冷系统中流动，实现制冷的目的。如果电动机出

现故障，就不能带动压缩机启动运行，当然就谈不上制冷了。而测定电动机的好坏，可通过测量电动机绕组的直流电阻值来判断。

对于使用单相交流电源的压缩机中的电动机，常采用单相电阻分相式或电容分相式单相异步电动机。这类电动机的绕组有两个，即运行绕组和启动绕组。运行绕组使用的导线截面积较大，绕制的圈数多，其直流电阻值一般较小；启动绕组使用的导线截面积较小，绕制的圈数较少，其直流电阻值一般较大。如某种电冰箱使用的全封闭压缩机，其电动机的运行绕组导线直径为$\phi0.64mm$，匝数为2×376匝，直流电阻为12Ω；启动绕组导线直径为$\phi0.35mm$，匝数为2×328匝，其直流电阻为33Ω。

（2）测量方法。

电动机绕组的引线通过内插头接到机壳上的3个接线引柱上。常用C（R）表示电动机运行绕组与启动绕组的公共端，用M（SP）表示运行绕组的引出线端，用S（JP）表示启动绕组的引出线端。对于具体绕组接线端子的判断，按以下步骤进行。

① 拆卸。

压缩机接线盒分解图如图2.13所示。卸下压缩机的接线盒后，拆下热保护器和启动继电器，然后用万用表的$R\times1$挡在机壳上的3个接线引柱上测量电动机绕组的直流电阻值。

（a）压缩机接线盒分解图（重力式启动器）

1—地线螺钉；2—线夹螺钉；3—线夹螺钉；4—热保护器；
5—热保护器压簧片；6—启动器；7—盒盖；8—盒盖片簧；
9—防震胶垫；10—胶垫套管

（b）压缩机接线盒分解图（PTC启动器）

1—压缩机；2—盒座；3—热保护器；4—PTC启动器；
5—热保护器卡簧；6—盒盖；7—盒盖卡簧

图2.13　压缩机接线盒分解图

② 测量。

在测量之前先分别在每根线柱附近标上1，2，3的记号，然后用万用表测量1与2，2与3，3与1三组线柱之间的电阻，测量得到的电阻值如图2.14所示。

③ 判别。

如图2.14可知，2与3之间的阻值最大为45Ω，是运行绕组和启动绕组的电阻值之和，说明另一线柱1为运行绕组与启动绕组的公共接头。1与3之间的电阻值是33Ω，为次大电阻，应是启动绕组的电阻值；

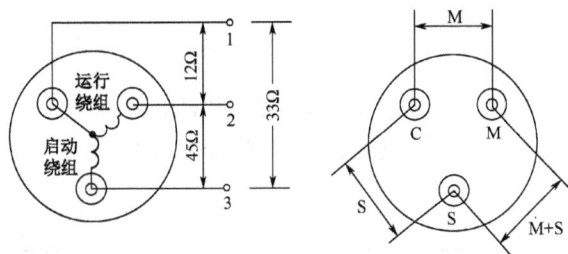

图2.14　压缩机接线端子的判断

1 与 2 之间的电阻值是 12Ω，为最小电阻，应是运行绕组的电阻值。因此，可以判断引线柱 1 为公共接头，引线柱 2 是运行绕组接头，引线柱 3 是启动绕组接头。对于压缩机电动机绕组阻值的测量，单相电动机在 3 个引线上测得的阻值，应满足如下关系：

$$总阻值＝运行绕组阻值＋启动绕组阻值$$

而对于三相电动机来说，3 个引线柱之间都有电阻，而且 3 组的电阻值相等。

在测量绕组电阻时，若测得绕组电阻无穷大，即说明绕组断路。电动机绕组断路时，电动机不能启动运转。如果只有一个绕组断路，电动机也无法启动运转，而且电流很大。绕组的埋入式热保护继电器的触点跳开后不能闭合或者触点被烧坏，以及由于电动机运转时产生的振动，导致电动机内引线的折断、烧断或内插头脱落，也都表现为绕组断路。

在测量绕组电阻时，若测得的阻值比规定的小得多，即说明绕组内部短路。若两绕组的总阻值小于规定的两绕组的阻值之和，则说明两绕组之间存在着短路。电动机绕组出现短路时，依短路的程度不同而现象各异。压缩机电动机出现短路后，不论能否启动运转，其通电后的电流都较大，而且压缩机的温升很快。全封闭压缩机电动机的引线柱是焊在机壳上的，内部与电动机的绕组引出线相连接，外部与电源线相连接。若通电后电动机的短路电流过大，可能会使此密封引线柱发生损坏而失去密封作用。大功率的全封闭压缩机更容易出现此类故障。密封引线柱被损坏后不能修复，应该更换同一规格、型号的全封闭压缩机。

（3）常见的电冰箱用压缩机的接线端子。

常见的电冰箱用压缩机的接线端子可通过图 2.15 所示方法来进行识别。观察位置为面对压缩机外接线端子。

东芝 KL-12M 型压缩机接线端子上测得的直流电阻值的大小，不同于一般压缩机电动机绕组电阻值大小的规律，即运行绕组的电阻小，启动绕组的电阻大。其特点是启动绕组接在运行绕组的中点上，如图 2.16 所示。这样接线的目的，是为了改善压缩机电动机的启动性能。

图 2.15　常见电冰箱压缩机接线端子

图 2.16　东芝 KL-12M 压缩机接线端子图

同时，应该指出，电动机绕组的电阻值与其温度有关。温度越高，电阻值越大，见表 2.1。因此，电阻值的测量应在压缩机停止运行 4h 后进行，以保证测量值的准确性。

表 2.1　日立空调器压缩机电动机绕组阻值

型号	温度	启动绕组电阻/Ω	运行绕组电阻/Ω
NK6003A	20℃	3.17	0.78
	75℃	2.246	0.95

（4）常见电动机绕组的阻值。

小功率的压缩机用电动机绕组的电阻值见表2.2。

表2.2　小功率电动机绕组阻值

电动机功率/kW	启动绕组电阻/Ω	运行绕组电阻/Ω
0.09	18	4.7
0.12	17	2.7
0.15	14	2.3
0.18	17	1.7

8．压缩机电动机绝缘电阻的测量

（1）测量方法。

在测量全封闭压缩机电动机绕组直流电阻值的同时，还必须测量压缩机电动机绕组的绝缘电阻。其测量方法是：将兆欧表的两根测量线接于压缩机的引线柱和外壳之间，用500V兆欧表进行测量时，其绝缘电阻值应不低于2MΩ。若测得的绝缘电阻低于2MΩ，则表示压缩机的电动机绕组与铁芯之间发生漏电，不能继续使用。用兆欧表测压缩机绝缘电阻的测量方法如图2.17所示。

若无兆欧表，也可用万用表电阻挡的$R \times 10k$挡来进行测量和判断。在测量时，手指不能碰到万用表的表笔，以免出现错误的读数。

（2）绝缘不良的原因。

造成压缩机电动机绝缘不良有以下几种原因。若出现绝缘不良，最好更换相同规格、型号的压缩机。

① 电动机绕组绝缘层破损，造成绕组与铁芯局部短路。

② 组装或检修压缩机时因装配不慎，致使电线绝缘受到摩擦或碰撞，又经冷冻油和制冷剂的侵蚀，导线绝缘性能下降。

③ 因绕组温升过高，致使绝缘材料变质、绝缘性能下降等。

绝缘电阻应大2MΩ

图2.17　用兆欧表测量压缩机的绝缘电阻

二、任务的完成过程

1．准备设备及器材

不同型号电冰箱压缩机两个，数字万用表1只，兆欧表1只，电工工具1套。

2．操作步骤

1）压缩机阻值的测试

（1）用工具将电冰箱压缩机上的接线盒卸下，拆下热保护器和启动继电器，露出3个呈品字形的接线端。

（2）在表2.3中画出3个接线端的排列示意图，并给3个端子分别标注上1、2、3的序号。

（3）将数字万用表拨到电阻挡的200Ω挡。

（4）用红黑表笔分别测试3个接线端之间的阻值，并记录在表2.3中，同时完成表中的其他内容。

（5）用同样的方法测试下一个电冰箱压缩机的阻值。

2）压缩机电动机绝缘电阻的测试

（1）用工具将电冰箱压缩机上的接线盒卸下，拆下热保护器和启动继电器，露出 3 个呈品字形的接线端。

（2）在表 2.4 中画出 3 个接线端的排列示意图，并给 3 个端子分别标注上 1、2、3 的序号。

（3）将兆欧表的两根测量线中的"L"接电动机的"C"接线端，兆欧表测试线的"E"接压缩机的金属外壳。

（4）转动兆欧表，待读数稳定后，再读取本次测试的绝缘电阻值。

（5）用同样的方法测试电动机的另外两接线端"M"、"S"。

（6）将以上测试的数据填入表 2.4 中，并完成表格的其他内容。

表 2.3　冰箱压缩机电阻测试记录表（共 40 分）

序　号	压缩机电动机接线端排列图（共 10 分）	接线端间阻值（共 18 分）	接线端判断（共 12 分）
第 1 个压缩机	注：给各个端子标上数字	1-2 端间阻值=	公共端是　　脚
		1-3 端间阻值=	运行绕组端是　　脚
		2-3 端间阻值=	启动绕组端是　　脚
第 2 个压缩机	注：给各个端子标上数字	1-2 端间阻值=	公共端是　　脚
		1-3 端间阻值=	运行绕组端是　　脚
		2-3 端间阻值=	启动绕组端是　　脚

表 2.4　冰箱压缩机绝缘电阻测试记录表（40 分）

序　号	压缩机电机接线端排列图（共 10 分）	绝缘电阻阻值（共 18 分）	质量判断（共 12 分）
第 1 个压缩机	注：给各个端子标上名称	公共端与机壳间的绝缘电阻值=	
		运行绕组端与机壳间的绝缘电阻值=	
		启动绕组端与机壳间的绝缘电阻值=	
第 2 个压缩机	注：给各个端子标上名称	公共端与机壳间的绝缘电阻值=	
		运行绕组端与机壳间的绝缘电阻值=	
		启动绕组端与机壳间的绝缘电阻值=	

3．操作时间

完成本任务全程时间为 25min。

三、任务的评价（表 2.5）

表 2.5　冰箱压缩机操作评价表

序号	评分内容	配分	评分标准	自评得分	小组互评	教师评分
1	压缩机电阻测试（表 2.3）	40	填写准确，书写工整			
2	压缩机绝缘电阻测试（表 2.4）	40	填写准确，书写工整			
3	完成时间	5	25 分钟内完成不加分，每延迟 2 分钟扣 1 分			

序号	评分内容	配分	评分标准	自评 得分	小组 互评	教师 评分
4	规范整洁	10	设备完好、摆放整齐、工位干净得 10 分。 其他酌情扣分			
5	安全操作	5	无安全事故及安全隐患得 5 分，其他酌 情扣分			
	合计得分	100				

任务2 学会压缩机的故障维修

一、任务的准备

(一)明确任务

电冰箱使用的全封闭压缩机主要有曲柄滑管式压缩机、曲柄连杆式压缩机以及无霜风冷式电冰箱所使用的比较新型的涡旋式压缩机等，它们的共同特点是将电动机与压缩机封闭在一个金属壳体内，而不同之处是压缩机部分构造有所不同。由于全封闭压缩机产生的故障现象比较繁杂，因此我们有必要将全封闭压缩机故障分为压缩机故障和电动机故障，有关后者的故障现象与检修放在后面的控制系统进行介绍。

本次我们就要通过学习掌握压缩机的故障判断方法，学会压缩机拆装技能。

(二)知识准备

1. 常见故障分析与维修

故障现象一：由于使用时间长，机械零件磨损，使压缩机效率降低，电冰箱的制冷性能下降，电冰箱的压缩机出现不停机现象。

故障分析与维修：电冰箱通电后，压缩机启动运转正常，但不制冷；充灌一次制冷剂后，仍然不制冷。此种故障的最大可能是压缩机汽缸内的高低压阀片或阀垫被击穿了。判断的方法是在工艺管上接上修理阀，然后在停机状态下向制冷系统内充入 0.2MPa 的制冷剂，启动压缩机，观察修理阀上表压的变化情况。如果表压几乎不降低，则说明的确是压缩机的阀片或阀垫被击穿了。此类故障的修理须拆下压缩机，剖开外壳，更换阀片或阀垫。

故障现象二：压缩机内高压排气缓冲管断裂，或压缩机阀片破裂而不制冷。

故障分析与维修：在压缩机运转时用大螺丝刀顶住压缩机外壳，耳朵贴住螺丝刀柄，如果可以听到机内压缩机气体喷出的气流声，同时伴有蒸发器不冷和冷凝器不热的现象，说明压缩机内高压排气缓冲管断裂或松脱了。判断的方法是将压缩机拆下，通电运转，用大拇指按住高压排气口，低压吸气口敞开，如果感到排气压力很小，说明确是此故障，必须开壳用铜焊条焊好（不可用磷铜或银焊条焊接，以免受高压冲击后又断裂）。待通电试压检查其排气功能完好时才能封壳。

故障现象三：由于润滑油路堵死，造成压缩机抱轴，而无法启动运转。如果装配间隙太小，压缩机运转一定时间后，也会由于受热膨胀而产生"热轧"现象。

故障分析与维修：压缩机抱轴多发生在曲轴与滑块孔、滑块与滑管、活塞与汽缸之间相互配合部分。发生此故障时，一旦合闸通电，常常会使过载保护器跳开。用万用表检测，压缩机电动机绕组的阻值正常，对地绝缘良好；再次启动时，过载保护器又重新动作，电动机不能启动，采取人工强行启动也无效。这时，一般就可以采用开壳修理或更换压缩机的方法。

故障现象四：压缩机内减振吊簧断裂或脱落，造成压缩机运行时产生撞击声。

故障分析与维修：启动压缩机时，可以听到很大的金属撞击声，此时压缩机将不能运转。当电冰箱向某一方向倾斜时，声音能减轻，说明机壳内可能有一只吊簧断裂或脱落了。发生挂钩弹簧脱落或断裂的原因是：安装时没有将挂钩卡住或三个弹簧高度不一致，因而三点承受拉力不同；或者是在运输或搬运时没有垂直放置。遇到此种故障，就必须开壳处理，挂钩弹簧固定紧，或更换新的挂钩弹簧。

制冷不正常的检修流程如图 2.18 所示，压缩机不正常的检修流程如图 2.19 所示，制冷不正常的检修流程如图 2.20 所示。

图 2.18　制冷不正常的检修流程

```
                        ┌─────────────────┐
                        │    压缩机不正常    │
                        └─────────────────┘
              ┌──────────────────┴──────────────────────────┐
    ┌──────────────────┐                        ┌──────────────────┐
    │    压缩机启动频繁    │                        │     压缩机不启动    │
    └──────────────────┘                        └──────────────────┘
              │                            ┌───────────┴───────────┐
    ┌──────────────────┐          ┌──────────────┐      ┌──────────────┐
    │   拆下启动继电器      │          │   照明灯不亮    │      │   照明灯亮      │
    │   接上启动试验线      │          └──────────────┘      └──────────────┘
    └──────────────────┘                  │                    │
      ┌───────┴────────┐          ┌──────────────┐      ┌──────────────┐
 ┌──────────┐ ┌──────────────┐    │  检查冰箱电源线  │      │   短接温控器    │
 │ 压缩机运行正常 │ │压缩机运转短时间就停│   └──────────────┘      └──────────────┘
 └──────────┘ └──────────────┘           │                    │
      │             │             ┌──────────────┐      ┌──────────────┐
 ┌──────────┐ ┌──────────────┐    │  检查灯泡及灯座  │      │  检查运行电流   │
 │ 检修或更换   │ │  检查运行电流    │   └──────────────┘      └──────────────┘
 │ 启动继电器   │ └──────────────┘
 └──────────┘
```

图 2.19 压缩机不正常的检修流程

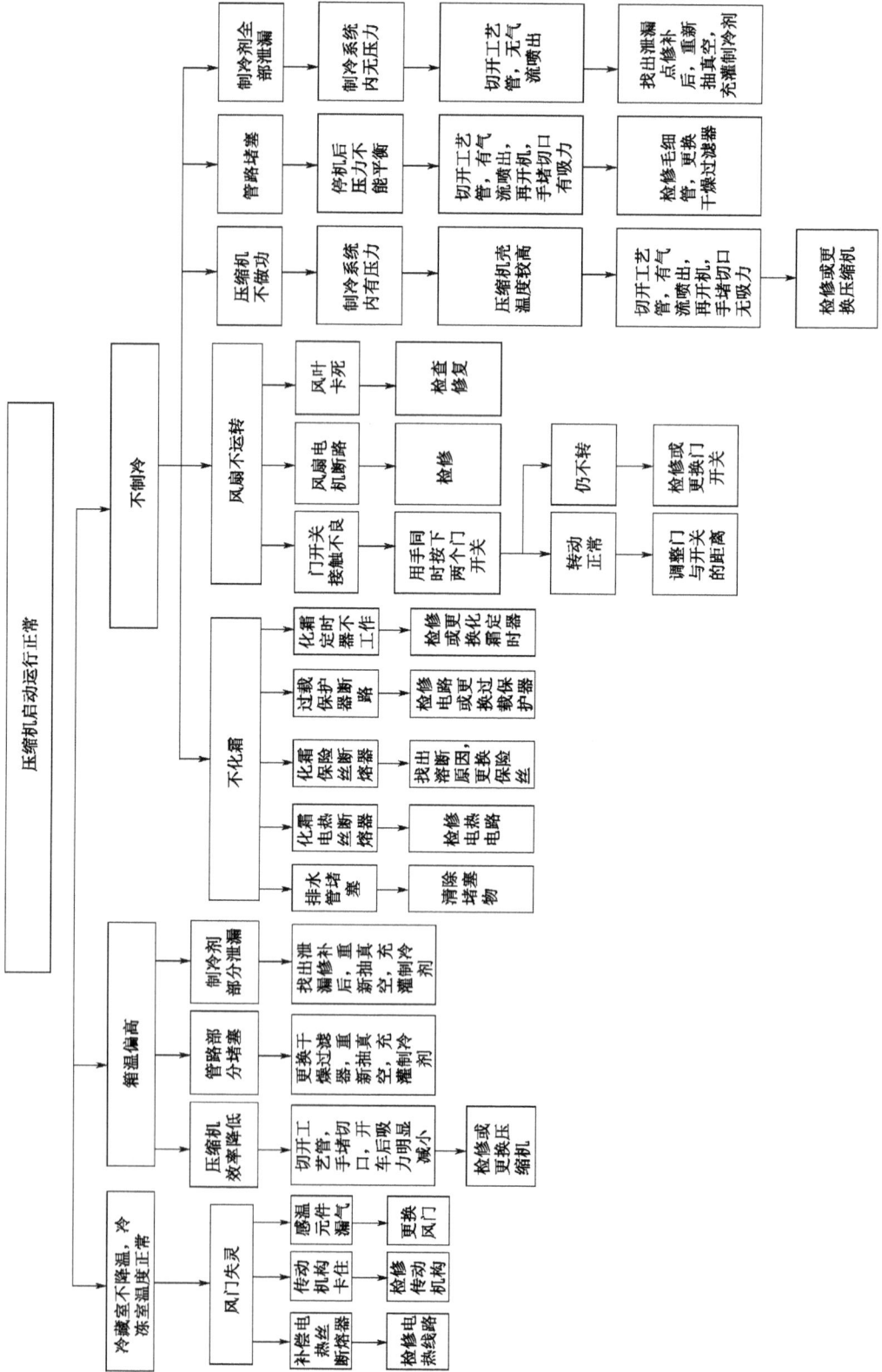

图 2.20 制冷不正常的检修流程

2．维修实例

一台西泠牌 BCD-175 型电冰箱压缩机能正常运转，但不制冷。

故障分析：断开压缩机的工艺管，若有大量的制冷剂气体喷出，说明制冷剂并没有泄漏。待制冷剂放尽后，用气焊的中性火焰，把压缩机吸、排气管焊开拔出，单独启动压缩机，待压缩机运转后，用手指堵住排气口，感到排气压力非常小，说明压缩机内部有故障，可能是高压阀片关闭不严或是汽缸盖与阀座间的垫片击穿，须对压缩机进行剖壳修理。

故障维修：该冰箱采用的是 QF21-39 型滑管式压缩机。修理时，先拆去压缩机与电冰箱底板连接的 4 个螺栓，取出压缩机，然后把压缩机倒置，让冷冻油从低压吸气管流出，收集在一只玻璃瓶内，盖好盖，防止冷冻油吸入水分，并记下重量。把压缩机固定在台虎钳上，用手锯沿圆周锯开，在上下壳间做一垂直记号，以便修复后能对准原来位置焊接。

将压缩机开壳后，用钢冲将固定弹簧挂钩的 3 个压点用力冲开，再用大螺丝刀将 3 只弹簧钩撬松；将固定高压缓冲管的螺钉和卡子松开并拿下，然后轻轻地将其弯向机壳一侧，这时可将内部机芯整体拿出。如图 2.21 所示，将固定汽缸体的 4 颗螺钉（图中的 1，2，4，6）拆下，将缸体取出；如图 2.22 所示，拧下固定端盖的 4 颗螺钉，将固定在缸体上的高低压气室端盖拆下，即可将高低压阀片、阀板和阀垫取下，如图 2.23 所示。经检查发现高压阀片已被击穿，使得被压缩后的大量气体返回低压系统，使电冰箱无法制冷。

1—固定汽缸的螺钉；2—固定汽缸的螺钉；3—汽缸的高低压气室；
4—固定汽缸的螺钉；5.活塞；6—固定汽缸的螺钉；7—滑块；8—曲轴；
9—高压输出缓冲管；10—挂钩；11—定子；12—电动机绕组

图 2.21　压缩机机芯

1—活塞；2—活塞架；3—滑块；4—高压端；
5—高、低压气室端盖；6—固定气室端盖的螺钉；
7—低压消声器；8—低压端

图 2.22　压缩机缸体

更换一个新的阀片，将阀片和阀板清洗干净、吹干，然后按照拆下时的位置，将低压阀片和阀板垫片装在阀板的低压阀线上，将低压阀片的顶端轻轻往外掰一掰，把阀板翻过来，再装高压阀片及阀板垫片，高压垫片须上紧，最后将高、低压气室及端盖拧紧。将机壳和机芯清理干净，把机芯重新装好，确定 3 只弹簧已卡进、吊好在机壳上。盖上上机壳，把压缩机开壳前的上下壳垂直记号对准，用湿布将压缩机的 3 个接线柱盖好，然后进行电焊封壳。封壳完成后，将高、低压端用套铜管焊死，在工艺管上接上压力调节阀，阀的另一头接氮气瓶，再将压缩机放入水中，如图 2.24 所示。开启氮气瓶阀门，充入压力为 0.8MPa 的氮气，没有发现水中有冒泡现象；将压缩机取出，焊下高、低端的套铜管，放入烘箱内干燥好后取出；将盛冷冻油的玻璃瓶拿出，过滤后再加入原油量10%的18号冷冻油；把低压回气管插入玻璃瓶油面下，启动压缩机，冷冻油就从低压管吸入压缩机中。加完油后，将低压管堵住，启动压缩机让其连续运转几个小时，利用运转产生的高温使压缩机内部的水分蒸发掉。最后将压缩机装回到电冰箱中，焊好各接管，对系统充氮气检漏，没有发现泄漏现象后，抽真空，充制冷剂，试机，电冰箱制冷恢复正常。

一台东芝牌 GR-184E 型电冰箱制冷正常，但噪声大，振动大。

故障分析：检查冰箱各外部管路及压缩机，没有发现松动迹象，手摸冷凝器及压缩机等均有颤动的感觉，耳听噪声好像来自压缩机部位；再用手摸压缩机，其颤动感觉明显强于冷凝器，怀疑该处为振源。手摸冰箱各部位的温度，发现冷凝器热度正常，摸至压缩机排气口与高压管连接处，有明显温差。靠近压缩机一端较热（正常），而高压管一端较凉（异常）。询问用户得知，该冰箱曾修理过。初步判断故障为上次维修焊接时有部分物质流入管内，造成管路局部堵塞，致使压缩机排气不畅，使排气压力增高，增大了压缩机的工作负荷，导致压缩机振动和噪声增大。

1—进气阀片定位销；2—排气阀座线；3—排气阀件螺钉；
4—升程限制片；5—垫片；6—弹簧片；7—排气阀片；
8—阀板；9—进气阀座线；10—进气阀片

图 2.23　压缩机气阀结构

1—氮气瓶；2—压力调节阀；3—连接管；
4—试漏水箱；5—压缩机

图 2.24　压缩机充压试漏图

故障维修：将焊接处锯开，发现在高压排气管的管口部位有焊接残留物，用铜棒、小试管刷和手锤等工具将管内阻塞物清除干净，如图 2.25 所示，重新焊接好，该电冰箱即恢复正常工作。

图 2.25　清除高压排气管内的阻塞物

二、任务的完成过程

1. 冰箱制冷异常故障划分

通过前面的学习，结合图 2.18 中的内容，完成表 2.6 的内容。

表 2.6　冰箱制冷不正常故障划分表（每空 3 分，共 48 分）

故障现象	检查对象	检查结果	故障大致原因	排除故障措施
压缩机启动运转正常而制冷不正常	电冰箱蒸发器	不结霜	1.	
			2.	
			3.	
		局部结霜	1.	
			2.	
		结霜、化霜交替出现		
		结浮霜	1.	
			2.	

下面我们学习电冰箱压缩机更换方法的操作步骤，要求大家能进行完整的操作。

2. 准备设备及器材

电冰箱、全封闭式压缩机、维修连接管、割刀、封口钳、气焊设备、扩管器、锉刀、螺丝刀、扳手、旋具、尖嘴钳、胶塞、砂纸等。

3. 操作步骤

1）压缩机的拆卸

（1）将电冰箱断电，静置 10min 以上，让制冷系统中的制冷剂达到平衡。

（2）拆下压缩机上的电气连接线。

（3）用锉刀将压缩机的工艺管锉开一个小口，放出里面的制冷剂，待制冷剂放完后用割刀将工艺管的末端切掉。

（4）将准备好的气焊设备打开并点燃焊枪，调节好焊枪的火焰（具体内容可以参照前面内容）。

（5）用焊枪将高压排气管从压缩机上焊开，并用胶塞塞住连接管管口。

（6）用焊枪将低压回气管从压缩机上焊开，并用胶塞塞住连接管管口。

（7）用扳手拧下底版上压缩机的安装螺帽，拆下压缩机。

（8）取出压缩机底座上的防振橡胶垫，并保管好。

2）压缩机的焊装

（1）将橡胶垫安装在压缩机的底座上。

（2）将压缩机安装在冰箱的底版上，拧紧安装螺母。

（3）取下连接管中的胶塞。

（4）将焊接部位清理干净并打磨光亮。

（5）将准备好的气焊设备打开并点燃焊枪，调节好焊枪的火焰（具体内容可以参照前面内容）。

（6）用焊枪将高压排气管与压缩机进行焊接，并检测焊接质量。

（7）用焊枪将低压回气管与压缩机进行焊接，并检测焊接质量。

（8）将工艺管的焊接部位清理干净并打磨光亮。

（9）用焊枪将工艺管与维修连接管相连，以便后期的抽真空加氟操作。

4. 注意事项

（1）用锉刀将压缩机的工艺管挫开一个小口时，不能将工艺管整根切断。

（2）压缩机的安装螺帽不用拧得过松或过紧。

（3）焊接过程中一定注意用火安全。

5. 操作时间

完成本任务全程时间为30min。

三、任务的评价（表2.7）

表2.7　压缩机拆装操作评价表

序号	评分内容	配分	评分标准	自评得分	小组互评	教师评分
1	冰箱制冷异常故障划分（表2.6）	48	填写准确，书写工整			
2	压缩机的拆卸	12	动作规范4分，步骤正确4分，操作质量4分			
3	压缩机的焊装	20	动作规范4分，步骤正确4分，操作质量12分			
4	完成时间	5	30分钟内完成不加分，每延迟2分钟扣1分			
5	规范整洁	10	设备完好、摆放整齐、工位干净10分。其他酌情扣分			
6	安全操作	5	无安全事故及安全隐患得5分，其他酌情扣分			
	合计得分	100				

项目二　蒸发器

任务1　知道蒸发器的结构及原理

一、任务的准备

（一）明确任务

蒸发器是电冰箱内部进行热量交换的主要器件，其结构和种类比较多样。本次任务我们就是需要理解蒸发器的结构，并且掌握它的工作原理。在学习过程中，我们要将理论结合实际产品来对知识进行掌握。

（二）知识准备

蒸发器是一种将电冰箱内的热量传递给制冷剂的热交换器，它的主要作用是把毛细管送来的低温低压制冷剂液，经吸收箱内食品的热量后蒸发为制冷剂饱和蒸气，达到制冷的目的。常用的蒸发器有复合铝板吹胀式、管板式、翅片盘管式和层架盘管式。

1. 结构形式

（1）复合铝板吹胀式蒸发器。

该蒸发器是将管路用卫焊剂调成的涂料，按所需管线印制在铝板上，与另一块铝板合在一起进行强力高压轧焊成一体，然后用气压将印刷管路吹胀，成为蒸发器板坯，再焊上接管后弯曲成形。

这种蒸发器表面平整不易积垢，管路流程可多路并联而不要接头，而且管路密集，压力损失小。管道与壁板之间的温差小，传热效率高。其外形如图2.26所示。

铝复合板蒸发器多用于单门电冰箱和双门电冰箱冷藏室蒸发器，也有用做双门直冷式电冰箱冷冻室蒸发器的。

铝复合板蒸发器可变化多种形状，例如海尔公司

图2.26　复合铝板吹胀式蒸发器外形

BC—50E，BC—110A，BC—110B，BC—160，BC—163使用的U形，BC—169，BC—168，BC—171，BC—276W（冷藏）使用的平板形，BC—116，BC—145使用的"口"形蒸发器均属此种类型。

（2）管板式蒸发器。

管板式蒸发器外形如图2.27所示。它是将铝管或异形铜管制成的盘管黏附或贴附于壳壁外侧，铸于聚胺酯隔热层内或直接制成搁架式放在冷冻室内。直冷式双门电冰箱的冷冻室多采用这种蒸发器。

（a）　　　　　　　　　　　　（b）

图2.27　管板式蒸发器外形

管板式蒸发器的优点是：冷冻室内壁光洁、平整，不易泄漏，不易损伤，即使壳壁破裂，只要盘管未受到损伤，制冷剂也不致泄漏，盘管不与外界空气、水分接触，故不易腐蚀。其

缺点是：管路只能做成单程盘管，为避免压力损失，盘管长度受到一定的限制，管道的间距较大，从而使管道与壁板之间的温差相对吹胀式而言要大一些，传热效率降低。

（3）翅片盘管式蒸发器。

该类型蒸发器主要用于间冷式电冰箱，外形如图 2.28 所示。翅片一般由 0.1~0.2mm 的铝片制成，片距为 6~8mm，盘管采用 $\phi 8 \sim \phi 12mm$ 的铜管或铝管。盘管之间还设有电热管，用以快速自动除霜。

这种蒸发器依靠专用的小风扇，以强迫对流的冷却方式吹送空气经过其表面。专用的小风扇电动机输入功率一般有 3W、6W 和 9W 3 种。

（4）层架盘管式蒸发器。

在目前较流行的冷冻室下置内抽屉式直冷式冰箱，蒸发器普遍采用层架盘管式蒸发器，外形如图 2.29 所示。盘管既是蒸发器，又是抽屉搁架，这种蒸发器制造工艺简单，便于检修，成本较低（可用铝管或邦迪管），而且有利于箱内温度均匀，冷却速度快。

图 2.28　翅片盘管式蒸发器外形

图 2.29　层架盘管式蒸发器外形

2. 蒸发器的结构特点

电冰箱由于采用毛细管节流，制冷工况受环境温度影响，制冷剂流量也会发生变化。所以，在蒸发器后部一般设有"气液分离筒"或铝板吹胀型的气液分离部分，如图 2.30 所示。

蒸发器制造中还要考虑到润滑油的回流，尽量做到上进下出。双门直冷式是冰箱的冷冻室和冷藏室各有一个蒸发器，制冷剂经毛细管节流后先进入冷冻室蒸发器，然后再进入冷藏室蒸发器。但也可以先进入冷藏室蒸发器，然后再进入冷冻室蒸发器。具体情况要看冷藏室和冷冻室的上下位置，哪个在上，就先进入哪一个。

图 2.30　铝板吹胀式蒸发器

3. 影响蒸发器传热效率的因素

（1）霜层及污垢等对传热的影响。

蒸发器是通过金属表面对空气进行热交换的。金属的热导率很高，例如，铝的导热系数为 203W/（m·K），铜为 380W/（m·K），但冰和霜的导热系数分别为 2.3W/（m·K）和 0.58W/

（m·K），要比铜和铝低数百倍。所以蒸发器表面结有较厚的冰或霜时，传热效率就要大为降低。尤其是强迫对流的翅片盘管蒸发器，霜层的积蓄将导致翅片间隙缩小甚至堵塞风道，使冷风不能循环，会导致冰箱工作失常。

另外，蒸发器的传热表面如黏附有污物，也会造成很大的热阻力，影响制冷剂液体润滑表面能力，使传热效率下降。另外，如制冷剂中带有润滑油，也会影响传热。

（2）空气对流速度对传热的影响。

通过蒸发器表面的空气流速越高，传热效率越高。直冷式电冰箱靠空气自然对流冷却，如果食品之间和食品与箱内壁之间没有适当的间隙，而挤得很满、很紧，空气就不能正常对流，因而降低了蒸发器传热效率。强迫对流冷却的蒸发器，风速过低或风道不畅都会使传热效率越低。

（3）传热温差对传热效率的影响。

蒸发器与周围空气的温差越大，蒸发器的传热效率越高；当温差相同时，箱内温度越高，传热效率越低。

（4）制冷剂特性对蒸发器传热影响。

制冷剂沸腾（汽化）时的散热强度、制冷剂的导热系数大小及流速都会直接影响蒸发器的传热性能。制冷剂沸腾时散热强度随受热表面温度与饱和温度之差的增大而增高。K 值增大则传热面积可相应减小。制冷剂流速大则传热系数也大。R134a 传热效率比 R12 差，也稍差于 R600a，而 R12 的传热效率最好。

二、任务的完成过程

通过前面的学习，将表 2.8 中的冰箱常见蒸发器进行归类，并将种类填入表中。

表 2.8　冰箱蒸发器种类识别（每空 10 分，共 60 分）

	请将各个实物图所对应的种类填写在图下方的方框内。	
冰箱蒸发器 实物图片		
种类		
冰箱蒸发器 实物图片		
种类		

续表

冰箱蒸发器实物图片	请将各个实物图所对应的种类填写在图下方的方框内。	
种类		

备注：常见冰箱蒸发器种类有：①复合铝板吹胀式，②管板式，③翅片盘管式，④层架盘管式

三、任务的评价（2.9）

表2.9　蒸发器识别评价表

序号	评分内容	配分	评分标准	自评得分	小组互评	教师评分
1	冰箱蒸发器识别（表2.8）	60	填写准确，书写工整			
	合计得分	60				

任务2　学会蒸发器的故障维修

一、任务的准备

（一）明确任务

蒸发器是一个热交换场所，其发生故障的几率不太大。由于其安装位置特殊，一般都安装在冰箱保温层内部，一旦发生故障，维修将比较困难。下面我们就将学习蒸发器的故障判断和维修方法。在学习中，我们还要认真实训，不断思考，讲究工艺，养成良好的习惯，最终达到掌握技能，形成良好习惯的目的。

（二）知识准备

1. 常见故障分析与维修

电冰箱蒸发器安装在冷冻室和冷藏室内，可将电冰箱内的热量传递给制冷剂。制冷剂液体在蒸发器内汽化吸热，利用蒸发器管壁进行热交换，吸收箱内热量而达到制冷目的。蒸发器常发生的故障主要有泄漏、积油。

故障现象一：蒸发器泄漏。

故障分析与维修：蒸发器泄漏的原因主要有：蒸发器的材质有问题，使用中因受到制冷剂压力和液体的冲刷，或受到腐蚀后出现微小的泄漏。另外，如果用刀尖等物取食品时，也容易将蒸发器表面扎破，引起制冷剂泄漏。

蒸发器常采用铜、铝等材料制造，在维修中应采用不同的方法进行堵漏。

（1）铜管铜板式蒸发器泄漏后的维修。

此类蒸发器发生泄漏的位置一般在焊口处。对于单门电冰箱，无须将蒸发器拆下，可先将蒸发器从悬挂部位取下，找到焊口后直接进行补焊。补焊宜采用银焊，操作时间要短，以

免系统中产生过多的氧化物，造成系统脏堵。

（2）铝蒸发器泄漏后的维修。

铝蒸发器泄漏后，一般可采用锡铝补焊法、气焊补焊法、粘接修补法进行修理。

① 锡铝补焊法。

这种方法又叫摩擦焊接法，适合焊补直径为 0.1～0.5mm 的小孔。操作时，应先用细砂纸将蒸发器漏孔周围的氧化层刮净，再将配制好的助焊粉放置到漏孔周围，然后一手拿电烙铁，一手拿锡条，用电烙铁在漏孔周围用力滑动，以去除氧化层。由于助焊粉中松香的保护作用，使锡牢固地附在铝板表面，将漏孔补好。漏孔补好后，随即用干布将多余的锡料和助焊粉擦去。

② 气焊补焊法。

将蒸发器从系统上拆下，用细砂纸把漏孔周围清理干净，使其露出清洁的铝表面，涂上调好的焊药，同时在铝焊条上蘸上焊药，选用小号焊炬，调节火焰为中性焰，预热补焊部位和铝焊条，温度控制在 70～80℃，然后集中火焰，加热补焊处，同时将焊条靠近火焰，保持焊条的温度。当加热处有微小细泡出现时，迅速将焊条移向补焊处，焊条向补焊处轻轻一触，火焰马上离开焊接处，焊接完毕后用水将渣清洗干净。

③ 粘接修补法。

此方法可粘补直径大于 1.5mm 的漏孔，也可以粘接铝质蒸发器进气、回气的铜铝结合管断裂处。使用的是双组分胶粘剂，加 JC-311 等。粘接时，先将修补处用细砂纸打磨，再用丙酮溶液将修补处的污垢清除，待干净后，将混合均匀的胶粘剂涂到漏孔处，在室温下固化 24h 即可。

不论用哪种方法修补后，都要将蒸发器进行加压试漏，可充入 0.4～0.6MPa 的氮气，用肥皂水进行试漏，确认无泄漏后方可装入系统中使用。

故障现象二：蒸发器积油。

故障分析与维修：蒸发器内积油主要是由于压缩机性能不好、排油量过大造成的。蒸发器内积油过多，会严重影响电冰箱的制冷性能。修理时，取出蒸发器，在一端连接氮气管，加压 0.4MPa，内部的油污和杂质就会被氮气从另一端全部吹出。

2. 维修实例

一台航天牌 BCD-177 型电冰箱开机一段时间制冷效果不好，后来完全不制冷。

故障分析：通电试机时，发现完全不制冷是因为压缩机不能启动，怀疑是压缩机故障。首先拆开压缩机的接线盒，测量压缩机启动绕组阻值为 33Ω，运行绕组阻值为 17Ω，两绕组阻值之和为 50Ω，属于正常范围；测绝缘电阻也正常。这说明压缩机的绕组没有损坏。

割开压缩机工艺管，无制冷剂排出，而当割断压缩机的排气管与冷凝器接头处时，却有大量的制冷剂排出。此时，用直接启动的方法启动压缩机，压缩机的启动和运转均正常。凭经验用手堵压缩机的排气口，该压缩机排气正常，说明压缩机也没有机械卡死的问题。不能启动可能是由于高压侧压力过高所致，初步判断该电冰箱制冷系统出现了严重的堵塞。

重点检查制冷系统的低压部分。先用火烘烤毛细管外露部分，再将毛细管的外露部分几乎全部割去，仍然是毛细管处无气体排出，未能找到堵塞点，确定为低压部分内堵塞，只能进行开背修理。

该机的制冷系统结构如图 2.31 所示，在上下箱的交界部偏下一点的位置挖开电冰箱的后背，让上、下蒸发器的接头暴露出来。为缩小故障范围，确定究竟是哪个蒸发器发生堵塞，将两个蒸发器的接头处焊开，去掉下蒸发器和毛细管，对上蒸发器进行充氮试验，而上蒸发器出口处有气体排出，说明下蒸发器的出口处无气体排出，确定为这一部分发生堵塞。

故障维修： 用细铁丝从上、下蒸发器接头处的下蒸发器管口处伸入其内，试图找到堵塞点，发觉有异物堵在管口附近。用焊条使劲一捅，由于管内尚存有 0.8MPa 的高压，即见有一堵塞物喷射而出，管道即刻通畅。堵塞物原来是一截变硬了的橡胶塞子，估计是装配焊接蒸发器的高温使橡胶塞表面被碳化，在系统内存在压力时，制冷剂不能循环致使冰箱不制冷，而且导致高压部分压力过高，压缩机也无法启动。残留物取出后，将制冷系统的管道接通，更换过滤器，检漏、充注制冷剂后试机，该机制冷系统恢复正常，开停机也正常。最后将冰箱后背所挖处填充隔热材料，用铁皮封盖好，修理完毕。

一台可耐牌 BCD-22A 型电冰箱冷藏室内温度过高，压缩机不停机。

故障分析： 经检查排除了制冷剂泄漏的可能，再检查冷藏室蒸发器后壁，该冰箱采用的是铝板盘管式蒸发器，蒸发器的盘管用黏合剂粘结在铝板上，再把铝板粘在冰箱的内胆上。由于冷藏室内长期冷热温度的变化而致使内胆与下蒸发器之间的黏合剂失效，两者之间形成了一定的空气隔热层，致使下蒸发器的制冷量不能直接传递给内胆，使温控器感温。

图 2.31　制冷系统结构

故障维修： 根据开胶面积的大小，先用 100W 电烙铁在冰箱内胆后壁上挖开一个洞，将内胆取走，拉开蒸发器的铝板，再轻轻拉出下蒸发器的铜管，注意不要使各接头处开焊造成泄漏。如图 2.32 所示，剪一块白铁板，插入铜管的背后，用自攻螺钉将铁板固定在内胆所挖之处，再用 $\phi 8$ 的塑料电缆卡把铜管固定在铁板上，最后用一段塑料管套在温控器感温头上，固定在原位置附近即可。经试机，冷藏室温度恢复正常，压缩机开停机也正常。

180mm

380mm

○ 为固定螺钉孔

1—上蒸发器；2—冷凝器支架固定孔；3—下蒸发器；4—压缩机

图 2.32　下蒸发器内胆变形的修复方法

二、任务的完成过程

蒸发器补漏实训练习

1. 准备设备及器材

实训用旧冰箱蒸发器，细砂纸，稀盐酸，硫酸铜溶液，干净布，100W 电烙铁，焊锡，丙酮溶液，311 型粘胶，铝片，电工工具 1 套。

2. 操作步骤

1）酸洗焊接法修补内漏的蒸发器训练

（1）用工具将旧冰箱蒸发器锉一个小孔，造成蒸发器有泄漏孔。

（2）先将蒸发器漏孔堵住，用细砂纸将漏孔周围打磨、擦净。

（3）在漏孔周围滴几滴稀盐酸溶液。

（4）稍等片刻，再加入几滴较浓的硫酸铜溶液，待漏孔周围有铜覆盖时，用布擦干。

（5）拔出堵孔物，用 100W 大功率电烙铁进行锡焊堵漏。

（6）进行打压试验，看泄漏点是否已经修复。

2）粘剂补漏法修补内漏的蒸发器训练

（1）用工具将旧冰箱蒸发器锉一个小孔，造成蒸发器有泄漏孔。

（2）将蒸发器漏孔周围打磨、擦净后，涂上丙酮溶液。

（3）待挥发后，在一小块玻璃或硬纸板上将 tc—311 型粘胶的 a、b 两管胶，按 1∶1 比例调匀，涂于漏孔处。

（4）若漏孔较大，可剪一块比漏孔稍大的铝片，用细砂纸打磨、擦净后，涂上丙酮液，待挥发后，再涂上粘合剂贴在漏孔上。

（5）在室温下固化 24h 后，再进行打压试验。

3. 操作时间

完成本任务全程时间为 40min。

三、任务的评价（表 2.10）

表 2.10　蒸发器补漏操作评价表

序号	评分内容	配分	评分标准	自评得分	小组互评	教师评分
1	酸洗焊接法修补内漏的蒸发器训练	40	步骤正确，动作规范，工艺良好			
2	粘剂补漏法修补内漏的蒸发器训练	40	步骤正确，动作规范，工艺良好			
3	完成时间	5	40min 内完成不加分，每延迟 2min 扣 1 分			
4	规范整洁	10	设备完好、摆放整齐、工位干净得 10 分。其他酌情扣分			
5	安全操作	5	无安全事故及安全隐患得 5 分，其他酌情扣分			
	合计得分	100				

项目三　冷凝器

任务 1　知道冷凝器的结构及原理

一、任务的准备

（一）明确任务

冷凝器是电冰箱内部进行热量交换的主要器件，其结构和种类比较多样。本次任务我们就是需要理解冷凝器的结构，并且掌握它的工作原理。在学习过程中，我们要将理论结合实际产品来对知识进行掌握。

（二）知识准备

冷凝器是一种将制冷剂的热量传递给外界的热交换器，安装在电冰箱箱体的背部、顶部或者左右两侧部。它的主要作用是把压缩机压缩后排出的高温高压过热制冷剂蒸气冷却，变为中温高压的液态制冷剂，而达到向周围环境散热的目的。常见的冷凝器有百叶窗式、钢丝盘管式、内藏式和翅片盘管式。

1. 冷凝器冷却方式

冷凝器的冷却方式分为水冷却和空气冷却两种。冰箱一般使用空气冷却，而空气冷却又分为自然对流冷却和风扇强迫对流冷却两种方式。

（1）自然对流冷却。

空气自然对流冷却方式具有构造简单、无风机噪声、不易发生故障等优点，但是传热效率较低。300L 以下的电冰箱和小型冷冻箱多采用此种冷却方式。

（2）强迫对流冷却。

空气风机强迫对流冷却方式的传热效率较高，结构紧凑，不需要水源，使用比较方便。

但风机有一定的噪声。当电冰箱容积在 300L 以上时，有时采用此种冷却方式。厨房冷藏箱等较大空调设备的冷凝器，也多采用此种方式。

（3）大型制冷设备多采用水冷却方式。

2. 冷凝器的结构形式

（1）百叶窗式冷凝器。

百叶窗式冷凝器结构如图 2.33 所示。它是将冷凝管压抱在冲有百叶窗孔的薄钢板上，依靠空气自然对流将热量散发出去。百叶窗状的薄钢板增加了散热面积，改善了通风散热条件。

百叶窗式冷凝器通常采用外径为 $\phi 4\sim\phi 6mm$、壁厚为 0.5～1mm 的钢管，散热板采用 0.5mm 厚普通碳素钢板。

（2）钢丝盘管式冷凝器。

钢丝盘管式冷凝器又称钢丝管式冷凝器。冷凝器采用的是邦迪管（内外镀铜的焊接钢管）和盘管，然后将盘管置于专门用来装卡和焊接的设备上，在盘管垂直方向的两侧均匀地焊接上许多 $\phi 1.6mm$ 的普通碳素钢丝，钢丝间距为 4～6mm，其结构如图 2.34 所示。丝管式冷凝器冷凝管走向大多是水平方向。它重量较轻，成本较低，强度和钢性较好，传热效率稍高于百叶窗式冷凝器。

（3）内藏式冷凝器。

内藏式冷凝器是将铜管或邦迪管制成的盘管挤压或贴敷于冰箱外壳的内侧表面，利用电冰箱壳的外壁向外散热，如图 2.35 所示。这种形式的冷凝器具有占用空间小、便于清洁、不易碰损、使电冰箱背部平滑整洁等优点。但这种冷凝器的散热性能不如百叶窗式和丝管式冷凝器，有的采用附加冷凝器来改善散热条件。另外，由于冷凝器被固定在电冰箱外壳表面，因此绝热层也要相应增厚。对于这种构造，一旦冷凝器内部管道产生泄漏则无法检修或更换，必须由严格的工艺来保证。海尔电冰箱主要采用以上 3 种冷凝器。

（a）水平走向　　　　（b）垂直走向

图 2.33　百叶窗式冷凝器

图 2.34　钢丝盘管式冷凝器

（4）翅片盘管式冷凝器。

翅片盘管式冷凝器结构如图 2.36 所示。该冷凝器的盘管多为铜管制成。它是在 U 形管上，按一定片距，穿套上厚度为 0.15～0.2mm 的铝片，再经机械胀管，焊接上小 U 形回弯管后而成。由于外表面积大，体积小，所以必须采用强迫对流冷却方式才能提高效率。

（a）内藏式冷凝器　　　　（b）局部结构

1—管压板；2—冷凝管；3—散热板；4—ABS 内胆；
5—聚氨酯发泡层；6—后箱背钢板；7—铝胶带

图 2.35　内藏式冷凝器

1—冷凝管；2—散热翅片

图 2.36　翅片盘管式冷凝器

3. 影响冷凝器传热效率的因素

冷凝器作为电冰箱的散热部件，总是希望尽量提高其传热效率。在电冰箱的散热形式确定之后，在使用过程中还有一些因素影响其传热效率。

（1）空气流速和环境温度对传热效率的影响。

空气流速是影响冷凝器传热效率的重要因素，流速越慢则传热效率越低。但流速也不能过高，流速太高，将增大流阻和噪声，而传热效率无明显提高。因此，电冰箱四周应空气流畅，尤其上部不能遮盖，以利空气对流。

环境温度越低则传热效率越高。所以电冰箱应尽量放置在通风、凉爽的地方，周围应避开热源，更应避免太阳光的直晒，提高电冰箱冷凝器的传热效率。

（2）污垢对传热效率的影响。

自然对流冷却方式或强迫对流冷却方式的冷凝器，使用一段时间后，其表面定会积落灰尘、油垢。由于灰尘、油垢传热不良，定会影响其传热效率，因此须定期清洁冷凝器。此问题易被使用者所忽略。

（3）空气对传热效率的影响。

此处所指的空气是制冷系统中的残留空气。当电冰箱制冷系统中的残留空气过多时，由于不易液化，在电冰箱运行中将集中于冷凝器中，空气的导热率很低，也将使冷凝器的传热效率大为降低。因此，在充注制冷剂的过程中，必须要将制冷系统中的空气抽排干净。若要补充制冷剂，还应同时更换干燥过滤器（更换时间<15min），以保证效果。

二、任务的完成过程

通过前面的学习，将表 2.11 中的冰箱常见冷凝器进行归类，并将种类填入表中。

表 2.11　冰箱冷凝器种类识别（每空 10 分，共 60 分）

	请将各个实物图所对应的种类填写在图下方的方框内。
冰箱冷凝器 实物图片	
种类	
冰箱冷凝器 实物图片	
种类	
冰箱冷凝器 实物图片	
种类	
备注：常见冰箱冷凝器种类有：①百叶窗式，②钢丝盘管式，③内藏式，④翅片盘管式	

三、任务的评价（2.12）

表 2.12　蒸发器识别评价表

序号	评分内容	配分	评分标准	自评得分	小组互评	教师评分
1	冰箱冷凝器识别（表2.11）	60	填写准确，书写工整			
	合计得分	60				

任务 2　学会冷凝器的故障维修

一、任务的准备

（一）明确任务

冷凝器是一个热交换场所，其发生故障的几率不太大。由于其安装位置特殊，目前冰箱的冷凝器一般都安装在冰箱外壳内部，一旦其发生故障，维修将比较困难。下面我们就将学习冷凝器的故障判断和维修方法。在学习中，我们还要认真实训，不断思考，讲究工艺，养成良好的习惯，最终达到掌握技能、形成良好习惯的目的。

（二）知识准备

冷凝器故障大多是由于电冰箱使用和保养不当造成的。如（外置式）冷凝器壁沾满比较厚的油污，引起热交换效率下降，使冷凝器的热量不能及时散发出去，造成制冷剂的冷凝温度升高，影响了制冷效果。还有的冷凝器因脱焊、破裂而泄漏制冷剂，使电冰箱制冷能力明显下降，甚至不能制冷。另外，电冰箱压缩机的吸气阀、排气阀与阀板粘不严，压缩机上油过多，也会影响制冷效果（主要是冷凝器内存油偏多，影响冷凝器的散热效果）。

1. 常见故障分析与维修

故障现象一：冷凝器脱焊或破裂，导致泄漏。

故障分析与维修：如果冷凝器有泄漏的可能，可先将冷凝器拆下来，与修理表阀和试压阀氮气瓶连接，进行充氮气试验检漏。当氮气充入后，关闭修理阀，检查冷凝器各处是否有漏气现象。为了进一步检查出微漏处，可将冷凝器放于水中进行浸入试验，浸入 3min 后，如果水中出现气泡，说明冷凝器有微小泄漏，及时在泄漏处打个记号，并进行补焊。

故障现象二：内藏式冷凝器泄漏。

故障分析与维修：电冰箱内藏式冷凝器安装在箱体左右侧板或后板后侧，与箱体发泡层连成一体。如果已经检查出内藏式冷凝器泄漏，须剖开后背修理冷凝器，这就要拆开后板，挖出泄漏部位泡沫，对泄漏部位补焊后，补泡，并重新装上后板。而开背修理效果并不理想，特别是有些冰箱后板不能拆开，此时改装成外置式冷凝器效果好些。将连接内藏式冷凝器的两端连接管，在适当位置断开，并与后配的合适的外置式冷凝器按原系统流程焊接牢固，固定在箱体后背适当位置上。再经检漏、抽真空、充注制冷剂后，电冰箱即可重新使用。如果代用冷凝器偏小，则传热效率降低，冷凝压力升高，制冷效果下降，因此代换时应选换热面积等于或稍大于原型的冷凝器。

故障现象三：冷凝器管内存油，散热能力降低。

故障分析与维修：检修时先将冷凝器拆下，切开压缩机的工艺管，排净制冷系统中的制冷剂，再用焊枪焊开冷凝器与压缩机的高压排气连接处和毛细管与干燥过滤器的连接处，最后焊下干燥过滤器。拆下冷凝器后，用四氯化碳加压吹洗管道，将冷凝器内存油及脏物冲洗出来。吹洗后进行干燥处理，再用同规格的新干燥过滤器重新焊上即可。

2. 维修实例

一台万宝牌 BCD-203 型电冰箱制冷效率低，压缩机运转时间长。

故障分析：经了解，该冰箱已使用多年，制冷基本正常，只是最近压缩机运转时间明显延长。对冰箱的外部进行检查时发现，其背面的钢丝冷凝器积尘很厚，并粘结有不少的油污，估计正是油污积尘过多影响了冷凝器的散热效果，以致压缩机排气温度和冷凝温度升高，导致冷凝器表面过热，箱内降温时间延长。

故障维修：用湿布清洗冷凝器外侧的积尘，粘结污垢的部位用汽油去污，经过这样处理后电冰箱工作即恢复了正常。

一台万宝牌 BYD-158 型电冰箱使用两年，逐渐不制冷。

故障分析：通电试机，用钳形表测量压缩机的工作电流，发现电流偏低，冷凝器不热，气流声很微弱，而冷冻、冷藏室的蒸发器只凝露不结霜，估计是制冷剂泄漏了。进一步检查发现，门防露管与冷凝器连接接头的焊接处两侧有温差，如图 2.37（a）所示。由于该接头因污物堵塞而造成其孔径变小，致使制冷剂流过时因阻力大大增强而产生部分的蒸发，相当于毛细管的作用，如图 2.37（b）所示，因而接头出口端的温度比进口端的温度低。

1—主蒸发器；2—副蒸发器；3—干燥过滤器；4—毛细管；5—门防露管；
6—冷凝器；7—堵塞接头；8—压缩机；9—修理阀

（a）制冷系统流程

1—门防露管侧；2—污物颗粒；3—焊积物；4—铜套管；5—冷凝器

（b）阻塞接头剖面

图 2.37　门防露管和冷凝器的接头与阻塞部位

故障维修： 停机后用割刀断开门防露管的焊接接头，将接头清理干净，重新焊好，经抽真空充灌制冷剂，堵塞故障排除。

一台吉诺尔 BCD-170 型电冰箱不制冷，压缩机不停机。

故障分析： 试机时发现压缩机排气管不热，蒸发器没有"流水"声，可能是制冷系统有故障。于是割断压缩机工艺管，发现没有气体喷出，说明系统有泄漏。但该机采用的是平背式冷凝器结构，冷凝器及其与蒸发器的接头等部位均藏于箱体内，使判断泄漏的具体部位比较困难。此时，宜采用分段检漏法分别对高、低压侧进行检查。在压缩机的工艺管和回气管中充灌 0.4MPa 压力的氮气，将肥皂水涂抹于外露的管道、接头和蒸发器等处检漏，未发现有泄漏之处。过一段时间后，检查修理阀上的压力表，低压侧的压力维持不变，而高压侧的压力只剩 0.5MPa，说明压缩机或冷凝器有泄漏。用气焊断开冷凝器与压缩机排气管及与干燥过滤器的焊缝，使内藏式冷凝器脱离制冷系统；再在冷凝器的两端各焊上一根短铜管，把其中一根的另一端封口，而另一根的另一端焊上修理阀，通过修理阀单独向内藏式冷凝器充灌 1MPa 的氮气，仅过数分钟就明显掉压，即可判断出是内藏式冷凝器出现泄漏。

故障维修： 内藏式冷凝器一旦发生泄漏后，如果将箱背后钢板整个打开，补漏后再将钢板封好，不仅十分麻烦，外观也将受到较大影响，并且修复后由于冷凝盘管与钢板不能紧密贴附在一起，致使散热效果差，制冷能力下降，功耗增加。因此可采用一个与该冰箱容积相配的百叶窗式冷凝器，将内藏式冷凝器和箱门除露管都短路掉。具体做法是在箱体背面适当位置钻 4 个 4mm 的小孔，先将"乙"字形的金属板固定在箱体背面，然后用 5mm 自攻螺钉将冷凝器固定在"乙"字形的支架上。再将冷凝器的进气管与水蒸气加热器的出口相接，而出口接干燥过滤器即可。焊接完毕后，进行整体试压查漏，确认不泄漏后再进行抽真空、灌气，冰箱故障消除。

二、任务的完成过程

本次我们将要完成的任务是电冰箱制冷系统抽真空。制冷系统抽真空，是在给系统充注制冷剂之前，通过抽空机将制冷系统中的不凝性气体（如氮气）和水分排出系统外。

1. 实训设备和材料

真空泵（或压缩机）一台，带真空压力表的三通修理阀一个，连接软管若干，焊接设备一套，银焊条多根，工艺管多根。

2. 抽真空的目的

一是排除制冷系统中的不凝性气体（如氮气、空气等）。不凝性气体可使冷凝压力、冷凝温度和排气温度升高，压缩机功耗增加，恶化制冷条件，使制冷量下降，不凝性气体与氟利昂混合后会使氟利昂和油发生化学反应，引起腐蚀，缩短压缩机使用寿命。

二是排除制冷系统中的水分。抽空时由于压力降低使残留的水分汽化，被真空泵抽出，从而可有效地避免冰堵的发生。

3. 常用的抽真空方法

低压单侧抽真空法、高低压双侧抽真空法、二次抽真空法、利用冰箱自身压缩机抽真空法等。

4. 低压单侧抽真空训练

操作如下：

① 将压缩机工艺管用割刀割开、放气，注意放气不要太快，防止损失冷冻油，待制冷剂放光后再将工艺管完全割断。

② 然后在断口处焊上一段直径 6mm 的纯铜管，铜管的另一端扩好喇叭口，并事先套入螺母，螺母与修理阀连接（或在断口处焊上一根专用的单向维修阀）。

③ 如图 2.38 所示，用带压力表的修理阀把工艺管与真空泵通过加液软管连接起来。

④ 关闭高压修理阀的开关，让真空泵运行，打开低压修理阀的开关，制冷系统内的空气被抽出。让真空泵运转 30min 以上，压力表指示达到-0.1MPa 时，先关闭修理阀上的阀门，再停真空泵。为保证系统内的残留气体抽净，真空度达到要求，可在停泵 20min 以后再重复抽一次，即可完成抽空工作。

需要说明：

● 低压侧抽真空是利用真空泵从压缩机上的工艺管或在回气管上设置的工艺管上进行抽真空。

● 这种方法操作简单，焊接点少，泄漏的可能性相应较小。

● 系统高压侧的空气须经毛细管抽出，由于毛细管阻力较大，当低压侧中的空气绝对压力达到 133Pa 以下时，高压侧残留空气的绝对压力仍然较高，因此抽真空的时间要求较长。

在有的时候，需要比较快速地将冰箱制冷系统中的空气和水分抽出，这时可以采用下面的方法进行。

图 2.38　低压单侧抽真空连接图

5.　高低压双侧抽真空训练

操作如下：

① 在双尾干燥过滤器的工艺管上焊接修理阀。

② 如图 2.39 所示，用带压力表的修理阀把过滤器的工艺管与压缩机壳上的工艺管并连在同一台真空泵上，打开高低两个修理阀的开关，让真空泵运行，这样就同时对系统的高低压部分进行抽真空。

图 2.39　高低压双侧抽真空连接图

③ 当表压降至-0.1MPa 时，先用封口钳将干燥过滤器上的工艺管焊封死，再关闭其修理阀，然后继续抽真空，大约 30～60min 后，即可结束抽真空操作。

需要说明：

● 本实训是利用一台真空泵在系统的高低压两侧（在干燥过滤器的工艺管与压缩机的工艺管上）同时抽真空。

● 抽真空的速度快，高低压双侧均能达到真空度的要求，但只适用于高压侧与低压侧均有工艺管的系统。

● 双侧抽真空与低压单侧抽真空相比较：双侧抽真空克服了由低压单侧抽真空时，毛细管的流阻对高压侧真空度的影响，效果不错，但需要一个三通管路阀门，将真空泵与电冰箱的高低压侧相互连接，工艺比较复杂。

6.完成时间

结合实训室的器材和设备情况，将学生按 4 人一组进行分组，每组完成时间在 2 小时以内。

三、任务的评价（表 2.13）

表 2.13　蒸发器识别评价表

序号	评 分 内 容	配分	评 分 标 准	自评得分	小组互评	教师评分
1	低压单侧抽真空训练	40	步骤准确、操作规范、动作熟练、读数准确、团队合作			
2	高低压双侧抽真空训练	40				
3	器材准备及规范使用	10	器材准备充分、及时，使用规范			
4	安全操作	10	安全无事故、无隐患			
	合计得分	100				

项目四　干燥过滤器、毛细管

任务 1　知道干燥过滤器、毛细管的结构及原理

一、任务的准备

（一）明确任务

干燥过滤器和毛细管是制冷系统的重要组成部分，其中干燥过滤器是系统的清道夫，毛细管是系统的制冷剂工态转换设备。虽然这两个设备都比较简单，但重要性却不能低估。下面我们通过学习，了解这两个设备的结构、原理、作用、特点等，并用学习到的知识去判断实际问题。

（二）知识准备

1. 干燥过滤器

（1）干燥过滤器的作用。

干燥过滤器由干燥器和过滤器两部分组成。在电冰箱的制冷系统中，它安装在冷凝器的出口与毛细管的进口之间的液体管道中。

它的作用主要有两个：一是清除制冷系统中的残留水分，防止产生冰堵，并减少水分对制冷系统的腐蚀作用；二是滤除制冷系统中的杂质，如金属屑、各种氧化物和灰尘，以免毛细管脏堵。

（2）干燥过滤器的构造。

家用电冰箱使用的干燥过滤器为一体式的，其结构如图 2.40 所示。它在铜管制成的壳体两端设有过滤网，中间装入干燥剂。干燥剂不能更换。有多种物质可以做干燥剂，如无水 $CaCl_2$、硅胶和分子筛等，而电冰箱都以分子筛为干燥剂。维修制冷系统时要整支更换。

图 2.40 干燥过滤器

2. 毛细管

（1）毛细管的作用。

毛细管是电冰箱上的节流降压装置，位于冰箱的后下部（图 2.41）。它的作用主要有两个：一是在压缩机运行中，保持蒸发器与冷凝器之间有一定的压力差，从而使制冷剂在蒸发器中规定的低压力状况下蒸发吸热，使冷凝器中的气态制冷剂在一定的高压下冷凝放热；另一个功能是控制制冷剂的流量，使蒸发器保持合理的温度，以实现电冰箱安全、经济运行。

（2）毛细管的结构及原理。

毛细管是一根孔径很小，长度较长且多盘圈状的紫铜管。在检修电冰箱时不要随意弄短毛细管，更换毛细管时也不要随意改变毛细管的尺寸。液态制冷剂通过它时会受到较大的阻力而产生压力降（犹如电流流过导体，因电阻而产生电压降一样），因而控制了制冷剂的流量和保持冷凝器与蒸发器的合理压力差。

图 2.41 毛细管外形图

（3）毛细管的特点。

毛细管节流具有结构简单、无运动零件、不易发生故障、停机后高低压力逐渐平衡、易于启动等特点。可选用启动较小的驱动电动机做制冷机的动力。但毛细管的自动调节范围小，而且不能人工调节，只适用于热负荷比较稳定的家用电冰箱等制冷系统中。

二、任务的完成过程

请结合前面所学的知识，以及查阅网络上相关知识，用直线将表 2.14 中左右相关的内容进行连接。

表 2.14 干燥过滤器相关知识判断表（共 40 分）

分　类	过程或物体名称	连　线	具体原因或作用
有害物质进入制冷系统的途径	生产或维修过程		在系统运行中，制冷剂中含水分时会水解成酸性物质，对金属产生腐蚀
	充注制冷剂或冷冻油		如果制冷剂和润滑油本身有许多固体杂质和水分，都会带到系统里面并腐蚀系统中的金属部分
	制冷系统正常运行过程中		生产维修冰箱时，制冷系统都对外界开放，无论时间长短，都会有水气、灰尘进入系统
干燥过滤器里起作用的主要材料	金属过滤网		吸收石蜡
	聚酯过滤网话务玻璃棉		吸收水分，主要是酸性物质
	分子筛		过滤较大颗粒固体杂质，主要是吸收水分，是其他物质的 3～4 倍，也可吸附酸性物质
	活性氧化铝		过滤微小颗粒
	活性炭		过滤较大固体颗粒

3. 完成时间

完成本任务全程时间为 10min。

三、任务的评价

表 2.15 干燥过滤器知识判断评价表

序号	评分内容	配分	评分标准	自评得分	小组互评	教师评分
1	干燥过滤器判断表（表 2.14）	40	填写准确，书写工整			
2	完成时间	10	10min 内完成不加分，每延迟 1 分钟扣 1 分			
	合计得分	50				

任务 2 学会毛细管、干燥过滤器的故障维修

一、任务的准备

（一）明确任务

毛细管在制冷系统中起节流降压的作用，由于其管内径小，容易堵塞，所以其故障率很高。此时我们该怎样来判断故障，进行维修呢？同时干燥过滤器也容易因为系统内的水分和其他杂质的聚集而失效。本次任务就是要通过现象分析、实际操作来学会毛细管、干燥过滤器的实际故障维修。尽量不要改动毛细管的尺寸。

（二）知识准备

毛细管故障是电冰箱最常见的故障之一，主要有"脏堵"和"冰堵"两种形式。在维修时，为了保证毛细管的降压节流效果，尽量不要更改毛细管的管径参数和长度尺寸。

1. 常见毛细管故障分析与维修

故障现象一：毛细管脏堵。

故障分析与维修：毛细管脏堵有两种情况：一种是微堵，冷凝器下部会聚积大部分的液态制冷剂，流入蒸发器内的制冷剂明显减少，蒸发器内只能听到"嘶嘶"的声音，或是制冷剂的流动声，蒸发器的结霜时好时坏；另一种是全堵，蒸发器内听不到制冷剂的流动声，蒸发器不结霜。

故障现象二：毛细管冰堵。

故障分析与维修：如果制冷系统中有水分，在毛细管的出口部位就可能引起冰堵。冰堵一般出现在压缩机通电运行后一段时间。开始时，蒸发器结霜正常，过一段时间后，蒸发器出现化霜现象，冷凝器不热；再过半小时后，蒸发器又出现结霜；压缩机运行十几分钟后，又重复出现上述情况，即可确认制冷系统冰堵了。冰堵的修理方法是从压缩机工艺管处放掉制冷剂，更换新的干燥过滤器，重新对制冷系统进行抽真空和充灌制冷剂。

2. 毛细管维修实例

一台航天牌 BCD-216 型电冰箱冷藏室不制冷。

故障分析：该冰箱采用的是直冷式双回路制冷系统，如图 2.42 所示。通电试机时，发现运行电流正常，冷凝器温热，有气流声，但冷藏室蒸发器不结霜。检查冷冻室蒸发器进入的第二毛细管有温感和气流声，而冷藏室蒸发器进入的第一毛细管却发凉且无气流声。在排除

了冷藏室温控器故障的可能性后，估计是第一毛细管堵塞。停机后，断开第一毛细管与电磁阀连焊处，发现靠电磁阀侧排气无阻，而靠毛细管侧无气体溢出，确定此毛细管堵塞。

图 2.42　双回路制冷系统流程

故障维修： 将断开的电磁阀侧用手钳压封，断开压缩机的工艺管，焊入修理阀，充入氮气的压力为 1.0MPa，对第一毛细管进行吹堵，立即有油滴滴下，几分钟后将干净白布放于第一毛细管口，不再发现有油滴，气流喷出畅通，吹堵完毕。将毛细管与电磁阀重焊恢复，更换压缩机冷冻油，并换一个干燥过滤器，经抽真空、充注制冷剂，试机观察可发现冷藏室恢复制冷。

一台夏普牌 SJ-175 型电冰箱温控器转到强冷位置时，蒸发器化霜，箱温回升；过一段时间后制冷恢复正常，此现象反复出现。

故障分析： 电冰箱制冷与不制冷交替进行，可能是制冷系统出现了冰堵。如果温控器处于弱冷位置，由于箱内温度较高，开机短时间后，毛细管还未完全冰堵，压缩机就已停机，故障现象还不十分明显；如果温控器调至强冷，制冷时间长，制冷系统中的水分形成冰堵的现象就十分突出了。

故障维修： 用两次抽真空法排除冰堵，会增加制冷剂的用量，不经济。可以采用另一种方法去除水分，割断压缩机的工艺管，放制冷剂，接上修理阀与制冷剂钢瓶。烤化压缩机排气口与高压管的焊缝；启动压缩机，几分钟后再把高压管浸入装有 5ml 左右甲醇的杯中，待甲醇被全部吸入制冷系统后，用橡皮塞将高压管堵住。再过几分钟，甲醇便从压缩机的排气口中排出，并把水分也一起带出。当排气口无气体排出时，随即用橡皮塞塞住。停机后，制冷系统就处于真空状态。打开修理阀，注入适量的制冷剂为防止空气进入制冷系统，将压缩机排气管与高压管上的塞子拔去并对接焊好。充注制冷剂至规定量后，封死工艺管。试机，电冰箱制冷恢复正常。

3. 常见干燥过滤器故障分析与维修

故障现象一： 干燥过滤器冰堵。

故障分析与维修： 电冰箱通电后，压缩机正常启动运行，如果制冷系统内制冷剂循环流动声音很弱或听不到流动的声音，用手摸干燥过滤器，其表面温度明显低于环境温度，甚至在干燥过滤器处结霜，但间隔一段时间后又能正常制冷，制冷一段时间后又出现上述现象，即为干燥过滤器冰堵。检修干燥过滤器冰堵的方法有两种。

（1）排气法。即切开压缩机充气工艺管，放出制冷剂，重新充入少量制冷剂，开机运行 10min，再放出制冷剂，重新充入规定数量的制冷剂。不太严重的冰堵，用此方法一般便可排除。

（2）抽空干燥法。即将制冷剂从充气工艺管放出，更换同型号的干燥过滤器。

故障现象二：干燥过滤器脏堵。

故障分析与维修：由于电冰箱压缩机长期运行，机械磨损产生杂质，或制冷系统在装配焊接时未清洗干净，制冷剂和冷冻油中有杂质均会导致干燥过滤器脏堵。要排除干燥过滤器脏堵故障，一般要更换同型号干燥过滤器。

4．干燥过滤器维修实例

一台容声牌 BCD-170 型电冰箱干燥过滤器刚换不久，但电冰箱制冷效果不好，压缩机运转不停。

故障分析：用手摸冷凝器，上面热而下面冷，干燥过滤器也很凉，且与之相连的毛细管有一小段凝露，这是干燥过滤器或干燥过滤器与毛细管连接段堵塞的特有现象。割开压缩机工艺管，有大量制冷剂气体喷出，说明制冷剂并没泄漏，接上修理阀，充氮气至 0.3MPa，然后关闭修理阀，启动压缩机，真空压力表显示压力值很小，说明干燥过滤器的确发生堵塞。由于干燥过滤器刚换过，可能是焊接时引起的堵塞。

故障维修：烤化干燥过滤器与冷凝器、毛细管的接头焊缝，发现毛细管插入过滤器的深度太深了，几乎碰到了干燥过滤器的过滤网，使得分子筛颗粒进入毛细管引起了堵塞。

把冷凝器出口封死，在压缩机工艺管上接修理阀及氮气瓶，向制冷系统中充入0.6MPa 的氮气，由低压端往蒸发器与毛细管进行逆向吹除，使脏物从毛细管入口端吹出。更换干燥过滤器重新焊接时，应注意毛细管在上位，冷凝器管在下位，且毛细管口离过滤网距离以 5mm 为宜。然后焊接好后，经检漏、抽真空、充制冷剂后，电冰箱制冷恢复正常。

一台东芝牌 GR-185 型电冰箱使用一年多后不制冷。

故障分析：检查时，发现该机的排气管、冷凝器不热，蒸发器不冷，说明制冷系统非堵即漏。割断工艺管，有大量气流喷出，说明制冷剂并无泄漏。在工艺管上接修理阀，充氮气至 0.3MPa，启动压缩机，修理阀上的真空压力表呈负压，停机后，表压并不上升，说明是堵塞。再充氮气至 0.3MPa，割断干燥过滤器与毛细管之间的焊缝，干燥过滤器出口端无气流喷出，而毛细管入口端有气流喷出，说明干燥过滤器完全堵塞。

故障维修：适当增大氮气的压力吹除制冷系统内的脏物，更换一个新的干燥过滤器后，经检漏、抽真空、充制冷剂后，电冰箱制冷恢复正常。

二、任务的完成过程

冰箱干燥过滤器更换实训。

1．准备设备及器材

电冰箱、割刀、焊枪及配套设备、新干燥过滤器、焊条、夹钳。

2．操作步骤

① 用割刀将压缩机的工艺管割开，待制冷剂放完后，再彻底将工艺管完全割开。

② 将金属保护挡板安放在冰箱后面，以免火焰烧坏冰箱尾部。

③ 点燃焊枪，给冰箱重新焊接一个新工艺管。

④ 给新焊上的工艺管接上修理阀。

⑤ 点燃焊枪，用焊枪将毛细管与过滤器接头处焊开，然后用夹钳慢慢取出毛细管。

⑥ 再用焊枪加热干燥过滤器与冷凝器的接头，待温度合适后用夹钳取下干燥过滤器。

⑦ 取出一个新的干燥过滤器，将包装撕开后马上使用，以防空气中杂质进入。

⑧ 先将干燥过滤器插入冷凝器约 10～20mm，注意不能触及内部金属网。

⑨ 然后点燃焊枪，将火焰对准接头处进行均匀加热，温度合适后加一些焊条进行焊接。

⑩ 将毛细管的端口用割刀切整齐，并清除端口的毛刺。

⑪ 将毛细管插入干燥过滤器约 15～20mm，然后用焊枪和焊条进行焊接。由于毛细管比较细，所以焊接火焰不要离接口太近。

⑫ 焊接完成后，需要对焊接接口进行检漏工作。

3. 完成时间

完成本任务全程时间为 30min。

三、任务的评价（表 2.16）

表 2.16　干燥过滤器更换操作评价表

序号	评 分 内 容	配分	评 分 标 准	自评得分	小组互评	教师评分
1	干燥过滤器更换操作	80	工具、器材准备充分，操作步骤正确顺畅，操作工艺好，能及时正确处理突发状况			
2	完成时间	10	30min 内完成不扣分，每延迟 1 分钟扣 1 分			
3	安全整洁	10	操作安全，无事故隐患			
	合计得分	100				

项目五　电磁阀、除霜管

任务 1　知道电磁阀、除霜管的结构及原理

一、任务的准备

（一）明确任务

电磁阀在冰箱制冷系统中起着转换制冷剂流向的作用。电磁阀的换向动作，由温区设定温度、温区打开与关闭操作决定。除霜管的作用是消除制冷系统门边的冰霜（凝露）。这两个设备都是冰箱系统中的重要组成部分。通过本任务的学习，掌握这两个设备的结构和理解其工作原理，同时还要能辨别实际的电磁阀和除霜管。

（二）知识准备

1. 电磁阀

电磁阀在冰箱中的主要功能是转换制冷剂流向，控制不同室温的制冷状态，优化制冷结

构，达到理想的设定要求，满足不同用户的需求。电磁阀种类较多，目前流行的电冰箱电磁阀，主要分为两大类；一种是单稳态电磁阀，另一种为双稳态电磁阀。双稳态电磁阀又分为两种：单体两位三通型、三体六位五通型。两温室的电冰箱若配有电磁阀，电磁阀出口带有标记端为电磁阀工作时的出气端，而三温室以上的电冰箱配置的电磁阀则要仔细区分工作方向了。

（1）电磁阀的组成。

电磁阀是单机双温双制冷循环系统中分配冷量的关键部件，它是一个二位三通阀。它的组成如图 2.43 所示。

（2）电磁阀的工作原理。

它利用线圈的电磁原理，通过控制线圈的电源通断来控制制冷剂在管路中的流通：当电磁阀断电时，活塞在弹簧的弹力作用下处于上部位置，2 管口被活塞堵住，3 管口打开，如压缩机开机，制冷剂将从 1 管流入阀芯，从 3 管流出，冷藏室制冷。

当电磁阀通电时，线圈产生磁力，在磁力的作用下，活塞从上部位置移动到下部位置，这时 2 管口打开，3 管口被堵住，制冷剂从 1 管流入 2 管流出，冷冻室制冷。

2. 除霜管

由于电冰箱内、外有很大的温度差，在箱体内外壳结合部形成"冷桥"，再加上电冰箱门封的隔热性能较差，使电冰箱门体周围的温度降低。若其温度降到空气湿度相对的露点温度时，即出现凝露现象。这不但给用户造成麻烦，而且还对箱体产生锈蚀作用。为防止凝露、降低能耗，采用了热管防露系统。它是将压缩机排出的高压过热蒸气，经过电冰箱门体周边的除霜管后，再进入冷凝器。这样可以利用部分热量使电冰箱门体周边的表面温度稍高于或接近环境温度，从而达到防凝露的目的。这种结构不但可以防止凝露，而且兼有冷凝散热的作用。除霜系统示意图如图 2.44 所示。

1—接干燥过滤器；2—接冷冻毛细管；3—接冷藏毛细管

图 2.43　电磁阀结构

图 2.44　除霜系统示意图

二、任务的完成过程

通过前面的学习，将表 2.17 中的冰箱常见电磁阀、除霜管进行归类，并将种类填入表中。

表 2.17　冰箱电磁阀、除霜管种类识别（每空 10 分，共 60 分）

	请将各个实物图所对应的名称填写在图下方的方框内	
实物图片		
名称		
实物图片		
名称		
实物图片		
名称		
备注：本任务中的名称有冰箱电磁阀、冰箱除霜管		

三、任务的评价（表 2.18）

表 2.18　电磁阀、除霜管识别评价表

序号	评分内容	配分	评分标准	自评得分	小组互评	教师评分
1	冰箱电磁阀、冰箱除霜管识别（表 2.17）	60	填写准确，书写工整			
	合计得分	60				

任务 2　学会电磁阀、除霜管的故障维修

一、任务的准备

（一）明确任务

冰箱电磁阀在长期频繁的工作过程中，很容易老化，主要体现是线圈吸力不足、机件磨损等。电磁阀的维修主要是整体更换。除霜管一般的故障是接头泄漏。下面我们就要来学习

这两个故障的分析和维修。

（二）知识准备

电磁阀的主要功能：电磁阀不带电时，制冷剂通过进气管直接与出口管 A 导通，当电磁阀带电后出口阀 A 关闭，进气管与出口管 B 导通，进行制冷剂管路转换。电磁阀直接接通 220V 交流电，通过电磁阀上的驱动电路，控制电磁阀的导通。单稳态电磁阀耗电量比双稳态电磁阀要大。

1. 电磁阀常见故障

1）电磁阀不动作

造成电磁阀不动作的主要原因如下。

单稳态的电磁阀：

① 控制开关没有闭合；

② 电磁阀线圈烧毁；

③ 驱动电路电器元件损坏；

④ 阀体卡住。

双稳态电磁阀：

① 主控板没有输出脉冲信号或只输出同种脉冲信号，阀体不能换向；

② 主控板输出脉冲幅度不够；

③ 电磁阀的 PTC 电阻烧毁；

④ 电磁阀线圈烧毁；

⑤ 系统有杂质卡住阀体。

2）噪声

造成电磁阀噪声的主要原因如下。

① 电磁阀在箱体固定不紧产生共振；

② 双稳态电磁阀直接加上 220V 交流电压；

③ 主控板与电磁阀关联的电容漏电、击穿，反向电动势影响电磁阀；

④ 电磁阀本身故障。

3）电磁阀漏气

① 电磁阀管路焊接部位有砂眼；

② 电磁阀管壁较薄，安装时折伤导致焊缝部位漏；

③ 电磁阀阀体内部串气。

2. 电磁阀检测方法

电磁阀不动作可通过用耳听、手摸、万用表或检测电磁阀小工装等方法检测。

单稳态电磁阀常用检测方法：

① 用万用表检查电磁阀插头有无 220V 交流电压；

② 检查驱动板熔丝是否烧毁；

③ 检查电磁阀驱动板上的电容是否漏电、击穿；

④ 检查电磁阀线圈阻值是否为 $9.6\pm10\%\text{k}\Omega$。

双稳态电磁阀常用检测方法：

① 用万用表检测电磁阀线圈阻值约 $2.1\text{k}\Omega$ 左右（阻值有可能根据要求不同而变化）；

② 万用表测主控板脉冲电压方法——将机械万用表功能旋扭调至直流电压 50V 挡，万

用表的黑表笔置于主控板接插排 CN1"N"点（蓝线），万用表的红表笔置于主控板 V1 或 V2 信号输出端，在正常工作情况下，主控板每 30s（或 15s）给电磁阀一个维持脉冲信号。若发出正脉冲信号，万用表的指针会向右摆动一下，若发出负脉冲信号，万用表的指针会向左摆动一下，持续时间不到 1s。若表针没有摆动，则主控板故障。

3. 除霜管常见故障

除霜管也叫防露管，其主要故障为泄漏。在检修时，按一般的排漏方法维修就可以了。

二、任务的完成过程

1. 双稳态电磁阀测试

请按表 2.19 中的步骤进行双稳态电磁阀的测试，并将测试结果记录在表中。

表 2.19　冰箱双稳态电磁阀测试（每空 5 分，共 35 分）

设备准备：机械式万用表、双稳态电磁阀，电工工具			
步骤	操作内容	操作图示	操作结果记录
1	将机械万用表拨到 $R \times 1\text{k}\Omega$ 挡，并进行调零	无	是否调好：是□　　否□
2	用红黑表笔测试电磁阀左侧线圈电阻，并读数		此双稳态电磁阀线圈阻值为　　　Ω
3	用红黑表笔测试电磁阀右侧线圈电阻，并读数		此双稳态电磁阀线圈阻值为　　　Ω
4	用螺丝刀取下电磁阀与连接板间的固定螺钉		是否取下：是□　　否□
5	用螺丝刀轻轻地将线圈与外壳分离		是否取下：是□　　否□
6	用尖嘴钳轻轻地将阀芯部件与线圈分离开来		是否取下：是□　　否□
结论	通过以上操作，判断本双稳态电磁阀质量好坏		质量判断为：合格□　不合格□

2. 单稳态电磁阀测试

请按表 2.20 中的步骤进行单稳态电磁阀的测试，并将测试结果记录在表中。

表 2.20　冰箱单稳态电磁阀测试（每空 5 分，共 35 分）

设备准备：机械式万用表、单稳态电磁阀，带开关的 220V 电源线		
步　骤	操　作　内　容	操作结果记录
1	将机械万用表拨到 $R \times 1k\Omega$ 挡，并进行调零	是否调好：是□　　否□
2	用红黑表笔测试电磁阀线圈电阻，并读数	此单稳态电磁阀线圈阻值为_____ Ω
3	将带开关的 220V 电源线接到电磁阀线圈上	是否接好：是□　　否□
4	将 220V 电源线插入 220V 电源插座（开关处于关闭状态）	是否插好：是□　　否□
5	打开电源开关，听电磁阀是否有吸合声音	是否有吸合声音：是□　　否□
6	关断电源开关，听电磁阀是否有释放声音	是否有释放声音：是□　　否□
结论	通过以上操作，判断本单稳态电磁阀质量好坏	质量判断为：合格□　不合格□

3. 完成时间

完成本任务全程时间为 20min。

三、任务的评价（2.21）

表 2.21　电磁阀、除霜管测试评价表

序号	评分内容	配分	评分标准	自评得分	小组互评	教师评分
1	双稳态电磁阀测试（表 2.19）	35	工具、器材准备充分，操作步骤正确顺畅，操作工艺好，能及时正确处理突发状况。填写准确，书写工整			
2	单稳态电磁阀测试（表 2.20）	35				
3	完成时间	15	20min 内完成不扣分，每延迟 1min 扣 1 分			
4	安全规范操作	15	安全规范操作，无安全隐患及安全事故发生			
	合计得分	100				

项目六　充注制冷剂

任务 1　学会制冷系统清洗、抽真空

一、任务的准备

（一）明确任务

冰箱空调制冷系统在加注制冷剂前需要进行清洗和抽真空操作，以保证制冷的长期正常运转。这个内容也是冰箱、空调生产、维修中所必须具备的技能，我们必须熟练掌握。本次

任务我们就要学习并掌握这两项操作技能。由于在这个操作过程中，我们不能很直观地看到操作的效果，所以操作中要严格按照操作步骤进行，以保证系统清洗、抽真空效果。

（二）知识准备

电冰箱、空调器制冷系统的故障，可能是压缩机电动机绝缘击穿、绕组匝间短路或烧毁等所致。而电动机绕组烧坏后要产生大量的酸性氧化物，使制冷系统受到不同程度的污染。因此，排除这类故障时，不但要更换压缩机，还必须同时更换干燥过滤器，并且要将整个制冷系统管道进行彻底的清洗，才能保证修理质量。如果只是更换压缩机和干燥过滤器，则由于酸性物质的逐渐腐蚀，在使用 1 至 2 年后，压缩机动电机又会受到损坏。

1. 制冷系统污染程度的鉴别

压缩机电动机损坏程度不同，对制冷系统造成的污染程度也不同，因此，要根据污染程度的不同采取不同的清洗方法。其污染程度的鉴别见表 2.22。

表 2.22　制冷系统污染程度鉴别

	气 味 鉴 别	润滑油颜色鉴别	润滑油的酸度检查
严重污染	打开压缩机的工艺管时可嗅到一股焦油味	倒出润滑油，其颜色变黑，且混浊	用石蕊试纸浸入润滑油中 5min，试纸颜色变为红色或淡红色
轻度污染	打开压缩机的工艺管时，无焦油味	润滑油清洁，颜色无明显变化	用石蕊试纸浸入润滑油中 5min，试纸颜色呈柠檬黄色

2. 制冷系统清洗方法

（1）受到严重污染的制冷系统的清洗。首先将压缩机和干燥过滤器从系统中拆下。对于蒸发器易于卸下和移出的系统，可将毛细管从蒸发器上拆下，以耐压软管代替毛细管，将蒸发器和冷凝器连接起来，而对于蒸发器无法拆卸或不便卸下的制冷系统，可以采取对冷凝器和蒸发器分别清洗的方法进行，由于毛细管的流阻很大，流量很小，不易将污物洗净，因此，需要采用液、气交替清洗的方法进行。

● 开放漏斗截止阀，从漏斗注入 200ml 左右的 R113，将截止阀关闭。

● 开放制冷剂气瓶，依靠制冷剂的饱和压力来将 R113 吹出，排入容器中。按以上的程序重复进行，直到喷出的 R113 达到洁净，无酸性反应为止。

一般的修理部无法使用 R113，也不愿用掉过多的制冷剂，故通常用四氯化碳作为清洗剂，以代替 R113。用氮气代替制冷剂来吹四氯化碳，这样清洗的效果也不错。只不过在清洗后，应让氮气把四氯化碳吹净，以防它残留在制冷系统中。

（2）受轻度污染的制冷系统的清洗。对于轻度污染的制冷系统，只需要拆下压缩机和干燥过滤器，直接用制冷剂气体吹洗不少于 30s；或者直接用氮气在 0.8MPa 压力下对管道吹洗 2min。

不论采用什么方法清洗，应及时装上压缩机和更换干燥过滤器，并尽快地组装好、封焊好。

制冷剂能与润滑油相互溶解，且润滑油会伴随制冷剂流动。但制冷剂的溶解度随润滑油的种类和温度的不同而有所变化。在温度较高的地方两者充分溶解，不易在管壁形成油膜而影响传热。但在温度较低的蒸发器中，由于制冷剂中溶解有油，会使蒸发温度有所提高，还会出现分层现象。当蒸发器中有足够的空间时，润滑油可能随着制冷剂的蒸发而在蒸发器管道中积存。这样，一方面影响管道传热，另一方面由于积存在蒸发器管道中的润滑油占据了部分空间，致使制冷剂蒸发量减小而影响制冷，导致电冰箱或空调器制冷不良。因此，在维修电冰箱或空调器时，若发现蒸发器中积油或制冷不良，应该进行排油。

3. 利用压缩气体对制冷系统排油

（1）放掉制冷剂的同时在工艺管上焊上三通阀，并将压缩机回气管处的焊头焊开，把压缩机的吸气管口堵死。

（2）通过三通阀向制冷系统充入 0.8MPa 压力的氮气，因回气管已被焊开，故应使压力表一直保持此压力值。

（3）用手指堵住回气管口，当感觉到手指有压力时，突然放开，此时系统中的氮气喷出，同时把蒸发器中的积油也带出来了。反复进行多次，直到把积油排尽为止。

4. 利用压缩机产生的高压气对制冷系统排油

把回气管焊开后，不用堵死压缩机的回气口。启动压缩机后，用手指先堵住回气管口，当手指压不住时突然放开，气体喷出时把积油带出。这样就不需要氮气，而是利用压缩机产生的高压气进行排油。

为了更好地将低压部分的积油排净，可以采用受轻度污染的制冷系统的清洗方法。对蒸发器注入一定量的四氯化碳后，从毛细管吹入高压氮气。仍用手指堵回气管口，当感觉到压力时突然放开，将积油、四氯化碳与氮气一同排出。反复多次，直到将积油与四氯化碳吹净为止。对冷凝器部分，则没有必要进行排油处理。

在检修电冰箱、空调器制冷系统时，必然会有一定量的空气进入系统中，空气中含有一定量的水蒸气，这会对制冷系统造成膨胀阀冰堵、冷凝压力升高、系统零部件被腐蚀等影响。由此可见，对系统检修后，在未加入制冷剂前，对系统抽真空是十分重要的。而抽真空的彻底与否，将会影响系统正常运转。

5. 制冷系统低压单侧抽真空

低压单侧抽真空是利用压缩机上的工艺管进行的，而且可利用试压检漏时焊接在工艺管上的三通修理阀进行。低压单侧抽真空操作简便，焊接点少，减少泄漏孔。缺点是制冷系统的高压侧中的空气须经过毛细管抽出，由于毛细管的流阻很大，当低压侧中的残留空气的绝对压力已达到 133Pa 以下时，高压侧残留空气绝对压力仍会在 1000Pa 以上。虽然反复多次使制冷系统内的残留空气减少，却很难使制冷系统的真空度达到低于 133Pa 的要求。单侧抽真空示意图如图 2.45 所示。

图 2.45　低压单侧抽真空示意图

6. 制冷系统高、低压双侧抽真空

高、低压双侧真空，能使制冷系统内的绝对压力在 133Pa 以下。对提高制冷系统的制冷性能有利，故近年来被广泛采用。高、低压双侧抽真空方法示意图如图 2.46 所示。高、低压双侧抽真空是在干燥过滤器的进口处加一工艺管，与压缩机上的工艺管用两台真空泵或并联在一台真空泵上同时进行抽真空。这种抽真空的方法克服了毛细管的流阻对高压侧真空度的不利影响，能使制冷系统在较短的时间内获得较高的真空度。但要增加一个焊接点，操作工艺较为复杂。

图 2.46 高、低压双侧抽真空示意图

7. 制冷系统二次抽真空

二次抽真空的工作原理是先将制冷系统抽空到一定的真空度后，充入制冷剂，使系统内的压力恢复到大气压力或更高一些。这时，启动压缩机，使制冷系统内的气体成为制冷剂蒸气与残存空气的混合气。停机后，第二次再抽真空至一定的真空度，系统内此时残留的气体为混合气体，其中绝大部分为制冷剂蒸气，残留空气所占比例很小，从而达到残留空气减少的目的。但是，二次抽真空的方法会增加制冷剂的消耗。

在修理电冰箱时，如果现场没有真空泵，则可利用多次充、放制冷剂的方法来驱除制冷系统中的残留空气。一般充、放 3 至 4 次，即可使系统内的真空度达到要求，但要多消耗制冷剂。对于空调器，由于充注的制冷剂较多，所以一般不采用此种方法。

在抽真空时还应合理地选用连接工艺管与三通检修阀之间的连接管的管径。若管径选得过小，则流阻太大，从而使制冷系统的实际真空度同气压表上所指的真空度相差较大。若管径选得过大，则最后封口时就比较困难，通常选用 $\phi 4 \sim \phi 6$mm 的无氧铜管作为连接管比较合适。

二、任务的完成过程

（一）制冷系统清洗技能训练

1. 实训目的

（1）掌握用氮气清洗制冷管系的方法及操作步骤。

（2）掌握用四氯化碳清洗制冷管系的方法及操作步骤。

2. 实训器材

（1）三通阀、氮气瓶、减压阀、钢丝钳、软管、电冰箱、窗式空调、分体式空调。

（2）清洗泵、四氯化碳、R22 气瓶。

3. 实训步骤

（1）氮气打气法清洗电冰箱制冷管系。

① 如图 2.47 所示将所有器材连接好。

② 先开启氮气瓶阀门，调节减压阀，高压侧

1—蒸发器；2—连接软管；3—冷凝器；4—漏斗
5—截止阀；6—R12 气瓶；7—软管；8—吸气管

图 2.47 氮气加压清洗法

调至 1.3MPa，低压侧调至 0.6～0.8MPa，再打开三通阀，此时干燥过滤器及毛细管均应有

气体排出，保持数分钟即可关闭氮气瓶及三通阀。

③ 对吹胀式蒸发器压力应为 0.9MPa，对翅片盘管式蒸发器压力应为 1.1MPa。如图 2.47 所示。

（2）四氯化碳清洗空调器制冷管系。

① 在取出压缩机后的高压排气管侧装置接头，在低压排气管侧装置接头。

② 在各接头处接上管。

③ 真空泵（或压缩机）与管的接头，排出侧→低压管（吸入），回流侧→高压管（排出）。

④ 向真空泵注入约 5000ml 四氯化碳。

⑤ 将真空泵电源打开，运转 20min 以上，再关掉，将排出管与回流管连接，再清洗 10min。

⑥ 再将汽缸与排出管相连接，注入密封 100g 以上液态氟利昂（R22）。使其与残品的清洗气体相融合，过 5min 后放出，如图 2.48 所示。

图 2.48　管道的清洗

4. 注意事项

（1）打压清洗时，对于不同的蒸发器，其充注的氮气压力应有所不同。

（2）用四氯化碳清洗管系时应注意四氯化碳不要触及操作者的皮肤。

（二）抽真空技能训练

1. 实训目的

（1）掌握真空泵抽真空的方法及步骤。

（2）掌握分体式空调自排空方法及步骤。

2. 实训器材

（1）抽空设备：真空泵、三通阀、低压表、毛细管、连接软管。

（2）冰箱、窗式空调、分体式空调。

（3）辅助设备：氧焊设备一套、钢丝钳、六角扳手等。

3. 实训步骤

（1）真空泵抽真空。

① 割开冰箱或窗式空调输液管，将三通阀上的毛细管插入其中焊好，三通阀另一端用软管与真空泵吸气端连接好。

② 开启三通阀手柄，开启真空泵电源抽真空。在抽真空同时，可用焊具对管系来回均匀

加热,使管系中的残留水分蒸发为水蒸气排出管系外。

③ 当三通阀上的低压表压力降为 133.3Pa 时,先关闭三通阀再关掉真空泵电源即可。如图 2.49 所示。

(2)分体式空调自排空。

① 将分体式空调室外高压侧三通阀服务口螺帽用六角扳手拧下,用软管外接一只带低压表的三通阀。

② 开启分体式空调电源,使压缩机通电运转,同时,开启室外低高压侧三通阀及外接三通阀,此时管系中残留空气排出。

③ 待低压表压力降为 133.3Pa 时,先将三通阀关闭,再拆下外加三通阀及软管,并用六角扳手将服务口螺帽拧紧,最后断掉分体式空调电源即可。

图 2.49 低压单侧抽真空示意图

4. 注意事项

(1)各连接处要拧紧检查,以免发生串气现象,影响抽真空质量。

(2)抽真空结束时,应先关闭三通阀,再断真空泵或分体式空调电源,以防止空气回流。

三、任务的评价(表 2.23)

表 2.23 制冷系统清洗、抽真空操作评价表

序号	评分内容	配分	评分标准	自评得分	小组互评	教师评分
1	制冷系统清洗实训操作	40	工具使用正确、规范 10 分,操作步骤正确、顺畅 20 分,压力表读数及时、准确 5 分,完成任务效果好 5 分			
2	制冷系统抽真空实训操作	40				
3	安全规范操作	20	安全规范操作,无安全隐患及安全事故发生			
	合计得分	100				

任务 2 学会充注制冷剂、制冷系统检漏

一、任务的准备

(一)明确任务

电冰箱、空调器的制冷系统都需要加注一定量的制冷剂,才能保证系统正常的工作。同时系统中的压缩机、冷凝器、干燥过滤器、毛细管和蒸发器等部件,用管道串联成一个全封

闭系统。一旦焊接不良或制冷管道被腐蚀，或搬运、使用不当等都可能造成制冷系统中循环流动的制冷剂泄漏。制冷系统泄漏是电冰箱、空调器等制冷设备最常见的故障。因此，必须掌握制冷系统的充注制冷剂技术和检漏技术。本次任务我们就要通过学习、训练，来掌握这两个制冷维修中的非常重要的、基本的技能。

（二）知识准备

电冰箱和空调器在抽真空结束后，都应尽快地充注制冷剂。最好控制在抽真空结束之后的 10min 内进行，这样就可以防止三通检修阀阀门漏气而影响制冷系统的真空度。准确地充注制冷剂，判断制冷剂充注量是否准确的方法有定量充注法和综合观察法。

1. 制冷剂充注要求

无论电冰箱或空调器，制冷剂的注入量都应满足其铭牌上的要求。如果制冷剂充注量过多，就会导致蒸发器温度增高，冷凝压力增高，使功率增大，压缩机运转率提高；还可能出现冷凝器积液过多，自动停机时，液态制冷剂在冷凝器末端和过滤器中的蒸发吸热，造成热能损耗。这些因素将使电冰箱或空调器性能下降，耗电量增加。若制冷剂充注量过小，则会造成蒸发器末端的过热度提高，甚至蒸发器上结霜不满，也会使空调器的运转率提高，耗电量增大。制冷剂的充注量与制冷量有着密切的关系，其关系如图 2.50 所示。

图 2.50　制冷剂充注量与制冷量的关系

因此，制冷剂的充注量一定要力求准确，误差不能超过规定充注量的 5%。

2. 制冷剂定量充注法

定量充注法就是利用专用的制冷剂加液器按电冰箱或空调器铭牌上规定的制冷剂注入量充注制冷剂。如图 2.51 所示，将管道连接好，连接处不得有泄漏现象。先将阀 D 关闭，打开阀 E，让制冷剂钢瓶中的制冷剂液体进入量筒中。量筒的外筒为不同制冷剂在不同压力下的重量刻度。选择合适的刻度，使制冷剂液面上升到铭牌规定数值的刻度，然后关闭阀 E。

图 2.51　复式检修阀与定量充注器的连接

若量筒中有过量的气体致使液面无法上升到规定刻度时，可打开量筒上的阀 F，将气体排出，使液面上升。再启动真空泵进行抽真空，使电冰箱或空调器的制冷系统和连接管道中的残存气体排出，达到要求后关闭阀 B 和阀 C。然后打开阀 D，量筒中的制冷剂便通过连接管道，经过阀 A 而进入已抽真空的制冷系统中。若设备要求充注的制冷剂量较大，而量筒刻度无法满足时，可以分两次或三次充入，只要充入的总量与铭牌上的要求注入量相符即可。

3.　制冷剂综合观察法

在维修中常采用综合观察法。它是在没有制冷剂定量的情况下，充注一定量的制冷剂后，结合观察三通修理阀上气压表指示的压力值，以及电冰箱或空调器的工作电流和电冰箱、空调器的结霜情况来判定制冷剂充注量是否适量。

（1）电冰箱综合观察法。

由于一般修理部使用的都是钳形电流表，且量程较大，而电冰箱的空载电流与额定工作电流相差不大。因此，观察其电流时不易看出变化。一般只要不超过额定工作电流即视为正常，进而观察其他项目的情况。

制冷系统低压压力的高低由制冷剂充注量的多少来决定。制冷剂充注量多，低压压力就高，蒸发温度就高。制冷剂充注量少，低压压力就低，蒸发温度就低。而低压压力的高低还要受环境温度变化的影响。夏天气温高，低压压力一般可控制在 0.05～0.07MPa；冬天气温低，低压压力可控制在 0.02～0.04MPa；春、秋天气温适中，低压压力一般控制在 0.03～0.05MPa。

控制低压压力虽然能判别制冷系统制冷剂充注的多少，但由于影响制冷系统低压压力的因素较多，制冷剂充注量的误差也较大，因而还应通过观察制冷系统主要部件的温度及其变化，才能确定制冷剂充注量的准确性。

① 观察电冰箱上、下蒸发器的结霜情况。

制冷剂充注量准确时，上、下蒸发器表面结霜均匀，霜薄而光滑，用湿手接触蒸发器表面有粘手感。若制冷剂充注量不足时，则蒸发器上结霜不匀，甚至只有部分结霜。对于制冷剂先进入下蒸发器然后到上蒸发器循环的电冰箱，会出现冷藏室温度低，而冷冻室温度降不下来的现象。若制冷剂充注量过多，则蒸发器上结浮霜，冷冻室内的温度达不到设计的温度要求。

② 摸冷凝器上的温度。

制冷剂充注量准确，冷凝器上部管道发热烫手，整个冷凝器从上到下散热均匀。若充注量过多，则冷凝器上的大部分管道发烫。若充注量不足，则冷凝器管道上部只有温热，而下部管道不发热。

③ 摸干燥过滤器和毛细管上的温度。

制冷剂充注量准确，干燥过滤器有热感。若干燥过滤器上温度较高，则说明制冷剂充注量过多。若干燥过滤器上不热，说明充注量不足。毛细管进口处管道上的温度应高于干燥过滤器上的温度。

④ 摸低压回气管上的温度。

制冷剂充注量准确时，回气管上有凉感；若回气管上没有凉感，则为制冷剂充注量不足；若回气管上结霜，则说明制冷剂充注量过多。

（2）空调器综合观察法。

空调器在充注制冷剂时不宜过猛，以防止压力变化过快。同时，还应用钳形电流表监测其工作电流，不可让其超过额定工作电流值。

在充注制冷剂后，必须让空调器工作较长时间，检查其高低压力和冷凝器、蒸发器，进排气温度是否合乎要求。空调器以制冷方式运转时，各部位的压力和温度如图 2.52 所示。空调器以制热方式运转时，各部位的压力和温度如图 2.53 所示。空调器低压压力、电流和消耗的功率都与外界环境温度有关，随着环境温度变化，其值也随之变化，这是修理空调器时应牢记的一点。

图 2.52　制冷运转各部位压力和温度

图 2.53　制热运转各部位压力和温度

① 观察结霜情况。

在制冷剂充注量正确的情况下，空调器的蒸发器工作时不结霜，只有在制冷剂充注量不足的情况下才会出现蒸发器结霜的现象。但空调器的蒸发器的表面温度要比环境温度低，当其表面温度低于环境空气的露点温度时，蒸发器上会因结露而生成冷凝水。

在充注制冷剂开始时，空调器的蒸发器与毛细管连接处会出现结霜现象，继续充注制冷剂，当此处结霜化完时，即表示制冷剂已充注够，可停止充注，如图 2.54 所示。继续让压缩机运转，蒸发器上的结露应满。

图 2.54　化霜完即表示制冷剂充足

② 观察压力值。

制冷剂饱和蒸气的温度与压力是一一对应的。所以，当所测空调器制冷系统的高压压力和低压压力值符合所规定的压力值时，即表明制冷剂充注量合适。

封口是电冰箱、空调器制冷系统维修的最后一步。分体式空调器或厨房冷柜都设有检修接口，检修阀等都是用连接管道与其螺纹连接的。封口时，只需要卸下阀口连接螺母，再用封口螺母将其堵上，保证此处不泄漏。

4. 封口的要求

电冰箱和窗式空调器没有检修口，是全封闭的。检修阀通过连接管道焊接在压缩机工艺管上或者焊接在低压管道上。既要取下三通阀和连接铜管，又必须保证制冷系统不会发生泄漏，这就是对封口的基本要求。

5. 封口的方法

（1）让电冰箱和空调器正常工作，在离压缩机工艺管或与低压管道焊接处 15～20mm 远的三通阀连接铜管口处，用气焊将其烧得暗红，并立即用封口钳将连接铜管夹扁。为了保证不泄漏，可相距 1cm 处再夹扁一次，可夹 2 至 3 次。

（2）在距离最外一个夹扁处 30～50mm 的地方，用钢丝钳将连接铜管切断，取下三通阀和剩余的连接铜管。

（3）用气焊将留在电冰箱或空调器上的连接管道端部焊死。可用气焊将连接铜管烧化后自熔堵死，也可用银焊将端头封死。然后将其浸入水中检查是否封堵良好，以保证不发生泄漏。

（4）将残留端整形。

6. 制冷系统检漏的方法

检查制冷系统是否存在泄漏，常见的有观察油渍检漏、卤素灯检漏、电子卤素检漏仪检漏、肥皂水检漏和水中检漏等几种方法。

（1）观察油渍检漏。

制冷系统泄漏时，一定会伴有冷冻油渗出。利用这一特性，可用目测法观察整个制冷系统的外壁，特别是各焊口部位及蒸发器表面有无油渍存在。若怀疑泄漏处油渍不明显，可放上干净的白布，用手轻轻按压，若白布上有油渍，说明该处有泄漏。

（2）卤素灯检漏。

卤素检漏灯是以工业酒精为燃料的喷灯，靠鉴别其火焰颜色变化来判断制冷剂泄漏量的大小。其作用原理是利用氟里昂气体与喷灯火焰接触即分解成氟、氯元素气体，氯气与灯内炽热的铜接触，便产生氯化铜，火焰颜色即变为绿色或紫绿色。但这种方法不能满足家用电冰箱、空调器检漏的要求，只能用于设有储液器的大型冰箱或冷库的粗检漏。

（3）电子卤素检漏仪检漏。

电子卤素检漏仪是一个精密的检漏仪器，主要用于精检，但不能进行定量检测。

电子卤素检漏仪的构造如图2.55所示。由于电子卤素检漏仪的灵敏度很高，所以不能在有烟雾污染的环境中使用。精检漏时，须在空气新鲜的场合进行。检漏仪的灵敏度一般是可调的，由粗检到精检分为数挡。在有一定污染的环境中检漏，可选择适当的挡位进行。在使用中严防大量的制冷剂吸入检漏仪。过量的制冷剂会污染电极，会使检测灵敏度降低。检测过程中，探头与被测部位之间的距离应保持在3~5mm。探头移动速度应低于50mm/s。

1—测漏处；2—电子管外壳；3—外筒（白金阴极）；4—内筒（白金阳极）；5—风扇；
6—加热丝；7—变压器；8—阴极电源；9—微安表；10—探嘴

图2.55 电子卤素检漏仪的构造

（4）肥皂水检漏。

肥皂水检漏就是用小毛刷蘸上事先准备好的肥皂水，涂于需要检查的部位，并仔细观察。如果被检测部位有泡沫或有不断增大的气泡，则说明此处有泄漏。

肥皂水的制备：可用1/4块肥皂切成薄片，浸在500g左右的热水中，不断搅拌使其溶化，冷却后肥皂水即凝结成稠厚状、浅黄色的溶液。若未制备好肥皂水而需要时，则可用小毛刷沾较多的水后，在肥皂上涂搅成泡沫状，待泡沫消失后再用。

用肥皂水检漏，方法简便易行。这种检漏方法可用于制冷系统充注制冷剂前的气密性试验，也可用于已充注制冷剂或在工作中的制冷系统。在还没有用其他方法进行检漏，或虽经卤素检漏仪、卤素灯等已检出有泄漏，但不能确定其具体部位时，使用肥皂水检漏，均可获得良好的检测结果。所以，一般维修中常用肥皂水检漏。

（5）水中检漏。

水中检漏是一种比较简单而且应用广泛的检漏方法。常用于蒸发器、冷凝器、压缩机等零部件的检漏。其方法是在被测件内充入0.8~1.2MPa压力的氮气，将被测件放入50℃的温水中，仔细观察有无气泡产生。若有气泡产生，则说明有泄漏。

7. 制冷系统的高、低压检漏

制冷系统被压缩机和毛细管分成高压部分和低压部分。其中高压部分包括冷凝器和压缩机，低压部分包括蒸发器、毛细管和回气管。

（1）高压检漏。

高压检漏如图 2.56 所示。从干燥过滤器与毛细管的连接处将管路分开，并将分开的两管各自封死。把回气管从压缩机上取下，并将压缩机上接回气管的管口堵死。这时可从工艺管上所接的三通检修阀上充注 1.0～1.2MPa 的氮气，对高压部分进行检漏。对电冰箱来说，若有外露焊头，还可以继续将主冷凝器、副冷凝器以及防露加热管各自分开进行检漏，以确定泄漏发生于哪一部分。再根据不同的情况，采取补焊、更换零件或各自加装部分冷凝器以及丢掉部分管道等办法加以解决。而空调器管道外露可拆下进行水中检漏，找出漏点进行补焊即可。

（2）低压检漏。

对于电冰箱来说，可从三通检修阀充入 0.4～0.8MPa 压力的氮气进行低压部分检漏。因蒸发器多为铝板吹胀式蒸发器，若试压时压力过高，则易造成蒸发器胀裂损坏。而对于空调器来说，由于都是紫铜管，故其检漏压力亦可与冷凝器相等。若在低压部分有泄漏，则对于空调器和单门电冰箱，均可将蒸发器卸下浸入水中进行试压检漏。而对双门电冰箱，因蒸发器无法卸下，故可采用开背修理方法或其他方法进行处理，直到无泄漏为止。

8. 制冷系统的真空检漏

检查制冷系统有无泄漏，也可采用真空试漏的方法。具体的操作方法是：在压缩机的工艺管上接上带真空的三通阀，三通修理阀接头的耐压胶管与真空泵连接。对制冷系统抽真空 1～2h 后，在真空泵的出气口接上胶管，将胶管口放入盛有水的容器中，边抽真空，边观察胶管口有无气体排出。若对制冷系统抽真空 1～2h 后仍有气体排出，则说明制冷系统有泄漏孔。也可以对制冷系统抽真空到制冷系统内的压力为 133.3Pa 时，关闭三通修理阀门，静置 12h 后，观察真空表上的压力值有无升高。若压力升高，则说明制冷系统有泄漏点存在。然后再用其他方法找到泄漏孔，进行补漏，直到排除泄漏。

1—氮气钢瓶；2—氮气减压调节阀；3—耐压连接胶管；4—带压力表的三通修理阀；5—快速接头；
6—压缩机；7—冷凝器；8—干燥过滤器；9—毛细管；10—蒸发器

图 2.56　电冰箱制冷系统高压检漏示意图

9. 制冷系统检漏的要求

对制冷系统进行高压检漏时，充入氮气的压力不能太高，否则会造成蒸发器管道胀裂损坏。电冰箱制冷系统高压检漏充注氮气的压力较低；对于空调器，管道均由紫铜管制成，耐压性能较好，因而要充注较高压力的氮气。空调器进行制冷系统高压检漏的操作与电冰箱大同小异，操作方法相同，只是充注的氮气压力值不同，如图 2.57 所示。

1—压缩机；2—冷凝器；3—膨胀阀（毛细管）；4—蒸发器；5—高低压开关；6—低压表；
7—高压表；8—三通阀；9—阀；10—氮气瓶；11—减压阀；12—储液器

图 2.57　充氮加压检测

二、任务的完成过程

（一）充注制冷剂技能训练

1. 实训目的

（1）掌握电冰箱充注 R12 制冷剂的方法及操作步骤。

（2）掌握空调器充注 R22 制冷剂的方法及操作步骤。

2. 实训器材

三通阀、压力表、R12 及 R22 气瓶、软管、六角扳手、钳形电流表、钢丝钳、封口钳、氧焊设备。

3. 实训步骤

（1）电冰箱充注 R12 制冷剂。

① 将各种器材连接好，抽真空至压力降至 133.3Pa 时关闭三通阀，将软管从真空泵吸气口上拆下，接在 R12 气瓶上，松开接在三通阀上的软管。

② 将 R12 气瓶上的手柄轻微开启，当 R12 制冷剂从松开的软管口处喷出时迅速将松开的软管紧固在三通阀上（此举是为清除这段软管中的残留空气）。

③ 将 R12 气瓶倒置，电冰箱压缩机通电，电源线中放入钳形电流表。开启三通阀手柄，让压缩机吸入一部分 R12 制冷剂后迅速关闭。观察压力表压力及钳形电流表，待压力、电流均降低后再开启三通阀手柄，充注一部分 R12 制冷剂后又迅速关闭三通阀手柄。如此重复几次。

④ 综合观察：压力表压力稳定在 0.03～0.05MPa（冬季为 0.02～0.04MPa，夏季为 0.05～0.07 MPa）。钳形电流表运行电流稳定在 0.6～0.8A 时，冷凝器散热均匀，干燥过滤器温度略高于环境温度。蒸发器表面均匀结霜，有粘手的感觉。此时说明制冷剂的充注量恰当，即可用封口钳将毛细管压扁，再用钢丝钳将毛细管夹断，断口处用氧焊焊牢。

⑤ 将焊接处用肥皂水进行检漏。

（2）窗式空调器充注 R22 制冷剂（选用 KC-25 机型）。

基本方法和操作步骤与电冰箱充注 R12 制冷剂相似，不同之处：

① 制冷剂为 R22。

② 综合观察时，低压的压力应为 0.4MPa，运行电流应为 1.5～2A 左右，蒸发器表面应均匀挂霜水。

4. 注意事项

（1）本次实训应与前面的抽真空实训配合进行。

（2）在充注制冷剂的过程中应由三通阀手柄控制制冷剂的充注量，每次不宜过多，同时观察压力及运行电流的变化。

5. 完成时间

本次实训时间为 30min。

（二）制冷系统检漏技能训练

1. 实训目的

（1）掌握制冷系统高、低压分段检漏方法及操作步骤。

（2）掌握制冷系统真空检漏方法及操作步骤。

2. 实训器材

三通阀若干、氮气瓶两个（带减压阀）、真空泵、软管、六角扳手、割刀、氧焊设备、肥皂水、盛有水的容器、制冷系统有漏点的电冰箱、空调器。

3. 实训步骤

（1）高、低压分段检漏。

① 用氧焊方法将毛细管从干燥过滤器中退出，用割刀将压缩机上的吸、排气管割开。

② 毛细管与低压表连接，吸气管与接有氮气瓶的三通阀连接成低压侧；干燥过滤器与高压表连接，排气管与另一只接有氮气瓶的三通阀连接成高压侧，如图 2.58 所示。

1—压缩机；2—排气管；3—三通阀；4—氮气瓶；5—冷凝器；6—干燥过滤器；
7—高压表；8—低压表；9—毛细管；10—蒸发器；11—吸气管；12—工艺管

图 2.58 高低压分段检漏

③ 先将两个氮气瓶开启，调节各自减压阀，低压侧调节至 0.4～0.8MPa，高压侧调节至 1.8MPa，再将三通阀开启，分别向高、低侧注入氮气。

④ 用肥皂水检漏，低压侧蒸发器部分可放入盛有水的容器中检漏，如图 2.59 所示。

图 2.59 水中检漏

（2）真空检漏法。

① 空调器压缩机工艺管上接带低压表的三通阀，三通阀的另一端用软管接在真空泵的吸气口上。

② 开启真空泵电源抽真空，观察低压表压力降至 133.3Pa 后关闭三通阀阀门，再关掉真空泵电源，12h 后再观察压力是否升高。若压力升高则说明制冷系统有漏点。

③ 若连续抽真空 1～2h 后，压力始终降不到 133.3Pa（真空泵排气口仍有气体排出），也说明有漏点。

4．注意事项

（1）低压侧检漏时必须先注入氮气才能放入盛水的容器中检漏。

（2）真空泵检漏时应注意各连接部分的密封性，杜绝由串气现象引起的真空度不够造成的误判。另外，当压力达到 133.3Pa 时应先关紧三通阀阀门，再断开真空泵电源防止空气回流，以致造成误判。

5．完成时间

本次实训时间为 25min。

三、任务的评价（表 2.24）

表 2.24 制冷系统充注制冷剂、检漏操作评价表

序号	评 分 内 容	配分	评 分 标 准	自评得分	小组互评	教师评分
1	制冷系统充注制冷剂技能训练操作	40	工具使用正确、规范 10 分，操作步骤正确、顺畅 20 分，压力表读数及时、准确 5 分，完成任务效果好 5 分			
2	制冷系统检漏实训操作	40				
3	安全规范操作	20	安全规范操作，无安全隐患及安全事故发生			
	合计得分	100				

知识拓展一：制冷系统的类型及结构特点

一、单门电冰箱制冷系统

单门电冰箱制冷各部件及其连接管道如图2.60所示。单门电冰箱常采用半自动化霜温控器，既控制压缩机的开停，以控制箱内的温度，也用以在霜层太厚时，按下温控器中间按钮，使压缩机停机，让箱温回升后化霜。化霜水流入接水盘，再通过导管流入箱底的蒸发皿。有的单门电冰箱在箱体门框四周及箱底布有防露管，用制冷剂的热量防止门框凝露，并用以蒸发蒸发皿中的化霜水，如图2.61所示。

二、双门电冰箱制冷系统

1. 双门间冷式电冰箱制冷系统各部件连接

双门间冷式电冰箱制冷系统各部件连接如图2.62所示。它只用一个翅片式蒸发器，置于冷冻室与冷藏室之间的夹层，或冷冻室与箱体之间的夹层，利用冷却风扇及风道把蒸发器的冷量带到冷藏室与冷冻室。它一般配置两个温控器（双门双温控制），冷冻室采用普通温控器控制压缩机的开停时间，以控制冷冻室的温度；冷藏室采用感温风门温控器控制流入冷藏室的冷量，以控制冷藏室的温度。间冷式电冰箱常采用自动化霜装置，霜层一出现即自动化霜，以提高制冷效率。

1—蒸发器；2—回气管；3—毛细管；4—冷凝器；
5—干燥过滤器；6—压缩机

1—蒸发器；2—回气管；3—毛细管；4—冷凝器；5—防露管；
6—干燥过滤器；7—压缩机；8—蒸发器加热器

图2.60 单门电冰箱制冷系统

图2.61 制冷剂做加热器的制冷系统

2. 双门直冷式双温单控制冷系统循环

双门直冷式双温单控制冷系统循环如图2.63所示。该系统在冷冻室和冷藏室中各设一个独立的蒸发器，两个蒸发器在制冷系统中是串联的，通过设在箱门框四周加热使之不结露。从毛细管节流降压后的制冷剂先进入冷藏室蒸发器，然后再进入冷冻室蒸发器。多数双门电冰箱都设置了除霜水加热器，其作用是当箱内融化的霜水由出水管导流至底部的水蒸发盘时，吸收流经除霜水加热器的高温高压制冷剂蒸气的热量，从而提高冷凝器效果。这样由冷凝器、门框除霜管和除霜水加热器一起组成一个冷凝系统。当压缩机通电运行时，其循环路径如下：
压缩机→除霜水加热器→冷凝器→门框除霜管→干燥过滤器→毛细管→冷藏室蒸发器→冷冻

室蒸发器→压缩机。

1—蒸发器；2—冷凝器；3—干燥过滤器；
4—压缩机；5—蒸发器加热器；
6—防露管 7—回气管；8—风扇

图 2.62　双门间冷式电冰箱制冷系统

1—低压回气管；2—干燥过滤器；3—毛细管；
4—冷藏室蒸发器；5—冷冻室蒸发器；
6—除霜管；7—冷凝器；8—压缩机

图 2.63　双门直冷式双温单控电冰箱制冷系统

3. 双门直冷式双温双控制冷系统

双门直冷式双温双控制冷系统循环如图 2.64 所示。该系统有两个温控器分别控制冷冻室和冷藏室的温度。冷藏室温控器根据冷藏室温度变化来控制电磁切换阀。如当冷藏室蒸发器温度升到 3.5℃时，冷藏室温控器使电磁切换阀断电，制冷剂流入冷藏室蒸发器，继而进入冷冻室蒸发器，冷藏室产生制冷作用。当冷藏室温度达到设定值时，冷藏室温控器使电磁切换阀通电，制冷剂停止流入冷藏室蒸发器，而直接进入冷冻室蒸发器。冷冻室温控器根据冷冻室要求来控制压缩机的开、停。

1—冷冻室蒸发器；2—第三毛细管；3—防露防冻管；4—冷凝器；
5—第二毛细管；6—冷藏室蒸发器；7—电磁切换阀；8—冷冻室温控器；9—冷藏室温控器；
10—第一毛细管；11—干燥过滤器；12—压缩机；13—蒸发器加热器；14—冷藏室感温包；15—冷冻室感温包

图 2.64　双门直冷式双温双控电冰箱制冷系统

当压缩机通电运行时，制冷剂经压缩机→除霜水蒸发器加热管→冷凝器→防露管→干燥过滤器→第一毛细管→电磁切换阀→第二毛细管→冷藏室蒸发器→冷冻室蒸发器→压缩机，完成一个制冷循环。

当冷冻室负荷增大、冷藏室温度先达到设定值时，冷藏室温控器控制电磁切换阀改变制冷剂流向，使第一毛细管的制冷剂经第三毛细管直接注入冷冻室蒸发器，然后流回压缩机。这时，切断了进入冷藏室蒸发器的制冷剂，只通过冷冻室蒸发器进行循环。当需要速冻时，制冷剂也只通过冷冻室蒸发器循环，这样可使冷冻室迅速降温。

知识拓展二：制冷系统的工作原理

一、制冷系统中的制冷剂状态

1. 制冷剂的状态

在电冰箱的制冷系统中，制冷剂（以 R12 为例）是主要的工作物质，在整个制冷过程中，都伴随着制冷剂状态的变化。制冷剂不断反复地从气态变为液态，再从液态变为气态。只要压缩机在运转，这种状态的变化始终不断地重复进行，如图 2.65 所示。

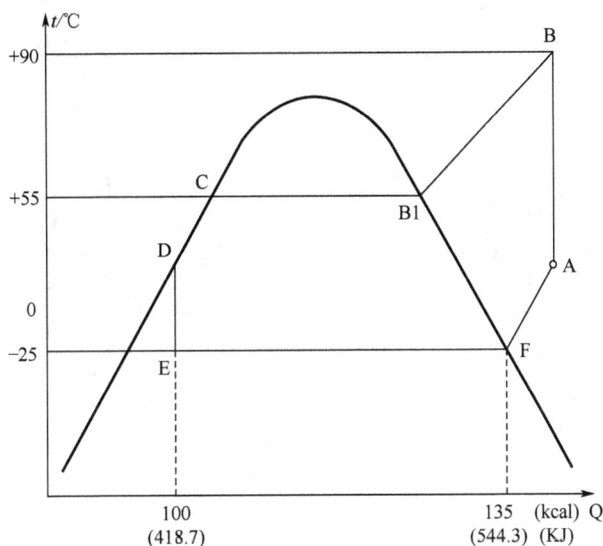

图 2.65 R12 状态图

图 2.65 中各线段的含义如下：

线段 A→B 表示制冷剂的气态压缩，同时伴随有温度的升高。

线段 B→B1 表示压力和热量相继减少，即气态制冷剂散失其上一段所得到的热量，并趋向于液态。在 B1 处，制冷剂的蒸气和液体开始共存。

线段 B1→C 表示制冷剂蒸气继续由气态变为液态，并进一步散失热量。

线段 C→D 表示制冷剂液体流经一个小截面的限流器，同时压力、温度和热量继续减小。

线段 D→E 表示制冷剂液体的膨胀，同时温度进一步降低。

线段 E→F 表示液体从外界吸热，并趋于再次变为气态。在点 E 处，液体和蒸气共存。

线段 F→A 表示制冷剂液体回到蒸气状态。此时，压力、温度和热量逐渐增加。

2. 制冷剂的作用

制冷剂从制冷系统的某一固定部位（蒸发器）吸收热量，而在另一部位（冷凝器）将热量加以散发。因而制冷剂在制冷系统中起到将（蒸发器中）热量"吸收"、"运送"和"传递"给外界环境（与冷凝器相接触的空气）的作用，从而产生制冷效果。

二、制冷系统内制冷剂状态的变化

1. 制冷剂的压缩

制冷剂的压缩是在压缩机内完成的，它是制冷剂在制冷循环中的第一个过程，如图 2.66 所示。

图 2.66　制冷剂的压缩

（1）制冷剂循环流动的压力。压缩机将电能转变为机械能，同时将制冷剂吸入、压缩和排出，保证了各个制冷循环过程的实现。

（2）制冷剂的状态。在整个压缩过程中，制冷剂始终处于蒸气状态（在状态图中该过程用线段 A→B 表示）。

（3）制冷剂的温度。制冷剂的初始温度同制冷系统周围的环境温度相差无几。从这一初始温度起，借助于压缩机活塞往复运动所产生的压力以及气阀的作用力，制冷剂气体的温度就升高到排气温度。即：初始温度从 25℃ 升高到排气温度+90℃。

（4）制冷剂的压力。气体的压力从压缩机外壳内的压力升高到气阀和排气管所在处的排气压力。在压缩机运转时，气体压强从进气管处的 0.03MPa 提高排气管处的 0.2MPa 左右。如果压缩机停机或由温控器切断电源时，吸气管和排气管的压力趋于平衡状态，其压强在 0.3MPa 左右。

2. 制冷剂的冷凝

制冷剂的冷凝是在冷凝器中完成的。

（1）制冷剂的状态。在整个冷凝过程中，制冷剂的状态从气态→气液共存→液态（在状态图中该过程用线段 B→B1 和 B1→C 表示）。

（2）制冷剂的温度。如果压缩机的环境温度为 25℃，冷凝器中制冷剂开始部分温度接近 90℃ 左右，而最后部分的温度约为 55℃。同时，冷凝器进出口处的温度差要受其他因素影响。

（3）制冷剂的压力。由于冷凝器的管子截面对流过的制冷剂的流量来说足够大，所受到的阻力小，因此该过程压力与压缩机排出管处的压力基本相同。

3．制冷剂的节流

制冷剂的节流是在过滤器、毛细管和穿有毛细管的回气管中完成的。

（1）制冷剂的状态。在整个节流过程中，制冷剂的状态始终处于液体状态（在状态图中该过程用线段 C→D 表示）。

（2）制冷剂的温度。

毛细管的全部长度几乎都穿在回气管（或并焊在回气管上）上，回气管中 R12 的温度比毛细管中的制冷剂 R12 温度低，两者又对向流动，因此，毛细管制冷剂在向蒸发器流动的同时，继续散发热量，并将热量散发给了回气管中的 R12。这一特殊措施的目的是为了利用循环回气管中的 R12 的低温，让毛细管中的 R12 液化得更好，让回气管中 R12 汽化得更安全，以提高其制冷能力。图 2.65 所指的温度是–25℃ 和+25℃，实际上是相距较远的两点温度。因为回气管本身长度约 1m，其上端因 R12 蒸气刚从蒸发器流出，其蒸气温度很低。在其下端，由于 R12 蒸气流过回气管路时，一部分热量由毛细管传来，并从外部环境中得到一部分热量。

（3）制冷剂的压力。毛细管内径小，且较长，因而使流经毛细管的制冷剂 R12，在毛细管中形成相应的压力降，以保持蒸发器与冷凝器之间有一定的压力差。

4．制冷剂的蒸发

制冷剂的蒸发是在蒸发器中完成的。

（1）制冷剂的状态。在整个蒸发过程中，制冷剂的状态从液态→液气共存→气态（在状态图中该过程用线段 D→E 和 E→F 表示）。

（2）制冷剂的温度。制冷剂在 D→E 的蒸发过程中，温度进一步降低，而在 E→F 的蒸发过程中，则必须保持温度不变。

（3）制冷剂的压力。制冷剂在 D→E 的蒸发过程中，压力进一步降低，而在 E→F 的蒸发过程中，压力基本不变。

5．制冷剂的吸入

图 2.67 所示为 F 到 A 所代表的状态变化。在整个状态变化过程中，R12 始终保持处于蒸气状态，并且逐渐从蒸发温度（例如–25℃）变到周围环境温度（假设此时为+25℃）。这一阶段的蒸气温度提高有两个原因：

① 由毛细管流动的高温制冷剂传来一部分热量。

② 另一部分热量来自温度较高的环境，并经回气管表面传入。回气管内制冷剂的压力，由压缩机的吸气作用确定。在 A 点，制冷剂恢复初始状态，循环周而复始。

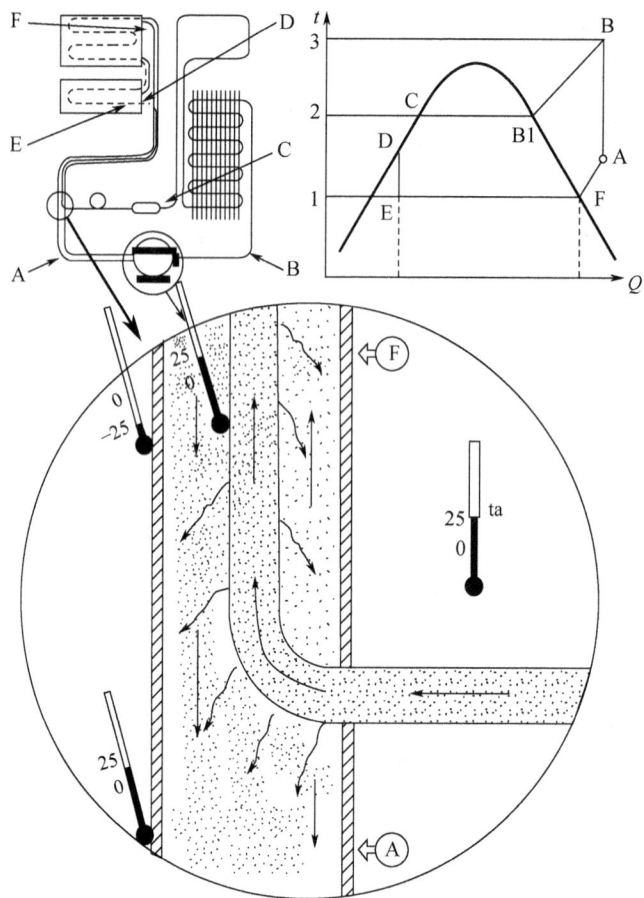

图 2.67　制冷剂的吸入

模块 三

电冰箱的电气控制系统

【知识目标】

（1）知道电冰箱电源电路和照明电路结构和工作原理。

（2）知道电冰箱启动继电器和过载保护器结构和工作原理。

（3）理解压缩机电路的结构及原理。

（4）理解温控器和化霜控制器的结构和工作过程。

【技能目标】

（1）学会对照明电路、电源电路的故障进行分析判断。

（2）能识别及测试启动继电器、过载保护器、温控器、化霜控制器实物。

（3）能对启动继电器、过载保护器故障进行分析和维修。

（4）能对温控器、化霜控制器故障进行分析和维修。

5. 培养良好的职业素养。

项目一 电源及照明电路

任务 1 知道电源和照明电路的结构

一、任务的准备

（一）明确任务

本次任务主要是知道电冰箱的电源电路和照明电路的结构，以及这两部分的作用，简单拆装、检测等操作。通过本任务的学习，让我们知道电路原理，掌握简单电路的分析、拆装能力。

（二）知识准备

1. 电源电路

在电冰箱和空调系统中，由于电路中都有功率较大的电动机，所以其电源供给就很重要。冰箱和空调的电源系统主要由电源线、电源插头、保险管等部分组成。

（1）电源线。

冰箱空调的电源线一般采用 3 芯护套线，并且每跟芯线采用多股铜芯软线做成。由于冰箱、空调的外壳必须牢固接地，所以必须用 3 芯线做电源线。这三根线中，分别为相线（火线）、中性线（零线）、保护线（地线）。同时电源线的横截面粗细和其允许通过的电流（载流量）有对应关系，一般电冰箱所用的电源线，每根线的横截面积在 0.75mm² 及以上。我们在给冰箱、空调做电源延长线的时候要特别注意，不能用横截面较细的电源线，以免发生导线燃烧事故或留下隐患。

（2）电源插头。

家用冰箱、冰柜、空调一般都采用电源插头与插座相连。一般采用的是三角插头，其插头的绝缘电阻应该在 50MΩ 以上，插片为铜质，额定工作电压为 250V，额定工作电流为 6A/10A，可插拔次数在 10 万次左右。

2. 照明电路

（1）照明电路作用。

冰箱的照明电路用于冰箱冷藏室的照明，其电路结构简单，控制方便，是冰箱系统中必不可少的电路。而在冰柜、空调系统中，则没有照明电路。

（2）普通冰箱照明电路。

普通冰箱的照明电路就是用一个冰箱门控开关，去控制一个小功率的白炽灯。图 3.1 所示为某型号的电冰箱的电气控制电路，其中的 SB 为冰箱门控开关。当冰箱门关闭时，SB 被碰压而断开，此时照明灯 EL 熄灭。当用户打开冰箱冷藏室的门时，SB 开关因释放而闭合，照明灯 EL 点亮。一般冰箱所用的灯泡规格为 220V/15W。

图 3.1 某冰箱电气控制电路图

（3）冰箱 LED 照明灯（图 3.2）。

图 3.2 冰箱 LED 照明灯原理图

如图 3.2 所示为电冰箱内 LED 照明灯电路原理。该电路中的 LED 灯由 8 只白色 LED 高亮度发光管组成。LED 分别安装在一根白色透明塑料管内，塑料管的长度等于冰箱柜的高度。

交流市电经门开关 SB 和保险管 FU 在电源变压器 TR 次级产生双 6V 交流电压,由二极管 VD1、VD2 进行全波整流,电容 C1 滤波,电阻 R1 限流,稳压管 ZD1 将平滑的直流电稳定在 12V 供电给 LED 发光条。白色 LED 的正向工作电压为单只 3.1 V,采用 12V 供电,每只 LED 的功率在 0.06W,4 只为 0.25W,共两组,总消耗电能不到 1W。这样,LED 总的发光强度可以接近 40 lm,只产生微弱的热量和消耗很少的电能。

二、任务的完成过程

(一) 冰箱照明灯的拆卸

冰箱照明灯用于冰箱内部照明,灯泡外面一般都有一个灯罩。灯罩一般都是抛物线的,灯泡在抛物线的焦点上,而且大部分都是白色或者金属色的,从物理学上说,这些都可以帮助灯泡的光反射,会起到增强亮度的作用。

由于冰箱照明灯经常有故障,所以需要学会照明灯的更换方法,下面我们就来学习冰箱照明灯的拆卸方法。

1. 准备设备及器材

家用电冰箱,数字万用表,电工工具。

2. 操作步骤

(1) 将电冰箱的电源断开,将冰箱冷藏室门打开,用干净布将冷藏室打扫干净。

(2) 观察冰箱照明灯外的灯罩,看该灯罩是否用螺钉固定在冰箱冷藏室内壁上。

(3) 如果灯罩是用螺钉固定在内壁上的,则用螺丝刀小心地将螺钉取下,然后将灯罩取下,最后用手旋下白炽灯灯泡。

(4) 如果灯罩外面没有螺钉,则灯罩是用卡扣扣在其塑料外壳上的,此时需要用手小心的滑动/扣动外壳,注意摸索外壳的卡扣位置。待塑料外壳取下后,再看是否还需要用螺丝刀拆卸,最后用手旋下白炽灯灯泡。

(5) 更换灯泡后,按照逆顺序安装好照明灯。

3. 完成时间

本任务完成时间为 10min。

(二) 冰箱照明灯开关的测试

冰箱照明灯开关一般是一个机械按压式开关,当其机械劳损、变形、接触点氧化时,会造成开关失效。下面我们就来学习一下这个开关的测试方法。

1. 准备设备及器材

家用电冰箱,数字万用表,电工工具。

2. 操作步骤

(1) 将电冰箱的电源断开,用工具将照明灯开关从冰箱内壁上取下。

(2) 找到照明灯开关的接线端。

(3) 将数字万用表拨到电阻挡,然后红黑表笔测试开关的接线端。

(4) 用手按动开关,看万用表的读数是否在 0 欧姆和无穷大之间转换,如果阻值不能变为 0Ω 左右,则此开关已损坏。

(5) 测试开关后,按照逆顺序安装好照明灯开关。

3. 完成时间

本任务完成时间为 10min。

三、任务的评价

表 3.1 电冰箱照明灯拆卸、开关测试评价表

序号	评 分 内 容	配分	评 分 标 准	自评得分	小组互评	教师评分
1	冰箱照明灯拆卸	40	方法步骤正确，动作顺畅，工具使用正确，无器件损坏			
2	冰箱照明灯开关测试	40				
3	完成时间	10	10min 内完成不扣分，每延迟 1min 扣 1 分			
4	规范整洁	5	设备完好、摆放整齐、工位干净得 5 分。其他酌情扣分			
5	安全操作	5	无安全事故及安全隐患得 5 分，其他酌情扣分			
	合计得分	100				

任务 2　学会电源和照明电路的故障维修

一、任务的准备

（一）明确任务

本次任务是在对电源和照明电路结构理解的基础上，对这两部分电路进行故障分析和实际维修。由于本部分故障相对简单，但在学习中大家要根据前面学习的结构进行动脑分析、记忆。特别是照明灯开关的故障要特别掌握其维修方法。

（二）知识准备

冰箱空调的电源、照明电路经常会出现一些故障，下面我们就来学习这些故障的检修方法。

1. 电源不通

先检查电源熔丝是否熔断，电源插头与插座是否接触良好。再用万用表测量电源电压是否正常。若电源电压低于 180V，则电冰箱不能正常启动。

2. 电冰箱接通电源不启动

这种故障可能是电源线插头与导线的连接断路。

3. 电冰箱运行中突然停机且不能再次启动

这种故障主要由于电源电压过低或电源插头、插座接触不良所引起。检修时，安装稳压电源或将电源插头插好，电冰箱便可启动。

4. 开箱门，灯不亮

这种故障主要由于门灯开关的接点接触不良（弹簧片弹力不足）所造成。

5. 开、关门，灯均不亮

首先检查灯泡是否损坏（在门灯开关接触良好的情况下）。如灯泡没有损坏，再检查灯泡与灯座是否接触良好。

6. 关门灯不灭

电冰箱内设有 10～15W 照明灯，关箱门时门内胆边框接触不到门灯开关或接触不紧，造成关箱门后灯仍亮着。

7. 开门时灯时亮时不亮

故障原因可能是灯泡与灯座接触不良或照明开关接触不好。如果灯泡与灯座接触不良或

松动，用手拧紧灯泡便可恢复正常。如灯泡与灯座接触良好，再进一步检修照明灯开关。

二、任务的完成过程

电冰箱的电源线长期裸露在外，外层绝缘层容易受到磨损而破裂，同时由于老鼠也可能咬坏电源线，而造成安全隐患。下面我们就来学习冰箱电源线的连接技能。

1. 准备设备及器材

家用电冰箱，电工工具，绝缘胶带。

2. 操作步骤

（1）将电冰箱的电源断开，用电工刀将电源线的外层护套剥削约 3cm，露出棕色（火线）、蓝色（零线）、绿白色（地线）的三根线。

（2）用钢丝钳去除三根导线外的绝缘层，绝缘层去除约 2cm。

（3）用同样的方法将电源线另一头的导线做相同的处理。

（4）分别将导线两头相对应颜色的两根线进行铰接，铰接时注意工艺和质量。

（5）用绝缘胶带将三个接线头进行绝缘层的恢复，然后用绝缘胶带恢复整个接头处外层绝缘。

3. 完成时间

本任务完成时间为 10min。

三、任务的评价（表 3.2）

表 3.2　电冰箱电源线连接评价表

序号	评 分 内 容	配分	评 分 标 准	自评得分	小组互评	教师评分
1	冰箱电源线连接	80	方法步骤正确，动作顺畅，工具使用正确，无器件损坏			
2	完成时间	10	10min 内完成不扣分，每延迟 1min 扣 1 分			
3	规范整洁	5	设备完好、摆放整齐、工位干净得 5 分。其他酌情扣分			
4	安全操作	5	无安全事故及安全隐患得 5 分，其他酌情扣分			
	合计得分	100				

项目二　启动继电器和过载保护器

任务 1　知道启动继电器和过载保护器的结构

一、任务的准备

（一）明确任务

本任务主要是知道电冰箱启动器、过载保护器的分类和各种结构。通过本任务的学习，知道其工作过程，掌握其原理，还要能够识别具体实物，能用仪表判断其质量的好坏。

（二）知识准备

1. 重锤式启动器

由于压缩机电动机启动阻力矩比正常运转时大得多，压缩机绕组除运行绕组外都有启动绕组，启动绕组只是在启动时起作用，启动后运行绕组就开始独自工作。这样就需要用启动控制器来控制接通或断开启动绕组。启动控制器一般采用重锤式启动继电器和 PTC 启动器。重锤式启动器电路如图 3.3 所示。

1—电源接线柱；2—启动端插孔；3—活动触点；4—螺钉；5—固定触点；
6—启动端接线柱；7—运行端插孔；8—线圈；9—衔铁

图 3.3　重锤式启动器

未启动时，由于重力作用重锤式衔铁处于断开位置，启动时，通过启动器线圈的电流较高，线圈励磁将衔铁吸合，将启动绕组接通，电动机启动。当电动机转速达到额定转速的 75%～80% 时，电流下降，线圈失磁，衔铁因自重而落下，断开启动绕组，压缩机运转，绕组正常工作。

2. PTC 启动器

PTC 元件是一种半导体晶体结构，如图 3.4 所示，具有正温度系数电阻特性，即当温度达到某一临界点，其电阻值会发生剧增，如图 3.5 所示。PTC 电路连接如图 3.6 所示。

电冰箱刚开始启动时，PTC 元件温度较低，电阻小，启动绕组接通。由于启动电流较大，PTC 温度随之升高，达到临界温度时，电阻猛增到数万欧姆，可视为断路，于是与之串联的启动绕组断电，运转绕组正常工作。PTC 是一种无触点开关，但是停机后由于 PTC 温度仍很高，所以无法马上启动。

图 3.4　PTC 启动继电器外形　　图 3.5　PTC 温度特性曲线图　　3.6　PTC 接线图

3. 过载保护器

过载保护器是用来防止压缩机过载和过热烧毁电动机而设置的。电冰箱压缩机多采用碟形保护器。其结构如图 3.7 所示。

1—电热器；2—外壳；3—双金属片；4—接插片；5—触点；6—罩子

图 3.7 碟形保护器结构图

该保护器串联在压缩机主线路中，当电路因过载电流过大，与之相接的电阻丝会发热，使相邻双金属片受热变形，向上弯曲断开电路，从而保护压缩机不被烧毁。由于保护器紧压在压缩机外壳上，所以双金属片又能感受机壳温度，若压缩机工作不正常，机壳温度过高，双金属片也会受热弯曲断开电路，因此该保护器有双重作用。

二、任务的完成过程

（一）冰箱启动器/过载保护器的识别训练

请大家通过本地电子市场和网络查询，判断以下实物属于哪一种冰箱启动器/保护器，在表 3.3 中用直线将实物和种类进行连接。

表 3.3 冰箱启动器/过载保护器识别训练表

序 号	启动器名称	启动器特点	连 线	启动器图片
1	重锤式启动器	电机启动时电流很大，使启动器的线圈产生很大磁场，吸引重锤接入启动线圈，电动机正常运转后，电流正常，启动器的线圈产生的磁场不足以吸引重锤，启动线圈断开 注意：重锤式启动继电器只能线圈方向与地面平行，才能使磁场与地面垂直，而且不能在移动时启动		
2	PTC 式启动器	在刚启动时因热敏电阻阻值小，启动电流很大，很轻松就使压缩机运转起来，当热敏电阻温度上升，阻值就变得很大，启动回路切断		

序　号	启动器名称	启动器特点	连　线	启动器图片
3	过载保护器	当压缩机过载时，其过载电流很大，过载电流流经热保护器里的热阻丝，使热阻丝发热，引起碟形双金属片弯曲上翘，断开接触点，切断电流，起到了保护压缩机的作用		

（二）冰箱 PTC 启动器的测试训练

冰箱的 PTC 启动器在常温时，其电阻值比较小，只有十几欧姆到几十欧姆。我们可以通过测试其常温时的电阻值来大致判断其好坏。具体的测试方法如下。

（1）用万用表的电阻挡，在常温时测试 PTC 启动器两个引脚之间的阻值，其正常值为 15～40Ω。

（2）用烧热了的电烙铁，靠近 PTC 启动器，让 PTC 慢慢受热升温。

（3）用万用表再次测试变热了的 PTC 启动器，此时其阻值应该变大。

（4）若 PTC 启动器阻值一直很大，或者阻值不能随温度升高而增大，说明其质量不良或已损坏。

三、任务的评价（表 3.4）

表 3.4　电冰箱电源线连接评价表

序号	评分内容	配分	评分标准	自评得分	小组互评	教师评分
1	冰箱启动器的识别	20	连线正确，书写工整得 20 分			
2	冰箱 PTC 启动器的测试	50	方法步骤正确，动作顺畅，工具使用正确，无器件损坏			
3	规范整洁	15	设备完好、摆放整齐、工位干净得 15 分。其他酌情扣分			
4	安全操作	15	无安全事故及安全隐患得 15 分，其他酌情扣分			
	合计得分	100				

任务 2　学会启动电路/过载保护电路的故障维修

一、任务的准备

（一）明确任务

本任务主要是学会电冰箱启动器/过载保护器的故障分析方法，以及启动电路的实训操作。通过本任务的学习，知道其故障分析，还要能够测试具体实物，能用人工方法强制启动压缩机。

（二）知识准备

1. 常见故障现象

启动继电器，可能出现以下几种故障现象。

（1）电冰箱通电后，压缩机一点响声也没有，吸合电流为 0，经过 3s 后过载保护器的接点跳开。

（2）电冰箱通电后，压缩机"嗡嗡"响，吸合电流在 5A 以上，经过 3s 启动接点也不跳开，而后过载保护器的接点跳开。

（3）电冰箱通电后，启动继电器，过载保护接点跳开。

2. 故障维修

首先确定启动继电器是否损坏，可采用压缩机人工强行启动的方法，若启动继电器出现故障，一般要更换。

3. 维修实例

一台五洲–阿里斯顿牌 BCD-185 型电冰箱出现不能启动、只听到断续的"咔嚓"声的故障现象。

故障分析： 电冰箱不启动的可能原因有压缩机卡死、电动机绕组烧坏、过载保护器断路、启动继电器失灵、温控器损坏等。检查时，先让电冰箱通电，用钳形电流表测量压缩机启动电流和工作电流是否正常，测得启动电流在 5A 以上，而后又返回到 4A 左右，但压缩机却能启动运转。这就排除了过载保护器，用万用表电阻挡测量压缩机 3 个接线柱之间的电阻值，测得启动绕组和运行绕组的阻值正常，绕组与机壳之间的绝缘电阻也大于 $2M\Omega$，这也排除了压缩机电动机绕组损坏的可能。

可采用人工启动的方法强制压缩机启动运转，压缩机顺利启动运转，运转电流在 1A 左右，而且电冰箱开始制冷，说明压缩机本身并没毛病，而是启动继电器发生了故障，如图 3.8 所示。

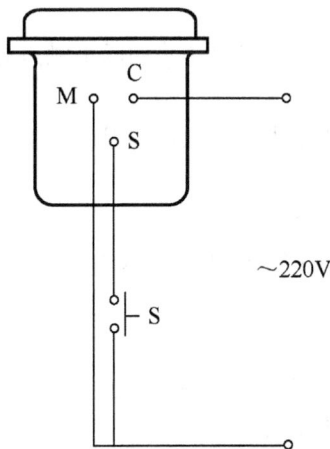

图 3.8　人工启动接线图

故障维修： 该机采用的是重锤式启动继电器，用手摇动它时感觉到其中的衔铁运动有些受阻，将其拆下，小心地倒出当中的衔铁和动触点。发现衔铁受阻是因为启动继电器的骨架上有毛刺。用小刀将毛刺剔除后，装入衔铁和动触点，将启动继电器重新装回到压缩机上，试机，电冰箱恢复了正常工作。

4. 过载保护器常见故障

过载保护器经常发生电热丝烧断、双金属片失灵和触点接触不良等故障。

5. 故障维修

用万用表测量过载保护器端子间是否导通，可判断其好坏。如果测量值接近，则说明是好的。否则，可以判断该过载保护器已损坏，应进行更换。

6. 维修实例

一台 LG 牌 GR-313 型电冰箱通电后，压缩机不启动。

故障分析：通电后，打开电冰箱门，照明灯会亮，说明电源正常。但压缩机不能启动运转，而且也听不到压缩机电动机的"嗡嗡"声。用万用表测得温控器的插脚导通。断电后，取下 PTC 启动器和碟形双金属保护器，让压缩机强制启动，压缩机可以启动，说明是 PTC 启动器或碟形双金属保护器断路了。用万用表测量碟形双金属保护器两引脚间的直流电阻，如图 3.9 所示。常温下该电阻应很小，但实测值为无穷大，确定保护器损坏了。

故障维修：更换了一个型号为 4TC205RFB 的碟形双金属保护器后，试机，压缩机启动运转恢复正常。

图 3.9　测量碟形保护器的电阻值

二、任务的完成过程

（一）冰箱重锤式启动器的测试训练

冰箱的重锤式启动器在常温时，线圈阻值和触点阻值都是固定的，我们可以通过测试其常温时的电阻值来大致判断其好坏。具体的测试方法如下。

（1）用万用表的电阻挡，在常温时测试重锤式启动器线圈的两个引脚之间的阻值，其正常值为 1Ω 左右。

（2）用万用表的电阻挡，测试重锤式启动器的两个触点之间的阻值，正常时期阻值为 1Ω 以内。

（3）若测试中发现重锤式启动器线圈或触点的阻值超出正常值较多，则其质量可能损坏，简议更换同型号新品。

（二）冰箱压缩机的人工启动训练

（1）用正规的电源线连接冰箱压缩机的 M 端和 C 端，其中 M 端接火线，C 端接零线，S 端不接线。

（2）将电源线接入 220V 交流电源中。

（3）取一个带绝缘手柄的螺丝刀。手持螺丝刀，用螺丝刀的金属部分短暂的短接冰箱压缩机的 M 端和 S 端，让冰箱压缩机启动。

（4）待几秒钟压缩机启动工作后，移开螺丝刀。

注意：短接压缩机时，可能有火花溅出，请注意防护。同时螺丝刀千万不要碰到压缩机外壳，以免照成安全事故。

三、任务的评价（表3.5）

表3.5　电冰箱启动电路实训评价表

序号	评 分 内 容	配分	评 分 标 准	自评得分	小组互评	教师评分
1	冰箱重锤式启动器的测试	35	方法步骤正确，动作顺畅，工具使用正确，无器件损坏			
2	冰箱压缩机的人工启动	35				
3	规范整洁	15	设备完好、摆放整齐、工位干净得15分，其他酌情扣分			
4	安全操作	15	无安全事故及安全隐患得15分，其他酌情扣分			
	合计得分	100				

项目三　压缩机电动机电路

任务1　知道压缩机电动机电路的结构及原理

一、任务的准备

（一）明确任务

压缩机是制冷系统的能源中心，也是需要长期工作的部件。压缩机就是一个电动机，但这个电动机在工作时要具备一定的条件，同时还有一些保护电路。本任务我们就来学习压缩机正常工作的过程以及压缩机的基本测试方法。大家在学习、操作的时候要特别细心，并要记住相关的参数。

（二）知识准备

电冰箱和空调系统中的压缩机是机器的核心动力部分，也是制冷系统中比较繁忙且故障较多的部件。要让压缩机长期良好运转，必须对其进行控制和保护。压缩机在工作时，主要受到温控器、过载保护电路（热保护和过流保护）、启动器的控制。

1. 直冷式家用电冰箱的控制电路

普通单门直冷式、双门直冷式电冰箱的控制电路分别如图3.10和图3.11所示，这些电路均由温度控制器、启动继电器、热保护器和照明灯及开关等组成。这是一种常用的典型电路。

压缩机的工作过程如下：给冰箱通电，当温控器检测到冰箱内温度高于预先设定的温度时，温控器的触点闭合，温控器接通。电流经过热保护器到达冰箱压缩机，由于冰箱压缩机上接有重锤式或PTC式启动器，所以冰箱压缩机电动机工作带动制冷系统中制冷剂流动，并将制冷系统内部的热量吸收后释放到外部空间，从而达到制冷的目的。

当冰箱内部的温度达到或低于预设的温度，温控器的探头感知到这个变化后，温控器的触点断开，温控器开关断路，此时冰箱压缩机的供电被切断，压缩机失电停转，制冷系统中的制冷剂停止流动，冰箱失去制冷作用。当冰箱内部温度慢慢升高，又将触发温控器的触点闭合，冰箱压缩机就不断地重复制冷、停转的过程。

如果制冷系统中出现了问题，或者压缩机自身出现故障，导致了压缩机的实际电流过大，或者压缩机外壳温度过高，此时冰箱热保护器触点就自动断开，即断开了压缩机电动机的供电，压缩机停止运转。过一段时间后，当压缩机外壳温度降低后，冰箱热保护器触点又将自动接通，此时压缩机又将自动接通。需要说明的是：当压缩机供电电源电压过高或过低时，都将引起冰箱压缩机工作电流过大，此时冰箱热保护器就将动作，起到安全保护作用。

直接控制压缩机启动的是压缩机启动电路，主要有重锤式启动器和 PTC 启动器等，其工作原理前面已经介绍，在此不再赘述。

图 3.10　直冷式单门冰箱控制电路

图 3.11　直冷式双门冰箱控制电路

2. 间冷式家用电冰箱的控制电路

间冷式家用电冰箱的压缩机电动机控制电路与前面讲述的直冷式冰箱完全相同。有所区别的是冰箱内部的冷却方式，间冷式电冰箱是靠箱内空气强制对流来进行冷却的。所以，在直冷式电冰箱的控制电路的基础上，还必须设置风扇的控制和化霜电热及化霜的控制等。图 3.12 所示是一种比较典型的间冷式双门电冰箱的控制电路。风扇电动机 M2 与压缩机 M1 并联，即同时开停。为避免打开电冰箱门时损失冷气，冷藏室采用双向触点"门触开关"，当冷藏室开门时，箱内照明灯接通。关门后照明灯熄灭，箱内风扇又开始运转。

化霜控制系统由时间继电器、电热元件和热继电器等组成。当工作到一定时间后进行化霜时，时间继电器将制冷压缩机电路断开，压缩机停车，同时将化霜电热元件接通，开始化霜。当达到除霜时间后，化霜电路断开，同时又接通压缩机电路，恢复制冷过程。如果化霜时的温度过高，将会损坏箱体的塑料构件和隔热层。为此，在化霜控制电路中设有热继电器（也叫限温器）。热继电器置于蒸发器上，当蒸发器温度高于设定的 25℃ 时，热继电器的触点就会断开，切断电热器电源，停止电热。为防止热继电器万一失灵，在化霜控制电路中还设有熔断型温度保险器（或熔丝）。如因故障温度熔丝被熔断，则不能自动复位，必须将故障排除后更换温度熔丝，电冰箱才能开始工作。

ST1－冷藏温控器；S－灯开关；H－照明灯；M2－风扇；
FR－过载保护器；M1－压缩机；C－运行电容

图 3.12　间冷式双门电冰箱控制电路

二、任务的完成过程

（一）冰箱压缩机绝缘绕组测试

1. 准备设备及器材

电冰箱压缩机，兆欧表，电工工具。

2. 操作步骤

（1）将电冰箱的电源断开，用电工工具将压缩机电动机所连接的所有元件取下，露出压缩机的 3 个接线端子。

（2）用万用表测试压缩机的 3 个接线端，并分辨出电动机的"M"、"S"、"C"端。

（3）将兆欧表的测试线"线路 L"端接压缩机"M"接线端，将兆欧表的测试线"接地 E"端接压缩机的金属外壳（可以接压缩机的固定螺钉处）。

（4）以 120r/min 的速度匀速转动兆欧表，连续转动 1min 后，读取兆欧表的读数。

（5）如果兆欧表的读数大于 5MΩ，则说明压缩机的绕组 M 端与金属外壳间的绝缘电阻符合要求。否则说明压缩机已经漏电，必须更换。

（6）将兆欧表的测试线"线路 L"分别连接电动机的"S"、"C"端，分别测试这两个接线端与外壳间的绝缘电阻。

（二）冰箱压缩机工作电流测试

1. 准备设备及器材

电冰箱压缩机，钳形表，电工工具，电源插线板。

2. 操作步骤

（1）将冰箱断电，并将冰箱电源插头插到电源插线板上。

（2）将电源插线板的火线以直径 3cm 缠绕 5～8 个同心圆圈（视导线长短而定）。

（3）将电源开关闭合，让冰箱通电工作。

（4）将钳形表拨到电流 5A 挡，并将前面绕的圆圈卡入钳形表的钳口中，然后闭合钳口。

（5）当钳形表指针偏转且指针读数大于刻度 1 后，进行读数。再根据读数计算导线中的实际电流。

（6）如果钳形表指针偏转在刻度 0 和 1 之间，说明导线圈数要增加。此时应该断开电源，将火线重新多绕几圈，然后再通电测试。

注意：钳形表在卡入导线时，禁止换挡操作，以免损坏钳形表。同时在使用钳形表前要对钳形表进行机械调零。

三、任务的评价（表 3.6）

表 3.6 电冰箱压缩机测试实训评价表

序号	评分内容	配分	评分标准	自评得分	小组互评	教师评分
1	冰箱压缩机绝缘绕组测试	35	方法步骤正确，动作顺畅，工具使用正确，无器件损坏			
2	冰箱压缩机工作电流测试	35				
3	规范整洁	15	设备完好、摆放整齐、工位干净得15分，其他酌情扣分			
4	安全操作	15	无安全事故及安全隐患得15分，其他酌情扣分			
	合计得分	100				

任务 2 学会压缩机电动机电路的故障维修

一、任务的准备

（一）明确任务

有很多原因可引起压缩机不工作或不正常工作，同时压缩机产生故障后也有相对应的现象表现出来。本任务我们就要从多种现象中，分析故障，判断故障，最后排除故障。压缩机的拆卸和安装是一项基本技能，本次我们也要通过训练来掌握这些技能，在操作中大家一定要边做边记边思考，让我们的经验能够更好地积累。

（二）知识准备

1. 压缩机电动机电路常见故障分析与维修

故障现象一： 启动继电器连续过载、过载保护器的接点断开、压缩机不转动。

故障分析与维修： 用万用表电阻挡检查时，发现启动或运行绕组的阻值比正常值明显减少，这表明压缩机电动机启动绕组因短路造成了故障。

故障现象二： 通电压缩机不转。

故障分析与维修： 用万用表检测时，发现运行和启动绕组阻值无限大。产生这种情况的最可能原因是电动机绕组的接线断开或电动机与机壳内的 3 只接线柱间的引线松脱而引起电动机断路。

故障现象三： 压缩机动电机勉强启动运行，但运行电流比正常值大一倍以上，响声也显著增大，并且在电动机运行几分钟后，过载保护器断开。

故障分析与维修：用万用表测量电阻时，发现运行绕组的阻值比正常值小几欧，这表明电动机运行绕组间短路。

故障现象四：压缩机漏电。

故障分析与维修：用万用表检查时，发现机壳接线柱公用点一端与机壳间的电阻为零，说明公用点对地短路了。

故障现象五：电冰箱运行后，熔丝连续熔断。

故障分析与维修：用万用表检查时，发现电动机运行或启动绕组对机壳短路，而正常值应在 5MΩ以上。

2.　压缩机电流过大的故障分析及故障排除

（1）冰箱压缩机电流过大原因分析。

当电冰箱工作时压缩机的电流值超过正常工作电流 1.1～1.2A 时 即认为电流过大。原因如下：

① 电冰箱输入的电源电压过低，低于其允许工作的电压值，造成启动电流过大。

② 制冷系统受外界因素影响，如冷凝器紧贴墙、管上污垢太多、空气自然节流效果差、热空气散发不出去、电冰箱离热源太近、冰箱内存放过量热食品。这些因素都会使冷凝压力升高，造成压缩机启动困难，压缩机电流过大。

③ 压缩机内部件装配不符合技术要求，造成运动时摩擦力过大，导致压缩机达不到额定转速，甚至停转，从而使压缩机电流过大。

④ 突然停电后又突然来电，间隔时间短，在系统内高低压力还没平衡的情况下，造成启动困难，使压缩机电流过大。

⑤ 冰箱系统内的制冷剂泄漏，冰箱制冷效率低，其内部温度难以下降，压缩机不停地运转，造成电流过大。

⑥ 启动继电器失灵，热保护器失去能力，造成电流过大。

（2）冰箱压缩机电流过大故障排除方法。

通过前面对冰箱压缩机工作电流过大的原因分析，下面列举出排除该类故障的操作方法。

① 应设置专用电源线供电。

② 电源电路上安装自耦调压器，将供电电压稳压到电源电压额定值。

③ 电冰箱应摆放在空气流通的地方。

④ 用工具切开压缩机的机壳，按技术标准重新组装部件。

⑤ 当发现突然停电时，应立即断开冰箱电源插头，待供电恢复正常后，再使用电冰箱。

⑥ 通过检查，确认系统内制冷剂已泄漏，应及时修理和加注制冷剂（如氟利昂）。

⑦ 若检查发现启动继电器失灵，应及时修理或更换。

3.　维修实例

一台日立牌 R-175 型电冰箱压缩机不启动。

故障分析：断电后，拆下启动继电器和过载保护器，从压缩机接线柱上测量其电动机绕组值，发现启动绕组短路，须进行剖壳修理。

故障维修：锯开压缩机外壳，查看定子绕组。发现启动绕组的槽外部分被烧断了两匝线，粘结在一起形成了短路。用钳子剪断这两匝线，出现 4 个断头，加上启动绕组本身的 2 个头，共有 6 个头。用万用表找出各自的头和尾，并用相同规格的耐氟漆包线将头尾连接好，焊接处不得有毛刺，用聚酯薄膜分别将每个接头包好。用万用表测量启动绕组的直流电阻，阻值与正常值一致后，即可将绕组线圈进行绑扎。绑扎时要把各接头分开一些，不与其他导线相碰。

二、任务的完成过程

（一）冰箱压缩机拆卸实训

1. 实训目的

掌握电冰箱压缩机拆卸方法和具体操作步骤，能独立进行完整的操作。

2. 准备设备及器材

电冰箱、全封闭式压缩机、连接管、割刀、扩管器、封口钳、气焊设备、锉刀、扳手、旋具、尖嘴钳、胶塞、砂纸、焊接保护铁皮等。

3. 操作步骤

（1）将电冰箱的电源断开。

（2）用螺丝刀和尖嘴钳拆下压缩机上的所有电气连线，并将取下的元件妥善保管，以防丢失。

（3）用锉刀将压缩机的工艺管锉开一个小口，让冰箱内的制冷剂缓慢释放。

（4）待制冷剂释放完后，将保护铁皮放在压缩机与冰箱之间，以保护冰箱其他部分不受火焰烘烤。

（5）点燃气焊枪，调节好火焰。

（6）用气焊枪分别加热压缩机与高压排气管和低压回气管的连接部位，并将这两根铜管从压缩机上取下。

（7）待铜管冷却后，用胶塞塞住压缩机上的两个连接管管口。

（8）用扳手拧下底板上压缩机的安装螺帽，拆下压缩机。

（二）冰箱压缩机安装实训

1. 实训目的

掌握电冰箱压缩机安装方法和具体操作步骤，能独立进行完整的操作。

2. 准备设备及器材

电冰箱、全封闭式压缩机、连接管、割刀、扩管器、封口钳、气焊设备、锉刀、扳手、旋具、尖嘴钳、胶塞、砂纸、焊接保护铁皮等。

3. 操作步骤

（1）将电冰箱的电源断开。

（2）将压缩机准确地安放到冰箱底板上，用4颗螺帽进行固定，然后用扳手拧紧。

（3）在压缩机与冰箱后背之间放置一块隔热的保护铁皮。

（4）取下压缩机高压管和低压管上的胶塞。

（5）将冰箱上的高压排气管和低压回气管分别接入冰箱压缩机管道中。

（6）点燃气焊枪，调节好火焰。

（7）用气焊枪分别加热压缩机与高压排气管和低压回气管的连接部位，并用焊条进行焊接，最终将这两根铜管良好地焊接在压缩机上。

（8）给压缩机重新焊接上一根工艺管，并在工艺管上连接加注制冷剂的管子。

（9）焊接好后，就可对压缩机进行抽真空等操作了。

（10）真空抽好后，将刚才取下的电气元件重新安装到压缩机上。

注意：用锉刀将压缩机的工艺管锉开一个小口时，不能将工艺管整根切断，以防制冷剂突然喷出造成事故。同时压缩机的安装螺帽不用拧得过松或过紧。

三、任务的评价（表3.7）

表3.7　电冰箱压缩机拆装实训评价表

序号	评分内容	配分	评分标准	自评得分	小组互评	教师评分
1	冰箱压缩机拆卸实训	40	方法步骤正确，动作顺畅，工具使用正确，无器件损坏			
2	冰箱压缩机安装实训	40				
3	规范整洁	10	设备完好、摆放整齐、工位干净得10分，其他酌情扣分			
4	安全操作	10	无安全事故及安全隐患得10分，其他酌情扣分			
	合计得分	100				

项目四　温控器和化霜控制器

任务1　知道温控器和化霜控制器的结构

一、任务的准备

（一）明确任务

压缩机是制冷系统的能源中心，也是需要长期工作的部件。压缩机就是一个电动机，但这个电动机在工作时要具备一定的条件，同时还有一些保护电路。本次任务我们就来学习压缩机正常工作的过程以及对压缩机的基本测试方法。大家在学习、操作的时候要特别细心并要记住相关的参数。

（二）知识准备

1. 温控器

电冰箱所使用的温控器主要有温感压力式机械温控器和热敏电阻式电子温控器。

（1）温感压力式机械温控器。

这种温控器主要由感温囊和触点式微型开关组成，如图3.13所示。

1—静触点；2—温度调节螺钉；3—快跳动触点；4—温差调节螺钉；5—调温凸轮；6—温度控制板；
7—主弹簧；8—推动力点；9—传动膜片；10—感温囊；11—感温管；12—蒸发器

图3.13　温感压力式机械温控器

感温囊是一个封闭腔体，它由感温管、感温剂和感温腔 3 部分组成。感温腔可分为波纹管式和膜合成式。感温腔中充入感温剂，当感温管的温度发生变化时，即引起感温剂的压力发生变化，从而引起控制开关的动作。感温剂在低温下充注在感温腔内，呈饱和状态，压力较高，若不慎将管路弄破，感温剂就会泄漏，并引起温控器报废，因此在操作中需要小心。

① 温控原理。

当蒸发器表面温度上升并超过预定值时，感温管内感温剂压力增大，传动膜片 9 的压力升高到大于主弹簧 7 的拉力，推动力点 8 向前移，通过弹性片连接传动使快跳动触点 3 与固定静触点 1 接通，电路闭合，压缩机运转，系统制冷。

当蒸发器表面温度逐步下降到预定值时，感温管内感温剂的压力下降，弹簧 7 的拉力大于感温腔前端传动膜片的推力，从而使触点连接杆后移，使快跳动触点 3 与固定静触点 1 迅速断开，电路断开，压缩停止运转。

② 冰箱温度调节原理。

调节温控旋钮，实际上就是调温凸轮，通过拉板前移或后移来改变弹簧 7 的拉力大小。若此拉力大，就需要蒸发器温度高，感温剂压力大，才能产生较大的推动力而使点 8 前移，推动触点 3 与固定触点 1 闭合，压缩机才启动。这是调高冰箱温度的方法。反之，如调温凸轮 5，使拉板 6 前移，使弹簧 7 的拉力变小，冰箱的温度就会调低。

③ 温度范围高低调节原理。

图 3.13 中螺钉 2 是温度范围高低调节螺钉。通过顺时针（右旋）调节它，相当于加大主弹簧 7 的拉力，使温控点升高。当冰箱出现不停机故障，可将此螺钉右旋半圈或 1 圈。

反之，若逆时针（左旋）调节 2，相当于减小弹簧的拉力，使温控点降低。当冰箱出现不启动故障时，可将此螺钉左旋半圈或 1 圈。

④ 温差调节。

图 3.13 中螺钉 4 是开停温度调节螺钉，调节它，就相当于调节触点 1 和触点 3 之间的距离，逆时针（左旋）调节它，关机温度不变，开机温度升高，温差拉大，可以排除开停太频繁的现象。

若顺时针（右旋）调节它，关机温度不变，开机温度降低，温差减小，可以排除开停周期长的现象。

⑤ 电冰箱温控调节经验。

电冰箱在使用过程中，其工作时间和耗电量受环境温度影响很大，因此需要我们在不同的季节选择不同的挡位使用：夏天环境温度高时，应打在较弱挡使用；冬季环境温度低时，应打在较强挡使用。

这样调节的原因是：在夏季，环境温度达到 30℃，冷冻室内温度若打在强挡，温度达 –18℃以下，内外温度差为 30℃–（–18℃）=48℃，此时箱内温度每下降 1℃ 都是困难的。就好像水从 95℃ 加热到 100℃，每上升 1℃ 都是困难的。再则，内外温差大，通过箱体保温层和门封冷量散失也会加快，这样就会出现开机时间很长而停机时间却很短的现象。这会导致压缩机在高温下长时间地运行，加剧了活塞与汽缸的磨损，电动机线圈漆包线的绝缘性能也会因高温而降低。耗电量也会急剧上升，既不经济又不合理。若此时改在弱挡，就会发现开机时间明显变短，停机时间加长，这样既节约了电能，又减少了压缩机磨损，延长了使用寿命。所以夏天高温时应将温控器调至弱挡。

当冬季环境温度较低时，若仍将温控器调在弱挡，因此时内外温差小，散热慢，就会出现压缩机不容易启动，单制冷系统的冰箱还可能出现冷冻室化冻的现象，此时就应该将温控打强挡，并打开低温补偿开关或切换开关。

再则冬天环境温度已很低时，可将冷藏箱内东西移出电冰箱贮存，而让冷藏温度降到 0℃以下，还可以用来短期存放不需要长期冻结的食品，避免解冻的麻烦，如 BCD–161，BCD–161C，BCD–181，BCD–181A，BCD–181C 切换后就可以实现这一功能。所以，在冬天气温低时，应将温控器挡位调高。

LW 系列温控器的结构如图 3.14 所示。

1—调节盖部件；2—开关部件；3—感温器；
4—杠杆；5—温差调节螺钉；6—温度范围调节螺钉；7—温控挡位调节旋钮；8—感温管

图 3.14　LW 系列温控器内部结构图

K59 系列温控器的结构如图 3.15 所示，该系列温控器用于双门双温电冰箱及各种直冷式冷冻冷藏箱。

K59 温控器为定温复位型温控器，开机温度不随挡位的变化而变化，关机温度随着挡位的变化而变化。

由图 3.15 可见，K59 温控器有 3 个可调节用螺钉，现分别介绍它们的调节规律：

可调螺丝钉 1——稳定开位调节螺钉，调节此螺钉对开机温度和关机温度都有影响。顺时针调节，开机温度和关机温度都上升；逆时针调节开机温度和关机温度都下降。

可调螺丝钉 2——范围调节螺钉，调节此螺钉对开机温度没有影响，只影响关机温度。顺时针调节，关机温度下降，逆时针调节关机温度上升。

图 3.15　K59 温控器

可调螺丝钉 3——温差调节螺钉，调节此螺钉对开机温度有影响，对关机温度没有影响。顺时针调节，开机温度下降；逆时针调节，开机温度上升。

对因温控器引起的冰箱故障，如制冷不停机、开机时间长、停机时间短、开机时间短、停机时间长等均可通过调节有关螺钉得到解决。如制冷不停机故障，可顺时针调节螺钉 1 或逆时针调节螺钉 2。

K54 系列温控器结构如图 3.16 所示，该温控器适用于冰箱冷冻室、冰柜，具有高温报警功能。温差为 4～10℃，调节范围最大为 15℃。

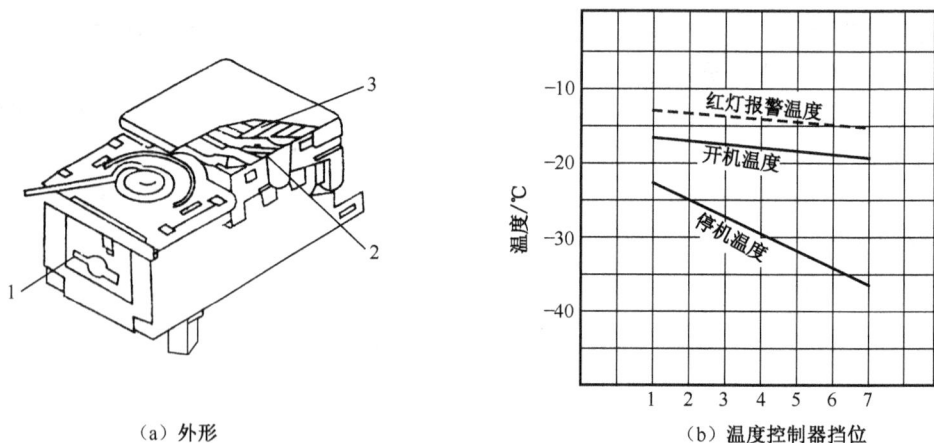

图 3.16　K54 温控器

（a）外形　　　　　　　　　（b）温度控制器挡位

K54 温控器有 3 个可调节螺钉：可调节螺钉 1 为范围调节螺钉，可调节螺钉 2 为温差调节螺钉，可调节螺钉 3 为信号调节螺钉。调节螺钉 1 对开机温度和关机温度都有影响。顺时针调节，开机温度和关机温度都上升；逆时针调节，开机温度和关机温度都下降。

调节螺钉 2 只影响开机温度，对关机温度没有影响。顺时针调节开机温度下降，温差减小；逆时针调节开机温度上升，温差增大。

调节螺钉 3 只对报警温度有影响。顺时针调节报警温度下降；逆时针调节报警温度上升。

通过调节螺钉 2，可以解决开停机频繁问题；调节螺钉 3 可以解决报警灯长亮和不亮等问题。

K60 和 K61 系列温控器原理类似于 K59，这里省略。

（2）风门温度控制器。

风门温度控制器主要用于双门间冷式电冰箱，它对冷藏室的温度实行控制，与冷冻室的温控器相配合，使得冷冻室和冷藏室的温度可以分别进行控制。这两个温控器在电冰箱内的位置和循环风路如图 3.17 所示。

风门温控器可分为盖板式和风道式两种。这两种风门温控器都有一根细长的感温管，装在出风口附近的风道内，以感受循环冷风温度的变化。转动温度调节钮可对进入冷藏室的冷风量进行调节，从而控制冷藏室内温度的高低。这种风门温控器的工作原理与压力式温控器一样，也是利用感温剂压力随温度而变化的特性，通过转换部件，带动并改变风门开闭的角度，控制冷藏的冷风量以控制冷藏室温度。它不接入电路，由冷冻室温控制压缩机的开与停。

图 3.17　间冷式双门电冰箱温控器

盖板式风门温控器结构如图 3.18 所示。当盖板处于垂直位置时，风门为全闭位置，此时温度调节钮在"热"的位置；当盖板偏离垂直位置时，风门打开，最大仰角 α 为 20°。

图 3.18 盖板式风门温控器

风道式风门温控器的结构及工作原理如图 3.19 所示。

（a）结构

（b）箱温升高，推杆将风门打开　　　（c）箱温降低，风门闭合

图 3.19 风道式温控器结构及工作原理图

2. 化霜定时控制器

化霜定时控制器可以分为机械化霜定时器和电子化霜定时器两类。

（1）机械化霜定时器。

大多厂家采用的机械化霜定时器有 RANCO 公司的 T24–L6014 型、上海航空电器厂生产的 ZS–2519 型和广东佛山生产的 WK21L–187 型化霜定时器。

其中 T24–L6014 化霜定时器主要用于 BD–176W 电冰箱，其工作过程分为制冷阶段、化霜阶段和风扇延时阶段。

① 制冷阶段。

在这个阶段，压缩机运行，风扇转动，完成整个风冷过程。

化霜定时器接线如图 3.20 所示。化霜定时器接头 1 使定时器计时电动机与电源相接，接头 2 与化霜电加热系统相接，接头 3 与冷冻温控器相接，接头 4 与压缩机电动机相接，接头 5 与风扇电动机相接。

在制冷阶段，簧片 3，4，5 相互吸合，其电路如图 3.21 所示，此时风扇电动机、压缩机电动机和计时电动机并联后与冷冻温控器串联。当温控器吸合后，风扇、压缩机运行，进行制冷。同时计时电动机运转，开始记时。当冰箱达到停机温度后，温控器断开，风扇、压缩机停止运行，同时计时电动机也停止计时。由此可知，计时电动机累积的是制冷系统运行时间。当累积运行时间到 24 h 以后，就进入化霜阶段。

图 3.20　化霜定时器接线图

图 3.21　制冷阶段电路图

② 化霜阶段。

化霜电热系统启动工作后，完成化霜过程。

进入化霜阶段，簧片 3 与 4，5 断开，与 2 吸合（图 3.22）。此时化霜电热系统与计时电机并联后和冷冻温控器串联（图 3.23）。这样压缩机、风扇停止运行，而化霜电热系统开始工作。随着蒸发器逐渐被加热至大约 6℃ 时，化霜温控器（图中未画出）运作，控制簧片 2，3 断开，如图 3.24 所示，此时化霜电热系统停止以蒸发器加热，但计时电动机仍在运转。当计时电动机运转到化霜设定时间（约 30min）以后，化霜定时器簧片发生一系列动作，结束化霜阶段，进入风扇延时阶段。

图 3.22　化霜阶段电路图

图 3.23 化霜电热系统与计时电动机、冷冻温控器连接图

图 3.24 化霜器工作，控制簧片断开

③ 风扇延时阶段。

由于化霜结束后蒸发器温度较高，若此时压缩机、风扇同时工作，势必将蒸发器附近的热空气送入冷冻室，影响食品的贮存。为此设置了风扇延时，只启动压缩机。当蒸发器温度降到一定程度以后，再启动风扇，使送入冷冻室的是冷空气。

进入风扇延时阶段，簧片 4 与簧片 5 断开，簧片 3 与簧片 4 吸合，如图 3.25 所示，此时计时电动机与压缩机并联后与冷冻温控器串联，如图 3.25 所示。在此温度下，冷冻温控器必然闭合，所以压缩机运转，蒸发器降温。当温度降至约 0.5℃ 时，化霜温控器簧片 2 恢复到图 3.26 所示原位置，为下一个化霜过程做好准备。

图 3.25 风扇延时阶段

图 3.26 压缩机和计时电动机并联后与冷冻温控器串联

当计时电动机运行时间达到延时设定时间（约 15min）以后，簧片 5 与簧片 3，4 吸合，重新进入制冷阶段。

ZS–2519 型化霜定时器和 WK21L–187 型化霜温控器，从原理上讲与 BD–176W 使用的化霜定时器大致相同。工作过程也包括制冷阶段、化霜阶段和风扇延时阶段。不同点在于前者是由独立串联于电路中的化霜温控器来控制电热系统的通断电，而后者是由其内部的温控器，通过机械传动来控制化霜定时器内相应触点的吸合和断开。其接线如图 3.27 所示，定时器接头 1 与冷藏温控器和冷冻温控器相接，接头 2 与化霜温控器和电热系统相接，接头 3 与压缩机相接，接头 4 与风扇电动机相接，接头 5 使定时器计时电动机与电源相接。

① 制冷阶段。

在制冷阶段，簧片 1，3，4 吸合，此时压缩机和风扇电动机由冷藏温控器和冷冻温控器控制其运转。由图 3.28 可知，当冷藏冷冻温控器中有一个闭合，计时电动机就进行累积计时，所以计时电动机累积的是整个制冷系统运行时间，包括冷藏制冷和冷冻制冷。当累积运行时间达到 24h 以后，就进入化霜阶段。

图 3.27　化霜温控器控制电路系统通断

图 3.28　制冷阶段温控器的连接

② 化霜阶段。

进入化霜阶段后，簧片 1 与簧片 3，4 断开，与簧片 2 吸合，此时制冷系统停止运行，化霜电热系统开始工作，电路图如图 3.29 所示，随着蒸发器逐渐被加热至大约 22℃，化霜温控器断开，电热系统停止加热，但计时电机仍在运行。当计时电动机运行到化霜设定时间（约 19min）后，定时器簧片发生一系列动作，结束化霜阶段，进入风扇延时阶段。

③ 风扇延时阶段。

进入风扇延时阶段后，簧片 4 与簧片 3 断开，簧片 1 与簧片 2 断开，与簧片 3 吸合，电路图如图 3.30 所示。此时，压缩机工作，但风扇并不转动，所以只是蒸发器降温。当蒸发器温度降至约 15℃时，化霜温控器吸合，为下一个化霜过程做好准备。

图 3.29　化霜阶段温控连接情况

图 3.30　风扇延时阶段连接情况

当计时电动机运行时间达到延时设定时间（约 20min）后，簧片 4 与簧片 1，3 吸合，重新进入制冷阶段。

（2）电子化霜定时器。

电子化霜定时器取消了机械式计时电动机，采用电子计数器计时并用电脑控制整个化霜过程，其基本原理同机械式一样，也分为制冷阶段、化霜阶段和风扇延时阶段。

电子化霜定时器外部有两个接线座 CX1 和 CX2，共 8 根连接线，如图 3.31 所示。

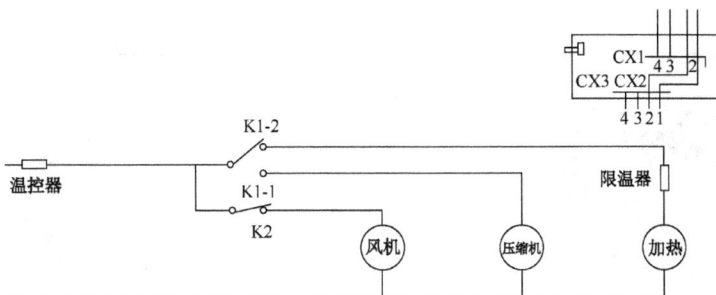

图 3.31　电子化霜定时器连接情况

其中，CX1–2 和 CX2–2 为连接通路，仅起连接线作用，对定时器功能没有影响，CX1–1 和 CX2–1 也为通路，可看做一个接线端是化霜的连接电源端，CX1–3 是化霜的连接温控器端，CX1–4 是化霜的连接压缩机端，CX2–3 是化霜的连接电热系统和化霜温控器端，CX2–4 是化霜的连接风扇电动机端。其控制原理如下。

电子化霜定时器按照设定化霜程序控制继电器 K1，K2 工作，K1-1，K2 均为常闭触点。

① 制冷阶段。

K1，K2 不通电，风机、压缩机均由温控器控制正常制冷，压缩机工作的同时计数器计时，当累积运行时间达 24h 后，进入化霜阶段。

② 化霜阶段。

进入化霜阶段，K1，K2 通电，风机、压缩机断开，K1-2 闭合接通加热装置，随着加热温度升高化霜温控器断开，电热系统停止加热，计时器仍计时到 30min，进入风扇延时阶段。

③ 风扇延时阶段。

K1 断电，K2 仍通电，使压缩机通电工作蒸发器制冷，风扇仍未接通，15min 后 K2 断电接通风扇进入正常制冷阶段。

另外，该化霜定时器线路板上一侧有一黑色接触按键，按住此键则开始强制化霜，其板上 CX3 两个端头短路后可以观察化霜时序，这时化霜时序由 24h，30min，15min 变为 87s，1.9s，0.7s，利用这两个功能可以帮助判断线路板故障。

二、任务的完成过程

（一）冰箱温控器和化霜定时器识别训练

请通过书籍、实训室设备、网络等途径在表 3.8 中写出以下实物的名称。

表 3.8　冰箱温控器和化霜定时器实物识别表

序号	实　物	序号	实　物
1		2	
名称		名称	

序号	实　物	序号	实　物
3		4	
名称		名称	
5		6	
名称		名称	
备注	参考名称：温感压力式机械温控器，热敏电阻式电子温控器，化霜定时器		

（二）冰箱温度控制器测试实训

1. 实训目的

掌握电冰箱温度控制器的测试方法，能独立进行完整的操作。

2. 准备设备及器材

电冰箱台、万用表、温度计、温度控制器、加工后的鳄鱼夹子。

3. 操作步骤

（1）旋转旋钮，将冰箱温度控制器设置在某个温度值上。

（2）将万用表拨到电阻挡，并将表笔通过鳄鱼夹与冰箱温控器的两个触点相连。

（3）将连接好的温控器放入冰箱冷藏室，将万用表放在冰箱外部，再将温度计放入冰箱冷藏室。

（4）观察此时万用表的读数为0，表明温度控制器内部开关闭合。

（5）关上冰箱门，然后给冰箱通电，将冰箱温度设置为最冷状态，冰箱冷藏室逐渐降温，冰箱内的温控器也逐渐冷却。

（6）观察万用表的读数，当其读数为∞时，马上打开冰箱门，取出温度计看此时的温度值，并将这个温度进行记录。这个温度值就是被测试温控器的断开温度。

（7）关上冰箱门，并将冰箱断电，冰箱冷藏室的温度缓慢回升。

（8）观察万用表读数，当其读数为 0 时，打开冰箱门，取出温度计看此时的温度值，并将这个温度进行记录。这个温度值就是被测试温控器的闭合温度。

4. 实训结论

通过实训，得到冰箱温控器在设定位置的断开温度和闭合温度，并且断开温度要低于闭合温度。如果测试的实际数据满足这个规律，则说明我们的温控器是好的，可以使用。

注意：在设置温控器的温度时，只能旋转调节温度调节旋钮，禁止用螺丝刀等工具调节温控器上其他调节位置，以免将温控器调乱。

三、任务的评价

表 3.9　电冰箱温控器和化霜控制器实训评价表

序号	评分内容	配分	评分标准	自评得分	小组互评	教师评分
1	温控器和化霜定时器实物识别训练	40	方法步骤正确，动作顺畅，工具使用正确，无器件损坏			
2	温度控制器测试实训	40				
3	规范整洁	10	设备完好、摆放整齐、工位干净得10分，其他酌情扣分			
4	安全操作	10	无安全事故及安全隐患得10分，其他酌情扣分			
	合计得分	100				

任务2　学会温控器和化霜控制器的故障维修

一、任务的准备

（一）明确任务

冰箱温控器和化霜控制器主要是根据冰箱内的温度来自动调节压缩机启动/停止时间的电路。这两个设备都是机械和电子紧密相结合的，所以在对它们的原理进行理解和实际分析、维修中一定要考虑机械的因素。本任务我们就要掌握温度控制器和化霜控制器的故障分析和实际操作维修。

（二）知识准备

1. 化霜控制器常见故障

化霜控制装置故障的表现形式主要有：电冰箱不能化霜、电冰箱一边化霜一边制冷、电冰箱化霜结束后压缩机不能自动投入运行。这些故障主要是化霜加热器烧断、化霜定时器损坏、化霜超热保险熔断等原因引起的。

2. 化霜控制器故障维修

化霜控制装置的检修可以按以下步骤进行。

（1）用万用表 $R \times 1k$ 挡测量化霜定时器电动机的直流电阻，正常值在 $8k\Omega$ 左右，如测得电阻值偏小，则线圈中有短路故障；如阻值偏大，则线圈中有断路故障，应更换化霜定时器。若阻值正常，在接通电源的情况下，看一下化霜定时器手控旋钮轴是否可转动。如不转动，则内部机械齿轮有故障，要更换化霜定时器或拆下后修理。

（2）用万用表 $R \times 1$ 挡测量化霜温控器，常温下测量值应为无穷大，把化霜温控器放入冰箱冷冻室测量其阻值则应为零。如果阻值无穷大或有几十欧，说明化霜温控器已损坏，须更换。

（3）用万用表 $R \times 1$ 挡测量化霜加热器的阻值，正常值为几百欧。如果测量值为无穷大，说明化霜加热器已坏，也应更换。

3. 化霜控制器维修实例

一台东芝牌 GR-204E 型电冰箱化霜指示灯不亮，加热丝不热。

故障分析：该东芝电冰箱采用的是电子式温控器，其中的化霜电路如图 3.32 所示。6.8V

的电压经电阻 R808 和 R809 分压后，为 Q802 的 9 脚提供 4.4V 的化霜基准电压。冷冻室温度传感器是一个负温度系数的热敏电阻。未化霜之前，由于冷冻室温度较低，冷冻室温度传感器的阻值很大，R810 上的分压值很小，Q802 的 8 脚电压小于 9 脚电压（4.4V），故其输出端的 14 脚为高电平，送到 Q801 集成电路的 8 脚。当需要化霜时，按下化霜开始按键，电阻 R119 的下端接地，Q801 的 13 脚输入低电平，则输出端 11 脚输出高电平，使三极管 Q812 导通，集电极为低电平，故发光二极管 LED01 发亮，作为化霜工作指示灯。

图 3.32　化霜电路

通电后测得 Q802 的 8 脚为 6.8V，9 脚为 4.4V，14 脚为 0V，可见 8 脚电压大于 9 脚电压，输出端 14 脚为低电平。化霜按键 S101 按下再释放时，Q801 的输出端 11 脚仍为低电平，不会使三极管 Q812 导通。将冷冻室传感器取下，测得其阻值为 17kΩ 左右，将它握在手中，其阻值迅速降低，说明传感器正常；再将 R810 焊下，测得其阻值为无穷大，说明该电阻断路。

故障维修：更换一只 10kΩ，1/8W 的电阻，将冷冻室温度传感器接好，通电试机，该机故障排除。

近年来生产的新型电冰箱中，不少使用了电子温控器。它与机械式温控器相比，虽然成本较高，但工作更稳定，控制温度更准确，使用寿命也更长。目前家用电冰箱中，华菱、日本东芝系列、黄河系列等都采用了电子温控器。普通机械式温控器会出现调试不当、机械零件变形及触点粘结等故障。在这里主要介绍电子温控器的原理与维修。

4. 华菱电冰箱电子温控电路

图 3.33 是华菱 BCD—320W 型间冷式电冰箱的微电脑温控器电路。它由三部分组成，即电源电路、温度检测电路和运行控制电路。

（1）电源部分。

220V 的市电经变压器 T1 降压至 9V，经过 D01～D04 组成的全波整流电路，得到低压直流电，再经三端稳压集成电路 7805 稳压，输出稳定的 +5V 直流电压，供给温控器的电脑芯片 IC1（MC68HC05）和运算器 LM324 工作。整流后的直流电压还用于三个继电器 K1、K2、K3 及其驱动元件 BG2～BG4 等。电源电路中，电容 C01～C04 是滤波电容。

图 3.33 华菱 BCD—320W 电冰箱温控器电路

（2）温度检测部分。

电冰箱的温度检测元件有冷冻室感温头、冷藏室感温头和化霜感温头。这是三个热敏电阻，分别检测冷冻室、冷藏室和蒸发器的温度。它们分别由控制电路板插槽 CN2 中的 5，7，8 脚接入电路（图中没有画出）。热敏电阻将电冰箱的温度变化转换成电压信号，当三个被检测点的温度变化时，热敏电阻的阻值随之发生变化，使 IC1 的信号输入脚电压产生变化。信号经电脑芯片处理后，发出控制指令。

R01～R04、C08 和 C11 的作用是过滤来自冷冻室和冷藏室的信号中的高低频杂波，减少干扰，提高信号强度。CN2 中的 1～4 脚分别连接了两个可变电阻 W21、W22，用以控制冷藏室和冷冻室的室内温度。两个可变电阻的信号输入 IC1 的 22 脚和 21 脚，作为 IC1 对冷藏室、冷冻室感温信号输入脚 24、23 信号的比较基准，从而确定电冰箱的开与停或风门的开与闭。

（3）控制驱动部分。

电脑芯片对电冰箱运行过程的控制如下。电冰箱环境温度设定为 32℃，由可变电阻 W21 和 W22 分别设定电冰箱冷冻室和冷藏室内的温度，当冷冻室温度微调旋钮对应刻度为"弱"时，冷冻室设定温度为−20～−18℃；对应刻度为"中"时，温度为−22～−20℃；对应刻度为"强"时，温度为−24～−22℃。当冷藏室温度微调旋钮对应弱、中、强时，冷藏室设定温度分别为 7～9℃、5～7℃、3～5℃。电脑芯片 IC1 以此作为判断条件，对两个感温元件传来的信号进行比较判断后，发出动作指令。

例如，当冷藏室温度不符合要求时，如果此时冷藏室风门处于关闭状态，IC1 指令接通继电器 K1 和 K2。在 K1 接通后，风门电动机开始转动，当风门打开到位时，风门位置开关接通，向 IC1 发出信号，芯片接到信号后，关闭 K1，风门电动机停止转动，完成打开风门动作。冷藏室电动风门打开后，压缩机和冷冻室风扇正常运转。

当冷藏室温度达到要求而冷冻室未达到使用要求时，IC1 接通继电器 K2 并发出信号，令风门关闭，压缩机和冷冻室风扇正常运转。当冷冻室和冷藏室均达到温度时，IC1 断开 K2，令压缩机停止运转。在 IC1 内部设有计时器，计算冷冻室温度低于−3℃时压缩机的运转时间，当压缩机的运转时间累计达到 12h，IC1 发出指令，断开 K2 关闭压缩机，同时接通 K3，对冷冻室蒸发器进行加热化霜。在蒸发器出口的储液器安装有热敏电阻。当储液器温度达到一定值（6℃左右）时，IC1 根据运算元件 LM324 传来的信号，切断 K3，终止化霜过程。

5. 东芝电冰箱电子温控电路

东芝电子温控电路在日本东芝系列、黄河系列电冰箱中使用，它们的控制电路基本相同，有 GR、GE 两个系列，图 3.34、图 3.35 是两种电子温控器电路原理图。它们还有一些同系列的产品，基本控制原理完全相同，只是采用的数字集成电路型号与控制逻辑电路有所不同。

这里以东芝 GE 系列电冰箱为例，介绍电子温控器的工作原理。电子温控电路主要由电源电路、温度传感器电路、温度控制电路和除霜控制电路组成，如图 3.35 所示。

（1）电源电路。

电源电路提供 14V 和 6.8V 两组直流电压，其中 14V 供两个继电器使用，6.8V 供其余电路使用。

交流 220V 供电经变压器 T801 变压，全波整流滤波后，输出 14V 直流电压，再经稳压管 D808 稳压，得到 6.8V 电压。并联在电源变压器初级的 TNR801 是压敏电阻，它能吸收电网中的浪涌电压，对电路元器件起到保护作用。

图 3.34　东芝 GR—204E 电子控制电路

温度/℃ 电阻/kΩ	3.5	6.7
ON 点	1	19.0
OFF 点	-27	32.8
H.C		

图 3.35 东芝 GE 系列电子控制电路

（2）温度传感器电路。

温度控制电路中设有两个温度传感器，一个安装在冷藏室内，另一个安装在冷冻室内。这是两个热敏电阻，它们的阻值大小会随周围温度的变化而改变。作为温度传感器的热敏电阻具有负温度特性，它的阻值随温度升高而降低，图中两热敏电阻 Rt1 和 Rt2 的阻值在 0℃时为 7.95kΩ，而在 28℃时为 2.34kΩ。温度传感器对温度的检测过程，实质上是将温度变化转变成电压变化。电路中冷藏室温度传感电路由热敏电阻 Rt1 和电阻 R806 串联，外加 6.8V 定值电压构成。环境温度升高时，Rt1 阻值减小，通过电阻分压作用，使 R806 端电压升高。反之，R806 端电压降低。同样道理，冷冻室温度传感器电路由热敏电阻 Rt2 和电阻 R810 串联，外加 6.8V 定值电压构成，它的作用也是把温度变化转变成电压变化。

冷藏室温度传感器 Rt1 安装在蒸发器表面，检测冷藏室的温度。当冷藏室蒸发器表面温度上升到 3.5℃ 以上时，控制电路由于 Rt1 阻值变化而发出指令，使压缩机启动运转，电冰箱开始制冷。反之，当温度传感器检测到冷藏室温度下降到 0℃ 以下时，就通过温度控制电路控制压缩机停机。冷藏室内温度变化范围由温度调节器的位置决定。

在冷冻室内的温度达到 7.5℃ 以上时，就通过除霜电路切断除霜加热丝，同时接通压缩机开机制冷。

（3）温度控制电路。

温度控制电路由集成电路 Q802、数字电路 Q801、继电器 K01 控制电路及温度调节电路等组成。它把温度传感器送来的电压信号进行比较和鉴别并判断出是否控制压缩机的开、停。

温度调节电路主要元件是温度调节电位器 R124，改变电位器动触头位置，中心抽头对地电压可在 1.5～2.2V 范围内改变。该电压加在 Q802 的反相输入端的 6 脚，作为冷藏室的最终温度控制信号。按热敏电阻 R-T 特性换算成温度变化，则变化范围对应为–25～19℃。

电冰箱中，冷冻室内温度是跟随冷藏室内温度同时升高或降低的，所以控制了冷藏室温度也就相对控制了冷冻室内的温度。

Q802 内含四个电压比较器，正反相输入端压差大于 5mV 就可使输出端电平高低发生翻转，有利于提高该控制电路控制精度和压缩机工作的可靠性。其工作特性是，当正相输入端电位高于反相输入端电位时，输出端翻转为高电位；反之，输出端翻转为低电位。

Q801 内含四个二端输入的与非门，工作特性是只有两个输入端电位均为高电位时，输出端为低电平，否则输出端为高电平，这里是每两个与非门组成一个锁存器，用它判断开、停机信号。

继电器 K01 的常开触点接在压缩机的主回路，当开机信号加在晶体管 Q811 的基极时，经它放大后推动 K01 触点吸合，压缩机启动运转进入制冷循环。

（4）压缩机的开、停控制。

当温度调节旋钮的位置调定后，就确定了 Q802 反相端电压 V_6。这个电压就是压缩机的停机电压。由电阻 R801 和 R802 组成的分压电路，把其固定的分压值 4V 加至 Q802 的一个同相输入端 5 脚，该电压即作为开机电压。根据热敏电阻 R-T 特性推断，开机时的对应温度为 3.5℃ 左右。

假设现在压缩机正处于开机制冷状态，则随着压缩机工作时间的延长，冷藏室温度越来越低，Rt1 阻值越来越大，R806 端电压 V_7 越来越小。当箱内温度达到设定值时，$V_7 < V_6$，于是 Q802 输出端 1 脚翻转为低电压，该电位加到锁存电路 Q801 的 1 端，锁存电路经过判断后，便从它的 3 脚输出低电位停机信号。这样，Q811 由导通转为截止，继电器 K01 触点释放，压缩机随之停止工作。

随着停机时间的延续，冷藏室温度逐渐回升，Rt1 的阻值越来越小，R806 端电压越来越高，当达到 $V_4 > V_5$ 时，Q802 的 2 脚输出立刻变为低电平。Q802 输出电平变化，经锁存器 Q801 判断后，由它的 3 脚输出高电平，使 Q811 管由截止转为导通，K01 又得电工作，其触点闭合接通，压缩机开机制冷。如此循环往复，压缩机在电子温控器控制下有规律地开、停机工作，使电冰箱内温度保持在设定的范围内。

（5）化霜控制电路。

化霜的目的是为了提高电冰箱制冷效果，降低耗电量，还可消除电冰箱内的怪味。大多数电冰箱冷藏室的温度上限在0℃以上，所以都采用自然化霜法，在压缩机停机时冷藏室温度上升，结霜便会慢慢地自然化掉，不需任何化霜设备。

采用GE系列电子温控器的电冰箱中，冷冻室采用电热化霜装置。把电热丝绕在冷冻室蒸发器表面，需要化霜时，按下化霜按钮S101，化霜开始信号（低电位）加到锁存电路Q801的13脚。这个信号经Q801判断，从它的11脚输出高电平，Q812饱和导通，继电器K02通电吸合，其触点接通位置由1转到2，加热丝通电发热，化霜指示灯LED01点亮。同时，Q811基极通过二极管D803被Q812的c、e极旁路至地，Q811转为截止，继电器K01不工作，触点释放，压缩机停机。

随着冷冻室温度回升，Rt2阻值越来越小，R810端电压V8越来越高，当达到Q802的输入端电压$V_8 > V_9$时，14脚输出端立刻翻转为低电平，经锁存电路Q801判断，输出端11脚输出低电平化霜结束信号，Q802截止。继电器K02触点接通位置由2转回1，加热丝停止加热，化霜指示灯熄灭。同时，Q811基极不再被旁路至地。这里化霜结束温度设定为8.5℃不变，由R808与R809组成的分压电路决定，其电压值为4.4V。

在化霜过程中当需要中止化霜时，只要按下化霜中止按钮S102。此时，S101自动弹回，Q801的8脚接为低电位，11脚翻转为低电位，Q802转化为截止，K02释放，断开化霜加热丝。

（6）电路中的几个重要数据。

① 电源电路有6.8V和14V两组供电电压，其中任何一组出现异常，都会造成控制电路不能正常工作。

② 实际使用中，两个热敏电阻Rt1和Rt2性能容易变化，甚至失效。

③ 压缩机开机时，Q802的5脚电压应为4V不变。如果实际测量此处电压低于4V，会引起压缩机开、停机过于频繁；而高于4V时，又会因压缩机停机过长，造成电冰箱制冷不足。

④ 压缩机停机时，电位器R124中心抽头对地电压应在1.5～2.2V范围内，否则应予调整。这一测量点电压太低，冷冻室和冷藏室温度过低，会出现冷藏室因温度低于0℃而结冰现象；电压太高，箱内温度又会过高，不利于食物保存。

⑤ 化霜结束时，Q802的9脚电压应为4.4V不变，否则应通过改变R809的阻值来调整。此测量点电压低于4.4V时，化霜时间不足，结霜不能完全化尽；当高于4.4V时，化霜时间过长，箱内温度过高，既费电又不利于食物储存。

6. 电子温控器故障检修实例

故障现象一： 东芝GE系列间冷式电冰箱不制冷。

故障分析与维修： 检查冷藏室照明灯亮，由此判断电冰箱供电正常。观察电冰箱化霜指示灯未点亮，电冰箱应在制冷状态。如果化霜指示灯亮，说明电冰箱目前正处在化霜状态，所以暂时不会制冷。

进一步检查压缩机是否正常。用自制电源直接对压缩机供电，压缩机运转正常，说明故障在控制电路，如果用测量绕组电阻的办法来判断压缩机有无损坏，要注意东芝电冰箱压缩机电动机的运行绕组与启动绕组的阻值比较接近，运行绕组C、M端的正常电阻值是18.6Ω，启动绕组C、A端正常电阻值是20.2Ω。

实际检修中，压缩机损坏的情况相对少一些，应先测量电路控制板上有无220V交流电压。如果有220V交流电压说明控制电路工作正常，故障在压缩机的启动与保护电路；无220V交流电压，则说明故障在电子控制电路，如前图 3.35 所示。

然后检查故障是在冷藏室温度传感器还是在控制电路，短接冷藏室温度传感器，观察压缩机是否启动，如果启动运转则故障在温度传感器，如仍不启动运转则检查电路控制板的电源部分。重点检查压敏电阻 TNR801，该电阻烧坏的几率较高。该电阻正常阻值应在 500kΩ 以上，烧坏时一般有烧焦的痕迹。接着测量插座 P802 的"+"与"−"端之间是否有 6～7V 电压，整流二极管 D805 和 D806 负极对地是否有 14V 电压，如无电压则是整流二极管和稳压管出现故障。

继续测量温控器基准电压是否正常，调节温控电位器 R124，并检查 P802 插座上 SVR 端子与地线之间的基准电压，应在 2.1～3V 之间变化，如超出此范围或高于 6V，则判断 P101 接插件接触不良。

确认温控基准电压正常后，那么故障只可能在集成块 Q801、Q802 及其外围元件了。

表 3.10 是 Q802（TA75339）各引脚在压缩机启动、制冷和制冷结束（保温）阶段的正常电压值，供检测时参考。

表 3.10　TA75399 各引脚工作电压（单位：V）

引脚	1	2	3	4	5	6
启动瞬间	6.7	0	7	>2.7	0	2.7
制冷状态	6.7	0	7	>4	4	2.7
保温状态	0	6.7	7	<2.7	4	2.7

故障现象二：华菱 BCD—320W 间冷式电冰箱化霜结束后，有时不能自动开机。

故障分析与维修：这是一台使用电脑温控板的四门豪华型冰箱，温控器电路如图 3.33 所示。由于它能正常制冷，可判断微电脑芯片 IC1 正常，故障可能出在温度控制板上。重点检查温度传感信号通道，用万用表检测 W11 及 R05～R07 电阻正常，在测量 LM324 各引脚电压时，发现它的 7 脚虚焊，造成输入 IC1 的感温信号不准，所以有时不能自动开机。重新焊接后试机观察，故障排除。

图 3.36 是此机型的部件连接示意图。这种标注了各部件连接导线颜色的实体示意图，在检修中有重要作用。

故障现象三：东芝 GR 系列电冰箱冷藏室照明灯亮，压缩机不启动。

故障分析与维修：拔下电冰箱电源插头，用万用表 $R×1k$ 挡检测压缩机三个绕组阻值，在正常范围内。再接通电冰箱电源，用万用表的交流挡测量电子控制板上继电器的两根电源输入线，无电压，可见压缩机不能启动的原因是没有得到工作电压。参照图 3.34，顺着供电线路检查，发现保护元件 TNT801 内部熔丝烧断，两只抗干扰二极管其中一只被击穿，所以压缩机不启动。

TNT801 是一个将两只二极管和一只 1.5A 保险管做在一起的专用组件。一般维修店无此配件，可以根据该组件在电路中的作用，将两只二极管 2CP23 和一只 1.5A 保险管焊接好，试机后电冰箱恢复正常运行。

故障现象四：黄河 BCD—170 间冷式电冰箱压缩机不启动。

故障分析与维修：国产黄河系列电冰箱采用电子温控器电路，其电路与东芝电冰箱相同，因而检修思路相似。

首先检查过热保护器是否开路。压缩机电动机线圈即使有轻微短路，热保护器也会周期性跳开，直至烧断损坏。热保护器开路原因主要是电热丝熔断或双金属片性能差，检查时可用万用表电阻挡测量它的引脚间电阻，正常阻值为几欧姆。

其次检查温控板熔丝是否熔断，压敏元件有无击穿，操作板插件接触是否良好等。若以上检查没有发现问题，可重点检查温度传感器。当温度传感器阻值变大或开路后，压缩机也会不启动。

温度传感器安装在冷藏室蒸发器下面，检查温度传感器的性能好坏时，可将温度传感器放在温度为30℃的水中。其阻值约为2.2kΩ左右，若放在温度为0℃水中，其阻值约为7.8kΩ左右。在实际维修中，温度传感器的损坏常有两种原因：一是温度传感器的引脚或引出线有虚焊，需要重新焊接；二是传感器密封不好，有水渗入后使传感器特性改变。

当冷藏室传感器开路时，表现为压缩机不能开机，有水渗入传感器时，表现为压缩机不停机。当冷冻室传感器开路时，冷冻室开始化霜且化霜过程不能自动停止，直至把温度熔丝熔断为止。

图3.36　华菱BCD—320W电冰箱电路接线示意图

故障现象五：东芝GR-228直冷式电冰箱压缩机时转时不转，有时能启动运转，但不停机。

故障分析与维修：该电冰箱的装配接线图如图 3.37 所示。此图适用于 GR188EX（G）（A）、GR208EX（G）（A）、GR2Z8EX（G）（A）、GR-268EX（G）（A）等型号电冰箱。图中导线颜色是用英文缩写标注的，其含义相应是：Gn-Y—黄绿，Bl—蓝，Bk—黑，Br—棕，Pp—紫，Gy—灰，Y—黄，R—红，Wh—白，Or—橙，Pi—粉红。

检修时首先要分清故障是压缩机本身引起的，还是控制电路造成的。单独对压缩机通电运转正常，则重点检查电子温控器。检测电子温控器到压缩机接线盒两端，即图中热保护元件左端 Pp 点和 Pi 点没有交流 220V 电压。试调节电冰箱操作面板上的温控开关，这两点上有时有交流 220V 电压，有时又会自动没有电压，可以断定故障出在电子温控器盒内。

图 3.37 东芝 GR—228 型电冰箱装配接线图

拆开电子温控器盒，查看电路板，从外观未发现明显损坏器件。由于没有电子温控器的具体线路图及检测数据，有的集成块连型号都看不清，修理难以下手，所以决定用机械式温控器替换电子温控器。

具体做法是利用冷藏室照明预埋的两根线和照明盒的位置，换上普通机械式温控器。把冷藏室照明盒内的指示灯及门灯开关拆掉，利用照明盒的空间固定温控器。用万用表电阻挡找到灯的两根接线，即装配图中的 Br 和 Bl 点连线，按普通型冰箱的控制接法，将温控器接好，通电试机一切正常，经使用电冰箱运行良好。

这种改造方法不涉及制冷回路，没有风险，不减少冷藏室的空间，缺点是冷藏室没有照明，但对使用影响不大。

故障现象六：容声 BCD—225 风直冷式电冰箱接通电源后，显示板显示"E2"。

故障分析与维修：这种型号电冰箱采用"模糊控制"技术、双循环自动控制系统，具有自动化霜、保温、超冻模式、停电记忆和超温报警等功能。

电冰箱的自动化霜由微电脑控制进行，与分置在冷冻室、冷藏室蒸发器的两个感温头有关。

根据电冰箱检修资料说明，显示板上显示"E2"字样的含义是"冷冻室蒸发器感温头故障"。

断电后卸下顶盖板，取出电子温控器电路板。找到电气盒内左边的10芯插座，用万用表电阻挡测量从左向右数第3、5两引脚之间的电阻值。室温下，阻值读数应为1.0～6.7kΩ，如果测量值超出这个范围，就表明冷冻室蒸发器感温头有问题。

取下电冰箱后板，在冷冻室蒸发器感温头与内藏线连接处挖出发泡剂，剪下损坏的感温头，并将连线剥出15mm的导线接头。将同型号的感温头的引线去掉15mm绝缘，剥出线头接在内藏导线上。感温头的连接没有极性。插上电路板及显示板。通电运行并确认无误，在连接导线接头处涂上热熔胶，以防潮气进入导线内。按原位置将感温头装好，并在护盖上用胶带固定。补发泡剂后，装上电冰箱后板、电路板、显示板等。通电试机电冰箱运行正常，故障排除。

二、任务的完成过程

冰箱温控器的更换训练

1. 实训目的

掌握电冰箱温度控制器的更换方法，能独立进行完整的操作。

2. 准备设备及器材

电冰箱台、万用表、新温度控制器、电工工具套装。

3. 操作步骤

（1）将电冰箱断电，并打开冰箱冷藏室门，待其自然冷却一段时间。

（2）一般冰箱温控器都安装在冷藏室照明灯附近，观察并找到温控器（温控器外壳上有温度设定拨盘）。

（3）用合适的螺丝刀将温控器外面的塑料外壳固定螺钉拆卸下来，并保存好螺钉。

（4）取下外壳后，能看见温控器上的2根或3根连线。用笔在纸上记录这些线的连接位置，以便于下次接线。

（5）小心拔下温控器上的连线。

（6）小心的顺着温控器的传感管把拧在冷藏室后壁上的感温管子拆下，注意不要将管子压扁或折断，因为其内部是空心的，内部装有感温气体。

（7）有的温度传感器的感温管是插入冰箱机体内部的，此时要缓缓地将其拔出来。

（8）将同型号、同尺寸、质量良好的温度控制器按照以上相反的顺序进行安装，注意不要损坏温控器，并且要安装到位。

（9）安装完好后，给冰箱通电，并观察冰箱制冷功能是否正常。若有新的故障，则要停机检修。

三、任务的评价（表3.11）

表3.11　电冰箱温控器拆装实训评价表

序号	评分内容	配分	评分标准	自评得分	小组互评	教师评分
1	温控器拆装训练	80	方法步骤正确，动作顺畅，工具使用正确，无器件损坏			
3	规范整洁	10	设备完好、摆放整齐、工位干净得10分，其他酌情扣分			

序号	评 分 内 容	配分	评 分 标 准	自评得分	小组互评	教师评分
4	安全操作	10	无安全事故及安全隐患得 10 分,其他酌情扣分			
	合计得分	100				

知识拓展一：电冰箱控制原理分类

1. 直冷单系统冷藏箱控制原理

（1）电气原理图。

电气原理图如图 3.38 所示。

图 3.38　直冷单系统冷藏箱控制原理图

（2）控制原理简介。

直冷单系统冷藏箱一般都采用机械温控型的控制方式，是控制部分最简单的电冰箱，由温控器直接控制压缩机的启停及室内温度。常用的温控器有 K15，K59，K57，K60 等，其型号不同，控制参数也不同，其中 K60 带自动恢复的化霜按钮。一般 K50 和 K60 用于带制冰室的冷藏箱控制。K57 用于不带制冰室和蒸发器的外挂型冷藏箱，感温控制点均选择在蒸发器板上。K59 用于不带制冰室的蒸发器内藏型冷藏箱，其感温控制点选择在箱体后背贴近蒸发器的某一点上。

2. 直冷单系统冷冻箱制冷原理

（1）电气原理图。

电气原理图如图 3.39 所示。

（2）控制原理简介。

从控制方式上，直冷单系统冷冻箱可分为 3 种方式：机械温控型、电子温控型、混合型。

例如图 3.39 是一个典型的混合型控制电路，由主控板和机械温控器共同完成控制功能。由 1 个机械温控器感受冷冻室的温度，控制压缩机的开停，由主控板完成其他辅助功能，如速冻、延时、超温报警等，其控制原理如下。

① 温度控制。

当箱内温度较高时，冷冻温控器 K54 的 3，4 间接通，压缩机运转，开始制冷；当温度达到关机温度时，3，4 间断开，压缩机不运转。

② 超温报警。

当箱内温度较高、在报警温度以上时，冷冻温控器 K54 的 3，6 间接通，给控制板提供一个温度报警信号，由主控板输出声音和光报警信号，提醒用户注意。

③ 自动化霜。

由主控板上的速冻继电器完成，进入速冻状态后，继电器闭合，冷冻温控器被继电器支路短接，压缩机持续运转。

图 3.39 直冷单系统冷冻箱制冷原理图

3．风冷单系统冷冻箱控制原理

（1）电气原理图。

电气原理图如图 3.40 所示。

EL4—温度报警灯；S2—风扇开关；S—电源开关；ST1—速冻开关；M2—风扇电动机；
F2—化霜限温器；H1—照明灯；H2—电源指示灯；ST2—温控器；F1—接水盘化霜保护；FR—过载保护；
S1—照明灯开关；H3—速冻指示灯；ST3—化霜定时器；EH1—接水盘化霜电热丝；

图 3.40 风冷单系统冷冻箱控制原理

（2）控制原理。

从控制方式上，风冷单系统冷冻箱一般可分为机械温控型和混合型。通过温控器感受冷冻箱内温度，控制压缩机启、停来控制冷冻室的温度。压缩机、风扇、化霜、加热丝通过化霜定时器控制有规律地通断。在制冷阶段，压缩机、风扇接通，加热丝断开，此时冰箱蒸发器化霜；在风扇延时阶段，仅压缩机接通，风扇和加热丝断开，此时制冷系统工作目的是冷却蒸发器，避免把蒸发器刚化完霜后的热空气吹到冷冻箱内。

① 超温报警。

当冷冻室温度较高、在报警温度以上时，冷冻温控器 ST2 接通，温控器报警灯 H4 亮，提醒用户注意。

② 速冻。

速冻功能由手动控制。当需要速冻时，按一下速冻开关，进入速冻状态。速冻期内，速冻指示灯 H3 亮，再按一下速冻开关，退出速冻状态。

4. 直冷单系统冷藏冷冻箱控制原理

（1）电气原理图。

电气原理图如图 3.41 所示。

（2）控制原理。

从控制方式上，直冷单系统冷藏冷冻箱可分为 3 种方式：机械温控型（又可分为双温控器型和补偿加热型）、电子/电脑温控型、混合型。机械温控型无主控板，电子/电脑温控型无机械温控器，混合型由机械温控器和主控板共同完成控制功能。

图 3.41 是一个典型的混合型控制电路，其温度控制由机械温控器完成，其他辅助功能如延时、超温报警、速冻等由主控板辅助完成。

图 3.41　直冷单系统冷藏冷冻箱控制原理

正常状态下，切换继电器触点 KM 断开，只有冷藏温控器控制压缩机开停。当环境温度较低时，接通切换开关，KM 接通，冷藏温控器和冷冻温控器并联控制压缩机开停。控制板上的绿色和黄色发光二极管分别为电源指示灯和切换指示灯。超温报警信号取自冷冻温控器的信号终端，经降压整流，驱动红色发光二极管。

5. 风冷单系统冷藏冷冻箱控制原理

（1）电气原理图。

电气原理图如图 3.42 所示。

S—灯开关；H—照明灯；RT1—冷藏传感器；RT2—冷冻传感器；E1—控制板；
EH—化霜加热丝；F—限温器；M—风扇电动机；FR—热保护继电器；
M1—压缩机；R2—补偿电阻；R1—补偿电阻；ST—温度补偿开关

图 3.42　风冷单系统冷藏冷冻箱控制原理

（2）控制原理。

图 3.42 是一个采用电子温控器的风冷单系统冷藏冷冻箱控制原理图。电子温控器完成冰箱温度控制、化霜、延时控制。冷藏室传感器控制冷藏室温度，通过风门调节风量分配，进而调节冷冻室温度，其控制原理如下。

① 延时控制。

为保护压缩机，维持冰箱温度相对平稳，在每次压缩机停机和化霜刚结束后，有约 6min 的延时。

② 化霜控制。

化霜定时器自动积累压缩机工作时间，当达到 8h±30min 时，自动进入化霜状态，断开压缩机和风机，接通加热管，开始化霜，由冷冻传感器感受到的温度决定化霜何时结束。

③ 低温补偿。

R2 为温度补偿电阻，用来改善系统匹配。ST 为温度补偿开关，当环境温度低于 10°C 时，打开此开关，接通补偿电阻 R1，可保证冰箱在较低温环境中正常启动工作，此时冷冻室温度可达−10°C 以下。

知识拓展二：直冷式家用电冰箱的控制电路

普通单门直冷式、双门直冷式电冰箱的控制电路分别如图 3.43 和图 3.44 所示，这些电路均由温度控制器、启动继电器、热保护器和照明灯及开关等组成。这是一种常用的典型电路。电冰箱运行时，由温度控制器按所需调定的冰箱温度自动地接通或断开电路，来控制压缩机的开与停。如果出现异常情况，如运行电

图 3.43　直冷式单门冰箱控制电路

流过高、电源电压过高或过低等，热保护器就断开电路，起到安全保护作用。

图 3.44　直冷式双门冰箱控制电路

知识拓展三：间冷式家用电冰箱的控制电路

间冷式家用电冰箱是靠箱内空气强制对流来进行冷却的。所以，在直冷式电冰箱的控制电路的基础上，还必须设置风扇的控制和化霜电热及化霜的控制等。图 3.45 所示是一种比较典型的间冷式双门电冰箱的控制电路。风扇电机 M2 与压缩机 M1 并联，即同时开停。为避免打开电冰箱门时损失冷气，冷藏室采用双向触点"门触开关"，当冷藏室开门时，同时箱内照明灯接通。关门后照明灯熄灭，箱内风扇又开始运转。

ST1—冷藏温控器；S—灯开关；H—照明灯；M2—风扇；
FR—过载保护器；M1—压缩机

图 3.45　间冷式双门电冰箱控制电路

化霜控制系统由时间继电器、电热元件和热继电器等组成。当工作到一定时间后进行化霜时，时间继电器将制冷压缩机电路断开，压缩机停车，同时将化霜电热元件接通，开始化霜。当达到除霜时间后，化霜电路断开，同时又接通压缩机电路，恢复制冷过程。如果化霜时的温度过高，将会损坏箱体的塑料构件和隔热层。为此，在化霜控制电路中设有热继电器（也叫限温器）。热继电器置于蒸发器上，当蒸发器温度高于设定的 25℃ 时，热继电器的触点就会断开，切断电热器电源，停止电热。为防止热继电器万一失灵，在化霜控制电路中还设有熔断型温度保险器（或熔丝）。如因故障温度熔丝被熔断，则不能自动复位，必须将故障排除后更换温度熔丝，电冰箱才能开始工作。

模块四

电冰箱的故障维修实例

【知识目标】

（1）理解海尔、科龙、美菱、容声冰箱故障分析思路和具体方法。

（2）知道无氟冰箱检修的工具、材料和检修要求。

（3）理解无氟冰箱的检修思路和具体方法。

【技能目标】

（1）能对电冰箱常规故障模拟维修。

（2）能识别无氟冰箱的常用检修工具。

（3）能熟练地对无氟冰箱进行二次抽真空和制冷剂的加注。

（4）培养良好的职业素养。

项目一　电冰箱的故障维修实例

任务1　海尔电冰箱故障维修实例

一、任务的准备

（一）明确任务

本任务主要是学会海尔电冰箱的常见故障分析及维修思路，同时还学会检测方法和检查过程。通过本任务的学习，让我们掌握该品牌冰箱故障的维修，已及实际冰箱故障的排除技能。

（二）知识准备

1. 实例一

故障现象： 海尔金统帅 BCD—175F 型电冰箱通电后，虽冷藏室照明灯亮，但压缩机不运转。

故障分析： 现场接通电冰箱电源后，照明灯亮，但压缩机不运转。测量其工作电源，电压为220V；切断电源后，测量压缩机启动绕组、运行绕组，其阻值均在正常范围内。

切断温度控制器和照明电路，直接启动压缩机，压缩机运转且箱内制冷正常。用万用表 $R \times 1k\Omega$ 挡测量温度控制电路和照明电路的对地直流电阻，其值为 $2M\Omega$，基本符合正常值范围。判断故障产生的原因是电源导线有接头，绝缘电阻值降低，造成供电电源不足。

此故障是由于用户违章，接了不合格的电源线所造成的。

故障维修：拆下电源导线，用万用表测量其阻值在 0.5MΩ以上，正常值应为无穷大，更换新的电源导线后，压缩机启动运转，恢复正常。

2. 实例二

故障现象：海尔金统帅 BCD—195F 型电冰箱制冷运转正常，但外壳漏电，且不定时跳闸。

故障分析：开机后，压缩机运转正常，制冷效果一般。用试电笔测试外壳，试电笔的发光管发出较亮的光，说明机壳漏电较为严重。经检查发现，电源插座专用接地线未接。但在正常情况下，即便没有接好专用接地线，也只会存在感应漏电，不会存在严重的漏电现象，由此说明，该电冰箱某个部件的绝缘性能已严重下降。

先断电，然后断开压缩机各接线柱，用万用表检测压缩机电动机启动绕组、运行绕组与机壳之间的绝缘阻值，均属正常；再将压缩机与主控板线路断开，用摇表摇火线、零线与机壳之间的绝缘电阻，发现火线与机壳存在严重漏电，且当电阻上升到一定值时又突然下降；将线路上各元器件断开，当断开到冷藏室温度控制器时，绝缘阻值恢复正常，判断为温度控制器漏电。卸下温度控制器，其内部受潮严重。

故障维修：卸下温度控制器，用电吹风将其吹干后，用摇表检查其绝缘阻值，正常装上温度控制器后，恢复整机线路，试机，漏电故障被排除。

3. 实例三

故障现象：海尔金统帅 BCD—205F 型电冰箱冷藏室照明灯亮，但压缩机不工作。

故障分析：现场检测，启动运转时压缩机漏电。在测量启动电容前，先将启动电容的两极短路，使其放电后，再用万用表的 $R\times100$ 挡和 $R\times1k$ 挡检测。如果表笔刚与电容器两接线端连通，指针即迅速摆动，而后慢慢退回原处，则说明启动电容的容量正常，充放电过程良好。这是因为万用表的欧姆挡接入瞬间，其充电电流最大，以后随着充电电流的减小，指针逐渐退回原处。启动电容的正确测量方法如图 4.1 所示。

（1）测量时，如果指针不动，则可判定启动电容开路或容量很小。

（2）测量时，如果指针退到某一位置后停住不动，则说明启动电容漏电。漏电的程度可以从指针所指示的电阻值来判断，电阻值越小，漏电越严重。

（3）测量时，如果指针摆到某一位置后不退回，则可判定启动电容已被击穿。

图 4.1 测量启动电容的方法

故障维修：更换同型号的启动电容后，故障被排除。

4. 实例四

故障现象：海尔 BCD—259DVC 型数字变频电冰箱不制冷。

故障分析：现场通电，电冰箱有电源显示，压缩机运转。凭经验判定，此故障的原因是制冷剂泄漏。经全面检查，发现毛细管有砂眼，使制冷剂漏光从而造成不制冷。

故障维修：将砂眼断裂处处理干净，用一段长度约 35mm，内径大于毛细管外径约 0.5mm 的紫铜管与毛细管套接在一起。套接时，用老虎钳将套管两端口压偏，使外套紫铜管紧紧压贴在毛细管外径上，调好火焰焊接，经常规操作故障被排除。

5. 实例五

故障现象：海尔 BCD—259DVC 型数字变频电冰箱不制冷，荧光显示屏显示故障代码。

故障分析：现场通电试机，压缩机运转良好，用手摸过滤器冰凉。初步判断该故障产生的原因是过滤器堵塞。

故障维修：放出制冷剂，在过滤器的出口处断开毛细管时，明显可见随制冷剂喷出的油很多，说明管路油堵。启动压缩机，使油尽量随制冷剂排出，并用拇指堵住过滤器出口端，堵不住时再放开，冷凝器里的油便随强气压排出，反复数次，冷凝器里的油便可排净。更换过滤器，按常规操作后，故障被排除。

6. 实例六

故障现象：海尔 BCD—259DVC 型数字变频电冰箱搬家后，机外壳漏电。

故障分析：上门现场检测，用万用表测量电冰箱的对地阻值，绝缘良好；用试电笔测量用户家中的三眼插座，其地线和零线孔有电，而火线孔无电源显示。卸下三眼插座螺钉，发现零线和地线在插座内连在一起，并且接入火线，导致火线接的是零线。

故障维修：调整好线路后，故障被排除。

7. 实例七

故障现象：海尔 BCD—239/DVC 型变频太空王子电冰箱制冷效果差。

故障分析：检测压缩机，运转良好；显示屏无故障代码显示；手摸低压吸气管，温度差，初步判定制冷系统制冷剂不足。

故障维修：从工艺管放出制冷剂，焊接加气锁母连接管，重新抽真空，按技术要求加制冷剂后故障排除。

8. 实例八

故障现象：海尔 BCD—259/DVC 型变频太空王子电冰箱冷藏室有异味。

故障分析：上门现场检查，经询问发现电冰箱冷藏室内有一年未清洗，因此造成电冰箱冷藏室异味的主要原因是未清洗。电冰箱冷藏室应在使用 1～2 个月时即进行清洗一次，清除过期和即将发霉的食品，避免细菌的生存，同时也可防止对蒸发器的腐蚀，减少电冰箱内漏故障的发生，提高制冷效率，延长使用寿命。电冰箱冷藏室内放的东西多而杂，常会产生各种各样的异味，可按下面的方法去除异味。

（1）黄酒除味法：用黄酒一碗，放在电冰箱冷藏室的底层，一般 3 天就可除净异味。

（2）柠檬除味法：柠檬切成小片，放置在电冰箱冷藏室的各层，效果亦佳。

（3）茶叶除味法：将 60g 花茶装在纱布袋中，放入电冰箱冷藏室内，可除去异味。半个月后，将茶叶取出放在阳光下曝晒，可反复使用多次。

（4）麦饭石除味法：取麦饭石 600g，筛去粉末微粒后装入纱布袋中，放置在电冰箱的冷藏室里，16min 后异味可除。

（5）橘子皮除味法：取新鲜橘子皮 600g，把橘子皮洗净挤干，分散放入电冰箱的冷藏室中，两天后，打开电冰箱，清香扑鼻，异味全无。

（6）食醋除味法：将一些食醋倒入敞口玻璃瓶中，置入电冰箱冷藏室内，除味效果亦很好。

（7）小苏打除味法：取 600g 小苏打（碳酸氢钠）分装在两个广口玻璃瓶内（打开瓶盖），放置在电冰箱冷藏室的上下层，异味可除。

（8）木炭除味法：把适量木炭碾碎，装入小布袋内，放入电冰箱冷藏室内，除味效果甚佳。

（9）檀香皂除味法：在电冰箱冷藏室内放半块去掉包装纸的檀香皂，除异味的效果亦佳。但电冰箱冷藏室内的熟食必须放在加盖的容器中。

故障维修：帮助用户清洗电冰箱冷藏室后，异味被排除。

9. 实例九

故障现象：海尔 BCD—289/DVC 型变频太空王子电冰箱不制冷，无电源显示。

故障分析：上门测量，其电源电压较高，卸下电冰箱控制板外盖，检查控制板，发现压敏电阻开裂。

故障维修：更换同型号的压敏电阻后，故障被排除。该电冰箱的电路控制原理如图 4.2 所示。

图 4.2　海尔 BCD—289/DVC 型变频太空王子电冰箱原理图

二、任务的完成过程

冰箱故障模拟训练：

通过前面的系统分析，我们也掌握了海尔冰箱部分故障的判断方法和维修方法了。下面我们就利用冰箱，按照常见故障进行故障模拟。请按照表 4.1 中的故障进行模拟，并将模拟情况填入表中。

表 4.1　冰箱温控器故障模拟训练表

故障点	将冰箱温控器的一个接线端头开路（做好绝缘措施）
故障现象	
故障检修过程记录	
故障原因分析	
检修总结	

三、任务的评价（表 4.2）

表 4.2　电冰箱温控器故障模拟评价表

序号	评分内容	配分	评分标准	自评得分	小组互评	教师评分
1	冰箱温控器故障模拟训练	80	思路清晰，分析到位，操作方法步骤正确，动作顺畅，工具使用正确，无器件损坏			
2	规范整洁	10	设备完好、摆放整齐、工位干净得 10 分。其他酌情扣分			
3	安全操作	10	无安全事故及安全隐患得 10 分，其他酌情扣分			
	合计得分	100				

任务 2　科龙电冰箱故障维修实例

一、任务的准备

（一）明确任务

本任务主要是学会科龙电冰箱的常见故障分析及维修思路，同时还学会检测方法和检查过程。通过本任务的学习，让我们掌握该品牌冰箱故障的维修，已及实际冰箱故障的排除技能。

（二）知识准备

以下为科龙电冰箱故障维修实例。

1. 实例一

故障现象：科龙 BCD—166W/H 型电冰箱冷冻室蒸发器堵塞，造成不制冷。

故障分析：经检测，化霜传感器正常；再仔细观察，发现固定传感头的套管在蒸发器管道上部最左端，当蒸发器下部的霜没有完全化掉时，传感器已感受到化霜需要停止的温度，即停止化霜。

故障维修：先采用人工的方法将冷冻室蒸发器上的霜全部化掉，过两周后再检查，发现霜层是逐步积累的。如果能使传感头靠近蒸发器的适当位置，则可使霜全部化掉后才停止化霜。将传感头移到蒸发器从下数第 3，4 管道之间的翅片里。注意，不要太靠近加热丝管。

2. 实例二

故障现象：科龙 BCD—272HCP 型变频电冰箱搬新家后，不制冷，显示屏显示故障代码。

故障分析：现场检查，发现变频器与压缩机接插件松脱。

故障维修：把松脱的插件插牢固后，电冰箱即可恢复制冷。科龙 BCD—272HCP 型变频电冰箱的变频器安装在压缩机仓内，其零件分布示意图如图 4.3 所示。

拆卸变频器的顺序：

（1）将与电源线相连的 3 芯电缆拔下；

（2）将与电冰箱控制器相连的 2 芯电缆拔下；

（3）将压缩控制盒打开后，把与压缩机相连的电缆拨出，并将地线松开；

（4）将固定变频器的 4 颗螺钉松开。

图 4.3　零件分布示意图

3. 实例三

故障现象：科龙 BCD—260W/HCP 型变频电冰箱压缩机不工作，无电源显示。

故障分析：科龙 BCD—260WHCP 型变频电冰箱微电脑板控制电路如图 4.4 所示。测量电源电压，正常；测量主控制板保险熔丝管，良好；测量变压器，副边有 13V 交流电压输出；测量三端稳压器 7805 的②脚、③脚，有+5V 直流电压输出；按顺序从易到难继续检测，当测量滤波电容 C5 时，发现其漏电。

故障维修：更换同型号的滤波电容后，压缩机不工作的故障被排除。

4. 实例四

故障现象：科龙 BCD—260W/HCP 型变频电冰箱压缩机不工作。

故障分析：经检测，初步判定该故障产生的原因是压缩机线圈断路。变频压缩机运行电压为直流电压，所以不能直接将 220V、50Hz 的电源加在压缩机上。当发现压缩机有不运转的情况时，可按下列步骤排除故障：

（1）更换主控制板，检测压缩机是否运转。

（2）松开变频器安装螺钉，打开变频器盒盖，检查各连接器及相连部件有无松动或脱落。

（3）如以上步骤均无效，可初步判断为压缩机故障，采用测压缩机静态电阻的方法来判断压缩机是否损坏。注意：变频压缩机属于变频专用，不能代换普通压缩机。

故障维修：更换同型号的变频压缩机。在更换压缩机前将压缩机控制盒打开，把与压缩机相连的电缆拔出，并将地线松开。然后，用割管刀将与压缩机相连的吸、排气管用气焊焊离，将固定压缩机的螺钉松开。这时可卸下变频压缩机，新的变频压缩机经焊接、打压、抽真空、加制冷剂后，压缩机不工作的故障被排除，制冷恢复。

5. 实例五

故障现象：科龙 BCD—272W/HCP 型变频电冰箱保险熔丝管经常烧断。

故障分析：现场测量变压器输入、输出线圈，良好，无短路故障；测量电子控制板的滤波电容，良好，无漏电现象。经全面检查，该故障产生的原因是主控板上的 4.0MHz 晶振短路。

故障维修：根据维修经验，只要微电脑板上的晶振短路，则保险熔丝管必炸。更换晶振后，故障排除。

图 4.4 科龙 BCD—260W/HCP 型变频电冰箱微电脑板控制电路图

二、任务的完成过程

冰箱故障模拟训练：

通过前面的系统分析，我们也掌握了科龙冰箱部分故障的判断方法和维修方法了。下面我们就利用冰箱，按照常见故障进行故障模拟。请按照表 4.3 中的故障进行模拟，并将模拟情况填入表中。

表 4.3　冰箱启动电容故障模拟训练表

故障点	将冰箱启动电容的一个接线端头开路（做好绝缘措施）
故障现象	
故障检修过程记录	
故障原因分析	
检修总结	

三、任务的评价（表 4.4）

表 4.4　电冰箱启动电容故障模拟评价表

序号	评 分 内 容	配分	评 分 标 准	自评得分	小组互评	教师评分
1	冰箱启动电容故障模拟训练	80	思路清晰，分析到位，操作方法步骤正确，动作顺畅，工具使用正确，无器件损坏			
2	规范整洁	10	设备完好、摆放整齐、工位干净得 10 分。其他酌情扣分			
3	安全操作	10	无安全事故及安全隐患得 10 分,其他酌情扣分			
	合计得分	100				

任务 3　美菱电冰箱故障维修实例

一、任务的准备

（一）明确任务

本任务主要是学会美菱电冰箱的常见故障分析及维修思路，同时还学会检测方法和检查过程。通过本任务的学习，让我们掌握该品牌冰箱故障的维修，已经实际冰箱故障的排除技能。

（二）知识准备

以下为美菱电冰箱故障维修实例。

1. 实例一

故障现象：美菱 BCD—198W 型电冰箱制冷效果差。

故障分析：现场检查，蒸发器结冰。用万用表测量化霜温度传感器，其电阻值参数改变。美菱 BCD—198W 型电冰箱化霜温度传感器固定位置如图 4.5 所示。

图 4.5　美菱 BCD—198W 型电冰箱化霜温度传感器固定位置图

故障维修：更换同型号的化霜温度传感器后，故障被排除。化霜传感器的位置是有规定的，修复或更换后必须按规定将其固定好。

2. 实例二

故障现象：美菱 BCD—198W 型电冰箱压缩机忽转忽停。

故障分析：该电冰箱主控板设置有微电脑及继电器 RL1、RL2、RL3、RL4。这 4 个继电器的吸合与释放状态受控于微电脑，并分别控制压缩机、风扇电动机、加热器、电磁换向阀供电电路的通、断，即工作状态。交流 220V 电源从接线盒的 L 脚、N 脚输入主控制板 CON1 插座的①脚、⑤脚，被内部线路传输后从 CON2 插座的①脚、③脚输出到电源变压器进行降压后由 CON3 插座的①脚、②脚返回主控板作为电源。CON1 的③脚、⑤脚接压缩机，压缩机的开、停通过主控板上继电器 RL1 的吸合和断开来控制。CON7 的①脚、②脚接冷冻室温度传感器，③脚、④脚接化霜温度传感器。CON6 接冷藏室温度传感器。标号为 RT—AM 的位置接环境温度传感器。CON9 插座、CON10 插座接补偿加热器，CON8 插座接冷藏室门开关。当门打开时，开关闭合。开关闭合导通电路接通，冷藏室照明灯亮。CON11 插座接两个加热器和一个风扇电动机，其中①脚、⑤脚接风扇电动机，①脚、③脚接化霜加热器和接水盘加热器，此两个加热器并联在一起同时工作。为防止加热器由于某种原因导致过热，在电路中串联了一个温度熔断器，当加热器过热或短路时，熔断器熔断断开电路，起到保护作用。接水盘内置加热器在出口外串联了一个过温保护器，当它附近温度过高（大于 70℃）时，就会断开，当温度下降到 40℃ 左右时又恢复导通。其混合制冷微电脑板控制电路图如图 4.6 所示。

经全面检查，发现 CON 接插件接触不良。

　　故障维修：修好接插件后，故障被排除，电冰箱恢复制冷。

图 4.6　美菱 BCD—198W 型电冰箱混合制冷微电脑板控制电路图

二、任务的完成过程

冰箱故障模拟训练：

　　通过前面的系统分析，我们也掌握了美菱冰箱部分故障的判断方法和维修方法了。下面我们就利用冰箱，按照常见故障进行故障模拟。请按照表 4.5 中的故障进行模拟，并将模拟情况填入表中。

表 4.5　冰箱过载保护器故障模拟训练表

故障点	将冰箱过载保护器的一个接线端头开路（做好绝缘措施）
故障现象	
故障检修过程记录	
故障原因分析	
检修总结	

三、任务的评价（表 4.6）

表 4.6　电冰箱过载保护器故障模拟评价表

序号	评分内容	配分	评分标准	自评得分	小组互评	教师评分
1	冰箱过载保护器故障模拟训练	80	思路清晰，分析到位，操作方法步骤正确，动作顺畅，工具使用正确，无器件损坏			
2	规范整洁	10	设备完好、摆放整齐、工位干净得10分。其他酌情扣分			
3	安全操作	10	无安全事故及安全隐患得10分，其他酌情扣分			
	合计得分	100				

任务 4　容声电冰箱故障维修实例

一、任务的准备

（一）明确任务

本任务主要是学会容声电冰箱的常见故障分析及维修思路，同时还学会检测方法和检查过程。通过本任务的学习，让我们掌握该品牌冰箱故障的维修，已及实际冰箱故障的排除技能。

（二）知识准备

以下为容声电冰箱故障维修实例。

1. 实例一

故障现象：容声 BCD—207/HC 直冷式电脑温度控制型电冰箱内胆鼓起。

故障分析：现场检查，发现电冰箱的内胆鼓起。造成内胆鼓起的原因是用户使用不当，把较热的炒菜放入冷藏室内，或把较重的西瓜放在中间的格栅。维修电冰箱内胆鼓起的方法很多，维修人员可在争得用户同意的情况下，采用以下 5 种方法：

（1）用电吹风对内胆加热，将鼓起的部分烫平，使内胆后壁与蒸发器贴紧；

（2）调整温度控制器，改变冷藏室温度控制范围，必要时，更换一个同型号的时间温度控制器；

（3）掀开后背，在冷藏室内胆后壁上钻一个 $\phi3mm$ 的小孔，用自攻螺钉将蒸发器与内胆贴紧，以增强热传导；

（4）掀开内胆后背，用玻璃胶将内胆后壁与蒸发器粘合；

（5）将原蒸发器废弃不用，在冷藏室内加装盘绕式或片式蒸发器，使冷藏室内的温度更均衡。

故障维修：用 502 胶注射到内胆的鼓起处，然后用带手套的手迅速按住，3min 后，此故障被排除。

2. 实例二

故障现象：容声 BCD—207/HC 直冷式电脑温度控制型电冰箱压缩机不工作。

故障分析：现场通电试机，压缩机只能发出"嗡嗡"声，但不能启动，5s 后过载保护器断开；测量电源电压，良好；卸下压缩机保护栏，测量压缩机线圈，良好；测量启动器阻值正常，由此可判断该故障产生的原因是压缩机抱轴。电冰箱压缩机抱轴或卡缸故障，大都是由于使用环境较差，造成压缩机过热，使冷冻油油膜被破坏，以及吸油量不畅所造成的。其表现为压缩机线路和供电电压正常，启动继电器过载保护器也无损坏，且电动机的启动绕组加运行绕组的阻值等于公用端绕组的阻值，压缩机抱轴，细听压缩机有"嗡嗡"声，热保护器在 3～5s 内动作断开，片刻后热保护器复位，接通压缩机电源后，故障很快再次出现。

故障维修：采用加大电容和泄压法维修均不奏效后，更换一个 154W 的压缩机，故障被排除。

3．实例三

故障现象：容声 BCD—272W（HC）型电冰箱液晶显示屏显示"ERRORR"。

故障分析：查容声维修手册，确定该显示代码为冷藏室传感器有故障。

故障维修：更换同型号的冷藏室传感器后，故障被排除。

4．实例四

故障现象：容声 BCD—272W（HC）型电冰箱液晶显示屏显示"ERRORF"。

故障分析：查容声维修手册，确定该显示代码为冷冻室传感器有故障。

故障维修：换同型号的冷冻室传感器后，故障被排除。

5．实例五

故障现象：容声 BCD—272W（HC）型电冰箱液晶显示屏显示"ERRORD"。

故障分析：查容声维修手册，确定该显示代码为化霜传感器有故障。

故障维修：更换同型号的化霜传感器后，故障被排除。

二、任务的完成过程

冰箱故障模拟训练：

通过前面的系统分析，我们也掌握了容声冰箱部分故障的判断方法和维修方法了。下面我们就利用冰箱，按照常见故障进行故障模拟。请按照表 4.7 中的故障进行模拟，并将模拟情况填入表中。

表 4.7 冰箱堵塞故障模拟训练表

故障点	用封口钳将冰箱毛细管（靠过滤器一段）压扁封堵，造成制冷管路堵塞故障
故障现象	
故障检修 过程记录	
故障原因 分析	
检修总结	

三、任务的评价（表 4.8）

表 4.8 电冰箱堵塞故障模拟评价表

序号	评 分 内 容	配分	评 分 标 准	自评得分	小组互评	教师评分
1	冰箱堵塞故障模拟训练	80	思路清晰，分析到位，操作方法步骤正确，动作顺畅，工具使用正确，无器件损坏			
2	规范整洁	10	设备完好、摆放整齐、工位干净得10分。其他酌情扣分			
3	安全操作	10	无安全事故及安全隐患得10分，其他酌情扣分			
	合计得分	100				

项目二 无氟电冰箱的检修

任务1 常用工具、材料的使用及检修要求

一、任务的准备

（一）明确任务

无氟电冰箱所使用的制冷剂有其特殊的方面，所以在对其进行检测、维修操作时，所用的部分工具、采用的操作工艺均有所差别。本任务我们就来学习无氟电冰箱的专用工具、材料，还要学会这种冰箱的检修要求，最后对无氟冰箱进行二次抽真空的操作实训等。

（二）知识准备

检修无氟电冰箱，除了常用工具外，还有一些特殊的要求。这些要求是为了适应 R134a 制冷剂而提出的。检修总的原则是凡维修普通电冰箱用过的充冷软管、接头、三通修理阀、钢瓶及与 R12 系统有关的工具，都不能用于无氟电冰箱 R134a 系统。如果要继续使用，必须用 R134a 清洗处理。更不能利用装有矿物油的压缩机向 R134a 制冷系统打压检漏。

1. 真空泵

用于普通电冰箱 R12 制冷系统的真空泵，里面使用矿物油做润滑剂，极易污染 R134a 制冷系统。所以，维修无氟电冰箱应使用充注酯类的真空泵。如果仍要使用旧泵的话，除用酯类油彻底清洗，并换上酯类油外，与之配套的连接软管、快速接头、密封圈都要更换。

2. 制冷剂充注机

无氟电冰箱中，制冷系统的 R134a 制冷剂充注量较少，大约要比使用 R12 的普通电冰箱少 15%左右，而且要求所有的制冷管道中不能含氟。因此用于无氟电冰箱的制冷剂充注时需要精度更高，而且要有专用的洁净软管、接头等配件。

3. 检漏仪器

由于 R134a 是"无氟"制冷剂，所以在普通电冰箱修理中使用卤素测漏仪不再适用，而浓肥皂水和洗涤灵检漏的方法更有效。喜欢使用仪器检漏的专修厂店，可以换用电子检漏仪。

4. 检修材料的选用与处理

由于不同品牌的无氟电冰箱使用的制冷剂也不相同，修理时对材料和配件的选用原则是尽量用原型原号，一般不要随意替代。盲目地使用替代品，可能带来不同的负面影响，甚至造成"疑难杂症"。实际操作中要特别注意以下几点。

（1）无氟电冰箱使用的压缩机和 XH—7 型干燥过滤器，在出厂时已将吸气管、排气管及进出口严格密封，不能轻易试机或打开，一旦打开就要马上使用，如果打开存放一段时间不用，就不能再用。

（2）凡 R12 或 R22 制冷系统用过的铜管和有关的配件，不能再用于 R134a 系统。如果一定要使用，必须用三氯乙烯清洗剂冲洗处理。

（3）修理无氟电冰箱制冷系统时，需要焊接时，要尽量用干燥助焊剂。在干燥助焊剂不易获得时，可以使用铜银焊条或低银焊条施焊，不能使用焊剂。

5. 电冰箱小修的要求

无氟电冰箱的 R134a 制冷系统，要保持绝对干燥才能正常工作。电冰箱小修时，应以眼看、耳听、手摸为主，仔细分析，准确判断。一旦确认故障为干燥过滤器堵塞，或压缩机损坏等，需要打开系统时，断开的管口要及时密封，焊接也要迅速。尤其在压缩机工艺管上装入三通修理阀、充冷软管时，在与装制冷剂的钢瓶阀连接后，要用同类工质的气体对内腔试压检漏，保证有良好的气密性。维修中动作要快，开口时间要短，全部操作不能大于 20min。

操作中，做出开口决定要慎之又慎。要知道，管道一旦被打开，就会有水气杂物进入，而它们对无氟电冰箱正常工作的影响，要远比普通电冰箱大。

6. 电冰箱大修的要求

所谓大修，是指电冰箱发生内漏故障，需要开背修理，动"大手术"的情况，这对采用 R134a 制冷剂的无氟电冰箱系统，的确是一大难题。因为一旦制冷系统泄漏，拆修时就会有空气、水分侵入系统管道。由于时间长，水分被吸附在管壁上，用修普通电冰箱那样的抽空、打压办法，很难完全消除。即使用氮气，因氮气也含有一定水分，仍难保证修理质量。

业余条件下，清洁制冷系统管路的方法是用 R134a 冲洗。也可利用 R134a 气体试压检漏，合格后，再用反复充注、放出 R134a 制冷剂的办法代替抽空。尤其在泄漏出现在压缩机的低压侧时，最好更换压缩机。

凡维修系统管道，必须更换同型号的干燥过滤器，并应在停机压力平衡后进行。检修动作一定要迅捷，注意在打开管道之前做好准备，备齐工具、材料，从开口到封口全部操作过程中，应在 50min 内完成，否则电冰箱的修理质量无法保证。

7. 充注制冷剂的要求

目前市售的 R134a 制冷剂，多为小瓶 0.4kg 分装。在分装过程中，如果厂商抽空、放空操作不当，就会有空气遗留在钢瓶内。所以制冷剂使用前必须进行放空，以排除瓶内的空气。放空的办法是将制冷剂钢瓶阀门端向上正立，放置在磅秤上，静放 1h 后，继续开启钢瓶阀门放气。由于刚刚开启时放出的是空气，磅秤指示的钢瓶重量不会变化，等看到放气时磅秤杆略微下沉，表明瓶内制冷剂开始汽化放出，放空即告完成。

与普通电冰箱一样，制冷剂充注量是否适量，对电冰箱的制冷性能影响很大。为无氟电冰箱充注 R134a 制冷剂时要注意观察冷冻、冷藏室的结霜情况，并根据回气管和冷凝器冷热程度来判断充注量是否正常。如果通过观察工艺管上的压力表指示压力来了解制冷剂的充注量，应注意温度对 R134a 压力指示的影响，若充注的 R134a 制冷剂过多，尤其在不装压力表观察时，不能在压缩机运转时放出，以防止负压下空气进入。

二、任务的完成过程

（一）无氟冰箱常用工具识别训练

请通过书籍、实训室设备、网络等途径在表 4.9 中写出以下实物的名称。

表 4.9　无氟冰箱常用工具实物识别表

序号	实　物	序号	实　物
1		2	
名称		名称	
3		4	
名称		名称	
5		6	
名称		名称	
备注	参考名称：真空泵，制冷剂充注机，制冷剂检漏仪		

（二）无氟冰箱二次抽真空实训

1．准备设备及器材

无氟电冰箱，真空泵（抽空机），三通维修阀（带压力表显示），连接软管多根，R134 钢瓶（内装 R134 制冷剂），常规制冷维修工具。

2．操作步骤

（1）将冰箱断电，用割刀将无氟冰箱压缩机上的工艺管割开一个小口，缓慢放出里面的制冷剂。

（2）用割刀将工艺管割断，然后在上面焊接一段铜管，将铜管末端用软管与三通维修阀相连接。

（3）用软管将真空泵（抽空机）连接到三通维修阀。

（4）打开三通维修阀，给真空泵通电，让真空泵对制冷系统进行第一次抽真空。

（5）抽真空 30min 后，关闭三通维修阀。

（6）拆下真空泵的连接软管，将 R134 钢瓶用软管与三通维修阀相连接。

（7）打开 R134 钢瓶上的阀门，再打开三通维修阀门，给压缩机充注 10g 左右的 R134 制冷剂（控制好加注量），然后关闭三通维修阀和钢瓶上的阀门。

（8）将 R134 钢瓶从三通维修阀上拆卸下来，然后将真空泵与三通阀相连。

（9）静置 5min，让刚才加注的制冷剂在制冷系统中平衡。然后打开真空泵，打开三通维修阀，对制冷系统进行二次抽真空。

（10）抽空 30min 后，关闭三通维修阀，再关闭真空泵，并将真空泵从三通维修阀上取下。至此抽真空完成，等待制冷剂的加注。

三、任务的评价（表 4.10）

表 4.10　无氟电冰箱基本操作实训评价表

序号	评分内容	配分	评分标准	自评得分	小组互评	教师评分
1	无氟冰箱常用工具识别	30	识别正确，书写规范，无错别字			
2	无氟冰箱二次抽真空实训	50	方法步骤正确，动作顺畅，工具使用正确，无器件损坏			
3	规范整洁	10	设备完好、摆放整齐、工位干净得10分，其他酌情扣分			
4	安全操作	10	无安全事故及安全隐患得10分，其他酌情扣分			
	合计得分	100				

任务 2　无氟电冰箱的检修

一、任务的准备

（一）明确任务

无氟电冰箱的工作原理和故障现象和普通冰箱差别不大，所以在检修的时候，可以沿用前面的方法和步骤进行。但是无氟冰箱在实际操作维修中，由于制冷剂的不同，所以在操作工艺上要求更加严格一些。下面我们就来学习无氟冰箱的检修思路和方法，同时通过对无氟冰箱制冷剂的加注，来掌握无氟冰箱的维修。大家在学习的时候，要特别注意前面知识的迁移和总结。

（二）知识准备

以下是无氟电冰箱的维修实例。

故障现象一： 新飞 BCD—260 直冷式电冰箱刚启动时制冷正常，然后逐渐不制冷。

故障分析与检修：此型电冰箱采用 R134a 制冷剂。新机使用两年多一直很好，后来逐渐发现压缩机运转时间长，停机时间短，最后形成不制冷故障。

通电启动电冰箱检查，最初压缩机运转正常，冷凝器有热感，听箱体毛细管出口与蒸发器接口处有制冷剂流动的声音，然后声音逐渐消失，冷凝器变凉。这是典型的毛细管堵塞故障特征。

为判断堵塞性质，试用热毛巾包敷毛细管与过滤器、毛细管与蒸发器的结合部，几分钟后能听到制冷剂的流动声，说明毛细管出现了"冰堵"。

打开压缩机工艺管封头，有制冷剂喷出，喷出制冷剂的声音时大时小，证明制冷剂系统管路不畅通。在工艺管焊上修理阀，将毛细管在距离过滤器出口 10mm 处割断。通过修理阀接口向系统内充注氮气，发现过滤器出口（毛细管端口）气流较大，而从毛细管流出的气流较小，说明毛细管内有杂质堵塞了管道。

将过滤器上的一段毛细管管口封住，使充入系统内的氮气压力增大，当压力上升到 0.8MPa 时，发现从毛细管管内喷出发黑的冷冻油。在 0.8MPa 压力下连续吹 30min，净化主、副蒸发器，保证毛细管畅通。最后将旧过滤器拆下，用 0.9MPa 压力氮气吹冷凝器管道 5min。即时封住毛细管出口，换上新过滤器，用气焊将系统管道连接好。用氮气充入制冷系统使压力为 1.2MPa，保证 24h 不掉压。

由于无氟电冰箱对制冷系统抽真空要求高，因此采用连续抽真空 3 次的方法，即真空泵抽真空 60min 后，关闭三通修理阀，压缩机继续运转，保持负压 24h。定量加入 R134a 制冷剂 130g，吸气压力表读数为 0.2kg。连续试机运转 5 天后，将压缩机工艺管封口，电冰箱制冷恢复正常。因而检修电冰箱时应注意以下几点。

（1）无氟电冰箱制冷管路内洁净度要求高，最好采用专用设备排除电冰箱管路中的微量水分和杂质。

（2）无氟电冰箱制冷系统真空度要求高。采取 3 次抽真空法，并利用系统内高压侧不凝性气体的排出，把高、低压两侧的空气同时（或先后）抽出，这样能保证系统内真空度较高，而且抽真空时间短、效率高。电冰箱在修理过程中如果不能达到真空要求，制冷剂系统内部的水分、杂质就会在电冰箱正常运行一段时间后与 R134a、润滑油等物质发生酸解反应，产生酸性化合物，腐蚀管道，堵塞系统，使电冰箱不能制冷。

故障现象二：BCD—216 型双门直冷式单回路无氟型电冰箱使用一年后突然不制冷。

故障分析与检修：试机检测，工作电流较额定值偏低，冷凝器不热，无气流声，蒸发器不结霜。用酒精灯烘烤干燥过滤器、毛细管无效，检测外管路无油迹。初步判断脏堵、泄漏或压缩机无效。

停机 20min，等管路内压力平衡后，用刺阀连接修理阀，将刺阀套入工艺管中，加压手柄穿透工艺管外壁。这时修理阀上的低压表压力值为 0.07MPa，较 0.2MPa 左右的正常压力小。启动压缩机 5min，表压力很快降低到负压值，停机 20min 后，又恢复原压力值，这证明压缩机吸气能力正常。断开毛细管与过滤器焊接处，干燥过滤器侧无气流排出，而毛细管排气侧排气正常，由此确定干燥过滤器脏堵。试用割刀断开过滤器时，气体突然排出，证明判断准确。

更换同型号干燥过滤器，用低银焊条焊接后，从工艺管充入 R134a 制冷剂，气体平衡压力 0.25MPa。复查焊接处无泄漏，启动压缩机 30min，冷凝器发热，蒸发器挂霜，停机 15min 后压力复原，说明系统管路已经畅通。

将气体全部放出，二次充灌制冷剂，运行 60min 后停机。再把电冰箱管路内气体全部放出，按标注灌入量充注 108g 的 R134a 制冷剂。开机运行，将温控器调在"强挡"，连续运行 3h 后，冷冻室温度达–18.5℃，冷藏室温度为 1.5℃。观察蒸发器表面全部结霜，回气管发凉有凝露，冷凝器全部温热，低压表压力值为 0.03MPa，均属正常范围。

因采用刺阀连接，封口时应先用封口钳压死管路，再把刺阀去掉，然后再将刺阀孔封焊。这类刺阀市售产品较多，可刺透直径 4～6mm 的工艺管，适用于有较长工艺管的接头。在连接刺阀、修理阀和充冷软管过程中，必须反复试漏，或加压后将修理阀浸入水中检漏，以防人为的泄漏造成危害。

故障现象三： BCD—220 型双门直冷式单回路电冰箱使用近两年，渐渐不制冷。

故障分析与检修： 试机电流偏小，冷凝器不热但有微弱气流声，冷冻室、冷藏室不冷。检测外管路无泄漏油迹及反常温差。推断故障为制冷剂泄漏造成。

断开工艺管验证，无余气排出。接上修理阀，充灌 R134a 制冷剂，气体平衡在 0.35MPa。用浓肥皂水全面检漏，发现冷藏室吹胀管式蒸发器铝焊接头处有泄漏点，约 5s 冒出针眼大小的气泡。

启动压缩机 10min 后，停机等候 10min，使系统混合气平衡。剪断毛细管连焊侧，利用混合气体对毛细管和过滤器两侧吹冲，快速更换同型号干燥过滤器，并与毛细管连焊。用断锯条刮擦铝接头漏孔处，并用汽油清洗、干燥。然后，用 HC-3 胶粘剂 1:1 混合，滴在漏孔中，启动真空泵，使系统内管路略呈负压，同时观察漏孔中的黏合剂，看到粘胶被吸进漏孔，表面出现的 凹坑稳定不下降时，再补加黏合剂。固化 1h 左右，继续干燥抽空，低压表针一般能指到–0.095MPa 左右。经 8h 干燥抽空，胶粘处即可固化，系统的水分亦能蒸发抽出。复查真空度合格，即可充灌 R134a 制冷剂。在气体压力平稳到 0.3MPa 左右，启动压缩机，运行 1h 后停机，将气体全部放出。再按照标准灌注量（110g）充注 R134a，试机 2～3h 连续制冷，观察一切正常，即可封口。

故障现象四： 新飞 BCD—260 型双门型直冷式单回路电冰箱有时制冷，有时不制冷。

故障分析与检修： 试机工作电流正常，冷凝器温热，有气流声，冷冻室、冷藏室挂霜。制冷约 40min 后，气流声逐渐消失，冷凝器变凉，蒸发器挂霜融化。这种故障现象很像管路冰堵。但这时用听诊器却能听到毛细管中有微弱断续的气流声，则判断为脏堵或油堵。

停机 10min 后，断开工艺管，有气体排出，且排出量充足。接入修理阀，充注 R134a 制冷剂，气体平衡在 0.38MPa（环境温度为 33℃，自然压力）。断开毛细管连焊处，靠毛细管侧只有微量气体排出，而靠干燥过滤器侧排气畅通，随即用手钳将此侧压封后，充加氮气至 0.9MPa，毛细管侧排出气流略有上升，2min 后渐渐出现油滴，气流逐渐增大喷出，最后恢复畅通。

当表压力读数下降到 0.3MPa 时，断开原过滤器，将余气放出后，换入同型号干燥过滤器与毛细管连焊。再次充入 R134a，气体平衡压力为 0.2MPa。开机表针指到–0.095MPa。按经验，继续不停机充灌 R134a 气体，边充灌、边观察，至低压表压力值稳定在 0.08MPa 左右，暂缓充灌。随着冷冻、冷藏温度下降，其压力值相应下降，制冷运行 1h 左右，低压表压力指到 0.03MPa，回气管至压缩机管段发凉，蒸发器全部结霜粘手，冷凝器温热，工作电流属正常范围。经 3h 观察，制冷正常，即封闭工艺管，结束检修。

R134a 制冷剂吸气压力比 R12 低，有时会出现负压值。采用经验法充制冷剂时，一旦充灌量过多或不足，需要放出或补充，不能在负压下操作，而需要停机进行，以免进入空气。

故障现象五：美菱 BCD—181 型双门直冷式电冰箱不制冷。

故障分析与检修：试机电流偏小，冷冻室、冷藏室不冷，冷凝器有微弱的气体声。检查发现冷冻室铝管蒸发器连接焊头处有极少油迹，断开工艺管无气体排出，确定制冷剂泄漏。

接上修理阀，充入 R134a 气体使压力达到 0.2MPa，复查油迹处不断冒出气泡。为驱除系统有害气体，启动压缩机 10min，并补充 R134a 气体以保持正压，运行一段时间后再将气体放出。如此两充两放。补漏时，净化干燥泄漏处，将 HC-3 双管胶粘剂滴在漏孔中，再换入同型 XH-7 或 XH-9 型分子筛干燥过滤器。

因分子筛吸水能力较强，操作时应先焊下原过滤器，再开新换过滤器密封塞。过滤器的开口与连焊最好在 1～2min 完成。

将过滤器与冷凝器、毛细管连焊检漏合格后，再开启真空泵对系统抽空。当得到负压时停机，观察漏孔中黏合剂吸入程度，如果吸入过快，亦可用棉花与黏合剂混合后阻挡，尽量使被吸进的粘胶呈铆钉状。粘胶不能吸入过多，以免堵塞蒸发器通道。补漏粘胶初凝后，用灯泡烘烤 8h 固化，最后，对系统干燥、抽空合格后，按标注量一次充入 R134a 制冷剂 100g。经 3h 运行观察，电冰箱制冷正常，封口完成修理。

故障现象六：BCD—220 无氟型电冰箱通电后压缩机不启动，不制冷。

故障分析与检修：这台电冰箱原灌注 R134a 制冷剂 110g，检查后发现压缩机已经烧毁。由于时值盛夏，电冰箱使用不能耽误，但因地处偏远，一时没有适合 R134a 制冷剂使用的无氟电冰箱专用压缩机。在向用户说明情况后，换上同功率的普通电冰箱压缩机应急。

普通电冰箱压缩机适合用 R12 制冷剂。换上后按常规方法干燥、抽空，注入 R12 制冷剂 123g。应急处理后，电冰箱制冷恢复正常，又经数月使用考验，验明此法可行。

故障现象七：BCD222 无氟型电冰箱压缩机能正常工作，但制冷效果差。

故障分析与检修：试机检测工作电流较正常偏低，蒸发器结霜不满。检查工艺管压凹封口处有油迹，用肥皂水检漏发现有气泡冒出，则确定此处泄漏。

该无氟电冰箱标注制冷剂 R134a 的灌注量为 120g。因条件所限，无法找到 R134a 制冷剂补充，向用户说明后，充注 R12 制冷剂应急。断开工艺管，焊入修理阀。放掉原机全部制冷剂，反复充、放 R12 制冷剂，以彻底清洗管路。然后按常规操作，充入 R12 制冷剂 135g，试机观察制冷正常。

故障现象八：东芝牌 GR—18HT 型绿色冰箱制冷效果不好。

故障分析与检修：通电试机，电风扇运转正常。用钳形电流表测量电冰箱的工作电流，电流偏小，估计制冷系统内存在泄漏。断开压缩机的工艺管，只有少量 R134a 气体喷出，说明系统内的确有泄漏。

在压缩机的工艺管上焊上一段紫铜管，接入三通修理阀，充入 0.8MPa 的高纯氮气，用肥皂水进行检漏，发现干燥过滤器与毛细管的接头处有气泡冒出，说明此处存有泄漏。系统泄漏后，水分和杂质就易于进入，故在焊接处补漏后，必须对系统进行吹氮和抽真空处理。

如图 4.7 所示，在干燥过滤器的工艺管上再接一个修理阀，断开 Pd 和 Ps 两处，对系统的高、低压两侧都进行吹氮；毛细管可以不进行吹氮，但接头处要进行吹氮。吹氮结束后，更换一个新的干燥过滤器，将系统重新装好，充入 0.8MPa 的氮气，保压 24h 不掉压，说明系统密封良好。然后按图 4.8 所示接好抽真空管路，对高、低压都进行抽真空。当真空度达到一定值后，关闭修理阀，让真空泵停机，开启压缩机，连续运转半小时后停机，再启动真空泵，打开修理阀抽真空，如此反复几次，当真空度达到 133Pa 以下时，即可定量充灌 R134a。充灌完毕后，开机检验，蒸发器全部结霜且粘手，冷凝器温热，用钳形表测量电冰箱工作电流也正常。再试机 29h，无异常后即可进行封口：先用封口钳将连接管在距压缩机工艺口约 50mm 处用力夹扁，在用力夹扁处约 20~30mm 处切断连接管，用焊条将切口封死，让电冰箱连续运行 72h，电冰箱均正常。

图 4.7 制冷系统的吹氮处理

图 4.8 制冷系统抽真空的接线图

二、任务的完成过程

无氟冰箱制冷剂的充注训练：

在无氟冰箱进行二次抽真空后，就需要进行制冷剂的充注。一般无氟冰箱所用的制冷剂是 R134，下面就将 R134 充注到已经抽真空的冰箱中。

1. 准备设备及器材

无氟电冰箱，钳形表，三通维修阀（带压力表显示），连接软管多根，R134 钢瓶（内装 R134 制冷剂），常规制冷维修工具。

2. 操作步骤

（1）将冰箱断电，抽真空完成后，卸下真空泵，接上制冷剂 R134 钢瓶，如图 4.9 所示。

图 4.9　低压充注制冷剂示意图

（2）打开钢瓶上的阀门，同时拧松输气管与三通维修阀的螺帽，用制冷剂将输气管中的空气排出，然后拧紧螺帽。

（3）打开三通维修阀，向系统内注入 0.2～0.3MPa 的 R134，然后关闭三通维修阀。

（4）将钳形表接入电源电路，方便监测冰箱电路中电流。

（5）给冰箱通电，启动压缩机运行 10～20min，在这个过程中，注意观察并记录压力表压力、钳形表电流数值和蒸发器结霜情况。注意钳形表的电流值不能超过冰箱铭牌上的额定值。

（6）若制冷效果不好，再短暂地打开三通维修阀，给制冷系统多次少量地加注制冷剂。

（7）当钳形表电流值在额定值左右，冰箱蒸发器表面应挂霜均匀，冰箱冷凝器微微发烫，且工艺管端的压力表显示的压力一般在 0.02MPa（绝对压力值约为 0.12MPa）左右，则表示制冷剂充注量正合适。此时可停止制冷剂的充注。

（8）若压缩机低压管（回气管）发烫，表明制冷剂充注不足，应补充加注。若压缩机低压管结霜、结露，则说明制冷剂充注过量，应释放部分制冷剂。

（9）制冷剂充注完成，用封口钳将工艺管封好、切断，然后用铜银条进行封堵。

三、任务的评价（表 4.11）

表 4.11　无氟电冰箱制冷剂加注实训评价表

序号	评分内容	配分	评分标准	自评得分	小组互评	教师评分
1	无氟冰箱制冷剂加注实训	80	方法步骤正确，动作顺畅，工具使用正确，无器件损坏			
2	规范整洁	10	设备完好、摆放整齐、工位干净得 10 分，其他酌情扣分			
3	安全操作	10	无安全事故及安全隐患得 10 分，其他酌情扣分			
	合计得分	100				

模块 五

空调器的整体认识

【知识目标】

（1）了解空调器的分类及型号。
（2）知道空调器的各类厂家品牌及选购。
（3）理解空调器的外部和内部结构。
（4）知道各类空调器的安装、移装方法和步骤。

【技能目标】

（1）能对窗式空调器进行安装。
（2）能对壁挂式式空调器进行安装。
（3）能对柜式空调器进行安装。
（4）能对分体式空调器进行移装。
（5）培养良好的职业素养。

项目一　走进市场

任务 1　了解空调器的分类及型号

一、任务的准备

（一）明确任务

本次任务主要是知道民用空调器的多种分类及型号含义。由于目前市场上的空调品种、品牌、品质众多，商品的功能、外形也在不断发展，所以我们要通过走访商场、查看网络介绍等多种途径了解当前空调的具体情况。只有真正了解商品，才能有正确的评价和选择。

（二）知识准备

1. 空调器定义

空调是空气调节的简称，它是一门工程技术。空气调节器（简称空调器）是一种人为的气候调节装置，它可以对房间进行降温、减湿、加热、加湿、热风、净化等调节，利用它可以调节室内的温度、湿度、气流速度、洁净度等参数指标，从而使人们获得新鲜而舒适的空气环境。国外较发达的国家中，已普遍使用空调器。在我国随着人民生活水平的提高，空调器已进入家庭。这样，无论是炎热的夏季，还是寒冷的冬季，人们都能在一个舒适的环境里更好地工作和生活。

2. 空调器的分类

依据不同的分类标准，空调器有很多种分类方式。

1）按空调器系统的集中程度可分为集中式、局部式和混合式

（1）集中式。

集中式是将空气集中处理后，由风机通过管道分别送到各个房间中。一般适用于大型宾馆、购物中心等。这种方式须专人操作，有专门的机房，具有空气处理量大、参数稳定、运行可靠的优点。比如目前家用中央空调的能效比远远超过柜式、分体式等普通空调的水平。也就是说，一般家用分体空调的能效比是 2.3~2.8 左右，而中央空调则能达到 3.0 以上，并且各个房间能独立控制温度，耗电量要远远低于普通的柜式、分体式空调。

（2）局部式。

局部式是将空调器直接或就近装配在所需房间内，安装简单方便，适于家庭使用。

（3）混合式。

混合式又称半集中式，为以上两种方式的折中。它包括诱导式和风机式两种。诱导式把集中空调系统送来的高速空气通过诱导喷嘴，就地吸入经过二次盘管（加热或冷却）处理后的室内空气，混合送到房间内；风机式盘管式是把类似集中式的机组（集中式制冷、热源和风机）直接安装在空调房间内。

2）按空调器的实用功能可分为单冷型（冷风型）和冷热两用型

（1）单冷型空调器。

它只能用于夏季室内降温，同时兼有一定的除湿功能。有的空调器还具有单独降湿功能，可在不降低室温的情况下，排除空气中的水分，降低室内的相对湿度。

（2）冷热两用型空调器。

冷热两用型又可分为 3 种类型：电热型、热泵型和热泵辅助电热型。夏季制冷运行时可向室内吹送冷风，而冬天制热运行时可向室内吹送暖风。其制冷运行的情况与单冷型空调器完全一样，而制热运行情况则视空调器的类别而异。电热型空调制热运行时压缩机停转，电加热器通电制热。由于电加热器与风扇电动机设有连锁开关，当电加热器通电制热时风机同时运行，给室内吹送暖风；热泵型空调器制热运行时，通过电磁四通换向阀改变制冷剂的流向，使室内侧换热器作为冷凝器而向室内供热；热泵辅助电热型空调器是在热泵型空调器的基础上，加设了辅助电加热器，这样才能弥补寒冷季节热泵制热量的不足。

图 5.1 卧式窗式空调器

送风口格栅
风口捏手
排气控制
控制按钮
电源线
回风口格栅　面板　空气过滤器　控制盘面护盖

3）按空调器系统组合可分为整体式和分体式

（1）整体式。

整体式空调器是将所有零部件都安装在一个箱体内，它又可分为窗式和立柜式。其中窗式空调器按其外形长、宽比例的不同分为卧式和立式，如图 5.1 和图 5.2 所示。整体立柜式空调器如图 5.3 所示，若冷凝器用水冷却，则制冷量较大，一般在 7000W 以上。

（2）分体式。

它将空调器分成室内机组和室外机组，然后用管道和电线将这两部分连起来。压缩

机通常安装于室外机组，因而分体式空调器的噪声比较小。

图 5.2 立式窗式空调器

图 5.3 柜式（水冷却）空调器

分体式空调器按其室内机组安装位置，可分为壁挂式、落地式、吊顶式和嵌入式，如图 5.4 至图 5.7 所示。而分体式空调器的室外机组多为通用型，其外形如图 5.8 所示。

图 5.4 壁挂式分体机室内机组

图 5.5 落地式分体机室内机组

图 5.6 吊顶式分体机室内机组

图 5.7 嵌入式分体机室内机组

① 壁挂式。

壁挂式分体机室内机组的换热器安装在机组内部的上半部分，而离心风机安装在下半部分。风从上面进，从下面出。壁挂式分体机又可以做成"一拖二"或"一拖三"的形式，即一台室外机组拖动两台或三台室内机组。但壁挂机风压偏低，送风距离短，室内存在送风死

图 5.8　分体式空调器的室外机组

角，室温分布不够均匀。

② 吊顶式。

吊顶式分体机的室内机组安装在室内天花板下，所以又称吸顶式或悬吊式。它由底下后平面进风，正前面出风（两侧面也可辅助出风），风压高，送风远，但安装、维修比较麻烦。

③ 嵌入式。

嵌入式分体机的室内机组嵌埋在天花板里，从外观上只看到它的进出风口，因此又称埋入式机组。它可通过天花板内的吸排风管把冷气通入相邻房间，一机多用。嵌入式机组噪声低，送风均匀，但安装、检修都比较费事。

④ 落地式。

落地式分体机的室内机组外形为一台立式或卧式柜，因此又称柜式机组，它通常安装在窗口下的墙边。

4）按空调器冷却方式可分为水冷式和气冷式

水冷式与气冷式相比，具有能效好的优点，但必须有水源，对于家庭来说安装较麻烦，且有运行耗水之弊。

5）按空调器制冷方法可分为全封闭蒸气压缩机式和热管式

前者是目前广泛采用的。后者可以制成小型家用空调器，利用"热管"这种具有良好导热性能的新技术产品，热管式空调没有活动部件，可在设计温度范围内长期可靠运行，此外尺寸小、结构紧凑。

6）按空调器制冷量可分为小型、中型、大型 3 种

制冷量在 1000~3000kcal/h（1.16~3.48kW）为小型，4000~6000kcal/h（4.46~6.09kW）为中型，10000kcal/h 左右（11.6kW 左右）的为大型（1 cal=4.1868J）。

3. 国产空调器型号

空调器的结构形式不同，其型号的表示方法也不相同。

（1）房间空调器型号的表示方法如图 5.9 所示。

图 5.9　房间空调器型号的表示方法

例 5.1　KCD-30 表示窗式电热型房间空调器，制冷量为 3000W。

例 5.2　KFR-28GW 表示分体壁挂式热泵型房间空调器（包括室内机组和室外机组），制冷量为 2800W。

（2）单元式空调器型号的表示方法如图 5.10 所示。

例 5.3　RF-14W 表示热泵型、室外侧换热器风冷，制冷量为 1400W，压缩机放在室外机组的单元式空调器。

图 5.10　单元式空调器型号的表示方法

例 5.4　LF-13W 表示单冷型、室外侧换热器为风冷，制冷量为 1300W，压缩机放在室外侧机组的单元式空调器。

4. 进口空调器型号

目前，市场上进口空调器牌号很多，而且没有统一的型号表示规定。各公司自行制定产品的型号。常见进口空调器的型号见表 5.1。

表 5.1　部分进口空调器型号

厂　家	结构形式		型号示例	厂　家	结构形式	型号示例
日本 三菱公司 MITSUBISHI	窗式		MWH-13AS	日本东芝 公司 TOSHIBA	窗式	RAC-45BH
	壁挂分体式 （室内机组）		MSH-13AS PK-3		壁挂分体式	RAS-F252LV/LAV
	吊顶分体式 （室内机组）		PC-2F	日本松下公司 NATIONAL	窗式	CW-100P205 CW-72Y205
	嵌入分体式 （室内机组）		PL-2AG		壁挂分体式	内：CS-702KM 外：CU-702KM
	落地分体式 （室内机组）		MGL-180	日本大金公司 DAIKIN	窗式	W18M，W20MVH
	立柜式		PS-3E		壁挂分体式 （室内机组）	FT22L FIY22L
日本 日立公司 HITACHI	窗式	单冷	RA-5105BDL	日本 三洋公司 SANYO	窗式	SA12B，SA104BH
		冷暖	RA-2100CH		壁挂分体式	内：SAP-282HVR2 外：SAP-C282HVR2
	壁挂分体式 （单冷，一拖二）		RAS-5102CZ/CZV	日本夏普公司	壁挂分体式	内：AH-902S 外：AV-902
	壁挂分体式 （单冷，模糊控制）		RAS-5018C/CV	美国开利公司 CARRIER	窗式	51DKA，51QG
	壁挂分体式 （冷暖，变频）		RAS-129CNH/CN-HV	美国约克公司 YORK	窗式	RC17X48D RC21X48D
	窗口分体式		RAS-309K/3093K	美国飞捷公司 FRIEDRICH	窗式	SP07AD50 SS13AD50
美国北极公司 FRIGIDAIRE	窗式		A1320-5 A1720-5	瑞典丽都公司 ELECTROL UX	窗式	ESG12S ESG17S

二、任务的完成过程

常见空调类型识别训练：

请通过商场、书籍、实训室设备、网络等途径写出表 5.2 中实物的名称。

表 5.2　常见空调实物类型识别表

序号	实　　物	序号	实　　物
1		2	
名称		名称	
3		4	
名称		名称	
5		6	
名称		名称	
7		8	
名称		名称	

续表

序号	实　物	序号	实　物
9		10	
名称		名称	
备注	参考名称：窗式空调，壁挂式空调，柜式空调，落地式空调，嵌入式空调		

三、任务的评价（5.3）

表 5.3　常见空调实物类型识别评价表

序号	评分内容	配分	评分标准	自评得分	小组互评	教师评分
1	常见空调实物类型识别表	100	识别正确，书写规范，无错别字			
	合计得分	100				

任务 2　知道空调器的各类厂家品牌及选购

一、任务的准备

（一）明确任务

当前我国的民用空调品牌是百花齐放、百家争鸣。虽然当前的空调技术相对成熟，但市场上各个厂家的空调产品还是有较大差异的，各个品牌、不同型号的空调也各有侧重。本次任务我们就要学会各个厂家空调器的特点，以及知道在选购空调时需要注意的方面。

（二）知识准备

目前我国民用空调的品牌和数量众多，各个品牌的功能、质量、销量等均有一定差异。但是空调器是一个相对成熟的工业产品，各个生产厂家空调的技术含量基本上处在同一个技术水平上，国内只有几个具有实力的大型公司在不断地研发新产品。下面我们就根据目前市场上部分主流的家用空调器的品牌及其特点进行简单介绍，由于对各个空调企业了解不一定全面，所以以下介绍多少有些主观因素，请读者多多辨析。

1. 格力空调

格力电器股份有限公司立于 1991 年，是目前集研发、生产、销售、服务于一体的国有控股专业化空调企业，在全球拥有 10 大生产基地，至今已开发出包括家用空调、商用空调在内的 20 大类、400 个系列、7000 多个品种规格的产品。家用空调年产能超过 6000 万台（套），商用空调年产能 550 万台（套）。格力空调是世界销量领先的品牌，技术成熟，质量也相当稳定，售后服务也非常好。格力是做空调出身的，熟话说术业有专攻，格力在制冷方面的技术确实很好。格力一直是中央空调领域的领跑者。

2005 年，格力电器就打破了空调行业国家标准，率先实施"整机六年免费包修"，在行业内引发了一场强烈的服务地震。而在 2012 年，格力电器又正式推行变频空调"两年免费包换"政策，成为中国空调行业首家推行此政策的企业，并再次引发了空调行业新一轮的服务升级。

2．海尔空调

海尔空调成立于 1985 年，历经多年发展，目前已成为中国空调行业的引领者。自创立起，海尔空调陆续开创了多个行业第一，奠定了中国空调行业发展的路线图：1985 年，诞生了中国首台分体式空调；1993 年，出厂中国首台变频空调；1996 年，国内首台一拖多空调研发成功；1999 年，行业首台无氟变频空调研发成。海尔引领空调行业实现了从温度调节到"空气质量调节"的颠覆升级。海尔空调主推的节能变频空调、调节空气质量系列产品，以及海尔除甲醛空调都分别位居销量首位。

海尔的空调服务堪称一流，且机器质量有保障。空调制冷快，热效率高，能兼顾外观、费用。海尔起家就是做制冷的，而且是中国第一个世界名牌，作为世界 500 强企业，在全球都有制造基地。海尔空调在全球范围拥有 17 大生产基地，包括非洲都有海尔研发基地。海尔自己不造压缩机，在开始制造空调的时候就和三菱、松下，还有巴西的恩布拉科合作。

3．美的空调

美的家用空调在国内拥有四大生产基地，形成了 1500 万套的年生产能力和中国最完整的空调产业链。现在在我们国家掌握变频最先进技术的就是美的了，而且美的空调本身的质量就很优秀。因此如果需要购买变频空调则应倾向美的品牌。美的变频空调具有噪声低、寿命长、宽电压启动（保护家用电器）、省电、恒温舒适等特点。同时美的变频空调采用的是国际品牌进口压缩机，其性能更稳定、运转效率更高、使用寿命更长。美的拥有中国大而完整的小家电产品群和厨房家电产品群。

美的空调新节能系列创新推出"ECO 节能运行模式"，可以实现"一晚 1 度电"的节能效果。该系列产品以高能效制冷系统和"0.1Hz 精控科技"为支撑，具备 0.1W 超低耗待机、0.1Hz 超低频率运行、±0.1 度恒温精控三大核心技术，把一个夜晚 8 小时睡眠周期内所需的制冷耗电量以最经济模式运行，最低控制在 1 度电以内。

4．志高空调

广东志高空调有限公司创建于 1994 年，目前家用空调年设计产能达 1000 万套，是国内拥有包括压缩机在内的集群式空调产业链企业之一，业务遍及全球 200 多个国家和地区。与此同时，凭借专业制造和技术研发优势，充分发挥集团的产业规模，志高不断扩大白电产品线，包括小家电、冰箱、空气能热水器、洗衣机等，逐渐构建起了完整的白电产品产业形态。

志高空调有着 20 年的专业制造经验，在内外销方面都表现得非常不错，特别是拥有完善的产业链，这在行业里为数不多。志高家用空调拥有窗式、挂壁式、立柜式 3 大类、多个品种规格的强大阵容。志高中央空调拥有 CMV 智能变频多联户式中央空调、CMD 智能多联中央空调、风冷模块机组、螺杆式水冷冷水机组、水源热泵机组、地源热泵机组、空气源热泵热水器机组、天花机、风管机、座吊机、风冷柜机、水冷柜机等十余大系列。同时，还拥有移动空调、除湿机、保鲜冷柜及电磁炉、多功能电压力锅、电热水壶、豆浆机等家电产品。

5．海信-科龙空调

海信是国内唯一一家持有海信（Hisense）、科龙（Kelon）和容声（Ronshen）三个中国驰名商标的企业集团。海信电视、海信空调、海信冰箱、海信手机、科龙空调、容声冰箱都在国内有一定知名度。海信-科龙空调能效比达到了最新国家一级标准，很节能。科龙是个老品牌，价格适中。海信以强大的研发实力为后盾，以优秀的国际化经营管理团队为支撑，加快了产业扩张的速度，形成了多媒体、家电、通信、IT 智能系统、现代家居和服务等产业版块。

6. 大金空调

大金工业株式会社是一家活跃在空调、制冷、氟化学、电子、油压机械等多种领域的跨国企业，特别在空调冷冻方面，产品种类达 5000 种之多，在日本的市场占有率始终保持第一，每卖出两台空调其中就有一台是大金空调，是世界上唯一集空调、冷媒以及压缩机的研发、生产和销售于一体的跨国企业。

大金研制了具有一定智能的空调，公司开发具有感应功能的室内节能空调，其内置了人体感应器，能自动识别人体的位置和活动量。根据所需向有人活动的区域集中送风。如果室内有人时，自动调整为低温，当室内长期无人时，将自动关机。

现在产品卖的就是技术，变频空调的技术就是大金空调提出来的。大金的节能性、静音性、控制系统都是世界顶尖的。室内外机连线及通信线、外机控制方式、外机保护功能、内机控制、代码显示都很好，而且出故障的几率少。

7. 三菱空调

2010 年，三菱重工空调系统（上海）有限公司正式成立，这意味着三菱重工中央空调系列产品将为中国用户打造良好产品。三菱电机主打高端空调，价格普遍比较高。日本的压缩机技术比较先进，省电能效比高，制冷快，除了三菱，还有大金，松下，富士通，这些品牌的中高端机器压缩机都不错。三菱的特点是电动机好，耐用，制冷快。在日本本土的机器比中国大陆的机器型号要先进，很多型号在国内没有。世界上第一台壁挂式空调就是在三菱诞生的，所以在行业内具有很高的评价，质量优秀。但国内的三菱空调并非其最好的，高档空调一般出售到欧洲以及日本本土，相对落后的才出口到亚洲及发展中国家。

8. 松下空调

松下电器（中国）有限公司是 1994 年松下电器产业株式会社与北京华瀛盛电器开发公司共同建立的合资公司，并于 2002 年实现了独资。经过多年的发展，松下空调现已拥有广泛知名度和美誉度的空调品牌，在全球共有三大生产基地。松下空调产品在量产前由技术部门提交方案，得到松下空调厂方同意后，再提交松下电器中国公司审批，然后再由日本松下空调来审核，通过后，才能量产。产品至少要经过 35 种测试，才能正式上市。只要安装到位，就很难出现所谓的故障问题。当然其售后网点是比较少，这也是合资品牌的通病。

9. 奥克斯空调

奥克斯空调有限公司隶属奥克斯集团有限公司。自 1994 年成立以来，历经了 20 年专业制冷历程，现已成长为中国空调行业的领导品牌、中国企业 500 强，空调年产突破 1000 万套。奥克斯是专业空调制造厂家，现在的空调技术已经非常成熟。实际上品牌之间的产品在基本性能上差异不大，奥克斯也是全国销售的有实力的品牌。它的产品定位就是功能实用、价格经济，因此不论品牌价值的话，产品是性价比很高的。也正因为如此，很多商业用途的用户因为机器很实用而喜欢选择奥克斯，它的市场占有率是很高的。

10. 春兰空调

春兰（集团）公司是集制造、科研、投资、贸易于一体的多元化、高科技、国际化的大型现代公司，是中国最大的企业集团之一。空调产业是春兰集团七大产业之一。春兰集团是中国家电产品的重要制造基地，其主导产品包括：家用空调器、商用空调器、除湿机等，其中空调器的生产能力、技术水平位居中国行业前茅。春兰空调产品获得多项国际权威机构认证，在国际、国内评比中屡获大奖，并畅销世界 120 多个国家和地区。

11．空调的选购

空调的种类分为很多种，其中常见的包括挂壁式空调、立柜式空调、窗式空调和吊顶式空调，但是这些产品的价格各不相同，所以大家在选购时一定要根据自己的需求来挑选。

（1）挂壁式空调的选购。

挂壁式空调广受大家欢迎，技术也在不断革新。选购时要注意比较各品牌的功能区别。换气功能是最新运用在挂壁式空调上的技术，它可以保证家里有新鲜空气，防止空调病的产生，适用起来更舒适，更合理。此外，静音和节能设计也很重要，这种设计能让您安睡到天明。还有的挂壁式空调具有全国超小室外机，如果打算把室外机放在阳台上，这也是很好的选择。

至于冷暖型的挂壁式空调，要注意选择制热量大于制冷量的空调，以确保制热效果。如果有电辅热加热功能，就能保证在超低温环境下（最低-10 摄氏度）也能制热（出风口温度 40 摄氏度以上）。

（2）立柜式空调的选购。

立柜式空调调节大范围空间的气温，比如大客厅或商业场所，是最合适的。在选择这类空调时应注意是否有负离子发送功能，因为它能清新空气，保证健康。而有的立柜式空调具有模式锁定功能，运行状况由机主掌握，对商业场所或家中有小孩的家庭会比较有用，可避免不必要的损害。另外，送风范围是否够远够广也很重要。目前立柜式空调送风的最远距离可大于 15m，再加上广角送风，可兼顾更大的面积。

一般来说，柜机的选购须根据客厅、走道、开放式厨房的总体面积进行选择，35m^2 以内的面积可以选择大 2 匹的柜机，大于 35m^2 又小于 50m^2 面积的客厅可以选择大 3 匹的柜机。如果面积大于 50m^2 的客厅，可以加一套挂机或者柜机。

在具体选购时，还要注意柜式空调是室内较为引人注目的电器，其外形一定要美观大方，色彩和造型设计应当符合室内整体装修风格。例如有一体化设计的、有寓意图案外观的、还有金色圆形外观的；工艺也分钢化玻璃烤漆、ABS 喷涂、高温蒸气模等。

同时柜式空调属于大功率家庭电器，耗电量也是众多消费者较为关心的问题。不同技术的产品，耗电量也不相同。全直流变频空调是目前最尖端的变频空调技术，产品的耗电量也更省，大家只需要看全直流变频空调机身上贴的能效标示，1 级最为省电，5 级为最为耗电，简单易分。

再次，选择正确的送风方式，对空调使用舒适度影响很大。环保送风，送风角度不再局限于一个区域，上下 120°，左右 150°广角送风设计，大幅提升送风范围，舒适气流面面俱到，均匀分布室内的每一个角落。

最后，柜式空调的静音效果，一般柜式空调柜机的室内机噪声在 40~60dB 之间，技术较为先进的双贯流系列柜机，通过技术革命，一举将噪声值降到行业史无前例的 25dB，在保证挂机静音效果的同时，实现了柜机的制冷效果。

但柜式机相对来说比较占地。

（3）窗式空调的选购。

窗式空调具有安装方便，价格便宜，适合小房间等特点。在选择这类空调时要注意其静音设计，因为窗机通常较分体空调噪声大，所以选择接近分体空调的噪声标准的窗机好一些。除了传统的窗式空调外，还有新颖的款式，比如专为孩子设计的彩色面板儿童机，带有语音提示，既活泼又实用安全，也是不错的选择。

（4）吊顶式空调的选购。

吊顶式空调具有创新的空调设计理念，室内机吊装在天花上，四面广角送风，调温迅速，更不会影响室内装修，但其价格相对较贵。

（5）其他要考虑的方面。

当然，在选购空调时还需要考虑以下几点。

① 冷/暖功能。

一般的空调都是冷暖两用的，型号标注是 KFR、KFRD。如果不需要冬天制暖的，可以买单冷机，型号标注是 KF-***，价格便宜不少。

② 能效比。

判断空调的节能性，可以看机器型号标注最后面的数字，也就是能效比等级。能效比=制冷量/输入（消耗）功率，同样制冷量的机器有 1～5 级能效比。常见能效比分别为 3.4，3.2，3.0，2.8，2.6。例如 1.5 匹机制冷量为 3500W，1 级能效机子的消耗功率就是 3500/3.4=1029W，5 级机子消耗功率就是 3500/2.6=1346W，可见 1 级机比 5 级机的消耗功率小了 1346-1029=317瓦，也就是说压缩机连续工作一小时的话，1 级机比 5 级机少耗电 0.317 度。1 级能效的机器最节能，但是价格也最贵，5 级最便宜，但是低能效的机器国家将禁止销售，从性价比角度考虑，通常买 2 级的比较适中。

③ 变频机和定速机。

变频机的工作原理，是通过压缩机转速的不同来输出大小不同的冷/热量，不像定速机是恒定的输出冷/热量，要依靠压缩机的启动和停机来控制温度。因此变频机最大的特点，一是静音，完全没有压缩机启动和停机的机械噪节，二是温度控制能够精确到 0.5℃，而定速机的控制幅度是 2℃，所以变频机特别适合在卧室使用。由于变频机价格贵，用在其他房间其实没有必要，当然经济条件允许还是变频机好。

真正的变频机是直流变频，在直流状态下，压缩机对电能的利用率比较高，这个意义上变频机是节能的。但是变频机与定速机工作模式不同，不能绝对比较节能性，对此厂家的宣传有误导，用户认识也有误区。总之节能性只是选择变频机的参考因素之一，并不是最主要的因素。

④ 品牌。

目前空调品牌有两大阵营，其中进口合资品牌以松下、三菱电机、三星为代表，他们价格高，工艺好，品牌档次高。而国产品牌专业厂家为格力、海尔、美的，他们近年来销售增长很快。比如海信主做变频机，奥克斯和志高定位商用经济型，国产品牌质量性能不差，性价比高。

另外空调是一种"半成品"，不是买来就能自己使用的，必须经过专业队伍安装、调试之后，方可使用。如果安装、调试不好，会带来一系列毛病，譬如空气排不净、管道连接处泄漏等，这不仅会影响使用效果，还会增添许多烦恼。与此同时，厂家的许多售后服务措施也需要经销商去执行、落实。所以，购买空调时一定要考察经销商的服务水平。因此，要选择那些实力雄厚、在当地有影响力的大型专卖店。

二、任务的完成过程

市场常见空调品牌调查

请利用周末时间，通过走访本地商场、空调专卖店等方式，完成对当前市场上主流空调器的社会调查，并将调查结果填写到表5.4中。

表5.4　当前市场主流空调调查表

调查时间			调查地点		
空调品牌1					
窗式机型号	是否冷暖空调	能效比	是否变频机	是否定频机	制冷时输入功率
挂壁式机型号	是否冷暖空调	能效比	是否变频机	是否定频机	制冷时输入功率
立柜式机型号	是否冷暖空调	能效比	是否变频机	是否定频机	制冷时输入功率
嵌入式机型号	是否冷暖空调	能效比	是否变频机	是否定频机	制冷时输入功率
空调品牌2					
窗式机型号	是否冷暖空调	能效比	是否变频机	是否定频机	制冷时输入功率
挂壁式机型号	是否冷暖空调	能效比	是否变频机	是否定频机	制冷时输入功率
立柜式机型号	是否冷暖空调	能效比	是否变频机	是否定频机	制冷时输入功率
嵌入式机型号	是否冷暖空调	能效比	是否变频机	是否定频机	制冷时输入功率
空调品牌3					
窗式机型号	是否冷暖空调	能效比	是否变频机	是否定频机	制冷时输入功率
挂壁式机型号	是否冷暖空调	能效比	是否变频机	是否定频机	制冷时输入功率
立柜式机型号	是否冷暖空调	能效比	是否变频机	是否定频机	制冷时输入功率
嵌入式机型号	是否冷暖空调	能效比	是否变频机	是否定频机	制冷时输入功率

三、任务的评价（表5.5）

表5.5　市场主流空调调查评价表

序号	评分内容	配分	评分标准	自评得分	小组互评	教师评分
1	市场主流空调调查	100	调查认真，各个参数书写正确，书写字体规范，无错别字			
	合计得分	100				

知识拓展：空调器的运行特点

1. 空调器开机对环境温度的选择

空调器一般采用风冷式冷凝器，当环境温度超过 43℃ 时，因冷凝器周围的气温太高，会导致压缩机超负荷运行，最终压缩机过载保护器动作，切断压缩机电源。

对于特别炎热的地区，可选用最高环境温度为 52℃ 的空调器，该空调器采用特殊的压缩机。若外界气温低于 21℃，就不必使用制冷空调器，所以冷风型空调器下限环境温度为 21℃。热泵型空调器的使用环境温度为 -5~43℃，其中不带化霜的热泵空调器允许的环境温度为 5~43℃。

2. 空调器运行操作

房间空调器的控制面板上标有通风、低冷、高冷（中冷）挡。冷热两用空调器上还标有低热、高热挡。当主控开关置于通风挡时，制冷压缩机不运行，仅有风机运行，此时空调器不制冷，只通风。主控开关置于冷挡时，压缩机运行，空调器吹出冷风。空调器制冷量的改变是通过改变风机转速来达到的。热泵空调器制热时，同样是风机高速运行时，其制热量大；风机低速运行时，其制热量小。

需要制冷时，先将温度控制器旋至最冷区，此时温度控制器接通，然后将选择开关旋至高风或低风位，使风扇旋转，紧接着把它旋转到高冷或低冷位置，压缩机回路接通，制冷开始。当室温达到设定值时，可调节温控器旋钮，停在某一数字处，将室温控制在某一温度范围内。如果此温度偏高，可顺时针方向旋转温度控制器旋钮，反之则逆时针旋转。

对于热泵式空调器，只要按下制热按钮，风机与压缩机就会同时运行。由于电磁换向阀的作用，空调器会向室内吹热风，向室外吹冷风。当房间温度上升到需要的温度时，可调节温控器旋钮，直到压缩机刚好自动停止，即可使室内维持在一定的温度范围内。使用遥控器操作空调器运行时，根据设定的温度操作相应的按键，达到运行要求。为了保持室内空气新鲜，可以打开风门开关，排除污浊空气。之后要把风门关好，以保持室内舒适温度。

3. 空调器在不同工频下的运行

我国的电源工作频率为 50Hz，但由于世界各地区的电源频率各不相同，一些国外空调器制造厂商提供多种频率的空调器供用户选择。

若空调器的工作频率为 60Hz，则它可以运行于 50Hz 的相应地区。压缩机工作于 60Hz 的同步转速为 3500r/min，在 50Hz 下运行的同步转速为 2900r/min，所以运行在 50Hz 电源下，压缩机转速下降，空调器制冷量也下降。反之，工作电源为 50Hz 的不可运行于 60Hz 电源，否则，将会损坏压缩机。

4. 空调器的低压运行

我国房间空调器的工作电源规定为单相 220V/50Hz，工作电压允许波动 ±10%。家用空调器一般采用单相 220V/50Hz。

目前我国有一些地区的电网电压偏低，电动机启动力矩下降，会使单相空调器压缩机启动困难，要注意倾听压缩机是否已经启动。若不能启动，则应立即关机再重复启动。若仍不能启动，则应该关机，待电压回升后再启动。不能让压缩机过载保护继电器反复动作，以防触点烧结或大电流通过电动机绕组将电动机烧毁。

如何辨别压缩机是否启动有困难，可在空调器输入电路中接一只电流表。在启动压缩机的瞬间，由于启动电流很大，会使电流表指针转到底，然后返回到空调器正常的工作电流值（此值可查产品标签），说明压缩机已工作。若电流表指针转到底，返回后指到 1A 左右，则说明只有风机工作，压缩机并没有工作。

5. 空调器连续启动的间隔时间

总开关由"制冷（制热）"转至"停止"或"送风"后，至少间隔 2~3min 才能转至"制冷（制热）"位置，否则压缩机将会因制冷系统内的压力不平衡而难以启动，甚至损坏。对于分体式空调器，因为室内机组与室外机组距离较远，压力平衡的时间长，所以等待时间应稍长。若高压侧与低压侧压力还未平衡就开机，会因负荷过大而使电动机处于堵转状态，而堵转时电流十分大，压缩机上的过载保护器会切断压缩机电源，以保护电动机不被烧毁；若过载保护失灵，则压缩机电动机就有被烧毁的危险。

项目二　剖析空调器

任务　认识空调器的结构

一、任务的准备

（一）明确任务

本任务主要是知道各类空调器的外部结构和内部构造，由于空调器的制冷系统和电路系统差别不大，但是其各个部件的安装位置有所不同，所以各类空调器的机构差别较大，但只要大家能识别空调器的各个器件，就能比较好地掌握空调器的结构了。

（二）知识准备

1. 空调器的总体结构

空调器作为常用的制冷/制热设备，其分类众多，外部结构和内部结构各有不同，相互之间差别很大。但是从系统组成来看，可以将所有空调的结构，分成以下四部分。

1）制冷系统

它是空调器制冷降温部分，由制冷压缩机、冷凝器、毛细管、蒸发器、电磁换向阀、过滤器和制冷剂等组成一个密封的制冷循环。制冷剂运转于上述零部件之间的密封管道内，携带、接纳和释放热量，然后保障室内空气的温度可以调节。

2）风路系统

它是空调器内促使房间空气加快热交换的部分，由离心风机、轴流风机、通风管道等设备组成。风路系统使得冷凝器和蒸发器周围的空气得以流动，使室内空气得以轮回，甚至使室内外空气交流得以完成。

3）电气系统

它是空调器使压缩机、风机安全运行和控制温度的部分。它由电动机、温控器、继电器、电容器和加热器等组成。

4）箱体与面板

它们是空调器的框架、各组成部件的支承座和气流的导向部分，由箱体、面板和百叶栅等组成。

2. 窗式空调器的结构

目前窗式空调的市场占有量已经很有限了，由于其具有体积小、结构紧凑、价格便宜等特点，所以在某些特定场所还有其踪影。该类空调的结构如图 5.11、图 5.12、图 5.13 所示，图中各个部分的名称见表 5.6。

图 5.11　单冷型窗式空调器结构

图 5.12　电热型窗式空调器结构

图 5.13　窗式空调分解图

表 5.6　窗式空调零件名称及材料表

序号	名称	材料	序号	名称	材料
1	面框	ABS	19	…	…
2	控制面板	ABS	20	外箱部件	SECD、海面
3	滤尘网	ABS+PP 网	21	接水盘	SECD、PP、ABS
4	面板	ABS	22	橡胶塞	橡胶
5	出风口泡沫	聚苯乙烯发泡	23	压缩机	制冷系统
6	导向座	ABS	24	底盘部件	SECD
7	导风板	ABS	25	底盘左右固定板	SC
8	新风门	PP	26	轴流风叶	AS（ABS）（PP）+玻纤
9	支座	ABS	27	电动机支架	SC
10	蒸发器组件	制冷件	28	电动机	电器件
11	进风孔板	SC	29	离心风轮部件	ABS
12	风壳	聚苯乙烯发泡	30	电控盒固定板	SC
13	蒸发器底座	聚苯乙烯发泡	31	压缩机电容	电器件
14	前围板部件	SC	32	电动机电容	电器件
15	盖板部件	SC	33	主控板组件	电控件
16	四通阀部件	制冷件	34	电源线夹	PP
17	后围板部件	SC	35	电控盒	SC
18	冷凝器部件	制冷件	36	电控盒盖	SC

3. 壁挂式空调器的结构

分体壁挂式空调器又称墙挂式空调器，因其室内机组可以悬挂在墙壁上而得名。室内机组呈长方扁平状，室外机组为单风扇扁平立式，可安装在室外墙壁上、地面上或楼顶等处。

图 5.14、图 5.15 为分体壁挂式空调器的室内机部分，室内机组主要包括：机组外壳、送风百叶、吸气栅、室内热交换器、贯流风扇及电动机、摇风机构及微型电动机、冷凝水接水盘及排水口、室内机组电气控制件及遥控器等。

图 5.14　分体壁挂式空调室内机部分

图 5.16、图 5.17、图 5.18 为分体壁挂式空调器的室外机部分，室外机组主要包括：压缩机、干燥过滤器、接线盒、电磁四通换向阀（单冷机没有此机构）、压缩机启动电容、冷凝器、轴流风扇、高/低压管连接端口等。

图 5.15　壁挂式分体机室内机组结构

图 5.16　壁挂式空调器外机组成部分

图 5.17　壁挂式空调器外机管路连接端口

图 5.18　单风扇分体机室外机组结构

4. 柜式空调器的结构

随着人们生活水平的不断提高，目前柜式（立式）空调已成为居家常见制冷、制热设备，其制冷能力通常在 1500～7500W。分体柜式空调的室内机一般做成柜式，有立柜式和卧式两种，二者的主要区别在于：立柜式的功率一般小于或等于 5 匹，使用 220V 电源，多为家庭使用；而卧式空调的功率一般在 5～10 匹，使用 380V 电源，多用于工业或商业场所。

柜式空调器的室内机结构如图 5.19 所示，其室外机和壁挂式空调器比较类似。柜式空调由压缩机、冷凝器、干燥过滤器、毛细管、蒸发器等组成。由于室内空气不断封闭循环，二氧化碳不断增多，人在室内工作或生活会感到不舒适，长期下去会造成空调病，因此有些较为先进的柜式空调还安装有负离子发生器。

1—底盘部件；2—立柱；3—蜗壳风机；
4—接水盘；5—蒸发器；6—出风口；
7—顶盖板；8—背板部件；9—导流板

1—接水盘；2—节流装置；3—出风栅；
4—控制屏；5—蒸发器；6—控制箱；
7—进风栅；8—空气过滤器；9—离心风机；10—风扇电动机

图 5.19　柜式空调器室内机内部结构图

5. 落地式空调器的结构

落地式空调器的结构如图 5.20、图 5.21 所示。

图 5.20　落地式分体机室内机组结构

图5.21　双风扇落地式分体机室外机组结构

6. 嵌入式空调器的结构

嵌入式空调器的结构如图5.22、图5.23所示。

（a）内部结构

（b）机组零件

图5.22　吊顶式分体机室内机组结构

送风口

图5.23　嵌入式分体机室内机组结构

二、任务的完成过程

空调各部分器件识别训练：

结合前面所学知识，并通过到商场调查、网络学习，识别出以下空调的实际元器件，并完成表 5.7 中的内容。

表 5.7　空调器各个器件识别训练表

请用直线将空调器的器件名称与实物图连接起来。		
序号	实物图	器件名称
1		吸气窗
		显示屏
		吸气栅
		倒风板
2		冷凝器
		接线盒
		干燥过滤器
		压缩机
		压缩机启动电容器
		电磁四通换向阀
		轴流风机

三、任务的评价（表 5.8）

表 5.8　空调器各个器件识别评价表

序号	评分内容	配分	评分标准	自评得分	小组互评	教师评分
1	空调器各个器件识别	100	器件和名称连接正确			
	合计得分	100				

知识拓展：空调器的主要技术参数

空调器的主要技术参数如下。

1. 制冷量

空调器的名义制冷量是空调器的主要指标，它是指在国家有关标准规定的名义工况下，空调器应具有的制冷量，这需要经测试才能验证其是否符合指标。

2. 制热量

其为热泵型或电热型空调器主要性能指标，其含义与名义制冷量相似。

3. 空调器功率

其是指空调器在规定工况下性能测试时所测量出的空调器消耗总功率，它是空调器的实际消耗功率。在产品的铭牌或说明书上，应标明空调器的输入功率。

4. 噪声

空调器的噪声分为室内的蒸发机组噪声和室外的冷凝机组噪声。一般室内机组噪声比室外机组噪声低，因为室外机组噪声来源于压缩机和风机两种噪声，而室内机组噪声来源于风机气流声和电动机电磁噪声。国家对空调器的噪声有规定的指标。

5. 能效比（COP，性能系数）

空调器的制冷量与所耗功率之比称为能效比，它是表示制冷效率的能耗指标，人们希望空调器的能效比愈大愈好。

6. 风量

空调器的风量是指室内蒸发器的循环风量，该指标由设计部门确定，国家标准没有具体规定，因风量与蒸发器面积有关，不同厂家生产的相同制冷量的空调器，其风量不一定相同。在夏季制冷工况下，当制冷量和使用条件相同时，单冷型、热泵冷暖型、电热冷暖型空调器的用电量是一样的。

用户在选择冷暖型空调器时，对冬季的用电功率必须加以考虑，从节省用电考虑以选择热泵冷暖型为宜。但要注意到，热泵型空调器有两类：一类无自动除冰（霜）功能，只能在高于 5℃ 的时候使用，另一类有自动除冰（霜）功能，可以在 -5℃ 以上的环境中使用。热泵冷暖型空调的缺点是采用的四通电磁换向阀失灵时造成机器故障，因此宜选用名牌空调产品，以保证工作可靠。

项目三　窗式空调器的安装

任务　窗式空调器的安装

一、任务的准备

（一）明确任务

本任务主要是学会窗式空调器的安装要求、方法以及安装步骤，并且通过实训掌握具体的窗式空调器的安装工艺。由于窗式空调的安装是一个对工艺、步骤要求都较严格的操作，所以大家在实际操作的时候要细致、小心，并注意各个工艺点的把握。

（二）知识准备

为了保证空调器的安全运行，充分发挥空调器的制冷（热）能力和延长空调器的使用寿命，空调器无论是新装、还是拆下检修后重装，都必须进行正确的安装。

1. 空调安装对电源线和地线的要求

为了空调器的安全运行，安装空调器时对电源和地线都有具体要求。

（1）目前空调器的产品大多为单相电源，工作电流较大，电源线要使用专用动力线，不能使用照明线，否则大电流会使电源线过热烧毁，甚至引起火灾。若有多台空调器并联运行，更要配以足够截面积的电源线，同时还要注意电路上三相负载的平衡问题。

（2）安装空调器必须可靠接地。

目前，新建楼房一般都安装了公共接地线，或由供电部门专设了"保护接零"线。这种楼房的用户，只要把空调器电源线的三芯插头直接插进三芯插座即可。老式建筑物一般没有安装地线，必须自己安装地线。住在一楼的用户，可采用 40mm×4mm 的扁钢或 50mm×50mm ×4mm 的角钢，埋入地下深 1m 左右，用接地线引入室内，装接三芯插座即可。如住高层，可利用自来水的金属管，作为安全接地保护。从自来水管上引出的接地线，要用接线卡子与水管卡牢，以保证良好的导电。而排水管、暖气管和煤气管绝不允许做接地线用。

2. 窗式空调安装位置的选择

窗式空调器的安装位置可根据房屋的结构、朝向、室内陈设等决定，可以安装在窗口，也可以采用穿墙的办法。安装方向以没阳光直射的位置为最佳，其中北面最好，东面较好，南面次之，若由于地理位置限制，只能在西面安装时，必须加装遮阳板。

由于窗式空调器采用风冷式冷凝器，且位于空调器外侧，若阳光直晒冷凝器，则会使冷凝压力及温度升高，结果是压缩机制冷量减小，耗电量增大，负荷加大，电流也增加，长期过载，且过载保护器因长期频繁动作可能会使触点烧结，失去保护功能，从而导致烧毁压缩机。

遮阳板的位置，既要遮住直射阳光，又不能挡住空调器排出的热气流，使之畅通无阻地把热量散发到大气中去。国内有许多用户，出于保护空调器的目的，把空调器后部也盖住了，这是绝不允许的，它会使冷凝器热量散发不出去，致使空调器不能正常工作。

空调器的安装高度以 1.5~2m 为宜，这样便于操作和维护，过高或过低还会影响冷、热气流的对流。此外，空调器应远离门，以减少开关门的振动的影响及冷气对外短路；要远离热源，如炉子、暖气等。热源会使周围空气温度上升，造成冷却冷凝器的空气温度上升，影响冷凝器工作，使空调器制冷量下降，耗电量增加，一般若周围空气温度超过 43°C ，空调器便不能工作。

要选择具有足够强度的、能承受机器重量的安全场所。不要把机器安置在有可燃性气体泄漏之处，以免空调器中的电火花引起火灾。若空调器用于含有油分（包括机油）、临近海滩而含有盐分或临近温泉而含有硫分的空气环境，往往会引起故障。

3. 窗式空调安装步骤和方法

安装时应备有支架，以便于固定。室外部分应有遮阳防雨板，该板至少伸出空调器后部 20cm 左右。可按以下步骤进行安装。

（1）做一个尺寸比空调器外形稍大的木模型，木框选用结实的木料。为防止振动和噪声，在木框与空调器接触部位衬以橡皮、海绵、泡沫塑料、毛毡类缓冲垫。

（2）在窗或墙上开稍大于木框外形尺寸的孔。在墙上打孔时先从四角开始，以免墙壁受伤，特别要保护室内的完整。砂浆外敷的硬墙可用金刚石削刀切割。若墙的厚度大于 30cm，必须将遮住吸风百叶窗的砖墙削去以保证吸风通畅。

对混凝土钢窗结构的楼房，不宜将空调器放在室内窗台上。这样做，冷却冷凝器的热气流可全部排至窗外，但两侧吸风百叶窗处于室内，则冷却冷凝器的空气来自室内。这对室温降低不利，而且浪费电力。安装时还应注意，若空调器后部有砖墙或其他障碍物，与空调器的后部距离应大于 1m，以利于散热。

（3）用角钢或木条做两个三角形支架。支架一左一右安装在墙上，原则上要求水平安装，但为了有利于冷凝水流出室外，可略微向后倾斜。

（4）打开空调器的包装箱，检查主体、附件及备用件。拧下连接机壳和面板的螺钉，取下面板，把空调器底盘和主体向前拉出。将机壳放进安装框里，两侧的进风百叶窗必须露在墙外，并保持良好的通风。壳体四角的空隙，用泡沫塑料、海绵、毛毡类材料封严，然后用螺钉把壳体固定住，把空调器的主体推到固定好的壳体里面。

（5）大多数空调器在其背面的排水口上接排水管，把空调器析出的水引到适当的位置排放。

（6）一切安装完毕之后，最后开始对空调进行开机调试检验，检查空调开机运行时有没有额外噪声，空调的各个功能是否能正常运行，观察蒸发器的表面有没有凝霜，用温度仪检查进出风温度是否大于 8℃。有遥控器的话还要检查遥控功能是否正常。

二、任务的完成过程

1. 实训目的
（1）掌握窗式空调器正确的安装位置。
（2）掌握窗式空调器的正确安装步骤和方法。

2. 实训器材
冲击钻、扳手、膨胀螺栓、底座、遮蓬、角铁支架、木块支架、绳子、安全带及窗式空调器一台。

3. 实训内容及步骤
（1）安装位置的选择。
① 窗式空调器的安装位置选择。
可根据房屋的结构、朝向、室内陈设等决定，可以安装在窗口，也可以采用穿墙的办法。安装方向以无阳光直射的位置为最佳。
② 遮阳板的位置选择。
既要遮住直射阳光，又不能挡住空调器排出的热气流，使之畅通无阻地把热量散发到大气中去。国内有许多用户，出于保护空调器的目的，把空调器后部也盖住了，这是绝不允许的，它会使冷凝器热量散发不出去，致使空调器不能正常工作。
③ 空调器的安装高度选择。
以 1.5~2m 为宜，这样便于操作和维护，过高或过低还会影响冷、热气流的对流。
（2）安装步骤和方法。
安装时应备有支架，以便于固定。室外部分应有遮阳防雨板，该板至少伸出空调器 20cm 左右。可按以下步骤进行安装。
① 做一个尺寸比空调器外形稍大的木模型，木框选用结实的木料。为防止振动和噪声，在木框与空调器接触部位衬以橡皮、海绵、泡沫塑料、毛毡类缓冲垫。
② 在窗或墙上开稍大于木框外形尺寸的孔。在墙上打孔时先从四角开始，以免墙壁受伤，特别要保护室内的完整。砂浆外敷的硬墙可用金刚石削刀切割。若墙的厚度大于 30cm，必须将遮住吸风百叶窗的砖墙削去以保证吸风通畅。
对混凝土钢窗结构的楼房，不宜将空调器放在室内窗台上，这样做，冷却冷凝器的热气流可全部排至窗外，但两侧吸风百叶窗处于室内，则冷却冷凝器的空气来自室内，这对室温降低不利，而且浪费电力。安装时还应注意，若空调器后部有砖墙或其他障碍物，与空调器的后部距离应大于 1m，以利于散热。
③ 用角钢或木条做两个三角形支架，支架一左一右安装在墙上，原则上要求水平安装，但为了有利于冷凝水流出室外，可略微向后倾斜。
④ 打开空调器的包装箱，检查主体、附件及备用件。拧下连接机壳和面板的螺钉，取下

面板，把空调器底盘和主体向前拉出。将机壳放进安装框里，两侧的进风百叶窗必须露在墙外，并保持良好的通风。壳体四角的空隙用泡沫塑料、海绵、毛毡类材料封严，然后用螺钉把壳体固定住，把空调器的主体推到固定好的壳体里面。

⑤ 大多数空调器在其背面的排水口接排水管，把空调器析出的水引到适当的位置排放。

（3）试机和调试。

窗式空调器试机和调试分两步进行。试机是在未安装前验证空调器运转是否正常，以防装好后发现问题造成返工浪费。调试则是装机后调节各个控制旋钮，验证空调器的功能。

① 安装前的试机。

试机的主要目的是检查空调器能不能运转，并注意其噪声的大小，以判断运转是否正常。将空调器接通电源后，让其运转十几分钟，一般先开风机后开压缩机，如果运转噪声属于正常范围，即可进行安装。

② 安装后的调试。

窗式空调器安装完毕后，应对安装全过程进行必要的复查，确认无误后，方可通电运转调试。

对单冷型空调器，应按顺序旋转选择开关，分别指向低冷、高冷、送风、停机或停机 3min 再开机等，检查各项功能是否符合要求，检查开关转动是否灵活可靠。

对热泵型空调器，旋动冷热开关到制热方向，这时可听到换向阀和换向气流声。将选择开关分别指向低热、高热挡，试验空调器制热功能。空调器在制热高挡位时，距室内出风口 1～2m 内应明显感觉到有热风吹出。

最后，用手拨动出风栅格，得到满意的出风角度，则空调器调试完毕。

4. 注意事项

（1）试机时，如果发现空调器震动声很大，并有异常的杂音（如撞击、擦刮声），则应由厂家或保修点检修员处理或调整，以免造成不必要的损失。

（2）试验窗机制冷是否正常，不但要看它有没有冷风吹出，更要考查它的自动温度控制功能。

三、任务的评价（表 5.9）

表 5.9 窗式空调器安装评价表

序号	评 分 内 容	配分	评 分 标 准	自评得分	小组互评	教师评分
1	窗式空调器安装训练	80	操作方法步骤正确，动作顺畅，工艺良好，工具使用正确，无器件损坏			
2	规范整洁	10	设备完好、摆放整齐、工位干净得10分。其他酌情扣分			
3	安全操作	10	无安全事故及安全隐患得10分，其他酌情扣分			
	合计得分	100				

项目四　分体壁挂式空调器的安装

任务　分体壁挂式空调器的安装

一、任务的准备

（一）明确任务

本任务主要是学会分体壁挂式空调器的安装要求、方法以及安装步骤，并且通过实训掌握具体的分体壁挂式空调器的安装工艺。由于分体壁挂式空调的安装是一个对工艺、步骤要求都较严格的操作，所以大家在实际操作的时候要细致、小心，并注意各个工艺点的把握。

（二）知识准备

分体壁挂式空调器室内机组挂于壁上，富于装饰性。其室内机组和室外机组连接管如图 5.24 所示。一般随机备好连接管和电线（在 5m 以内，一般厂家为 3m），超过标准长度时须自配管件和导线，并按规定追加制冷剂。

1—室内机组；2—室外机组；1.1—联接螺母；1.2—蒸发器；1.3—风扇；2.1—毛细管；
2.2—风扇；2.3—冷凝器；2.4—储液筒；2.5—压缩机；2.6—三通阀；2.7—双向阀（或三通阀）

图 5.24　分体壁挂式空调器的连接

1. 选择室内机组的位置

室内机组悬挂在阳光照射不到的地方，高度以离屋顶 0.1m 处为佳，且应安装在坚固的墙面上。在木板墙或石膏板墙上安装时须自配管件和导线，要事先弄清墙内的木龙骨，若木龙骨的间距过大，可在木龙骨间另外加设方木。安装处要能承受装置的重量，并有足够的强度。

安装地点要尽量靠近电源和室外机组，以减少接管和接线的长度。要考虑冷凝析水的方便，要给维修和清洗空气过滤器一定的空间，如机组前不应有障碍物。空调的位置应使室内形成合理的空气对流，即能使冷气吹到房间的各个角落。机组送风口不要直接向人吹风。在送风口和吸风口周围，不应有妨碍通风的障碍。

2. 选择室外机组的位置

室外机组是空调器的压缩机、风扇等所在处，安装的位置既要牢固、防振，又要通风良好，要放置在阳光不直接照射、远离热源及可燃气体泄漏的地方。安装时其周围要留有一定的空间，空气进出口要有足够的宽度，不妨碍通风。要保证冷凝析水顺利排出。

3. 室内机的安装步骤和方法

当空调器直接安装在墙面上时，要准确找好墙内的支柱和龙骨。若安装在混凝土墙上，需要预埋螺钉，然后利用空调器安装面板上已开好的孔洞进行固定。若为一般砖墙，可按照安装面板上的孔洞位置，在墙上做好标记，然后在墙上用钻钻出孔洞，塞上木塞，最后用木螺钉拧入固定好的面板。在固定好安装面板以后，即可将室内机组悬挂在上面。悬挂时，通过面板的中央孔，绑上线和重锤，用来找水平。具体操作过程如下。

（1）选择好安装位置后，固定安装板。

① 将内机背面的安装板取下，将安装板放在预先选择好的安装位置上，此时应保持水平和留足与顶棚及左右墙壁的尺寸，确定打固定墙板孔的位置。

② 用 $\phi6$ 钻头的电锤打好固定孔后插入塑料胀管，用自攻螺钉将安装板固定在墙壁上。固定孔不得少于 4～6 个，并且用水平仪确定安装板的水平。

（2）打过墙孔。

根据机器型号选择钻头，使用电锤或水钻打过墙孔。打孔时应尽量避开墙内外有电线或异物及过硬墙壁，孔内侧应高于外侧 0.5～1cm 以便排水，从室内机侧面出管的过墙孔应该略低于室内机下侧，用水钻打时应用塑料布贴于墙上或采用其他方法防止水流在墙上，用电锤打孔时应采取无尘安装装置。打完过墙孔后放入穿墙保护套管。

（3）连接管路的连接。

① 将室内机放在较软的垫子上以防止划伤。

② 根据位置调整好输出输入管方向或位置，确定是左出管、右出管、左背出管或右背出管。

③ 将室内机输出输入管的保温套管撕开 10～15cm，方便与连接管连接，连管时先连接低压管，后接高压管，将锥面垂直顶至喇叭口，用手将连接螺母拧到螺栓底部，再用两个扳手固定拧紧。

（4）包扎连接管线。

① 按电源线、信号线在上侧，连接管在中间，水管在下侧的顺序进行包扎。

② 包扎时不要用力拉动蛇形管。

③ 确定好出水位置连接排水管，当排水管不够长，须加长排水管时，应注意排水管加长部分应用护管包住其室内部分。排水管接口要用万能胶密封，水管在任何位置不得有盘曲。伸展管道时，可用乙烯胶带固定 5、6 个部位。横向抽出管道的情况下，应覆盖绝热材料。

④ 包扎时应避开连管接头以备检漏。

（5）悬挂室内机。

将包扎好的管道及连接线穿过穿墙孔，并防止喇叭口损伤及泥沙进入连机管内，直到能接挂好室内机，保证室内机卡扣入槽，用手晃动时，上、下、左、右不能晃动，用水平仪测量内机是否水平。

4. 室外机的安装步骤和方法

（1）固定安装支架：安装支架用膨胀螺栓或长螺栓固定，墙壁较薄或强度不够时应用长螺栓固定，螺栓要加防松垫，否则可能引起松动或坠落，固定螺栓应用 6 个以上，直径不得小于 10mm，固定后能承受人加机器重量的 4 倍，支架应保持水平。

（2）将室外机用直径为 10mm 螺栓固定在支架上，螺栓要由上向下穿，并加防松垫，检查室外机是否水平。

（3）连电源线及信号线：拆去室外机的电气盒盖，根据室内机接线盒及室外机接线盒中配对的编号，连接好电线。

注意事项：

（1）连线加长时，不应将原线剪断连接，应更换新的长度适合的连接线，新连接线应符合空调使用的标准。

（2）电线不能触及连接管和压缩机、风扇等运行部件。

（3）不能随意改动内部连线。

（4）如空调装在易受电压波动干扰或电磁干扰的地方，控制线最好加磁环或用双绞线，以免空调受到干扰而失灵，尤其是变频空调、天井式空调必须使用机器本身自带的信号控制线，不得自己加长线或不使用机器自带线。

（5）螺钉要拧紧，松动会导致过热或部件失灵，有起火危险。

（6）接线时依照线路图或电气控制原理，按颜色、标识符号对应进行连接。

（7）用线夹和固定螺钉，固定电源连线及信号控制线。

（8）多余的连线应包扎在连管组合内，禁止把多余的线缠绕塞压，以免造成涡流发热，发生意外。

5. 连管

（1）检查喇叭口是否有脏物，将多余部分根据需要盘起放在不影响外观的地方，喇叭口垂直对准锥形口，用手将连接螺母拧到底部，再用力矩扳手拧紧。

（2）采用真空泵或自带的制冷剂钢瓶排空。也可打开调压阀杆 1/2～1/4 顶起加氟口顶针排空 10～15s，一般用手能感到排气发凉时停止排空，再全部打开高低压阀杆。

（3）用肥皂水或检漏仪对各接口、充氟口及高低压阀阀杆检漏，检漏时每处停留不得少于 3min，并注意夏季在停机状态下检漏，冬季在制热状态下检漏，保证无漏泄后将各连接处加保温套管进行包扎，保证铜管各部分不与空气接触以防止日后漏水。

6. 整理

（1）将连接管整理成横平竖直，弯角半径尽量大于 10cm，弯管时不得将连接管弯折压扁。

（2）将连接管重新进行整形，并按要求固定，最好每隔 1.5m 处用管卡固定，以防在机器工作时产生噪声。

（3）安装墙壁护圈用密封泥堵死过墙孔，防止空气、异物进入室内。

7. 试机

在全面检查机组制冷系统和电气接线无误后，全部打开粗、细管阀门，启动机组，检查漏点以及有无强烈振动、异常声音。有条件的，应测压力、温度、电流等值是否正常；试验排水是否正常；听一下电磁阀及制冷剂回流声；触摸回气管、排气管、压缩机部件的冷热程度；全部取掉面板和过滤网，可以观察到蒸发器及毛细管的析水挂霜情况。

二、任务的完成过程

1. 实训目的

（1）掌握分体壁挂式空调器室内、外机正确的安装位置。

（2）掌握制冷管道和排水管的安装及穿墙套管的安装。

（3）掌握室内、外机组的安装方法。

2. 实训器材

冲击钻、扳手、膨胀螺栓、底座、遮蓬、角铁支架、木块支架、绳子和安全带、分体壁挂式空调器一台。

3. 实训内容及步骤

分体壁挂式空调器是最常见的一种家用空调器，与整体空调器的安装要求相比较，分体式空调器需要在现场做接管、抽真空、开启阀门等一些专业性工作，工艺要求高，技术要点多，劳动强度大。

（1）安装前的准备。

安装前必须对室内、外机进行检查。这样可以将空调器的故障在安装前予以解决，以提高安装的合格率，避免重复安装和换机的损失。

（2）安装位置的选择。

空调器室内机应安装在房间坚固墙面上。选择室内机的安装位置，除了必须尊重用户意见外，还要使它吹出的冷气能送到房间的每个角落，在室内能形成合理的空气对流。室内机安装位置附近不能有热源，与门窗距离应大于 0.6m，以免冷气损失过大。室外机安装位置要求如图 5.25 所示。室内机组的安装高度应大于 1.7m，低于 2.2m。室内机安装板的固定如图 5.26 所示。注意出水口侧要低 0.2~0.5cm，利于冷凝水顺利流出。

图 5.25　室外机安装位置的要求　　　　图 5.26　室内机安装板的固定方法

（3）钻过墙孔的方法。

打孔前，要观察了解墙壁打孔位置内是否有暗埋的电线，是否有钢筋构件，免得造成事故或进钻困难。从室内向室外打孔时，水钻要抬高一些，打好的过墙孔里高外低，便于冷凝水流出，下雨时流水也不能流进室内。用水钻打孔要掌握好冷却水的注水量，注水量过大，水会沿墙壁飞溅，周围家具被砖灰浆弄脏后很难擦净；注水量过小，则发热严重，容易烧坏钻头。合适的情况是注进钻头的水，正好被钻头产生的热量蒸发和被墙体吸收，这要在实践中逐渐掌握。打孔时进钻速度宁慢勿快，如果钻头抖动剧烈，双手把握不住，说明要夹钻头了，应立即停止。钻过墙孔配套管的方法如图 5.27 所示。

墙孔打好后，一定要装一段白色塑料管，作为空调器制冷配管的套管。安装套管既可以防止制冷配管穿墙时的磨损，更能防止老鼠、壁虎等小动物从这里钻进室内，造成危害。

（4）室外机支架的固定。

分体空调器室外机安装在专用支架上。先组装好支架，量出室外机底两个安装孔横向距离。在选好的位置上将膨胀螺栓打入墙体。支架用 4 颗直径 8mm 以上的膨胀螺栓紧固在承重墙上，螺栓上紧螺母后，要再拧上一个"紧母"，不得有松动或滑扣现象，如图 5.28 所示。

（a）

（b）

图 5.27　钻过墙孔配套管的方法

图 5.28　安装室外机支架方法

检查支架是否平正、牢靠后，把室外机系上安全绳，将它搬出就位。室外机搬动时倾斜角不应大于 45℃，并注意不要碰坏机上突出的截止阀。在没有就位之前，不要拧下截止阀保护帽，否则尘土杂物进入管路，会造成制冷系统故障。

室外机在三楼以上安装时，安装人员一定要系好安全带，并注意室外机下面不能有人通行、滞留。安装人员使用的工具（如扳手）上最好系上安全绳或腕套，避免不慎坠落，造成事故。

（5）室内、外机管路的连接。

在管路连接过程中，必须按下列要求进行：

① 展开连接管时需平直，注意在同一个方向弯折不能超过 3 次，否则将会使管道硬化、裂损而造成泄漏。

② 连接室内机。连接室内机的方法如图 5.29 所示。用扳手旋紧以确保不漏气。

③ 室外机管路的连接方法。室外机管路连接的方法如图 5.30 和图 5.31 所示。注意使用的扳手应规范。

图 5.29　室内机配管连接方法

图 5.30　室外机管路连接方法

图 5.31　连接室外机低压气体管示意图

（6）排除室内机管路空气及室内、外机控制线的连接。

空调器的室内、室外机连接好后，要排除系统管道中的空气，才能制冷。家用空调器不采用抽真空的办法处理制冷系统管道，而是用室外机组里的制冷剂来排除室内机组的空气，具体操作方法如图 5.32 所示。

图 5.32　排除空气的方法（单位：mm）

①　先把室外机组的液管连接螺母拧紧。

②　将暂时拧上的低压气管连接螺母松开半圈。

③　拧下两个低压截止阀外的保护螺帽。用六角形扳手将液体阀打开半圈，当听到汽化的制冷剂发出"嘶"声后，过 5～10s 立即关闭截止阀。这时应有气体从已松开的气管螺母处排出，等"嘶"声渐渐消失后，重新将液体截止阀打开半圈，排气几秒后关上。这样重复 2、3 次，即可将室内机和管路内的空气排净，排气时间的长短和重复操作次数要依据空调器制冷量的大小和管路长短而定。按照机上贴的电路图连接室内外机的接线。

（7）检漏及排水。

参照图 5.33 和图 5.34 进行即可。

图 5.33　检测接头泄漏

图 5.34　检查排水系统的方法

（8）整理管道。

整理管道参照图 5.35，注意将配管的过墙孔用密封胶泥填满，以免雨水、风及老鼠进入。

（9）分体壁挂式空调器的试运转。

用遥控器开机，并将空调器设置在"制冷"状态下运行。运行时，室内、室外机都不应有异常的噪声。空调器运转 10min 后，室内机即有冷气吹出，室外出水管会有冷凝水流出，气管截止阀处会有结露。用温度计测量室内机进风口的温度，两处温差应在 8℃ 以上。

图 5.35　固定室外管路的方法

如果在冬季装机，还要试验热泵功能。将冷热开关拨向热端，空调器启动 2～3min 后，应有热风吹出。一般情况下，压缩机能正常制冷的话，制热也不会有问题。分体壁挂式空调器安装如图 5.36 所示。

图 5.36 分体式空调器安装整体

4．注意事项

（1）使用旋转式压缩机的电源相位不能接反。

（2）空调器电源端子接线必须牢靠。

（3）充注制冷剂时，要将制冷剂钢瓶直立充进气体，钢瓶内制冷剂已空时，切不可再充注。

三、任务的评价（表 5.10）

表 5.10 分体壁挂式空调器安装评价表

序号	评分内容	配分	评分标准	自评得分	小组互评	教师评分
1	分体壁挂式空调器安装训练	80	操作方法步骤正确，动作顺畅，工艺良好，工具使用正确，无器件损坏			
2	规范整洁	10	设备完好、摆放整齐、工位干净得10分。其他酌情扣分			
3	安全操作	10	无安全事故及安全隐患得10分，其他酌情扣分			
	合计得分	100				

项目五 柜式空调器的安装

任务 柜式空调器的安装

一、任务的准备

（一）明确任务

本任务主要是学会柜式空调器的安装要求、方法以及安装步骤，并且通过实训掌握具体的柜式空调器的安装工艺。由于柜式空调的安装是一个对工艺、步骤要求都较严格的操作，所以大家在实际操作的时候要细致、小心，并注意各个工艺点的把握。

（二）知识准备

1. 选择安装位置

（1）室内机组应远离热源和有害气体的地方，避免阳光直射。

（2）机组安装位置应有足够的检修和保养空间。在室内机组以入墙式安装方法安装时，机组前面最少要留下 1m、左右最少要留下 0.5m、顶部最少要留下 0.3m 的空间，以供送风风扇送风和检修空气过滤器之用。

室内机组要尽量靠近电源，并选室内外机组之间距离最近的地方安装，这样可以节省管道。

室外机组较重，应安装在建筑物结实的地方，可放于阳台、窗下特制钢架或混凝土台座上。露天放置时，应设置一个遮阳防雨罩，同时应避免使强风直吹机组的排风口，影响机组向外散热，正确方法是把机组的排风口与风向呈 90° 放置。

（3）要考虑室内、室外机组地脚固定及减振的措施，并注意安全。

2. 安装方法

确定安装位置后，应根据实际情况确定连接管、导线、排水管是从左侧、右侧还是背面走向室外。确定打孔位置，墙孔应向外倾斜，以使排水畅通。室内、室外机组之间的制冷剂管道、排水管、导线捆在一起，注意让排水管在最低位置，以利排水。不应使管道严重变形。室内机组要固定牢靠，机组上部一般有随机配带的安装板，使之与墙固定，机组下方可制作一个支架，利用下部的安装板与机组螺钉固定。

室外机组在选定位置后，要做好安装底座，可用厚木板或工字钢做底座，用螺钉或射钉枪及膨胀螺栓等固定在机组的底座上。

室内外机组的连接管道和电线须穿墙而过时,必须在墙壁上穿孔。首先在安装板的切口部分,确定墙上的开孔位置。上下位置可以通过切口上面的箭头标记而确定,左右位置可由切口部分的中央位置确定。在确定位置后,可用电钻在墙上打孔,孔洞要有一个由内向外的倾斜坡度,便于冷凝析水排出。

墙洞打好后,可将原机所带的塑料螺纹圆形套筒插入,以保护内部通过的管道和导线、排水管等。若原机没有带穿墙塑料圆形套筒,可选用其他塑料套筒代用。绝不允许不加套筒穿墙安装,因为在没有套筒保护的情况下,室内外机组的连接管道和导线会损坏。

连接管道可从背后、左右、下侧等不同方向引出。从背后引出时,先用胶带将制冷剂管路、排水管和电线固定好。排水管一定要放在制冷管的下部。若从左右两侧引出,可先将机壳两侧下部有切口的部分切下,以使管道能从左右两侧弯曲引出,冷凝水管不要放在制冷剂管下部,以防挤压,可并行放置,这点与背后直接引出式不同。

用毛毡包带或泡沫塑料带将管道、排水管牢固地包扎起来。包带缠绕交叠部分的宽度应不少于包扎带宽度的一半。包扎带的末尾端部,要用布带紧紧捆牢。

室内外机组有两支制冷剂管道须现场连接,粗管为低压管(气管),细管为高压管(液管)。接管时,先将原机所带的制冷剂管慢慢展开,要旋转展开而不要反复弯曲、修直,以免将管子压扁、拆裂。用快速连头连接时,一定要准备专用的转矩扳手。转矩扳手的规格要与制冷剂管的管径相匹配。连接时,先去掉接头上的防尘盖,确实将两个接头主体的中心对准,然后进行连接,连接必须一次成功,否则会无法使用。

先从低压管(粗管)连接,连接时要用两只扳手,一只是活扳手或死扳手,另一只是转矩扳手。一只手用扳手将管接头卡紧不动,另一只手用转矩扳手操作,不断地均匀用力转动,当听到"咔咔"声时,即表明已紧固完毕。高压管(细管)的接头连接方法与低压管(粗管)的连接方法相同。在接头紧固之后,可用肥皂水涂抹在接头处检漏。若有泄漏,可听到"丝丝"声和看到气泡。表明接头不严,应重新紧固。若接头连接良好,应立即将其保护包扎起来。可用原机所带的隔热材料,也可用泡沫塑料带包扎,然后用胶带绕紧缠牢。排水管一般先用塑料软管,有的则需要安装时自备。为保证排水通畅,必须使之向下倾斜,不允许有存水弯。

为管端扩口。先用管道切割机切割管子,并锉平端面,把连接螺母套进铜管。扩口时,管端离扩口板高度为 0.5~1mm,可得到光滑整齐、厚薄均匀的喇叭口。

室内、外机组安装固定后即进行管道连接。管道连接完毕必须通过控制阀门的开闭,利用室外机组的制冷剂来排除室内机组及连接管道中的空气。

运行前,必须把控制阀门的两个阀全部打开,使制冷系统的通道畅通。接通电源,在制冷运转方式下运行,观察室外机组的散热情况。15min 后,再检查室内外机组的排进气温差是否大于 8℃。有条件的,安装完毕时应向蒸发器的凝析水接水盘中注入一些水,观察排水是否通畅。确认安装完成后,用油灰将墙上洞孔缝隙充填好并用夹具将管道固定。

柜式空调器多采用 380W 三相四线制供电。在施工中要注意周围的条件(温度、湿度、阳光、雨水)不要太恶劣;进线的截面积要考虑电压降的因素,应选择较大一些的;接地线要连接到室内及室外机组;要严格按照技术标准施工,相序不得接错。

3. 试机

试机方法及要求与分体壁挂式空调器相似。

二、任务的完成过程

1. 实训目的

（1）掌握柜机室内、外机正确的安装位置。

（2）掌握制冷管道和排水管的安装及穿墙套管的安装。

（3）掌握室内、外机组的安装方法。

2. 实训器材

冲击钻、扳手、膨胀螺栓、底座、遮蓬、角铁支架、木块支架、绳子和安全带、柜式空调器一台。

3. 实训内容及步骤

柜式空调器的安装方法，原则上与壁挂式空调器相同。这里着重讲一讲安装柜式空调器的一些特殊要求。

（1）安装位置的选择。

① 室内机的安装位置不但要保证有良好的通风，能发挥空调器最大的制冷或制热效能，还要顾及室内环境的美观。通常柜机室内机安装位置要选择受外部空气影响最小的地方，而且空调器的进出气流不会被家具、墙角挡住，吹出的冷（或热）风可以到达室内各角落。当然，室内机组也要尽可能离室外机组近一些，以便于制冷管道的连接。

另外，柜机安装时还应在它周围留出足够的维修和保养空间。一般至少保留 0.5m，前面至少保留 1m，以便于空气过滤网和风扇的清扫、维护。柜式空调器的排水管位置较低，为了保证冷凝水排放畅通，更要注意排水管走向。

② 室外机的安装位置。对室外机安装位置的具体要求如图 5.37 所示。

图 5.37　柜机室外机的安装位置

（2）室内机的安装。

室内机安装方法可参照图 5.38。如果所购的柜机没有固定夹具，更要注意把它放在平整的地面上，并防止因行走刮碰或儿童游戏等将它碰倒，造成意外。

（3）穿墙套管的安装。

根据室内机组与室外机组的连接要求，在合适的位置用冲击钻（水钻）在墙壁上钻一个直径 80mm 的通孔，作为空调器配管的穿墙孔。穿墙孔要向外倾斜，避免雨水流进来，如图 5.39 所示。

图 5.38　室内机的固定方法

图 5.39　穿墙护套管的安装

（4）室外机组的安装。

柜机的室外机组安装方法与壁挂式空调器完全相同。安装功率较大的柜机时，如果场地许可，尽量将室外机安装在地平台上。室外机组要用 4 个 ϕ12mm 膨胀螺栓固定，螺栓露出台面长度应在 20mm 以上，并保持底座稳固、水平。

（5）制冷管道和排水管的安装。

首先安装室内机的制冷管道。取下室内机组的进气格栅、空气过滤网、前挡板及连接管盖板。根据室内机组和室外机组的安装位置，预先将制冷管道弯制好。管道弯制方法如图 5.40所示。弯制时管道的弯曲半径应尽可能大一些，以免将铜管压扁，增大制冷剂的流动阻力而影响制冷效果。

图 5.40　空调器配管的弯制

然后，将室内机组大、小连接嘴的防护螺帽拧下，此时应能听到管路内有正常的排气声。再在连接嘴螺纹处及连接管喇叭口处涂些冷冻油，将连接管喇叭口对准连接嘴，用手将螺帽拧上，然后用扳手拧紧。

将排水管软管接在室内机组乘水盘的出水连接嘴上，再与制冷管道一起穿过墙壁孔护套管，引至室外机组。

按照安装室内机组连接管的方法，将制冷管道分别连接到室外机组的低压截止阀和高压截止阀上，但暂时不要拧紧低压连接管的螺帽。然后，用扳手将阀芯螺母卸下，拧开低压截止阀一圈，这时能听到螺帽处有"咝咝"的冒气声，管内的空气随着气态的制冷剂一齐排出。约 5～10s 后制冷系统内空气已排放干净，此时立即拧紧低压截止阀上的螺帽。再将低压截止阀和高压截止阀的阀芯全部打开，盖上螺帽并拧紧，室外机管路连接方法如图 5.41 所示。

图 5.41　柜机室外机管路连接方法

三、任务的评价（表 5.11）

表 5.11　柜式空调器安装评价表

序号	评 分 内 容	配分	评 分 标 准	自评得分	小组互评	教师评分
1	柜式空调器安装训练	80	操作方法步骤正确，动作顺畅，工艺良好，工具使用正确，无器件损坏			
2	规范整洁	10	设备完好、摆放整齐、工位干净得10 分。其他酌情扣分			
3	安全操作	10	无安全事故及安全隐患得 10 分，其他酌情扣分			
	合计得分	100				

项目六　空调器的移装

任务　空调器的移装

一、任务的准备

（一）明确任务

移装分体式空调器，工艺要求高、技术点多、劳动强度大。有一句安装行业流行的话："三分空调七分安装"。意思是空调器使用效果的好坏，与安装质量有很大的关系。分体空调器的安装有几个环节，任何一步操作不当，都会影响空调器的使用效果和寿命。所以本任务主要是学会分体式空调的移装要求、方法及步骤，并通过实训掌握具体的安装工艺。

（二）知识准备

在空调器的实际使用中，有时因为各种原因，需要对已经安装好的空调器进行位置的移动，即需要将空调器从原来的位置拆卸下来，再安装到新的位置上，这种操作叫空调器的移装，行业中也叫空调器移机。

由于窗式空调器是一个整体，其移装相对比较简单。而分体式空调（比如壁挂式空调、柜式空调）在移装的时候，必须将连接室内机和室外机的管道和电线拆卸，所以相对比较复杂。下面就介绍分体式空调器移装的基本方法。

家用分体式空调的移装总共分为三大步骤：拆机，运输，安装。在三个步骤操作过程中都必须严格按照规定操作，才能让空调移机后的制冷效果不受影响。

1. 回收制冷剂

在空调器的移装过程中，为了节约资源，也为了降低含氟利昂制冷剂对环境的破坏，都必须尽量多地将空调器中的制冷剂收集到室外机中去。

回收制冷剂前，将空调器开机，并通过空调面板或空调遥控器让其工作在制冷状态（将空调温度设定为16℃）。如果是冬季，空调移机宜先用温热的毛巾盖住室内机的温度传感器探头，然后将空调器设定在制冷工作状态。待压缩机运转 5～10min，制冷状态正常后，用扳手拧下空调外机的液体管与气体管接口上的保护帽，并用内六角扳手关闭高压管（细）的截止阀门，2～4min 后管外表结露，此时立即用内六角扳手关闭低压管（粗）截止阀门，同时迅速关机，拔下电源插头，用扳手拧紧保险帽，至此回收制冷剂工作完成。

也可采用室内机上的强制启动按钮开机，同时观察室内、外机是否还有其他故障。避免移机后带来麻烦。

2. 拆室内机

制冷剂回收后，空调移机可拆卸室内机。用扳手把室内机连接锁母拧开，用准备好的密封钠子旋好护住室内机连接接头的丝纹，防止在搬运中碰坏接头丝纹；再用十字螺丝刀拆下控制线。同时应做标记，避免在安装时接错。如果信号线或电源线接错，会造成外机不运转，或机器不受控制。

内机挂板一般固定得比较牢固，卸起来比较困难；取下挂板，置于平面水泥地再轻轻拍平、校正。

3. 空调移机拆室外机

拆室外机应由专业制冷维修工在保证安全的情况下拆卸。拧开外机连接锁母后，应用住备好的密封钠子旋好，并护往外机连接接头的丝纹。再用扳手松开外机底脚的固定螺钉。空调移机拆卸后放下室外机时，最好用绳索吊住，卸放的同时应注意平衡，避免振动、磕碰，并注意安全。

应慢慢将空调器的室内和室外机间的接管，用准备好的四个堵头封住连接管的四个端口，防止空气中灰尘和水分进入。堵头上好，最后再用塑料袋扎好，弯曲盘成大圆盘后便于搬运。

4. 装机

将拆卸下来的空调器安全运送到需要安装的位置，按照前面介绍的方法选好具体的安装位置。然后先给室外机进行定位、螺钉固定，即安装好分体式空调器的室外机。安装时要特别注意保证机架的水平。

然后给空调器的室内机定位，同样，安装室内机时，应注意往出水方向略有一点倾斜，如果倾斜方向相反，冷凝水将会从室内机内漏到房间里。

按照与拆卸相反的顺序，连接室内外机间的管道和电缆线，注意电缆线不能接错。在连接室外机的低压管道和三通阀门时要注意，管接头的拼帽先不要拼紧，略松一点。在接好所有管道后，先将高压阀门打开一点点，等到有制冷液从低压管道拼帽螺钉外冒出来时（即将室内机的空气排出后，制冷剂会冒出来），再马上用扳手将低压管的拼帽拼紧。这样做是为了将连接管和室内机中因封闭系统被拆开而进入的空气赶出来。

检查所有连接处都可靠连接后，可将高、低压阀门全部开足，制冷液即进入制冷循环系统中。

检查连接无误后，给空调通电开机运行，此时可用钳形表检查空调机总电源线上的线电流。根据空调机铭牌上标定的额定电流来判断空调机运行是否正常。一般 220V 供电，1.5 匹的空调工作电流为 6A，如果实测电流大于 6A 说明制冷液太多，小于 6A 则说明制冷液太少。

5.加注制冷剂

由于在空调器的拆装过程中，有制冷剂的泄漏，有时需要重新补充加注部分制冷剂，以保证空调器的工作效果。此时加注制冷剂的方法如下。

如须对空调机进行制冷剂加注，可在室外机的低压三通阀上进行。先确认空调机使用制冷剂的种类，准备好盛有制冷剂的钢瓶、加液管、加液管和低压三通阀的管接头，以及合适的扳手等工具。

先关闭空调器，再用工具将室外机低压三通阀门关闭，将阀门另一侧上的加液头管接头盖帽打开。将加液管的一头和盛制冷剂钢瓶上的阀门出口连接好，另一头接到三通阀门上的加液接头上，拧紧接头螺钉。

用工具打开低压三通阀，将空调器开机运行并置于制冷状态，同时将钳形表钳在电源线上监测电路电流。空调器运行后，慢慢打开制冷剂钢瓶上的角阀，此时可看到制冷液被压缩机吸入系统中。因为一般加液管都是透明塑料管，可看到制冷液在内流动。观察钳形表读数，当读数达到要求的数值（该空调的额定值）时，关闭钢瓶上的阀门。再继续观察一段时间，若电路工作电流正常，即可关机。如实际电流不够，还可再打开钢瓶阀门补加，直到电流正常为止。

制冷剂加注完毕后，关闭空调器，并用工具关闭低压三通阀门。然后拆下加液管，拧上三通阀门上加液头的盖帽，注意盖帽上的铜垫是否完好，如不好，需要更换密封铜垫。

二、任务的完成过程

1. 实训目的

（1）掌握抽取、补充制冷剂的方法。

（2）掌握拆卸机组、重新安装的方法及要领。

2. 实训器材

冲击钻、扳手、膨胀螺栓、底座、遮蓬、角铁支架、木块支架、绳子和安全带、空调器一台。

3. 实训内容及步骤

家庭中，空调器装好后不能轻易移动，尤其对分体式空调器来说，因为要涉及墙壁钻孔、管道拆改、电源线敷设等一系列问题，困难更大些。但是，遇到住房搬迁或房屋整修改建等情况，空调器必须移机挪位，只要正确操作，认真做好制冷管道和控制电路拆装，有经验的空调器装修人员是能够很好地完成任务的。空调器搬迁的时间最好选在春秋季节，这一段时间里，空调器使用较少，环境温度适宜，空气湿度较小，对拆卸制冷管路比较有利。

（1）抽取制冷剂。

为充分利用原机内的制冷剂，避免在拆开配管时泄漏流失，在拆机前要将全部制冷剂都抽到室外机组中保存，以备空调器重新安装后再用，如图 5.42 所示。

图 5.42 制冷剂回收方法

① 先用扳手旋开室外机的气管（粗管）和液管（细管）上的截流阀。各种品牌的空调器截流阀的安装方式不同，所以开启（关闭）的操作方法也不相同。

② 液管上的液体阀关闭后，室内机组的制冷剂在继续蒸发过程中，从粗管被压缩机吸入并排到室外机组的冷凝器中冷却，整个系统进行回抽制冷剂。

③ 普通家用壁挂式空调器抽制冷剂时间一般掌握在 2min 左右。结束抽取制冷剂时，应先关闭室外机粗管上的截流阀，然后再关闭空调器的运行开关，停止压缩机转动。

（2）拆卸机组。

① 首先切断空调器的交流电源，拆除电源输入接线和内外机组间的控制电缆。

② 拆开配管接头一定要用两把扳手，先用一把扳手固定在机组接头螺口上，再用另一把扳手旋开配管上的固定螺母。配管接头拆下后，要及时将喇叭口用铜帽或塑料帽封闭旋紧。如果原配封帽找不到，也可用多层塑料袋将喇叭口扎紧密封，以防灰尘和潮气进入铜管内。铜管从穿墙孔中拉出时要小心，严禁强拉硬折。需要将配管弯曲的地方拉直时，应用毛巾衬垫后适度用力压直，再从穿墙孔中顺势拆出。

③ 拆除室内外机架的固定螺钉，将室外机组用绳索绑牢后小心吊放到地面或搬入室内。拆下的空调器若搬迁距离较远或暂时不安装，则须把机组设备用原包装或其他防护物包装好。

（3）重新安装。

空调器在新位置上的安装，可参阅随机说明书进行管路和电路系统连接，这与安装新机相同。不过，由于铜管上的喇叭口在安装和拆卸过程中有可能变形或损伤，有的经压接后管壁变薄，甚至产生裂缝，安装前应仔细检查。如果发现损坏或可疑的地方，必须重新扩喇叭口。

（4）补充制冷剂。

补充制冷剂采用低压侧气体加注法较为方便安全。把制冷剂钢瓶竖放，出口朝上。拧下室外机气管三通截止阀维修口的螺帽，用软管将维修口与钢瓶出口连接。先稍微开启钢瓶阀门，用流出的制冷剂排尽软管中的空气，然后启动空调器在制冷状态下运行，压缩机运转后，打开三通截止阀维修口阀门，再缓慢开启钢瓶阀门。这时，流出的制冷剂气体从粗管到压缩机的吸气口，进入系统。

4. 注意事项

（1）重新加工的喇叭口斜面要光滑匀称、无伤痕、无毛刺，更不可有裂缝，以保证管路系统密封连接的可靠。

（2）制冷剂不足与过量，都会影响制冷效果，甚至造成压缩机故障。对加长配管的空调器，应及时补加适量的制冷剂。

（3）真空泵检漏时应注意各连接部分的密封性，杜绝由于串气现象引起的真空度不够造成的误判。另外当压力达到 133.3Pa 时，应先关紧三通阀阀门，再断开真空泵电源，防止空气回流，造成误判。

（4）高层楼房住户移机，一定要有足够的人手，通常需要 4 人配合操作。

三、任务的评价（表 5.12）

表 5.12　分体式空调移装实训评价表

序号	评分内容	配分	评分标准	自评得分	小组互评	教师评分
1	分体式空调移装实训	80	方法步骤正确，动作顺畅，工具使用正确，无器件损坏			
2	规范整洁	10	设备完好、摆放整齐、工位干净得 10 分，其他酌情扣分			
3	安全操作	10	无安全事故及安全隐患得 10 分，其他酌情扣分			
	合计得分	100				

模 块 ⑥

空调器的制冷系统

【知识目标】

（1）知道空调压缩机的结构以及维修方法。

（2）知道换热器的结构和检修方法。

（3）理解各节流器件的结构和维修方法。

（4）理解各辅件器件的结构及维修方法。

（5）知道空气循环系统的组成和维修。

【技能目标】

（1）能对空调压缩机进行测试以及更换操作。

（2）能对空调器进行清洗操作。

（3）能对电子膨胀阀进行测试。

（4）能识别空调辅件器件。

（5）能正确拆卸分体式空调器室内机。

（6）培养良好的职业素养。

项目一 压缩机

任务 1 知道压缩机的结构

一、任务的准备

（一）明确任务

本次任务主要是知道空调器压缩机的分类，以及理解各种压缩机的工作原理和过程。同时还要掌握空调器压缩机的基本测试方法。大家在学习的时候，也可以借鉴其他书籍、网络资料。

（二）知识准备

空调器制冷系统主要由压缩机、蒸发器、冷凝器和节流器件等组成，此外，还包括一些辅助性元器件，如干燥过滤器、气液分离器（储液器）、电磁换向阀等。空调器制冷系统如图 6.1 所示。

图 6.1　空调器制冷系统

空调器所用的压缩机与电冰箱所用的压缩机在原理上基本相同，其不同点在于结构参数和工况条件。空调器所用的压缩机属高背压压缩机，而电冰箱所用的压缩机属低背压压缩机。背压是指压缩机的吸气压力，即蒸发器出口的压力，该压力与蒸发温度有关。背压的高低往往按蒸发温度范围来划分。

压缩机分为开启式、半封闭式和全封闭式 3 种。由于全封闭式压缩机结构紧凑，体积小，重量轻，噪声低，密封性能好，允许转速高，因此，家用空调器几乎都采用这种压缩机。

1. 往复活塞式压缩机

（1）往复活塞式压缩机的结构。

往复活塞式压缩机主要由机体、曲柄连杆机构、气阀及其他零部件构成。如图 6.2 所示为往复活塞式压缩机结构。电动机和压缩机都置于 3～4mm 的钢板冲压成形的机壳内，电动机定子垂直固定在机壳上，转子紧压在曲轴上，曲轴呈垂直安装位置，汽缸为卧式排列，曲轴支承在机体上，曲轴的回转运动通过连杆传给活塞变为往复运动，阀板上的吸气和排气阀片起到控制吸排气的作用。这种压缩机一般采用偏心压力输送润滑油，通过曲轴下端的偏心孔，在离心力作用下，把润滑油送至各摩擦面。

（2）往复活塞式压缩机的工作原理。

往复活塞式压缩机的工作原理如图 6.3 所示。当压缩机由电动机驱动工作时，曲轴带动活塞下降。由图 6.3（a）可知，吸气阀片被打开，制冷剂蒸气沿进气通道进入汽缸和活塞顶部组成的气腔容积内，这时排气阀片紧贴着阀板，盖住排气孔，以免进、排气串通。当气体充满汽缸后，即活塞到达下止点时，曲轴继续转动而使活塞上升。由图 6.3（b）可知，活塞这时已升到使排气阀片打开的位置，被压缩的高压制冷剂蒸气由排气孔排到排气管后再进入冷凝器冷凝放热。从图中可知，在排气阀片上面安装有限位器，限位器的作用是防止排气阀片被冲坏。当高压气体排出时，冲击排气阀片并使其紧贴在限位器上，限位器限制排气阀片的最大位置。排气结束，曲轴又带动活塞下降，如此不断地往复运动完成压缩过程。

图 6.2 往复活塞式压缩机结构

（a）下降冲程 （b）上升冲程

1—限位器；2—排气阀片；3—阀板；4—吸气阀片；
5—活塞；6—进气方向；7—汽缸

图 6.3 往复活塞式压缩机工作原理

2. 滚动活塞式压缩机

（1）滚动活塞式压缩机的结构。

如图 6.4 所示为滚动活塞式压缩机结构，它主要由电动机、滚动活塞、偏心轴、滑片、弹簧、吸气孔、排气阀片等组成（无吸气阀片）。滚动活塞式压缩机一般为立式结构，压缩机装在壳体的下部，电动机在上部，整个汽缸的外部几乎浸在润滑油中，圆柱活塞装在汽缸内，并套在偏心轴的偏心拐上，偏心轴以 O 为轴心带动活塞在汽缸内沿着汽缸壁面滚动，汽缸壁有一条穿通的槽，槽内装着滑块，滑块与转子配合在槽内滑动，在弹簧力的作用下与滚动转子外圆壁面紧密接触而组成动密封，将滚动转子和汽缸壁之间的月牙形空间分成进气腔和压缩腔，在偏心轴绕汽缸中心旋转一周的过程中，进汽腔完成进气过程，压缩腔完成压缩和排气过程。滑块与圆柱转子高度相等，汽缸高度比转子稍高出一点，汽缸口上盖有汽缸盖，活塞端面与汽缸盖平面之间有一定间隙，以使活塞与滑块能在汽缸内自由运动，在汽缸槽两侧的汽缸体上有吸、排气孔，吸气孔没有吸气阀，制冷剂蒸气直接从吸气管进入汽缸的吸气孔。为防止液击，在其吸气管上装有气液分离器；排气口上装有排气阀，汽缸内的气体排入壳体内，故其壳体内是高压气体区，然后高压气体再由壳体进入排气道内。

1—排气管；2—汽缸；3—圆柱活塞；
4—轴；5—润滑油；6—吸气管；
7—滑片；8—弹簧；9—排气阀

（a） （b）

图 6.4 滚动活塞式压缩机结构

（2）滚动活塞式压缩机的工作原理。

滚动活塞式压缩机现已广泛应用在空调器上，它的容积效率高，零部件少。图 6.5 所示为滚动活塞式压缩机的工作原理。从图中可知，滚动活塞安装在曲轴上，活塞中心与曲轴旋转中心有一偏心距。当压缩机工作时，制冷剂蒸气从吸气口进入汽缸的月牙形空腔中（图中 A 位），汽缸体滑槽中的叶片在背部弹簧力作用下紧贴着转子外表面，将气腔分成低压腔和高压腔，低压腔与吸气口相连，高压腔与排气口相连（图中 B 位），由于滚动活塞的不断旋转，压缩腔不断减小，其压力也不断升高（图中 C 位），活塞继续旋转，直到压缩室内的气体压力高于排气压力时，排气阀被打开，高压高温制冷剂蒸气经排气口排出。同时，吸气腔又在扩大，气体又被吸入压缩（图中 D 位）。如此循环往复，完成制冷剂的压缩。

1—滚动活塞；2—排气阀；3—吸气口；4—曲轴；
5—汽缸；6—叶片；7—弹簧

图 6.5 滚动活塞式压缩机工作原理

3. 旋转式压缩机

（1）旋转滑片式压缩机的结构。

如图 6.6 所示为旋转滑片式压缩机结构，它主要由转子、叶片、转动轴、汽缸及汽缸密封盖、轴承及轴承盖等组成。压缩机汽缸有圆形和椭圆形两种。圆形汽缸的转子上有叶片 2~4 个，椭圆形汽缸的转子上有叶片 4~5 个。圆形汽缸压缩机的汽缸是偏心安置的，只有一个接触点，而椭圆形汽缸与转子有两个接触点，圆形汽缸有一对吸气孔和排气孔，椭圆形汽缸有两对吸气孔和排气孔。

（2）旋转滑片式压缩机的工作原理。

旋转滑片式压缩机有圆形多叶片和椭圆形多叶片两种，图 6.7 所示为圆形多叶片旋转滑片式压缩机工作原理。从图中看出，旋转滑片式压缩机的转子偏心安置在汽缸内，在转子上开有 3~5 个纵向开口槽，槽中装有能径向滑动的滑片。当旋转滑片式压缩机工作时，转子在圆形缸体或椭圆形缸体内旋转，滑片在离心力或油压作用下滑出，并紧贴汽缸壁，这样，由转子表面、汽缸内壁、滑片及压缩机两端盖共同形成一个封闭的月牙形容积，在压缩机缸体适当位置上设置吸气口和排气口，随着转子的旋转，月牙形容积不断由大到小、由小到大的变化，完成了旋转滑片式压缩机的吸气、压缩、排气工作过程。

1—外壳；2—汽缸；3—叶片；4—转子

图 6.6　旋转滑片式压缩机的结构

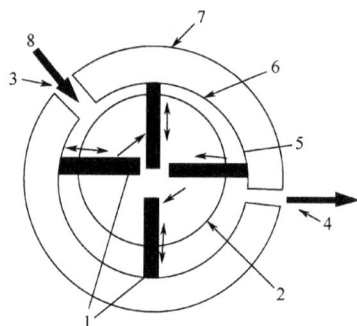

1—滑片；2—转子；3—进气口；4—排气口；
5—高压气体；6—汽缸；7—汽缸；8—低压气体

图 6.7　旋转滑片式压缩机的工作原理

4. 涡旋式压缩机

涡旋式压缩机是一种容积型压缩机，如图 6.8 所示。它利用涡旋转子与涡旋定子啮合，形成了多个压缩室。随涡旋转子的平移转动，各压缩室内容积不断发生变化，实现吸入与压缩气体。

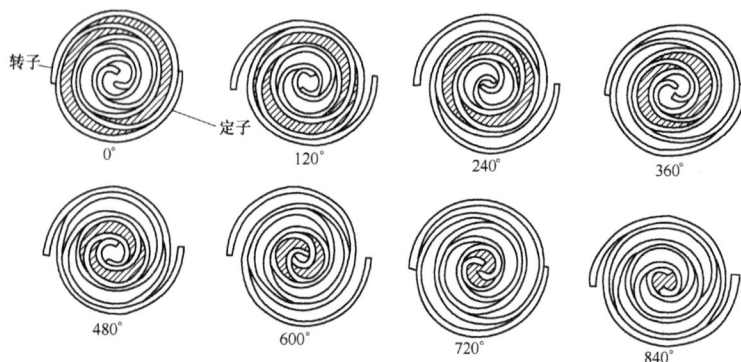

图 6.8　涡旋式压缩机的压缩原理

涡旋式压缩机的压缩原理在 100 多年前就已提出，直至 20 世纪 70 年代，日本和美国成功开发了应用于空调制冷的涡旋式压缩机。由涡旋式压缩机压缩过程可知，该压缩机无须吸、排气阀，并且能比较平稳地排出和吸入气体，因而有极高的容积效率。

近年来，美国和日本的一些公司，如谷轮公司等，相继推出轴向和径向的柔性密封涡旋式压缩机，有效地解决了涡旋式压缩机中湿压缩和高压比下排气温度过高的问题，以及少量金属磨屑和杂质对涡旋体的损伤。还利用轴向柔性密封技术，在加设控制电磁阀后，实现"数码涡旋"的变容量技术，扩展了容量的调节范围，可实现 10%~100% 的比例调节压缩机容量范围，而且不影响离心供油的润滑性能。

由于新技术的应用及材料和机械加工工艺的发展，涡旋式制冷压缩机自 20 世纪 90 年代后得以飞速发展，与滚动转子压缩机一样，成为中小型制冷空调装置的重要压缩机品种。

（1）涡旋式制冷压缩机的工作原理。

涡旋式压缩机的工作室由转子和定子两个涡旋啮合而成。涡旋体的型线为基圆的渐开线，以基圆半径 a 的不同起始角形成，其壁厚为 δ，轴向高度为 H。涡旋体转子和定子周向起始角相差 $180°$，两个涡旋体的面出现多处啮合点，形成多个封闭腔体。涡旋转子由十字连接环带动，而十字连接环又由压缩机主轴（偏心轴）带动，使涡旋转子绕定子公转，在涡旋定子的中心开设排气孔口，涡旋周边吸气口与转子外周相通，当转子端点和定子外周相啮合时，完成吸气并随转子进行平移转动，此啮合点内容积承受啮合点位置向定子中心改变，且逐渐收缩。压力不断提高，进入压缩过程，当内容积对准中心室并与排气口相通，开始排气直至中心室内容积消失，同时外围开始多次进入吸气状态，并形成多个压缩内容积。

在涡旋式压缩机中，由于无余隙容积，因而容积式压缩机的膨胀过程在此类压缩机中已消失，有效地提高了容积效率。吸气和压缩排气过程在多个涡旋小室中进行，因而有效地实现了平稳输气，减少了输气的脉动损失。由于无吸排气阀，无阀前后的压力损失，显而易见，与往复式和滚动转子相比，此类压缩热力过程中的流动损失亦很小。

由于涡旋式压缩机为一内容积比一定的压缩机，必然有一定内压缩比的特点。因而在低压比工况运行时会产行"过压缩"现象，增加额外的功率消耗，为此，产生了径向、轴向的各种"柔性"密封，以适应各种工况和容量的变化。

（2）全封闭式涡旋式制冷压缩机的结构。

涡旋式压缩机结构简单，运动件少，但对其加工精度的要求极高，对材料的耐磨性、耐热性要求更为特殊。

涡旋式压缩机与全封闭往复式、流动转子压缩机一样，以偏心油孔"泵油"为润滑的主要方式，机壳内部除高低压分隔罩以上的排气腔外，机壳内处于低压状态，电动机与机壳紧密配合，电动机的热量经机壳及制冷剂吸入气体带走，实现冷却，因而与滚动转子压缩机不同，机壳内压力状态为低压状态。一般涡旋式压缩机电动机置于全封闭钢壳的下部，压缩机位于上部，如图 6.9 所示。从蒸发器来的制冷剂，经吸气管 4 进入钢壳，并被吸入吸气腔，经转子 3 和定子 2 的啮合压缩，由定子中心孔排出，进入排气腔 24、排气管 1。在排气孔口附近，有一旁通管，由双金属片控制启闭。当排气孔口温度过高时，打开通道口，使高低压旁通排气腔压力降低，压缩机进入卸载状态，使温度下降，有效地避免了过高的温度所引起的压缩机"咬死"、"润滑失效"等故障。

图 6.9 全封闭涡旋式制冷压缩机的基本结构

主轴与涡旋转子通过十字连接环 18 相连，使涡旋转子仅能绕定子公转，而避免转子在气体压力推动下的自转。某些涡旋式压缩机以轴向柔性运动的方式安装定子，使定子在气体压力下能有 1mm 的运动间隙，在停止运动时，定子与转子在轴向自然产生一定间隙，在起动时逐渐对定子加压与转子顶端实现密封，有效地实现了"卸载启动"，减小了启动电流。

（3）全封闭式涡旋制冷压缩机的输气调节原理。

以美国谷轮公司为代表的全封闭式涡旋制冷压缩机，在输气量的调节方面采用多项专利的新技术，有效地解决了压缩的可靠性、变工况的适应性及不同容量的调节。此类压缩机已进入商业化时代的大批量生产。

① "柔性"涡旋压缩机。

"柔性"指涡旋压缩机的定子和转子在轴向和径向有一定的活动余地，在非正常工况下具有一定的分离能力，在需要时，可人为地利用其"柔性"实现部分卸载功能。

径向"柔性"密封如图 6.10 所示，压缩机的转子涡盘与定子涡盘一般情况下通过十字连接环啮合，并通过一定数量的啮合点实现径向的密封。而此传动机构中，适当留有"游隙"，使涡旋转子在正常情况下由于平衡块离心力的作用，与定子实现密封啮合。当有杂质和液体制冷剂被吸入时，则由于"游隙"的存在，使转子出现平面位移，和定子的啮合出现缝隙，转子向一侧与定子分离而避免了发生杂质磨损和液体的"湿压缩"的可能性。此种结构使停机时两涡旋体稍有脱离，实现卸载启动。

轴向"柔性"密封如图 6.11 所示，压缩机定子在轴向留有 1mm 的活动间隙，在正常运行条件下，涡旋定子受气体的压力（排气压力及与压缩腔相通的中间压力）作用，定子与转子紧密结合形成端面密封。当定子上端面气体压力减少或消失时，会产生涡旋定子顶端与转子微量的分离现象，实现"卸载"。当有液体、杂质时，会产生压缩腔内压力升高现象，将定子顶起，避免"湿压缩"的故障，轴向"柔性"密封又有利于"卸载启动"。利用轴向"柔性"

密封，产生了"数码涡旋压缩机"。

图 6.10 径向"柔性"密封

图 6.11 轴向"柔性"密封

② 数码涡旋压缩机。

如图 6.12 所示，数码涡旋式压缩机利用轴向"柔性"密封技术，对定子涡旋盘轴向活动范围精密调整，并在压缩机吸气口增设一连通管，与定子轴向浮动密封处的中间压力相通，当电磁阀打开时，中间压力室内释放，压缩腔室内压力大于定子上端面压力，压缩机定子轴向上移一间隙，由于高低压腔室的连通，实现卸载。当电磁阀关闭，排气压力及中间压力又将定子下压，实现密封并上载。压缩机在电磁阀控制电源的作用下，可自由地调节开启—关闭的比例，实现"0-1"输出，即为"数码涡旋压缩机"。

图 6.12 数码涡旋压缩机调节原理

数码涡旋压缩机电磁阀能承受 4000 多万次开—关动作，卸载周期最短可在 30s 内完成。变动负载时间可达"无级调节"，并节省了变频成本与变频器的电耗损失，减少了电源高次电磁谐波的干扰，扩大了压缩机的运行工况范围。对于多台蒸发器并联运行的制冷系统，数码涡旋压缩机由于其抗"湿压缩"能力，可得到更广泛的应用。

③ 两级容量可调的涡旋压缩机。

当小型制冷压缩机应用于热泵机组时，设计者面对制冷容量与热容量不一致的矛盾，对同一建筑物而言，夏季制冷足以满足的条件下，在制冷工况时，会产生蒸发温度过低而造成热量不足的情况，而此类热量不足，在极端气温条件下可达 30%~50%的差距，为此，两级容量的压缩机应运而生。

图 6.13 两级可调容量涡旋压缩机调节原理

如图 6.13 所示，两级可调容量涡旋压缩机在涡旋定子端面一定位置打两个小孔，并将小孔在定子端面上用一连接管引至控制阀。当控制阀关闭，压缩处于制热状态，此时为 100%的容量。当开启控制阀，旁通口开启，中间压力的气体旁通与吸入气体混合，实现 65%左右的吸气容量的调节。这样，有效地解决了冬季、夏季压缩机容量的匹配。由于不改变压缩机的转速，避免了低速时对润滑的影响与高转速时压缩机噪声与振动加大的影响。避免了空调机加装辅助电加热系统的要求,并可适应部分负荷的要求。

图6.14为一空调机组运行停—开区域示意图。以环境温度18℃为中轴,高于18℃区域为制冷区域,低于18℃为制热区域,两斜线中所含区域为压缩机容量过大而造成频繁开—停区域。此外为全容量不足区域。斜线上为机组容量与负荷相匹配。

由图6.14可看到,由于采用两级容量的压缩机,在夏季制冷和冬季制热时,可在较广的范围内实现容量的运转,而减少了在频繁关—停区域的温度范围,在较宽的一段温度区域中处于匹配平衡的容量范围内(在频繁开—停与全容量运行区域的交界线重合区域)。

（a）单级容量压缩机　　　　（b）两级容量压缩机

图6.14　空调机组运行停—开区域示意图

④ 喷气增焓技术在涡旋压缩机上的应用。

图6.15所示的制冷系统,在冷凝器出口处旁通一段毛细管,并加设一控制电磁阀,向两级容量涡旋压缩机(开设旁通孔)内引射制冷剂低压蒸气,可有效地在空调机组处于极端的炎热和寒冷的工况时,类似于"经济器"的办法,提高压缩机的质量流量,冷却压缩机的涡流旋盘,保证压缩机的可靠性。按美国谷轮公司介绍,采用"喷气增焓"技术的涡流压缩机,可增加30%~40%的制冷量,以及15%的性能系数(COP值)。图6.16所示为喷气增焓技术的示意图。

图6.15　喷气增焓技术制冷系统

图6.16　喷气增焓压缩机定涡盘

⑤ 变转速容量调节。

采用变转速容量调节技术的涡旋压缩机与转子压缩机相似,变转速容量调节可减少频繁的开停,减少空调系统的温度波动,增加在低温条件下的制热能力,减少空调机组开机时的"非稳态过渡"过程的时间,同时由于涡旋压缩机采用径向和轴向的柔性密封,可有效避免在运行中,特别是转速改变较快时的湿压缩故障。

（4）双涡旋制冷压缩机。

如图6.17所示,双涡旋压缩机将两个涡旋压缩机封装在同一钢壳内,一个压缩机为定转速压缩机，而另一个为变转速压缩机。此类压缩机可装较多润滑油和制冷剂，可保证压缩机在多联室内机组时有较可靠的润滑保证，并可实现无级调节，且功率范围较大。

图 6.17　双涡旋压缩机

总之，压缩机在制冷系统里面的主要作用是把从蒸发器来的低温低压气体压缩成高温高压气体，为整个制冷循环提供源动力。目前家用空调中主要使用的压缩机有活塞式、滚动转子式、涡旋式等压缩机。一般来说大部分 3 匹及以下空调用的都是滚动转子式压缩机，而一部分出口 3 匹及所有 3 匹以上空调用的都是涡旋式压缩机。涡旋压缩机与滚动转子压缩机在内部结构上存在比较大的差异。

二、任务的完成过程

1. 准备设备及器材

不同型号空调器的压缩机两个，数字万用表 1 只，兆欧表 1 只，电工工具 1 套。

2. 操作步骤

1）单相空调器压缩机阻值的测试

（1）用工具将空调器压缩机上的接线盒卸下，拆下热保护器和启动继电器，露出 3 个呈品字形的接线端。

（2）在表 6.1 中画出 3 个接线端的排列示意图，并给 3 个端子分别标注上 1、2、3 的序号。

（3）将数字万用表拨到电阻挡的 200 Ω 挡。

（4）用红黑表笔分别测试 3 个接线端之间的阻值，并记录在表 6.1 中，同时完成表中的其他内容。

（5）用同样的方法测试下一个空调器压缩机的阻值。

2）单相压缩机电动机绝缘电阻的测试

（1）用工具将空调器压缩机上的接线盒卸下，拆下热保护器和启动继电器，露出 3 个呈品字形的接线端。

（2）在表 6.2 中画出 3 个接线端的排列示意图，并根据实际测量情况，给 3 个端子分别标注上 C、M、S 的序号。

（3）将兆欧表的两根测量线中的"L"接电动机的"C"接线端，兆欧表测试线的"E"接压缩机的金属外壳。

（4）转动兆欧表，待读数稳定后，再读取本次测试的绝缘电阻值。

（5）用同样的方法测试电动机的另两个接线端"M"、"S"。

（6）将以上测试的数据填入表 6.2 中，并完成表格的其他内容。

表 6.1　空调器压缩机电阻测试记录表（共 40 分）

序　　号	压缩机电动机接线端排列图（共 10 分）	接线端间阻值（共 18 分）	接线端判断（共 12 分）
第 1 个压缩机	注：给各个端子标上数字	1-2 端间阻值= 1-3 端间阻值= 2-3 端间阻值=	公共端是___ 脚 运行绕组端是____脚 启动绕组端是____脚
第 2 个压缩机	注：给各个端子标上数字	1-2 端间阻值= 1-3 端间阻值= 2-3 端间阻值=	公共端是___ 脚 运行绕组端是____脚 启动绕组端是____脚

表 6.2　空调器压缩机绝缘电阻测试记录表（40 分）

序　　号	压缩机电动机接线端排列图（共 10 分）	绝 缘 电 阻 阻 值（共 18 分）	质量判断（共 12 分）
第 1 个压缩机	注：给各个端子标上名称	公共端与机壳间的绝缘电阻值=	
		运行绕组端与机壳间的绝缘电阻值=	
		启动绕组端与机壳间的绝缘电阻值=	
第 2 个压缩机	注：给各个端子标上名称	公共端与机壳间的绝缘电阻值=	
		运行绕组端与机壳间的绝缘电阻值=	
		启动绕组端与机壳间的绝缘电阻值=	

3．操作时间

完成本任务全程时间为 25min。

三、任务的评价（表 6.3）

表 6.3　空调器压缩机操作评价表

序号	评 分 内 容	配分	评 分 标 准	自评得分	小组互评	教师评分
1	压缩机电阻测试（表 6.1）	40	填写准确，书写工整			
2	压缩机绝缘电阻测试（表 6.2）	40	填写准确，书写工整			

序号	评分内容	配分	评分标准	自评得分	小组互评	教师评分
3	完成时间	5	25分钟内完成不加分，每延迟2分钟扣1分			
4	规范整洁	10	设备完好、摆放整齐、工位干净得10分。其他酌情扣分			
5	安全操作	5	无安全事故及安全隐患得5分，其他酌情扣分			
	合计得分	100				

任务2 学会压缩机的故障维修

一、任务的准备

（一）明确任务

本任务主要是知道空调压缩机常见故障现象，掌握其对应的维修方法，并且能够对具体的故障进行分析、检修，还要学会空调器压缩机的更换操作。本任务在学习时，大家要理论结合实际，多用原理来分析现象，多用操作来验证理论。

（二）知识准备

压缩机是空调器制冷系统最重要的部件，由于压缩机不同于冷凝器、蒸发器之类的非运动部件，在系统工作中要高速运转，又是一种机电一体化的高精度装置，所以在实际使用中经常会发生故障。

1. 空调压缩机常见故障现象

（1）绕组短路、断路和绕组碰机壳接地。

这类故障都是由压缩机的电动机部分引起的，其断路时电源正常，压缩机不工作；短路和碰壳时通电后保护器动作，或烧熔丝；要注意的是如果绕组匝间轻微短路时，压缩机还是能够工作的，但工作电流很大，压缩机的温度很高，过不了多久，热保护器就会动作。绕组短路和绕组碰机壳接地一般用万用表即可检查；绕组短路特别是轻微短路，由于绕组的电阻本身就很小，所以不容易判定，应根据测量电流来判定。

（2）压缩机抱轴、卡缸。

压缩机如果失油或有杂质进入往往会引起抱轴或卡缸，其故障现象为，通电后压缩机不运转，保护器动作。

（3）压缩机吸、排气阀关闭不严。

如果压缩机的吸、排气阀门损坏，即使制冷剂充足，系统也不能建立高低压或难以建立合格的高低压，系统不制冷或制冷效果很差。

（4）压缩机的振动和噪声。

这类问题在维修工作中经常发生，一般对制冷性能并没有多大影响，但会使用户感觉不正常，引起的原因往往是管道和机壳相碰、压缩机的固定螺栓松动或减振块脱落等。

（5）热保护器损坏。

热保护器是压缩机的附件，故障一般为断路或动作温度点变小。断路会引起压缩机不工作；动作温度点变小会引起压缩机工作一段时间后就停机并反复如此，该问题往往容易和绕组匝间轻微短路相混淆，区别是热保护器损坏时工作电流是正常的，绕组短路时电流偏大。

2. 维修方法

压缩机电动机部分出现问题，压缩机吸、排气阀关闭不严和热保护器故障应采取更换的办法。

压缩机抱轴、卡缸故障可以先尝试维修，具体方法为以下几种。

（1）木槌敲击法。

当空调器压缩机卡缸时，可先将空调器开机，然后用木锤敲压缩机下半部，使卡缸的压缩机内部被卡部件受到振动而运转起来。有时卡缸原因是空调器的压缩机没有加热装置，冬季冷冻油较稠导致压缩机不启动，此时采用热水浇注或者敲击可排除故障。

（2）强制启动法。

用一个 220V10A 的插头。三根长度为 1.5m，截面为 1.5mm² 的软导线制作一个启动工具，插头 N 端子线接空调压缩机公共端 C，插头 L 端二极线，一根接空调压缩机的 M 端子，另一根线悬空，当空调压缩机通电后用悬空这根线轻轻点触压缩机的启动端子 S，空调压缩机便启动了。空调压缩机启动后迅速把点触的这根线拿开，注意安全。停止运转时先拨电源插头，再拆线，然后把空调压缩机线接好。试机空调器恢复正常。

（3）电容启动法。

本方法核心是用一个电容量比原来更大的电容接入电路启动。当测量电源正常，打开室外机外壳，测量空调压缩机启动电容，充放电良好，测空调压缩机三个接线端子，主绕组 M 加副绕组 S 阻值约等于公共端阻值 C，采用木锤敲击法和强制启动法均不奏效时，就可以用电容启动法。

电容启动法是在强制启动法基础上在 S 端子这极线串一个 70μF 电容。启动端串此电容后空调压缩机启动力矩可增加 5%。但空调压缩机启动后，运转时间不宜过长，因为空调压缩机启动端加大电容后，空调压缩机会出现过热现象，启动线圈易烧毁。

（4）卸压法。

主要思路是将系统的制冷剂全部放空后再启动。当测量空调压缩机绕组阻值正常，且采用上述三种方法空调压缩机仍不能运转时，就可用此法。具体方法为把制冷剂从室外机低压气体纳子处放掉，然后开机同时用木锤重敲空调压缩机下半部，空调压缩机迅速运转。这时可从室外机低压气体加氟处吸入 200ml 冷冻油，空调压缩机运转正常后，上好低压气体截门纳子和低压液体截门纳子，最后打压，试漏，抽空，加氟，空调压缩机恢复正常。

如果上述方法都不能奏效，就只有更换了。

处理压缩机的振动和噪声问题时，应检查并分开相互碰击的部件；检查并紧固压缩机地脚螺栓，要注意压缩机的地脚螺栓是不能完全拧到底的，设计要求必须保持 1mm 左右的间隙，维修过程中就有将压缩机地脚螺栓拧死而引起压缩机剧烈振动的事例；要检查减振块是否脱落、粘接是否牢固，也可以试着增加减振块，具体位置用尝试法，粘在哪里效果好就粘哪里。

3. 空调压缩机维修实例

（1）KFR-120LW/K2SDY 型空调不制冷维修。

故障维修：检查压缩机没有制冷剂，发现压缩机底座机壳焊接处有砂眼，造成制冷剂泄漏。

解决措施：更换压缩机。

经验总结：造成漏氟的原因是压缩机壳体之间或壳体与吸排气管之间焊接不牢。

（2）家用空调通电就跳闸维修。

故障维修：开机后用户电源跳闸，检查用户电源、自动空气开关、电源线与室内外连接线均未发现漏电与短路现象，通电对测量压缩机各个接线端子与地之间的电阻值，发现阻值小于 2MΩ，故判断为压缩机对地短路。

解决措施：更换同型号压缩机。

经验总结：引起上电后跳闸的原因很多，一定要先排除用户电源故障后，再对空调进行检查。

（3）家用空调室外机噪声大。

故障维修：机器启动后，发现外机不停地抖动，声音很大，机器制冷效果可以，拆开盖壳检查发现压缩机一个减振橡胶老化与裂开，造成工作不平衡（稳定不好）。

解决措施：重新更换减振脚垫。

经验总结：处理室外机噪音大的问题应该先检查安装是否符合要求，固定部位是否松动。

（4）家用空调压缩机不能启动。

故障维修：压缩机不能正常启动，并发出"嗡嗡"声，测量电流超过额定电流，热保护器在短时间内有动作，片刻立即复位，如此反复，造成空调过流保护，测量压缩机 3 根接线柱之间绕组阻值正常，故判断压缩机抱轴或卡缸。

解决措施：在没有能力开壳维修的情况下，可采用 380V 三相电压给压缩机增大转距，强制启动。

经验总结：按程序一定要先测量电压、电流、系统压力等基本数据是否异常来准确判断，及时维修，当增大转距压缩机还不能启动，可能是压缩机抱轴或卡缸较严重，可调换压缩机。

（5）KFR-75W/ESD 空调不制冷。

故障维修：空调能正常运行，但不制冷，使用条件及电源状况——室内温度 29℃，室外温度 31℃，电源电压 380V，分析是室外机故障，打开室外机用万用表测室外机电源电压和信号电压都正常，压缩机启动用电流仅为 2.7A，判断压缩机不正常，用压力表测高低压压力平衡，调换相序不起作用，故判断压缩相串气。

解决措施：更换压缩机。

经验总结：外机电流比铭牌上的额定电流低，测高低压压力平衡，可以初步判断可能是四通阀和压缩机故障，如检查四通阀正常无故障，可以判断为压缩机无吸排气。空调制冷系统故障的维修一定要先测量电压、电流、系统压力等基础数据，才能准确判断。

（6）KFR-32GW/Y-Q 空调制热效果不好。

故障维修：空调使用环境较好，电源电压正常，但空调不制热，开机 5min 后内风机不启动，外风机转，压缩机有 220V 输入电压，但开启电流大于 15A，检查压缩机接线、电容、绕阻均正常，排氟后（压缩机油色正常）更换大电容启动无效果，用 380V 电压瞬间启动并敲击仍无效果，分析为压缩机卡缸。

解决措施：更换压缩机后正常。

经验总结：处理压缩机卡缸故障方法有

① 首先检查压缩机接线是否有误，风机电容是否好（初学者易出错）；

② 采用大电容拖动，一般要在排氟泄压前后反复多次启动；

③ 高电压瞬间启动但时间不要过长且接法正确；

④ 压缩机抱轴故障因制冷系统导致的原因偏多，故在更换压机前一定要将制冷系统处理好。空调器在北方制热时，维修人员要向用户明确空调的使用条件，特别在-10℃后，制热所

取得效果较差且对压缩机自身的损耗也大。本案例是在-20℃时使用空调导致压缩机损坏。

二、任务的完成过程

1. 准备设备及器材

分体式空调一套，焊接设备，电工工具，薄铁板。

2. 操作步骤

（1）切断空调器电源（将空调的插头拔下，或者将电源空气开关关闭），然后对压缩机附近的电容进行放电，再拆下压缩机上各接线。

（2）用工具打开空调外机上的低压维修阀保护盖，然后用工具缓缓打开低压维修阀，让制冷剂缓慢排出制冷系统，即排放系统中制冷剂。空调器用的制冷剂（R22）是不燃性气体，但是如果直接与高温火焰接触的话，就会分解、产生有毒性气体，因此，焊接操作以前，必须将制冷系统内的制冷剂慢慢地放出。

（3）用工具拆卸空调外机的外壳，方便对压缩机进一步操作。

（4）用薄铁板作为挡板，挡在压缩机与空调器其他部件之间，以保护空调非焊接部位。

（5）用焊枪分别焊开压缩机的吸气管和排气管接头，然后用堵头将焊开的接头堵住。然后用扳手卸下压缩机。

（6）倒出空调压缩机冷冻油观察油色。

① 若油为无色或淡黄色，无气味，表示正常。

② 若油为褐色：冷冻油已劣化，由高温引起。

③ 若油为黑色：产生磨耗或冷冻油严重炭化，应对系统用 3MPA 氮气进行清洗，吹出系统中的油污，严重的毛细管、过滤器等要同步更换。

④ 若油为黄绿色：有水分进入系统产生酸性物质，应对系统用 3MPA 氮气进行吹洗，严重的用干燥过滤器排除水分。

（7）确认新换的压缩机为同型号或同规格，将压缩机安装到位。

（8）对需焊接管路充入氮气进行保护，然后焊接好吸、排气管。

（9）充入 3MPa 氮气，对系统进行保压试验，检查各焊接口及接头处有无漏点。

（10）参照接线原理图，接插各接线。

（11）连接真空泵，对系统抽空并按铭牌值对系统进行定量加氟。

三、任务的评价（表6.4）

表6.4 空调器压缩机更换操作评价表

序号	评分内容	配分	评分标准	自评得分	小组互评	教师评分
1	空调器压缩机更换训练	80	思路清晰，操作方法步骤正确，动作顺畅，工具使用正确，无器件损坏			
2	规范整洁	10	设备完好、摆放整齐、工位干净得10分。其他酌情扣分			
3	安全操作	10	无安全事故及安全隐患得10分，其他酌情扣分			
	合计得分	100				

知识拓展一：空调器故障的检修方法

一、空调器常见故障的检查方法

空调器的故障判断是空调器维修的一个重要环节，同样可采用"一看、二摸、三听、四测"的方法来判断发生故障的部位。

1. 看

观察外形是否完好无损，部件有无损坏、松脱，管道有无断裂，接线有无断开以及热交换器结霜、挂霜情况等。若发现制冷管道的接头出现油渍，则该处可能有制冷剂泄漏。有时空调器出现异常现象，并非什么故障，如设定温度等于或超过室温，开机后空调器不制冷，只要将设定的温度调低就可以了；又如正常情况下，空调器的蒸发器盘管及其翅片凝露应是均匀的，如果蒸发器某部分盘管不凝露或凝露少，甚至温度较高，可能是制冷管道阻塞或混入空气；再如，在制冷管道的接头处若出现油渍，则这个地方很可能有制冷剂泄漏。

2. 听

听空调器运行中各种声音，区分运行的正常噪声和故障噪声，即振动是否过大，风扇电动机有无异常杂音，压缩机运转声音是否正常等。空调器运行中各种声音，区分运行的噪声和故障声是故障诊断的常用方法。如风扇叶片触碰它物，会产生强烈的撞击声；电动机通电不转动，会产生尖锐的怪叫声。

3. 摸

摸空调器有关部位，感受其冷热、震颤等情况，有助于判断故障的性质与部位。如正常情况下，干燥过滤器表面温度应比环境温度高一些，若温度很低且出现凝露，则可能是干燥过滤器堵塞，造成制冷剂在受阻处节流降温；又如在运行中压缩机排气管应烫手，若不热甚至发凉，可能是制冷剂快漏光了。

4. 测

为了准确判断故障的性质和部位，常用仪器和仪表来检测空调器的性能、参数和状态。如用万用表、兆欧表和钳形表来测量电流、电压、各元器件及电动机线圈电阻、运转电流及对地绝缘电阻是否符合要求，用电子检漏仪等检查制冷系统有无泄漏。

看、听、摸、测等检查手段所获得的结果，大多只能反映某种局部状态。空调器各部分之间是彼此联系、互相影响的，一种故障现象可能有多种原因，而一种原因也可能产生多种故障现象。因此，对局部因素要进行综合比较、分析，从而全面、准确地断定故障的性质与部位。如制冷系统发生泄漏或堵塞，都会引起制冷系统压力不正常，造成制冷量下降。但泄漏必然引起制冷剂不足，使高压和低压的压力都降低；而堵塞若发生在高压部分，则会出现高压升高、低压降低的现象。因此，可根据故障现象加以区别，判断是漏还是堵，见表6.5。

表 6.5　制冷系统泄漏与堵塞的区别

故障情况	泄漏	不完全堵塞	完全堵塞
高压侧	运行电流和输入功率均低于正常值	运行电流和输入功率正常或稍高于正常值	运行电流和输入功率均高于正常值
	压缩机运行噪声低	压缩机运行噪声正常或稍高	压缩机运行噪声高
	排气管温度比正常值偏低	排气管温度接近正常	排气管堵塞时温度上升
	高压低于正常值	高压略微升高	高压升高

续表

故 障 情 况	泄　　漏	不完全堵塞	完 全 堵 塞
低压侧	低压低于正常值	低压略低于正常值	低压低于正常值
	蒸发器结露不完全	蒸发器结露不完全	蒸发器不结露
制冷（或热泵制热）	不良	不良	不制冷（热泵不制热）

二、空调器常见的假性故障

1. 空调器不运行

（1）电网停电、熔断器熔断、空气自动开关跳闸、漏电保护器动作、本机电源开关未合闸、定时器未进入整机运行位置等，即空调器实际上未接通电源。

（2）电源电压过低，电动机启动力矩小，电动机转动不起来，过载保护器动作，切断整机电源电路。

（3）遥控开关内的电池电能耗尽或正负极性接反，因而遥控开关不工作，空调器没有接到开机指令。

（4）空调器设定温度不当，如制冷时设定温度高于或等于室温，制热时设定温度低于或等于室温。

（5）正在运行的分体式空调器，若关机后马上开机，则有 3min 延时保护，空调器不会马上启动。

（6）环境温度过高或过低，如制冷时的室外气温超过 43℃，热泵制热时的室外气温低于 -5℃，机内保护装置会自动切断本机电源。

2. 空调器制冷（热）量不足

（1）空气过滤器滤网积尘太多，热交换器盘管和翅片污垢未除，进风口或排风口被堵，都会造成热交换气流不畅，使热交换效率大幅度降低，从而造成空调器制冷（热）量不足。

（2）若制冷时设定温度偏高，则压缩机占空比增大，空调器平均制冷量下降；若制热时设定温度偏低，则压缩机占空比也会增大，从而使空调器的平均制热量下降。

（3）若制冷时室外温度偏高，则空调器能效比降低，其制冷量亦随之下降；若制热时室外温度偏低，则空调器的能效比也会下降，其热泵制热量随之降低。

（4）空调器房间密封性能不好，缝隙多或开窗开门频繁，或长时间开启新风门，都会造成室内（热）冷量流失。

（5）空调器房间热负荷过大，如室内有大功率电器或热源，或室内人员过多，室温显然很难降下来。

3. 噪声

空调器内部在运转时会产生一定的噪声，这是空调器的最主要噪声。在通常情况下，这些噪声很有规律，只要其大小在允许的范围内就属正常现象。有时空调器会出现某种异常噪声，其实也不是空调器本身有什么毛病。如窗帘被吸附在空调器风栅上，空调器的运行噪声会马上变样，只要把窗帘拨开，声音又立即恢复正常；又如安装在窗框上的窗式空调器，其运行噪声一般会逐年增大，有时还会发生极强的噪声，这常常是由于窗玻璃松动引起的，只要设法解决好窗玻璃的坚固与消振，噪声就会大大减小。此外，压缩机在启动、停机时，会有轻微的"哗哗"液体流动声，有时还会听到"啪啪"的塑料面板热胀冷缩声，这些都是正常现象。

4．异味

空调器刚开机时，有时会闻到怪味，这可能是食物、化妆品、家具、墙壁等所散发出来的气体吸附在机内的缘故。所以，重新启用空调器前，须做好机内、外的清洁卫生，运行期内也应定时清洗滤网。平时不要在空调器房间内抽烟，不开空调器时应打开门窗通风换气。

5．压缩机开停频繁

若制冷时设定的温度过高或制热时设定的温度过低，都会使压缩机频繁地停开机。只要将制冷时设定的温度调低一点，或将制热时温度调高一点，压缩机停机的次数就会减少。

知识拓展二：空调器的常见故障及检修流程

一、空调器的常见故障

1．不能启动

空调器不能启动的原因有以下几点。

（1）压缩机抱轴或电动机绕组烧坏。压缩机机械故障，使压缩机卡住无法转动；电动机绕组由于过电流或绝缘老化，使绕组烧毁，都会使压缩机无法启动运行。

（2）启动继电器或启动电容损坏。启动继电器线圈断线，触头氧化严重；启动电容内部断路、短路或容量大幅度下降，都会使压缩机电动机不能启动运行，导致过载保护器因过电流而动作，切断电源电路，空调器无法启动。

（3）温控器失效。温控器失效，触头不能闭合，压缩机电路无法接通，故压缩机不启动。

2．不能制冷

（1）主控开关键接触不良。空调器控制面板上的主控开关若腐蚀，引起接触不良，则空调器不能正常运行。

（2）启动继电器失灵。启动继电器触头不能吸合，压缩机不通电，空调器当然就不制冷了。

（3）过载保护器损坏。过载保护器若经常超载、过热，其双金属片和触头的弹力会不断降低，严重时还可能烧灼变形。

（4）电容损坏。压缩机电动机通常都配有启动电容和运行电容。风扇电动机只配有运行电容。启动电容损坏，则电动机通电后无法启动，并会发出"嗡嗡"的怪声。遇到这种情况时，应立即关闭电源开关，以免烧坏电动机绕组。

（5）温控器损坏。温控器是空调器中的易损器件，用一段导线将温控器上的两个接线柱短路，若压缩机运转则故障出在温控器。

（6）压缩机损坏。压缩机是空调器的"心脏"，压缩机损坏是最严重的故障，压缩机卡缸或抱轴，轴承严重损坏，电动机绕组烧毁，都可能引起压缩机不转。

（7）其他原因。如离心风扇轴打滑，回风口、送风口堵塞，设定温度高于室温等，都会造成空调器不制冷。

3．不能制热

冷热两用空调器能在制冷、制热间转换，若间隔在 5min 以上却不能制热，则可以从以下几个方面进行检查。

（1）温控器制热开关失效。冷热两用型空调器的温控器上均设有控制热运行状态的开关，该开关失效，空调器无法转入制热运行。

（2）电磁四通阀失效。其滑块不能准确移位，热泵型空调器就无法进行冷热切换。

（3）化霜控制器失效。化霜控制器贴装在热泵型空调器室外侧换热器的盘管上，它通过感温包的感温，来接通或切断电磁阀的线圈，使空调器在制冷与制热间切换。所以化霜控制器损坏，空调器不制热。

（4）电热器损坏。电热型空调器电热元件损坏，使空调器不能制热。

4．风机运转正常但既不能制冷也不能制热

（1）压缩机损坏。

（2）制冷管道堵塞。尤其是毛细管和干燥过滤器，若被杂质污染或混入水分，则会产生脏堵和冰堵。

（3）制冷剂不足。若制冷剂泄漏或充入量严重不足，会严重影响压缩机的制冷和制热运行。

（4）电磁阀失效。

（5）制冷系统中混入过量空气。使制冷剂循环受阻，制冷效率太低。

5．制冷（热）量不足

（1）风机叶轮打滑。风机叶轮打滑，风量减小，因而空调器的制冷（热）量也随之减小。

（2）运行电容失效。运行电容失效，电路功率因数降低，工作电流增大，电动机损耗增加，转矩变小，转速降低，空调器制冷（热）量也就下降。

（3）温控器失灵。温控器上如果积尘多，使其动作阻力增大，动作迟滞，进而使压缩机不能及时接通电源，于是空调器的制冷（热）量就小了。

（4）压缩机电动机绝缘降低。压缩机电动机绕组浸在冷冻油中，若其绝缘强度降低，会使冷冻油变质，从而使制冷剂性能恶化，压缩机能效比降低；绝缘强度下降严重，还可能造成电动机绕组局部短路，使空调器制冷（热）量下降。

（5）连接管道保温不好。若分体式空调器室内、外机组之间的连接管道外面的保温护层脱落，则冷（热）量散失加剧。

（6）制冷剂轻微泄漏、充入量不足或过多。制冷管道有少许脏堵，毛细管处发生轻微冰堵，都会造成制冷量或制热量不足。

6．蒸发器表面结霜

（1）制冷工况时蒸发器结霜。制冷工况时的蒸发器位于室内机组内。造成蒸发器结霜的主要原因有：蒸发器通风散热不好，如离心风机损坏，风道受阻、空气过滤器积尘过多等；设定温度过低或温控器失灵，使压缩机在室温低于 20℃时还持续运转制冷；制冷剂量不够，使压缩机吸入口压力过低，蒸发温度过低。

（2）热泵制热工况时蒸发器结霜。热泵制热工况时的蒸发器位于室外机组内。造成蒸发器结霜的主要原因有：化霜控制器失灵，如化霜感温器件错位、触头粘边或接触不良；风机叶轮打滑或风道阻塞；电磁阀或启动继电器失灵，使空调器无法及时转入化霜运行状态。

7．压缩机"开"、"停"频繁

除电源方面的原因，如供电线路负荷过重，电源电压不稳定，电源插头、插座的接线松动等外，故障原因还有以下几点。

（1）过载保护器动作电流偏小。触头跳脱过早，从而造成压缩机非正常性停机。

（2）启动继电器动、静触头接触不正常。若电动机转速基本正常后，启动继电器的动、静触点还粘住，则会造成电动机过热，从而引起保护性动作。

（3）温控器感温包偏离正常位置。这可造成温控器微动开关非正常"开"、"关"。

（4）电动机轴承缺损或缺油，引起电动机过热，使得压缩机频繁停机。

（5）压缩机的电动机绕组局部短路或制冷系统压力过高，引起压缩机频繁"关"、"开"。

8. 振动大

（1）整机安装不牢固。安装支架不牢固，紧固螺钉松动，紧固件未配置防振垫圈。

（2）机内零部件安装不良。压缩机、风机、冷凝器、蒸发器等装配时，底座螺钉未旋紧，运行时振动就很大。

（3）压缩机底座设有防振弹簧。为了避免运输过程颠簸摇晃，制造厂常用螺帽将防振弹簧拧紧。用户在安装使用空调器时，宜将底座上防振弹簧帽稍拧松一点。

（4）风机装配不良。风扇叶轮安装时如果与转轴的同心度不一致，风扇转动起来振动就很大，若叶轮松脱、变形或与壳体相碰，则振动就更大了。

9. 噪声大

（1）轴流风扇叶轮顶端间隙过小，风扇运行噪声增大。

（2）制冷剂充入量过多，液态制冷剂进入压缩机产生液击，有较大的液击噪声。

（3）风机内落入异物或毛细管、高压管与低压管安装不牢固，会发生撞击声、摩擦声等。

10. 漏水

（1）室内侧漏水。窗式空调器低盘平面室内侧应比室外侧高 5~10mm；若室外侧比室内侧高或两者一样高，则冷凝水就不能通畅地排出室外，其中一部分就会溢出；分体式空调器室内机组上的排水管不能有积水弯，不能折压，否则冷凝水可能溢出；积水盘龟裂、锈蚀、脱焊造成漏水。

（2）室外侧漏水。窗式空调器积水盘室外部分龟裂，轴流风扇甩水圈不当，排水管破损等，都可能造成部分冷凝水从箱体吸风百叶窗处溅出。分体式空调器室外排水管破漏、排水管末端浸入水内，亦可能造成室外侧冷凝水外溢。

11. 漏电

（1）相线碰壳。空调器电源线中相线金属芯与底盘金属箱体相碰，整个金属外壳就会带电。

（2）电动机公用点接地。应切断电源，用万用表 $R×1$ 挡，测量电动机的公用点对地电阻，若该电阻值为零，则说明公用点接地。

12. 压缩机运转不停

（1）温控器失灵。温控器动作机构卡住、触点粘连等，无法及时切断压缩机电源。此外，若温控器感温包的安装位置离吸风口太远，起不到真正的感温作用，则温控器也不能准确地感温动作。

（2）电磁阀失灵。

（3）风道受阻。进、出风口或风道内部受阻，影响蒸发器表面冷、热空气的交换。

13. 压缩机超温

家用空调器采用全封闭式压缩机，温升不能太高，一般为 $70±5℃$。若温度超过上限即为超温，其可能原因有以下几点。

（1）电源电压太低，压缩机的电动机长时间欠压运行，会因过电流而超温。

（2）过载运行，制冷系统中混入空气，制冷剂充入量过多，造成压缩机过载运行，引起超温。

（3）运行阻力大。制冷系统中混入杂质，造成冷冻油路阻塞，压缩机内转动件润滑不足，摩擦阻力增大，使压缩机超温。

（4）压缩机吸入温度过高或过低，制冷剂充入量太少，会造成压缩机吸入温度过高。若制冷剂充入量太多，使一部分液态制冷剂进入压缩机引起液击，也会使压缩机超温。

（5）电动机绕组绝缘降低，若制冷系统中混入水分，就会使压缩机的电动机绕组绝缘程度降低。从而产生泄漏电流，甚至引起匝间短路，造成压缩机超温。

二、空调器常见故障的检修流程

1. 完全不制冷

空调器出现完全不制冷，其故障检修流程如图 6.18 所示。

图 6.18　完全不制冷的检修流程

2. 制冷效果差

空调器出现制冷效果差，其故障检修流程如图 6.19 所示。

图 6.19　制冷效果差的检修流程

3. 不制热

空调器出现不制热，其故障检修流程如图 6.20 所示。

图 6.20 不制热的检修流程

4. 制热效果差

空调器出现制热效果差，其故障检修流程如图 6.21 所示。

```
                    ┌──────────────┐
                    │   风不太暖    │
                    └──────┬───────┘
                           │
                    ┌──────┴───────┐
                    │ 室内机组是否出风 │
                    └──────┬───────┘
        ┌──────────────────┼──────────────────────────┐
        │                  │                          │
   ┌────┴────┐       ┌─────┴─────┐            ┌────────┴────────┐
   │  风小   │       │  出风充足  │            │   送风时有时无   │
   └────┬────┘       └─────┬─────┘            └────────┬────────┘
        │                  │                           │
  ┌─────┴──────┐     ┌─────┴──────┐           ┌────────┴────────┐
  │ 空气过滤器   │     │ 冷暖开关是否 │           │ 室外温度是否在0℃以下│
  │ 是否堵塞     │     │ 在"暖"位置  │           └────────┬────────┘
  └─────┬──────┘     └─────┬──────┘        ┌────────────┼─────────────┐
   ┌────┴────┐        ┌────┴────┐      ┌───┴───┐   ┌────┴───┐  ┌──────────────┐
   │堵塞│不堵 │        │不是│  是  │      │0℃以上 │   │0℃以下 │→ │化霜器动作时,室 │
   └─┬──┴─┬──┘        └─┬──┴──┬──┘      └───┬───┘   └────────┘  │内风扇停止运转  │
     │    │            │     │             │                    └──────────────┘
  ┌──┴─┐┌─┴──┐     ┌───┴──┐┌─┴─────┐  ┌────┴──────────┐
  │清扫 ││需要 │     │ 调整 ││温控器  │  │室外机组是否通风良好│
  │过滤器││检修 │     └──────┘│调整如何 │  └────┬──────────┘
  └────┘└────┘            └───┬───┘    ┌───┴────┐
                              │       ┌┴──┐  ┌──┴─┐
                      ┌───────┴────┐  │不良│  │良好 │
                   ┌──┴──┐      ┌──┴──┐└─┬─┘  └─┬──┘
                   │不合适│      │合适  │ ┌┴─────┐┌┴──────┐
                   └──┬──┘      └──┬──┘ │去除障碍物││需要检修 │
                 ┌────┴────┐      │    └──────┘└───────┘
                 │ 重新调整 │      │
                 └─────────┘   ┌──┴────────────────┐
                               │是否开窗         ┌──┴──┐
                               │有冷风侵入  ─────→│未侵入│
                               └──┬────────┘   └──┬──┘
                               ┌──┴──┐       ┌─────┴──────┐
                               │ 侵入│       │室外温度是否低│
                               └──┬──┘       └─────┬──────┘
                               ┌──┴──┐┌───────┐┌───┴───┬──────┐
                               │ 关窗│ │不是   │┌┴─┐  ┌──┴─┐
                               └─────┘ │故障   ││低│  │不低 │
                                       └───┬───┘└┬─┘  └──┬─┘
                                           └─────┘       │
                                              ┌──────────┴────────┐
                                              │ 室外机通风是否良好  │
                                              └──────────┬────────┘
                                               ┌─────────┴────────┐
                                             ┌─┴──┐          ┌────┴─┐
                                             │不良│          │良好  │
                                             └─┬──┘          └───┬──┘
                                          ┌────┴───┐       ┌─────┴────┐
                                          │需要维修 │       │去除障碍物 │
                                          └────────┘       └──────────┘
```

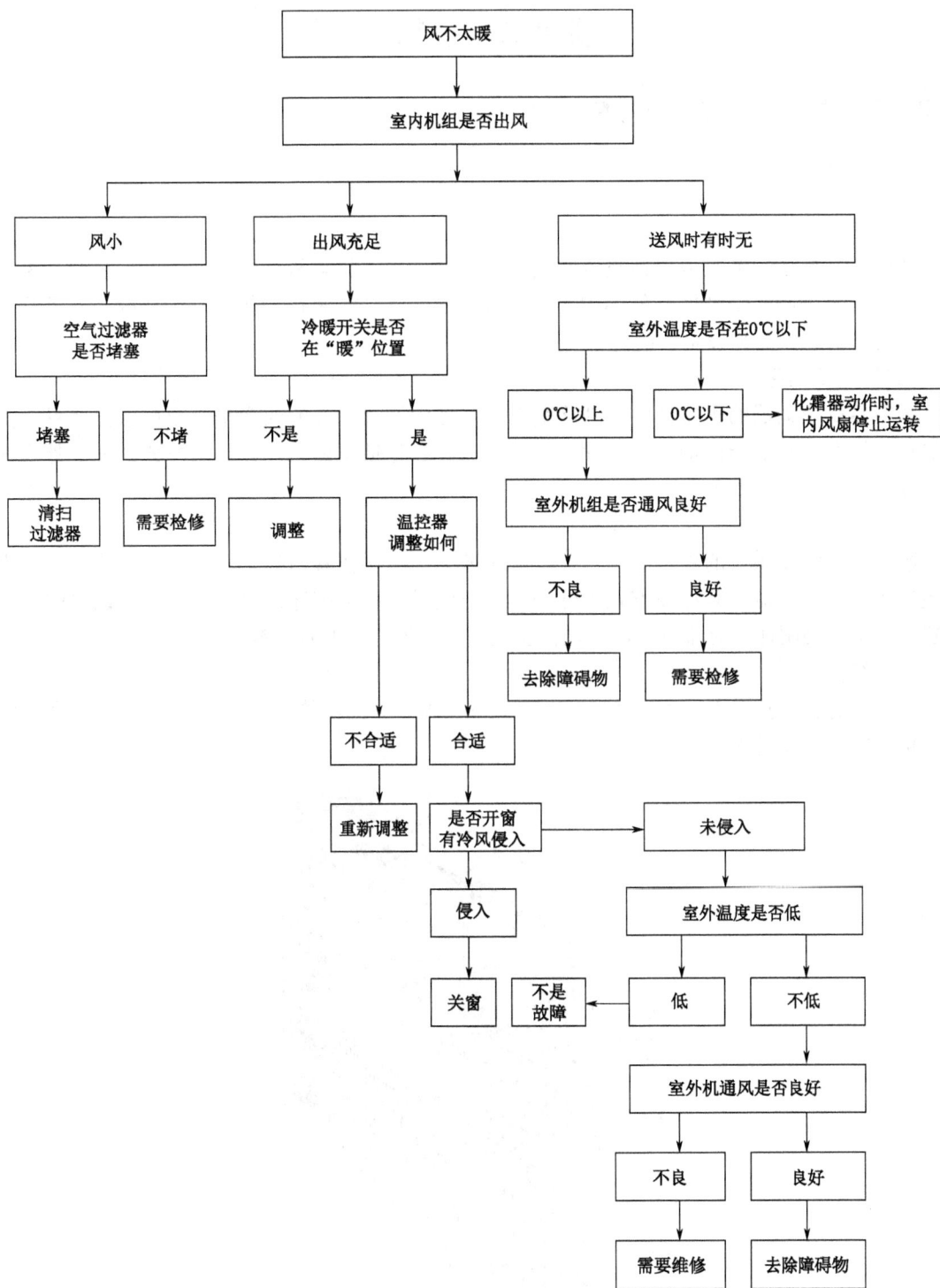

图 6.21　制热效果差的检修流程

项目二 换热器

任务 知道换热器的结构和故障维修

一、任务的准备

（一）明确任务

本任务主要是知道空调器换热器的结构、工作原理、特点等外部特征，同时还要掌握其维修方法，另外能对空调器的外部和内部进行常规清洗。大家在操作的时候要细心并且注意保护设备，防止人身和设备事故。

（二）知识准备

换热器是空调器的重要部件。制冷剂在换热器中通过状态的改变来吸收或放出热量，实现热量的转移。换热器由铜管、翅片和端板组成，它包括室内换热器（蒸发器）和室外换热器（冷凝器）。

1. 蒸发器

蒸发器是制冷系统的直接制冷器件，低压液态制冷剂在其内吸热蒸发，从而使周围的空气温度下降。蒸发器按其冷却方式可分为空气自然对流和强制通风对流两种。空调器中的蒸发器，都采用强制通风对流方式，以加快空气与蒸发器之间的热交换。

（1）结构。

小型空调器大都采用风冷翅片（肋片）式蒸发器，它的结构如图 6.22 所示。它是在紫铜管上接纯铝翅片而成的。

图 6.22 蒸发器的结构

（2）翅片。

翅片的目的是增加传热面积，加强空气的扰动性，提高蒸发器在空气侧的传热效率。翅片厚度通常为 0.12~0.20mm, 片距为 1.5~2.5mm。翅片有平、波纹、冲缝翅片之分，如图 6.23 所示。平翅片虽然加工容易，但刚性差，传热性能不好，现已逐渐被淘汰；波纹翅片与平翅片相比，刚性好，传热面积增加，且空气流过波状起伏的翅片时，增加了扰动和搅拌效应，因此传热效率提高 1/5 左右；而冲缝翅片会使通过翅片的空气在槽缝中窜来窜去，因此其扰动和搅拌效应比波纹片还好，传热效率比波纹翅片高 1/3，但冲缝翅片空气阻力大，容易积尘结垢，反而可能使空调器的制冷量急剧下降，所以，配置冲缝翅片的空调器不能在尘埃多的环境中使用。高档空调器往往在蒸发器的紫铜管内壁加翅片或在内壁加工成螺旋纹，使蒸发器整体的热交换效率大大提高。

图 6.23 翅片形式

（3）发展。

由于空调器不断向小型化、轻量化发展，翅片间距常降到 2mm 以下，凝露水由于受表面张力的作用，会形成局部桥路，从而使空气流通截面减少，风压损失急剧增加，因此须对翅片表面进行亲水处理，以降低凝露水的表面张力，使之水膜化。翅片表面亲水处理的方法很多，其中，γ-水铝石处理的综合性能很理想，它除了具有极好的亲水性外，还有防腐蚀性能。

2. 冷凝器

冷凝器的作用是将制冷剂在蒸发器和压缩机中吸收的热量传送到室外的空气中。冷凝器有风冷式和水冷式两种类型。家用空调器制冷量小，通常采用风冷翅片式冷凝器。风冷翅片式冷凝器与蒸发器的结构相同，如图 6.24 所示。水冷式比气冷式冷却效果好，大功率空调器都采用水冷式。其空气侧是干热交换，空气流动阻力比蒸发器小，放热系数则更小，因此，翅片面积要比蒸发器约大 60%，片距可稍小些。

图 6.24 冷凝器的结构

3. 空调蒸发器和冷凝器的故障判断方法

蒸发器和冷凝器的故障诊断，需要通过对管路进行打压查漏。打压查漏主要分三个步骤：

（1）打总压，看制冷管路是否存在泄漏；

（2）高、低压分段打压，主要证实高压管路和低压管路是否存在泄漏；

（3）低压分段打压，再确定上、下蒸发器泄漏部位。打压的方法因蒸发器类型不同而不尽相同。

当对蒸发器和冷凝器进行打压查漏的时候，其主要目的是查看各个管路是否有泄漏，从而来判断蒸发器和冷凝器的好坏。具体的诊断步骤如下。

① 首先用管刀割开压缩机工艺管口上端的工艺管，对制冷管路进行放气。

② 接着将蒸发器的回气管与压缩机吸气管之间的焊接口焊开，然后将毛细管与干燥过滤器的焊口焊开，并把毛细管一端的端口用气焊封死。

③ 在蒸发器回气管管口处焊接一个真空压力表，然后用氮气瓶通过真空压力表对低压制冷管路进行打压（打压的压力通常为 0.78MPa），并用肥皂水检查真空压力表与回气管、毛细管端的焊点有无泄漏。在确认无泄漏的情况下，观察 24h 后，真空压力表的读数不变即可。对于性能良好的蒸发器，真空压力表读数应始终保持为 0.78MPa。若读数下降，则说明蒸发器有泄漏。

二、任务的完成过程

空调在使用了一段时间后，会出现怪味、制冷效果下降、费电、出风量下降等诸多问题，这都是滞留在空调散热片中的大量污垢、细菌所造成的。下面我们就来对空调器进行清洁处理。

空调机的清洗应该包括三部分，第一是空调机体外壳和裸露部分，是容易受污染的部件；第二是过滤网部分，这是核心部位；第三是空调散热器部分，这是空调灰尘的主要聚集地部分。

1. 准备设备及器材

抹布、水盆、专业空调清洗剂，刷子。

2. 操作步骤

1）空调器表面清洗

（1）将空调器的电源完全断开，静置一段时间，让机器内部电荷自行释放。

（2）用湿抹布对空调内机和外机的外壳部分进行擦拭，去除其表面的灰尘等污物。

（3）用湿抹布清理空调的出风口导风页。在长期的使用中，由于该处是空调出风处，所以其表面极易积压灰尘，所以在外部清洗时，空调出风口的清理不容忽视。

（4）在清洗时注意容易附着灰尘的通风口等一些死角。在清洗时，我们首先要擦洗面板，用抹布轻轻地擦洗面板上的灰尘，在细节与连接处要多加留心，防止死角上灰尘的残余。注意，空调左右两侧以及顶部位置都不容忽视。

2）清洗空调过滤网

（1）打开空调内机的栅格，可以看到空调室内机的过滤网。

（2）将空调过滤网从室内机中轻轻取出，并轻轻拍打，将其灰尘抖掉。

（3）用水冲洗过滤网，然后用软毛刷清洗其网格，注意不要损伤网格。

（4）清洗后，将滤网晾干，切记不可阳光暴晒，以免部件变形。

3）清洗空调散热片

（1）打开空调内机的栅格，取出内部的过滤网。

（2）将空调专用清洗剂均匀喷淋到空调蒸发器上，最好上下喷淋，这样可以让清洗剂的覆盖更密集，其上的灰尘、污垢就逐渐溶解流淌走了。

（3）如果效果不好，可以反复喷淋 2、3 次，在喷淋过程中需要注意喷头不要离散热片太远，以免喷溅到墙上造成额外的清洁负担。另外需要注意不要忘了喷淋支架后面的和上面的部分。

（4）均匀喷淋散热片后，需要等待大约 5min，让清洗剂充分溶解散热片上的灰尘并杀死附着的细菌。

（5）如果空调室外机处在一个比较安全，且方便靠近的地方（比如阳台），也可以按照前面步骤进行喷淋清洁。

（6）然后，安装好过滤网并盖上空调盖，连接上空调电源，打开窗户后，让空调运行制冷 20～30min，即可将散热片上的灰尘细菌清除干净。

三、任务的评价（表 6.6）

表 6.6　空调器清洗操作评价表

序号	评 分 内 容	配分	评 分 标 准	自评得分	小组互评	教师评分
1	空调器表面清洗训练	20	思路清晰，操作方法步骤正确，动作顺畅，工具使用正确，无器件损坏			
2	空调器过滤网清洗训练	30				
3	空调器散热片清洗训练	30				
4	规范整洁	10	设备完好、摆放整齐、工位干净得 10 分。其他酌情扣分			
5	安全操作	10	无安全事故及安全隐患得 10 分，其他酌情扣分			
	合计得分	100				

项目三　节流器件

任务　知道各节流器件的结构和维修

一、任务的准备

（一）明确任务

本任务主要是知道空调器的毛细管、膨胀阀等节流器件的结构和工作原理，同时根据原理能够掌握其对应的故障现象和维修方法。由于节流器件容易堵塞，所以在学习的时候要结合前面的知识、技能来加以理解。

（二）知识准备

节流器件是制冷循环系统中调节制冷剂流量的装置。它可把从冷凝器出来的高压、高温液态制冷剂降压、降温后，再供给蒸发器，从而使蒸发器获得所需要的蒸发温度和蒸发压力。空调器中常用的节流器件是毛细管、膨胀阀和分配器。小型空调器通常使用毛细管，而大、中型空调器一般使用膨胀阀和分配器。

1. 毛细管

空调器上用的毛细管与电冰箱上用的基本一样。毛细管结构简单，运行可靠，压缩机停机后，高、低压区的压力通过毛细管很快就达到平衡，因此，压缩机可使用转矩小的电动机轻载启动。但是，毛细管调节制冷剂流量的能力很弱，几乎不能根据房间空调器负荷的变化调节制冷剂的流量，从而有效地调节制冷系统的制冷量。

2. 膨胀阀

膨胀阀既是制冷系统的节流器件，又是制冷剂流量的调节控制器件。它主要包括热力膨胀阀、热电膨胀阀和电子膨胀阀等。

1）热力膨胀阀

依据受力的平衡方式可分为内平衡式和外力平衡式。空调器一般选用内平衡式膨胀阀。

（1）内平衡式膨胀阀的组成结构。

内平衡式热力膨胀阀由感温机构、执行机构和调整机构 3 部分组成，其结构如图 6.25 所示。其中感温机构由感温包、毛细管、膜盒组成，执行机构由膜片、推杆、阀芯组成，调整机构由调整杆、弹簧组成。

1—密封盖；2—调节杆；3—垫料螺帽；4—密封垫料；5—调节座；6—喇叭接头；
7—调节垫块；8—过滤网；9—弹簧；10—阀针座；11—阀针；12—阀孔座；13—阀体；
14—顶杆；15—垫块；16—动力室；17—毛细管；18—薄膜片；19—感温片

图 6.25　内平衡式热力膨胀阀结构

（2）内平衡式膨胀阀的工作原理。

内平衡式热力膨胀阀的工作原理如图 6.26 所示。

2）电子膨胀阀

近年来，空调器技术发展迅速，空调器更新换代很快，新品种不断推出，如变频式热泵型冷热两用空调器就是其中的代表。为了适应精确、高速、大幅度调节负荷的需要，以便使制冷循环维持在最佳状态，微电脑控制的速动型电子膨胀阀应运而生。电子控制膨胀阀可以根据不同的工况，控制系统制冷剂的流量，因此在变频技术空调器、模糊技术空调器、多路系统空调器等系统中，得到了广泛的应用。

1—阀盖；2—毛细管；3—感温包；4—膜片；5—推杆；
6—阀体；7—阀芯；8—弹簧；9—调整杆；10—蒸发器

图 6.26　内平衡式热力膨胀阀工作原理

3. 分配器

空调器（如分体立柜式空调）中的蒸发器采用热力膨胀阀进行节流时，大多将制冷剂分成多路进入蒸发器，要将膨胀阀出来的制冷剂均匀地分配到各条通路内，必须使用分配器。

图 6.27 所示为分配器结构，它由一个分配本体和一个可装拆的节流喷嘴环组成。节流环的出口有一圆锥体，各条流路的液体沿圆锥体分开流出，圆锥的底部有许多均匀分布的孔用于连接蒸发管。制冷剂由入口经节流喷嘴环而进入分配体，再经圆锥体分别进入各分路孔，然后进入蒸发器各分路蒸发管中。

图 6.27　分配器结构

4. 空调毛细管脏堵和冰堵排除

空调器制冷系统除了制冷压缩机是出故障的重点部件外，毛细管与干燥过滤器也是易出故障的部件。

空调器制冷系统中的毛细管易发生的故障与电冰箱制冷系统中易发生的故障基本一样，均为"脏堵"或"冰堵"。

（1）空调毛细管脏堵故障现象。

压缩机运行一段时间后，蒸发器出风口处仍无冷风吹出或吹出的风温度较高。此时冷凝器侧亦无热风吹出。

（2）空调毛细管脏堵的判断。

毛细管"脏堵"现象，易与空调器制冷系统缺氟、漏氟和室外侧冷凝器表面过脏，不能很好进行热交换等故障现象混在一起，不易判断。为准确判断是否是毛细管出现了"脏堵"，可在分体式空调器室外机组的出液阀、回气阀上挂压力表，启动压缩机运行，观察压力表的变化情况，若发现运行时高压表表压较高，而低压表压力趋近于零，则说明制冷系统不亏氟，而是出现了"脏堵"。为了判别是毛细管"脏堵"，还是干燥过滤器"脏堵"，可用剪刀将毛细管与干燥过滤器处剪开一个小口，看有无制冷剂喷出，若有制冷剂喷出，说明是毛细管出现了"脏堵"，若无制冷剂喷出，则说明是干燥过滤器出现了"脏堵"。

（3）空调毛细管脏堵故障排除。

毛细管发生脏堵以后，最好更换同内径同长度的毛细管。若手头没有合适的毛细管，可用加热的方法，即用气焊的外焰加热毛细管，将其内部的脏东西烧化。在加热的同时可从毛细管的出口端（即与空调器蒸发器相连的一端）用氮气加压吹气，把积存在毛细管内的脏东西吹出来。

（4）空调毛细管冰堵的原因及现象。

空调器制冷系统中的毛细管还会发生"冰堵"故障，特别是热泵型空调器更容易发生此种故障。由于空调系统真空处理不良，铜管破裂，或拆装空调时有水分进入空调管道等原因造成系统内含水量过大或制冷剂本身含水量超标等。

空调冰堵大都发生在毛细管的出口端。若氟利昂里的水含量超标，会在节流时析出变成冰，堵塞毛细管、过滤网甚至管道。另外，在水分子的作用下，铁质机件会生锈，压缩机线圈的绝缘会被破坏，从而缩短机件寿命。

空调器制冷系统出现"冰堵"后的故障现象也与电冰箱制冷系统"冰堵"故障相似，即会出现一会儿空调器制冷系统工作正常，一会儿制冷系统工作不正常，如此反反复复。

（5）如何排除空调毛细管冰堵。

确定空调机器毛细管"冰堵"后，先将制冷系统内制冷剂放掉，处理方法有用氮气反复吹，并且重新进行真空干燥处理。对制冷系统的主要部件蒸发器、冷凝器进行一次清洗处理。

另外，在寒冷的冬季，空调毛细管上结冰使毛细管阻塞，或过滤网阻塞，或制冷剂灌注不足，或缓慢泄漏，造成制冷剂不足，此时可更换毛细管和过滤网。检查一下系统电压电流，如电压正常，电流太小，则制冷剂不足。

5. 空调膨胀阀排除

空调器中使用的膨胀阀有两种，即热力膨胀阀和电子膨胀阀，热力膨胀阀用于大、中型家用空调器中制冷系统的节流，电子膨胀阀主要用于变频式家用空调器中制冷系统的节流。

（1）热力膨胀阀常见故障。

热力膨胀阀的常见故障是堵塞和感温失灵。当膨胀阀发生故障时会出现家用空调器制冷（热）效果差或根本不制冷。可按照以下方法进行检修：首先检查感温元器件是否失灵，若失灵则应更换。其次是检查膨胀阀是否堵塞，对于堵塞或损坏的膨胀阀，只有更换。

在更换膨胀阀时，应对阀口开启度进行调节。厂家为了保证安装方向的正确性，孔径在4mm以内的进口螺纹为$\phi16mm\times1mm$，出口螺纹为$\phi18mm\times1mm$。调节时，可将下方的六角封帽卸下，转动调节螺杆进行调节；逆时针旋转，弹簧受力变大，阀口关小；顺时针旋转，弹簧受力变少，阀口开大。调节过程中，每次旋转不能过多，以保证制冷系统运行的稳定性。

（2）电子膨胀阀常见故障及维修方法。

电子膨胀阀由线圈通过电流产生磁场并作用于阀针，驱动阀针旋转，当改变线圈的正、负电源电压和信号时，电子膨胀阀也随着开启、关闭或改变开启与关闭间隙的大小，从而控制系统中制冷剂的流量及制冷、热量的大小。阀芯开启越小，制冷剂流量越小，其制冷、热量越大。

电子膨胀阀常见的故障有一拖二机器 A\B 机电子膨胀阀线圈固定错或室外机 A、B 机端子控制线接反，无法开机；电子膨胀阀线圈短路或开路造成无法正常工作；阀针卡住，开度不变，造成机器升频后又下降，无法达到高频。

电子膨胀阀损坏后，所引起的故障现象有不制冷、不制热，制冷、制热效果差等现象。不能采用普通膨胀阀代换，必须更换同型号电子膨胀阀，才能保证家用空调器的制冷（制热）性能。

空调电子膨胀阀维修检测方法如下。

① 首先确定线圈是否牢固固定在阀体上，并用万用表测量电子膨胀阀线圈两公共端与对应两绕组的阻值，正常情况时应约为 50Ω，无穷大时为开路，过小时为短路，此时应进行更换。

② 电时电子膨胀阀应复位，通过听声音、摸振动判定阀针是否有问题。

③ 在关机状态下阀芯一般处在最大开度，此时断开线圈引线，然后开机运行，如果此时制冷剂无法通过，说明电子膨胀阀堵。

二、任务的完成过程

1. 准备设备及器材

KFR-25GW×2/BPF 变频一拖二空调器的电子膨胀阀，数字万用表。

2. 操作步骤

KFR-25GW×2/BPF 变频一拖二空调器的电子膨胀阀的导线有 6 根，分别对应两组励磁驱动绕组。两组绕组有两个公共端，共四个绕组。6 根线的颜色分别为"红、棕、蓝、橙、黄、白"。红、橙、白色线为一组绕组，其中红色线为公共端。棕、蓝、黄色线为另一组绕组，其中棕色线为公共端。

用数字万用表分别测试四个绕组的阻值，然后和标准值相对比，从而判断绕组的好坏。

正常的时候，红色与橙色线间的绕组阻值为 56Ω，红色与白色线间的绕组阻值为 56Ω，橙色线与白色线串联总电阻值大约为 110Ω。

正常的时候，棕色与蓝色线间的绕组阻值为 56Ω，棕色与黄色线间的绕组阻值为 56Ω，蓝色线与黄色线串联总电阻值大约为 110Ω。

三、任务的评价（表 6.7）

表 6.7 变频空调器电子膨胀阀测试评价表

序号	评分内容	配分	评 分 标 准	自评得分	小组互评	教师评分
1	变频空调器电子膨胀阀测试训练	80	思路清晰，操作方法步骤正确，动作顺畅，工具使用正确，无器件损坏			
2	规范整洁	10	设备完好、摆放整齐、工位干净得 10 分。其他酌情扣分			
3	安全操作	10	无安全事故及安全隐患得 10 分，其他酌情扣分			
	合计得分	100				

项目四　辅助器件

任务　知道各辅件器件的结构及维修

一、任务的准备

（一）明确任务

本任务主要是知道空调器的干燥过滤器、气液分离器、单向阀、电磁阀、截止阀等辅助器件的结构和工作原理，同时根据原理能够掌握其对应的故障现象和维修方法。由于这些器外形各异，功能不同，所以在学习的时候要掌握其原理，加以区分，以防混淆。

（二）知识准备

1. 干燥过滤器

由于空调器制冷剂系统中含有微量的空气和水分，再加上制冷剂和冷冻油中含有的少量水分，若其总含水量超过系统的极限含水量，当制冷剂通过毛细管（或热力膨胀阀）节流降压时，制冷剂中含有的水分就可能在毛细管进口（或热力膨胀阀的阀芯处）冻结成小冰块，堵塞毛细管（或热力膨胀阀的阀芯通道），使空调器制冷剂系统不能正常工作。另外，空调器制冷系统中还可能含有一些脏物和其他杂质，若不把它们除掉，也可能堵塞毛细管（或膨胀阀的阀芯处）。所以，空调器一般都要安装干燥过滤器。

图 6.28　干燥过滤器结构

图 6.28 所示为干燥过滤器的结构，其外形为圆筒状，其中过滤网设置在过滤器较细的一端，另一端设置滤栅，在这两端之间充满着干燥剂分子筛。过滤器的一端与冷凝器相连，另一端与毛细管相连，毛细管焊接时伸入干燥过滤器内一段长度，但不能与过滤网相碰，以免堵塞毛细管。干燥过滤器使用一段时间后，由于分子筛的吸附能力下降，失去了干燥、过滤的作用，因而需要定期更换。

2. 气液分离器

为了防止液态制冷剂进入压缩机，引起液击，制冷量比较大的空调器均在蒸发器和压缩机之间安装气液分离器。普通气液分离器的结构如图 6.29 所示。从蒸发器出来的制冷剂进入气液分离器后，制冷剂中的液态成分因本身自重而落到筒底，只有气态制冷剂才能由吸入管吸入压缩机。气液分离器筒底的液态制冷剂待吸热汽化后，亦可吸入压缩机。这种气液分离器常用于热泵型空调器中，接在压缩机的回气管路上，以防止制冷运行与制热运行切换时，把原冷凝器中的液态制冷剂带入压缩机。

旋转压缩机的气液分离器与压缩机组装在一起，其结构很简单，即在一个封闭的筒形壳体中有一根从蒸发器来的进气管及一根通到压缩机吸入口的出气管，两管互不相连，筒形壳体内还设有过滤网。这种气液分离器还兼有过滤和消声两种功能。

3. 单向阀

单向阀的作用是只允许制冷剂沿单一的方向流动。单向阀的阀体

1—进气管；2—出气管；
3—微量回油孔；4—压力平衡孔

图 6.29　气液分离器结构

外表面往往标有制冷剂流向的箭头。常见单向阀的外形及结构如图 6.30 所示。热泵型空调器夏天制冷，冬天制热，其工况差别悬殊。若仅靠电磁换向阀来切换制冷剂的流向，往往不可靠。为了使热泵型空调器在制冷工况和制热工况下都能安全而有效地运行，常常在制冷管道中增设单向阀。此外，为了防止停机时制冷剂由冷凝器回流进入压缩机，从而引起液击，分体式单冷型空调器多在靠近压缩机的排气管上安装单向阀。

（a）外形　　　　　　　　　　（b）结构

图 6.30　单向阀

4．电磁阀

电磁阀是利用通电线圈所产生的电磁力来接通、切断制冷剂通路或切换制冷剂流向的闸阀，它也可用于旁路，以控制压缩机在正常压力下启动和运行。电磁阀的形式很多，空调器上常用的电磁阀有电磁四通换向阀、双向电磁阀和专用电磁阀旁通阀。

1）电磁四通换向阀

它又称电磁换向阀，常用在热泵型空调器上，通过改变制冷剂的流向，实现制冷工况和制热工况之间的转换。

（1）组成结构。

电磁四通换向阀的外形如图 6.31 所示。

图 6.31　电磁四通换向阀的外形

电磁阀由阀体、左右阀芯、左右弹簧、衔铁和电磁线圈等组成。阀芯与衔铁连成一体，能一起移动。右弹簧的弹力大于左弹簧的弹力，使电磁线圈断电时衔铁复位，这时左弹簧起缓冲作用，以减少阀芯对阀体的冲击。当线圈通电时，线圈磁场对衔铁的磁力克服右弹簧的弹力，使衔铁带动阀芯向右移动，左阀芯关闭左边的阀孔，而右边阀孔被右阀芯打开；而线圈断电时磁场消失，衔铁左移复位，右阀芯关闭右边阀孔，同时左边阀孔被左阀芯打开。

（2）工作原理。

电磁四通换向阀工作原理如图 6.32 所示。当空调器的冷热换向开关扳向制冷时，换向阀中的电磁阀线圈断电，衔铁左移，左阀孔打开，毛细管 A 与 B 接通，而 C 管堵住。由于换向阀上的 4 号管与压缩机排气管相连接，阀体内腔除被滑块盖住部分外，均充满高压气体，而高压气体通过活塞上的小孔向左右两端的空腔充气。又由于毛细管 C 被堵不通，因而右活塞右端空腔内充满高压气体，而毛细管 A 和 B 能过 2 号管与压缩机吸气管（低压侧）相通，使左活塞左端空腔内的气体不断被压缩机吸走，形成低气压区。这就是说，换向阀左右活塞两端的空腔内形成一个自右向左的压力差，从而将滑块推向左侧，使 1 号管和 2 号管靠滑块而接通，这时，室内侧的热交换器就变成蒸发器，液态制冷剂在蒸发器内吸热汽化，起制冷作用。

将空调器冷热换向开关扳向制热挡，则电磁阀的线圈通电，衔铁右移，毛细管 B 和 C 接通，A 管堵住。这时换向阀滑块右移，2 号管和 3 号管接通，室内侧的热交换器就变成冷凝器，气态制冷剂在冷凝器内液化放热，达到制热的目的。图 6.32 中换向阀处于制热工况位置。

图 6.32　电磁四通换向阀工作原理

2）双向电磁阀

双向电磁阀允许制冷剂沿两种不同方向流动，其结构如图 6.33 所示。双向电磁阀可用于控制压缩机负载的轻重。当线圈通电时，双向电磁阀开启，压缩机排气端有一部分制冷剂返回进气端，则压缩机两侧压力差减小，压缩机轻载运行；而线圈断电时，双向电磁阀关闭，压缩机满载运行，如图 6.34 所示。这里双向电磁阀实际上起旁通阀的作用。

图 6.33 双向电磁阀结构

图 6.34 双向电磁阀应用

3）专用旁通电磁阀

它的外形如图 6.35 所示。旁通电磁阀开启时，制冷剂从水平管流进，由竖直管流出。旁通电磁阀可以为压缩机减载运行或启动、单独除湿等提供制冷剂的旁通路径。

图 6.35 旁通电磁阀

5．截止阀

为了安装和维修方便，分体式空调器在其室外机组的气管和液管的连接口上，各装一只截止阀，这是一种管路关闭阀，结构形式较多。从配接管路看，有三通式（带旁通孔）和两通式（不带旁通孔）；从外形看，有直角型和星形（Y 型）等。通常，气阀多用三通式，而液阀既可用两通阀，也可用三通阀。

图 6.36 为直角型三通截止阀，阀杆有前位、中位和后位 3 种工作位置。

图 6.36 直角型三通截止阀

如图 6.37 所示，阀杆处在前位时，阀芯向下关足，管路关闭，而旁通孔打开；阀杆处在中位时，管路与旁通孔都导通（三通）；阀杆处在后位（背锁位置）时，阀芯向上升足，管路导通，而旁通孔关闭。其中，前位是机组出厂时的位置，后位是制冷循环时的正常工作位置，中位是抽真空、充灌制冷剂的位置。

| 前位 | 中位 | 后位 |

图 6.37　三通截止阀工作状态

6. 干燥过滤器常见故障的判断与维修方法

空调器制冷系统中的干燥过滤器最易产生的故障是"脏堵"。

产生"脏堵"故障的主要原因是：制冷系统焊接时操作不规范，加热时间过长，使管道内壁产生大量的氧化层脱落；压缩机长期运转造成的机械磨损产生金属碎渣。制冷系统在加入制冷剂前未清洗干净等。

空调器制冷系统干燥过滤器产生"脏堵"时的故障现象与其毛细管产生"脏堵"故障时类似，判断方法也相同。即断开毛细管与干燥过滤器的接口后，看不到有大量的制冷剂喷出时，再断开冷凝器与干燥过滤器的接口。若看到有大量制冷剂喷出，即可判定是干燥过滤器出现了"脏堵"。

干燥过滤器"脏堵"故障的排除方法：拆掉"脏堵"的干燥过滤器，用高压氮气（表压 0.4MPa 即可）吹一下制冷系统，重点是高压侧。然后更换一只新干燥过滤器即可。

7. 气液分离器常见故障的判断与维修方法

空调器气液分离器和压缩机为一体，主要用于将制冷剂在送回压缩机吸入口时，储存系统内的部分制冷剂，防止压缩机液击或因制冷剂过多而稀释冷冻油，并将制冷剂气体、冷冻油充分地输送给压缩机。

气液分离器的常见故障为制冷系统压缩机产生的机械磨损造成的金属粉末，以及管道内的一些焊渣和冷冻油内的污物对过滤器产生阻塞，造成压缩机回油回气变差，压缩机工作温度升高，高压压力偏高，容易产生过热保护。

气液分离器故障排除方法：将系统制冷剂排放完毕以后，将气液分离器焊下，然后用四氧化碳、二氯乙烯进行清洗。堵塞严重时可进行更换。

8. 电磁四通换向阀常见故障的判断与维修方法

（1）电磁四通换向阀常见故障。

电磁四通换向阀常见的故障有电磁四通换向阀换向不良或四通阀串气，其中电磁四通换向阀串气实际上是由于电磁四通换向阀换向不良引起的，引起电磁四通换向阀换向不良的可能原因有以下原因：

① 线圈断线或者电压不符合线圈性能规定，造成先导阀的阀芯不能动作；

② 由于外部原因，先导阀部变形，造成阀芯不能动作；

③ 由于外部原因，先导阀毛细管变形，流量不足，形成不了换向所需的压力差而不能

动作；

④ 由于外部原因，主阀体变形，活塞部被卡死而不能动作；

⑤ 系统内的杂物进入四通阀内卡死活塞或主滑阀而不能动作；

⑥ 钎焊配管时，主阀体的温度超过了 120℃，内部零件发生热变形而不能动作；

⑦ 空调系统冷媒发生外泄漏，冷媒循环量不足，换向所需的压力差不能建立而不能动作；

⑧ 压缩机的冷媒循环量不能满足电磁四通换向阀换向的必要流量；

⑨ 变频压缩机转速频率低时，换向所需的必要流量得不到保证；

⑩ 压缩机使系统产生液压冲击造成电磁四通换向阀活塞部破坏而不能动作。

（2）空调系统电磁四通换向阀换向不良的判定。

当发生电磁四通换向阀泄漏或换向不良时，系统会出现压力异常，高压偏低，低压偏高。严重时，高低压直接导通，系统无法建立压差，电磁四通换向阀上下四根管管温基本一致，排气温度无法正常上升。

电磁四通换向阀换向不良的判断：在系统制冷运行情况下，用手摸电磁四通换向阀上面的管路及下面的三根管路，其中有两根管路的温度都较高，而另两根管路的温度都较低，由此可以判定四通阀是否发生明显泄漏。

接着让系统按制热运行，听听电磁四通换向阀换向的声音是否正常，然后再次用手摸感受电磁四通换向阀四个管路的温度，此时应该有两根管路的温度正好发生相反的变化，即原来是较热的管路变冷了，而原来较冷的管路变热了，如果没有，说明电磁四通换向阀换向不良。

（3）空调四通换向阀维修方法。

四通换向阀的维修必须注意以下几点。

① 四通换向阀被异物卡住时，可以在系统运行时，将四通换向阀手动反复上电断电，同时用软木棍或较软的物体敲击四通阀主阀体，将异物冲走；如果不行，则必须更换四通换向阀；

② 拆下四通换向阀主体时，先取下线圈，也不要让阀体内、外部受热，以免烧坏主滑阀，影响故障分析。

③ 焊接新的四通换向阀时，防止水进入阀体内部。

④ 使用水冷却时，防止水进入阀体内部。

⑤ 再充填冷媒时，防止过量充填或充填量不足，以免四通换向阀动作不良。

⑥ 修理空调机后，切记打开高低压阀门，以免四通换向阀受到异常高压冲击。

9. 空调截止阀常见故障的判断与维修方法

截止阀主要用于切断或开通气、液管路，是为安装和检修方便而设置的。空调中常用的截止阀为二通直角阀和三通直角阀。三通截止阀进出孔与管路上的进出管相连；另一个孔称为工艺口，供安装、维修时使用，如抽真空、充注制冷剂、接压力表，不用时应将此孔关闭，并拧紧螺母。

截止阀故障多为阀杆漏、工艺口顶针阀芯漏、阀体裂纹等故障。另外，在截止阀与连接管紧固时，连接管喇叭口平面上粘有铜屑、沙土，容易造成截止阀面损坏。

应注意：在安装、维修过程中，严禁在截止阀开启至最大时用力过大，否则，会将截止阀内的橡胶封圈割碎，甚至用力过猛旋出阀杆。

维修截止阀时可用肥皂水进行检漏，阀体有砂眼或裂纹，可通过烧焊维修，无法修复的应予以更换。

截止阀的更换方法是先放净系统内制冷剂后，把阀的固定螺钉卸开，用气焊取下故障截止阀更换新阀，抽真空，并适量充注制冷剂即可。

二、任务的完成过程

常见空调辅件器件识别训练：

请通过实训室设备、商场、书籍、网络等途径在表 6.8 中写出以下实物的名称。

表 6.8　常见空调辅件器件识别表

编号	实　物	编号	实　物
1		2	
名称		名称	
3		4	
名称		名称	
5		6	
名称		名称	
7		8	
名称		名称	

续表

编号	实　物	编号	实　物
9		10	
名称		名称	
11		12	
名称		名称	
备注	参考器件名称有：干燥过滤器、气液分离器、单向阀、电磁四通换向阀、双向电磁阀、截止阀		

三、任务的评价（表 6.9）

表 6.9　常见空调辅件器件识别评价表

序号	评分内容	配分	评分标准	自评得分	小组互评	教师评分
1	常见空调实物类型识别表	100	识别正确，书写规范，无错别字			
	合计得分	100				

项目五　空气循环系统

任务　知道空气循环系统的组成和维修

一、任务的准备

（一）明确任务

本任务主要是知道空调器的空气循环系统的组成、工作原理、维修方法等知识，同时还要通过实训掌握分体式空调器室内机的拆卸技能。由于这些知识相对抽象，所以大家在实训的时候一定要多看从而帮助理解。同时在操作过程中大家要观察仔细、小心操作、不断分析、阶段总结，从而提高自己的操作技能。

（二）知识准备

1. 空气循环系统的组成

空调房间的空气在空调器的作用下，沿以下路径循环：室内空气由机组面板进风栅的回风口被吸入机内，经过空气过滤器净化后，进入室内热交换器（制冷时为蒸发器，热泵制热时为冷凝器）进行热交换，经冷却或加热后吸入电扇，最后由出风栅的出风口再吹入室内。

空气循环系统的作用是强制对流通风，促使空调器的制冷（制热）空气在房间内流动，以达到房间各处均匀降温（升温）的目的。空气循环系统由空气过滤器、风道、风扇、出风栅和电动机等组成。

（1）空气过滤器。

空气过滤器是由各种纤维材料制成的、细密的滤尘网，室内空气首先通过空气过滤网，可滤除空气中的尘埃，再进入蒸发器进行热交换。而功能完善的空气过滤器（空气清新器）能滤除 0.01μm 的烟尘，并有灭除细菌、吸附有害气体等功能。灭菌和高效除尘通常采用高压电场，吸附有害气体通常用活性材料或分子筛等吸附剂。

（2）风道。

风道的结构、形状对循环空气的动力性能有很大的影响。轴流风扇的风道用金属薄板加工而成，离心风扇的风道常常用泡沫塑料加工而成，但电热型空调器的风道须用金属薄板。

（3）风扇。

窗式、分体式空调器及一些立柜式空调器均采用风冷式换热器，它通过空气的对流与换热器进行热交换。空调器中的风扇主要有离心风扇、贯流风扇和轴流风扇。窗式空调器和立柜式空调器蒸发器的换热主要采用离心风扇，分体壁挂式空调器主要采用贯流风扇，而空调器冷凝器均采用轴流风扇吹风换热，如图 6.38 所示。

轴流风扇的形状　　　　离心风扇的形状　　　　贯流风扇的形状

图 6.38　空调器风扇

① 离心风扇。将室内空气吸入蒸发器表面进行降温去湿。它的特点是风量大、噪声小、压头低。叶轮材质主要有 ABS 塑料、铝合金、镀锌薄钢板。

② 贯流风扇。将室内空气吸入分体壁挂式空调器蒸发器表面进行降温去湿。它由细长的离心叶片组成，其特点是风量大、噪声小、压头低，由 ABS 塑料或镀锌薄钢板组成。

③ 轴流风扇。用来冷却冷凝器。轴流风扇由铝材压制或 ABS 塑料注塑而成，也有采用镀锌薄钢板制成的。

（4）出风栅。

出风栅是由水平（外层）和垂直（内层）的导风叶片组成的出风口，如图 6.39 所示。普通空调器用手动调节导风叶片的角度，以调节出风方向。高档空调器设有摇风装置，可自动调节出风方向。摇风装置利用微型自启动永磁同步电动机带动连杆系统，推动导风叶片来回摆动，从而使出风方向随之摇摆。

2. 空气循环系统的工作原理

（1）室内空气循环。

离心风机装在蒸发器内侧，构成室内空气循环系统，如图 6.40 所示。室内空气通过滤网去尘，吸向离心风机，经蒸发器冷却后，再由风机的扇叶将冷气由风道送往室内。离心风机一般由工作叶轮、螺旋形涡壳、轴承座组成，其结构像理发馆使用的吹风机。由电动机驱动风机叶轮，当叶轮在涡壳中旋转时，叶片之间吸入气体，在离心力的作用下，气体抛向叶轮周围，体积压缩、密度增加，产生静压力；同时加大气流速度，产生动压（提高了动能），使气体由风机口送出。在此情况下，叶轮中心部分形成低压空间，空气不断吸入，形成空气进、出的不断循环。空调器中使用的离心风机，希望噪声低，因此选低转速的，一般为 500~600r/min。往室内送气的出风栅可以调节出风方向，制冷时调至向上倾斜，制热时调至向下倾斜，以利于空气冷沉、热升的自然对流。

图 6.39 出风栅

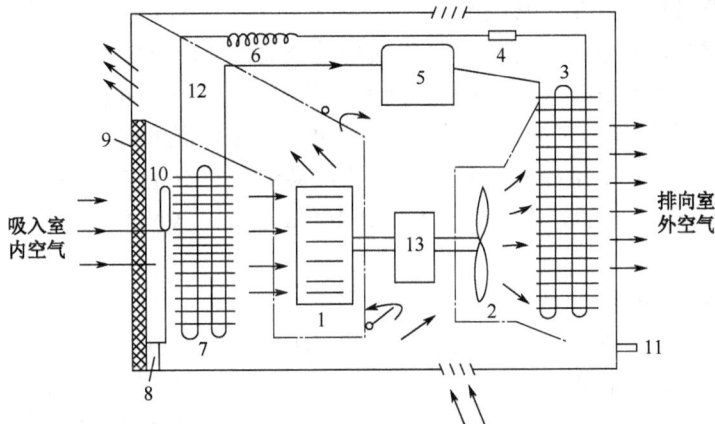

1—离心风机；2—轴流风机；3—冷凝器；4—过滤器；5—压缩机；6. 毛细管；7—蒸发器；8—温控器；
9—空气过滤器；10—温度传感器；11—排水管；12—风道，向室内送风；13—电动机

图 6.40 空调器的空气循环系统

（2）室外空气循环。

由图 6.40 可知，轴流风机装在冷凝器内侧，构成室外空气循环系统。室外空气从空调器两侧百叶窗吸入，经轴流风机吹向冷凝器，携带冷凝器的热量送出室外。轴流风机由几个扇叶和轮筒组成，其结构像生活中的排风扇。空气轴向流动，噪声小，风量大。由于夏季室外温度较高，进入冷凝器的气温高，因而空调器中大多采用压头低、流量大的轴流风机。

风道用铝制薄板构成，与离心风机连在一起，使风机排出的冷空气通过风道方向排往室内。为了使室内更新空气，在风道一端开有一扇小门，污浊空气由此排出；为了给轴流风机补风，又在风道的另一侧设有进风口，从外界补入新鲜空气。由于进来的是室外新鲜热空气，排出的是室内混浊的冷空气，所以会损失一些制冷量。

3. 空气循环系统的维修

空调器空气循环系统故障的常见检修方法如下。

（1）听风机的运转声。

① 电动机噪声。

风机的电动机在正常运行时也有噪声，如发出的电磁声以及轴承的摩擦声。一般质量好的电动机噪声都在 45 dB 以下。若噪声过大，则说明电动机质量差或使用时间过长，轴承摩擦严重。轴承间隙过大，其转子和定子会发出摩擦噪声。同时其电流也会上升，这时应考虑更换轴承或电动机。检查时，停机用手径向摆动轴，如果感觉有间隙存在，就应更换轴承。另外，如果轴向推拿轴时也有松动，也说明轴承磨损严重，应予以更换。

② 运行时碰撞声。

这一般是风叶与风圈的碰擦声，包括轴流风叶与离心风叶，但主要是定位螺钉未拧紧而移位。遇到这种情况，必须调整位置后，拧紧螺钉，再试转，直至无碰擦声。

（2）触摸风机有关部位。

① 摸风机电动机的温升。

风机电动机一般为封闭型，以防止潮气。电动机自身的热量通过电动机外壳散发出去，它本身没有冷却风叶帮助散热，而是靠空调器的风机的风来帮助散热。因此电动机外壳相对较热。绕组使用 A 级绝缘材料的工作温度为 105℃，所以，电动机的外壳温升程度，只要手可以敏捷触摸，则表明其温升在正常范围内。

当手无法触摸时，其温升可能已到极限或超过极限，须检查原因。一般原因是超负荷运行或环境温度过高（高于 50℃）。有的室外机组是吸风形式，风机处在冷凝器的出风口，其温度可达 50℃左右，在这样恶劣的温度环境下，电动机的工作温度自然会上升。为提高电动机的可靠性，有些厂家已采用绝缘材料的等级为 E 级甚至 B 级，它们的极限工作温度为 120℃和 130℃，电动机实际运行的外表温度会上升到 100℃左右，这时不能用手去触摸，而应用温度计去测量。

② 摸风机的抖动情况。

风机抖动厉害，则说明风叶的平衡性能较差，从而引起离心力，或是电动机轴承磨损较大而引起抖动。遇到这种情况，可从两方面检查：一是调校叶轮的同心度；二是检查电动机轴径方向的摆动（停机时进行），以手感来判别其间隙，如手能感觉到松动，则说明其间隙已很大，应更换轴承。

③ 手感风量小。

一是检查蒸发侧滤尘网积灰情况，积灰多，可抽出清洗；二是检查冷凝器散热片间积灰情况，若有阻塞现象，可用压缩空气吹或刷子刷，最好的办法是用水清洗。

（3）检测电容的电容值。

如果电动机的转速减慢或不转动，检查其他方面也没有问题，就应该用万用表的电容测量挡测量室外机或室内机的电容值是否为零或明显减小。也可用电阻挡，如果电阻值为某一固定值说明电容已经失效，如果测得电阻值为零说明电容已经击穿。

4. 查看风机的有关部位

（1）风机电动机转不动。

这可能是电动机的绕组故障或电容已经击穿，用电阻法即可找出故障元件。

（2）查看风机转速是否下降。

用皮带传动的风机，运行时间长了，皮带往往会松弛，皮带与皮带之间会打滑。停机后，看到皮带下垂，用手按一按皮带感觉很松。这说明皮带已被拉长。此时需重新调整电动机的位置，以拉紧皮带。皮带损坏严重者则应更换。

（3）查看风叶是否打滑。

当风机运行时，如果不能出风，则有可能是风叶打滑。其原因是定位螺钉松动，电动机轴在运转但风叶不转。检查时应先停机，再用手摆动风叶就能查出风叶是否松动，运转时也可看得出这种情况。在旋紧定位螺钉时，应对准电动机轴的半圆平面。若不锁定在半圆平面上，它还会松动打滑。

（4）查看风机的转动方向。

当风机运行时，如果不能出风，另一种可能就是风机反转。在接电源时，三相电源的风机电动机，若相位接反，如原来规定为顺转的，它却反转，使风机吹不出风，遇到这种情况，必须将相位线对换，使之顺转。这种情况容易出在初装或已经在使用的机组中，有时将电源插头插在另一个插座上，其相位也会错位而反转。每种空调器的风机转向不尽相同，有顺转的，也有反转的，不管是哪种转向，一般在轴流风机的风圈上有箭头指示的方向。若无箭头，可以让风机试转，如吹得出风且风量大者则为它的正确转向；或者通过看轴流风叶扭转角朝向来辨别其转向。单相电动机一般接有运行电容，其火线和零线常通过电容的插脚与电动机相连，如接线出错，也会反转，对于装有离心风叶的电动机，一般看不到蜗壳内的叶轮，难以辨别，只有试风量来判断它的正确方向。当它反向运转时，其风量几乎等于零。

二、任务的完成过程

1. 准备设备及器材

海尔 KFR-23GW 分体式空调器，扳手，电工工具等。

2. 操作步骤

1）分体式空调器室内机机壳的拆卸

（1）室内机的吸气栅左右两侧各有一个卡扣，用手指将两侧的卡扣打开，掀起吸气栅，露出空气过滤网。

（2）用手拉出左右两片空气过滤网，然后将其下方的清洁滤尘网取出。

（3）向上掀开垂直导风板，找到装饰前盖固定螺钉的卡扣位置（有 3 处位置）。

（4）使用一字螺丝刀将 3 个卡扣一一撬起取下，即可看到卡扣下面的固定螺钉。

（5）使用十字螺丝刀将 3 个固定螺钉一一拧下后，即可将空调器的前盖取下。此时即可看到空调内部的电路部分、蒸发器部分、导风板等部分。

2）分体式空调器室内机电路部分的拆卸

（1）空调器室内机电路由遥控接收及指示灯电路部分、管温感温器感温头部分、室温感温器感温头部分、接线板及其保护盖部分、电源和控制电路部分组成。

（2）将指示灯电路与控制电路的连接引线插头拔下。

（3）将指示灯电路与遥控接收电路板从机壳中取出。

（4）将垂直风向风扇电动机的引线插头拔下。

（5）用螺丝刀将电路板固定模块的 4 个固定螺钉一一拧下。

（6）将固定电路板的固定模块和电路板提起。

（7）将送风风扇驱动电动机与控制电路板的连接引线拔出后，即可将电路板固定模块和电路板取下。

3）分体式空调器室内机送风组件的拆卸

（1）使用十字螺丝刀将风向叶片支架的两个固定螺钉拧下。

（2）将风向叶片组件及与其相连的排水管取出。

（3）用十字螺丝刀将固定蒸发器的挡板螺钉拧下并将挡板取下。

（4）卸下蒸发器的两个固定螺钉。拆卸蒸发器时要注意另一侧的两个卡扣。

（5）在没有卡扣的一侧推动蒸发器，使卡扣与机壳分离，并将蒸发器从机壳中取出。

（6）将送风风扇驱动动电机的固定螺钉拧下。

（7）将送风风扇另一侧的支撑帽拔下，将送风风扇驱动电动机拆除。

（8）将送风风扇（贯流式风扇）从机壳中取出。

将以上三个任务完成后，请按照相反的顺序将各个器件原样装回，并注意各个器件机械位置的精确对齐。

注意：在操作中，要先观察，再动手操作，禁止盲目操作。同时在拆卸时要记住各个器件的安装位置和方向，并对拆卸下来的部件按照顺序依次摆放，防止丢失。

3. 操作时间

完成本任务全程时间为40min。

三、任务的评价（表6.10）

表6.10　分体式空调器拆卸评价表

序号	评分内容	配分	评分标准	自评得分	小组互评	教师评分
1	分体式空调器室内机机壳的拆卸训练	20	思路清晰，操作方法步骤正确，动作顺畅，工具使用正确，无器件损坏			
2	分体式空调器室内机电路部分的拆卸训练	30				
3	分体式空调器室内机送风组件的拆卸训练	30				
4	完成时间	5	40分钟内完成不扣分，每延迟2分钟扣1分			
5	规范整洁	10	设备完好、摆放整齐、工位干净得10分。其他酌情扣分			
6	安全操作	5	无安全事故及安全隐患得5分，其他酌情扣分			
	合计得分	100				

知识拓展：了解新型空气净化技术

一、空调器常见故障的检查方法

现代空调在空气净化技术方面已经有了质的突破，除空气滤网、防霉滤网、活性炭除味等技术外，还采用如下技术。

1. 除臭过滤器

除臭过滤器选用最新化学吸附型净化材料，有效脱除空气中含有的一氧化碳、二氧化碳、氨气、有机酸等的各种异味、臭味，同时具有高效杀菌的功能。除臭效果是传统活性炭的 100 倍，具有广谱、高效、稳定、安全四大优势。

2. 静电空气滤清器

静电空气滤清器的滤芯是经过特殊静电处理的纤维网，能够有效地将空气中悬浮的尘埃、花粉微粒和非常细小的微尘（直径 0.01μm）进行吸附。锯齿波纹的外形使过滤吸附的表面积增大 50%以上，效果更为显著。

3. 再生光触媒技术

再生光触媒由纸、活性炭吸附剂、光敏剂材料组成。它的工作原理是利用具有多孔特性的载体物质吸附空气中的异味及有害气体，并在紫外线作用下使吸附的有害气体与空气中的氧气发生化学反应，将有毒气体分解后脱离载体，使这一工作过程得以再生。

4. 冷触媒技术

在光触媒技术发展的同时，广东"科龙"集团公司又将先进的冷触媒技术应用在空调上，冷触媒材料在 -30~+120℃ 范围内工作，无需任何附加条件，即能有效分解致癌物质甲醛，消除房间各种异味的有效率达 99%，甲醛分解性能的有效率也达 88%以上，其他性能如霉变、抗菌性能等也完全符合国家有关卫生标准。

5. 采用负离子、换新风等技术

有的空调采用了全新空气负离子发生器，形成携氧负离子，有利于氧气被人体所吸收。此外，有的厂家生产的空调在结构上有换气功能，使室外总有新风进入室内，从而使空气更为清新。

6. 等离子体空气净化技术

以等离子体技术为核心的整体空气净化技术是目前世界上最先进的一种空气净化技术，它主要由生物抗菌过滤层、等离子体发生层、静电吸附层、电极光触霉层组成，对空气进行渐进式过滤，能彻底清除空气中各种异味和有害物质。

生物抗菌过滤层的作用是能吸附空气中尘埃颗粒及有害病菌，30min 内能达到效率为 80% 的除尘效果。等离子体发生器的作用是在 650V 高压电击下产生第四种物质状态，释放脉冲能量，利用正负电极改变尘埃粒子结构，击碎有害分子。静电场吸附层的作用是利用不同极性，使带正电的灰尘更容易吸附在带负电的集电极上，这种作用也叫静电吸尘。电极光触媒层的作用是在集电安全网上进行杀菌物质涂刷处理，并利用放电极发出的光能激活周围氧气和水分子，产生氧化性极强的自由离子基，分解各种有害物质。它具有清除香烟粒子、除尘、除各种异味、除各种真菌、除杂质、除各种花粉、除寄生虫七大作用。

模 块 七

空调器的控制系统

【知识目标】

（1）知道空调电动机的机构及维修。
（2）理解启动继电器与过载保护器的原理及维修。
（3）理解主控开关及温控器的工作过程及维修。
（4）知道化霜及压力控制器和遥控器的作用及维修。
（5）理解三种空调器的控制电路工作过程。

【技能目标】

（1）能识别空调器中的多种电动机实物。
（2）能识别空调器中的启动继电器与过载保护器实物。
（3）能识别空调器中的温控器实物。
（4）能识别空调器中的化霜控制器、压力控制器、遥控器实物。
（5）能识别空调控制电路系统的各个部件。
（6）培养良好的职业素养。

项目一　电动机

任务　知道空调电动机的结构及维修

一、任务的准备

（一）明确任务

本任务主要是知道空调器中电动机的分类，以及理解各种电动机的工作原理和过程。同时还要掌握空调器电动机故障的判断方法。大家在学习的时候，也可以借鉴其他书籍、网络资料。

（二）知识准备

空调器的电气控制系统由电动机、继电器、温控器、电容器、熔断器及开关、导线和电子元器件等组成，用以控制、调节空调器的运行状态，保护空调器的安全运行。

空调器中的压缩机、风扇等器件用电动机驱动，小型家用窗式和分体式空调器都用单相异步电动机，容量较大的柜式空调器多用三相异步电动机，摇风装置和电子膨胀阀多用微型同步电动机或步进电动机。

1．压缩机电动机

空调器中的压缩机电动机必须耐高温、具有较大的启动力矩、能适应供电电压的波动、耐冲击和振动、耐制冷剂和油的侵蚀等。常用的压缩机电动机有单相异步电动机和异步变频调速电动机等。

（1）单相异步电动机。

空调器压缩机用的单相异步电动机结构与电冰箱压缩机用的电动机基本相同。家用空调器压缩机电动机多采用电容运行式（PSC）。电动机从启动到正常运转的全过程中，副绕组电路中始终都串接一只电容。这样电动机运行性能好，效率和功率因数都较高，工作可靠，但启动转矩小，空载电流大。若瞬时断电再启动时，间隔时间太短，可能会过载，因而必须有过流保护装置。

空调器一般都采用全封闭式压缩机，即将压缩机和电动机组装在同一个封闭的泵壳体内。这种电动机直接暴露在高温高压的制冷剂蒸气和冷冻油的混合物中，易受到制冷剂、冷冻油及其杂质的分解产物的腐蚀；而且在制冷循环过程中，电动机一直处在振动及制冷剂蒸气剧烈冲击下（冷热交替冲击和压力波动冲击），因而电动机在电气方面和化学稳定性方面必须可靠。

（2）变频调速异步电动机。

若能根据房间空调器负荷的大小平滑地调节压缩机电动机的转速，从而调节制冷（或制热）量的大小，则能降低能耗，提高效率，使电源电压稳定，室内温度波动减小。变频调速可以实现平滑调速，而且调速范围宽，效率高，反应快，启动电流小，对电网影响小，舒适性能好，是一种节能型的理想调速方法。尤其是热泵型空调器，可以通过调频调速来控制热泵制的热量的大小，不必受到室外气温的限制，因而大大提高其供暖能力。异步电动机采用变频器实现变频主调速，其基本结构如图 7.1 所示。

图 7.1　变频调速基本结构

变频器分为直接（交 - 交）变频和间接（交 - 直 - 交）变频两大类。交 - 交变频器能将恒压恒频的交流电直接变换成电压和频率都可以控制的交流电。而交 - 直 - 交变频器则是先用逆变器将工频交流电变成直流电，然后再经过逆变器将直流电变成频率和电压都可以控制的交流电。压缩机的电机的变频调速通常用交 - 直 - 交变频器。

交 - 直 - 交变频器有单相和三相之分。单相交 - 直 - 交变频器主电路如图 7.2 所示，它用来驱动单相压缩机电机，而压缩机电机应采用电容运转方式（PSC），但不必配装运行电容。三相交 - 直 - 交变频器的主电路如图 7.3 所示。

图 7.2　单相变频器主电路

图 7.3   三相变频器主电路

2. 风扇电动机

空调器的热交换器用风扇送风，以增强热交换效果。根据使用的需要，电动机须进行调速。调速方法多采用改变电动机定子绕组的匝数来改变主绕组上的工作电压，从而达到改变磁通、调节转速的目的。其接法均可设计为高速、中速和低速 3 个转速挡，也可设计为两个转速挡。它们都是因中间绕组与主绕组串接而产生分压作用，使主绕组的电压降低，从而达到降低转速的目的。

3. 其他装置的电动机

（1）步进电动机。

步进电动机是一种将电脉冲信号转换成直线位移或角位移的执行元件，即外加一个脉冲信号于电动机时，电动机就运动一步。脉冲频率高，电动机转速快，反之则慢；脉冲数多，电动机直线位移或角位移就大，反之则小。脉冲信号相序改变，电动机逆转；脉冲停止，电动机即自锁。步进电机须与专用驱动电源相配套，才能发挥其运行性能。步进电动机通常在电子膨胀阀阀门开度的控制上。

（2）永磁同步电动机。

永磁同步电动机分为爪极自启动和异步启动两种类型。空调器出风栅叶摇风装置杆上用的微电动机就属于前一种类型。

4. 家用空调电动机常见故障及检修

家用空调电动机是用单相交流供电的电动机。这种电动机结构较简单，因此有些常见故障可在业余条件下进行修复。

（1）空调电动机通电后不启动。

该故障除了电源回路、电动机绕组不良外，大多是电动机的启动电路异常。电扇、排风扇、洗衣机等电动机一般采用电容器启动运转；而电冰箱、冷柜等的电动机多采用电阻分相启动运转，一旦启动电路中的电容器或分相电阻损坏，电动机就不能正常运转，检修时应先排除启动电路故障后再查电动机故障。

若启动电路正常，则可能是电动机内部绕组局部短路或断路，可用万用表 $R \times 1\,\Omega$ 挡测各绕组电阻值来判断。如电冰箱压缩机电动机，正常情况下启动绕组电阻值约为 23Ω，运行绕组电阻值为 10Ω 左右，启动和运行串接绕组正常阻值应为两者之和。

（2）空调电动机转速慢而无力。

电动机在通电后转速慢而无力时，对于电容启动式电动机大多为电容器容量不足、漏电严重或电源电压过低；此外鼠笼转子铝条部分如果有严重的缺损及断条情况，转子铝条较大的感应电流易使转子铝条断裂，也导致运转慢而无力。

当发现铝条有裂缝时，可用手电钻在裂缝间钻一个小孔，用相应的铝丝条嵌入孔内，然后将其敲平铆死，最后用钢锉和砂纸打磨平整光滑即可。若铝条断裂面较大时，有条件的可采用铝丝气焊的方法加以修补。

（3）空调电动机外壳带电。

一般要求电动机泄漏电流不应大于 0.8mA，以保证人身安全。

电动机外壳漏电的主要原因有电动机内某引出线绝缘破损并碰触壳体，电动机绕组局部烧毁引起定子与外壳间漏电。较多见的是长期处于高湿环境，导致电动机受潮绝缘降低而使机壳带电。此时，可用摇表测量电动机各绕组与机壳间的绝缘电阻值，若在 $2M\Omega$ 以下，则说明电动机已受潮严重，应将电机定子绕组进行烘烤去潮处理。

（4）空调电动机运转时温升加剧。

各类家用单相电动机在正常工作状态下，其电动机壳体表面温度一般比环境温度高 20℃左右，最高温升不应高于 70℃。如果电动机工作几分钟后出现壳体表面温度剧升，且机内散发焦油味甚至冒烟，则为电动机过热故障。

电动机过热温升的原因，主要有电动机自身质量问题，电动机长期处于超负荷运行状态（传动机构故障引起电动机负荷大），电动机散热条件差，电动机绕组局部短路等。其中较常见的是绕组匝间短路，可拆开机壳检查绕组。如果线包无烧毁现象，可将定子重新进行浸漆绝缘处理，然后烘干。若线包有局部烧毁，那只有更换绕组线包了。

（5）空调电动机运行噪声大。

电动机工作噪声大，一般有两种原因，一是机械噪声，主要是电动机轴承磨损和缺油，产生硬摩擦噪声。对此可清洗后加入润滑脂减少噪声。当转子轴与轴承松动或端盖松动时，也会使电动机在旋转时产生轴向窜动发出噪声。也有一些装配质量差的电动机，轴承室不同心，电动机径向间隙不均匀等均会产生异常噪声。对此，只要拆下外盖和后内盖，取出转子和定子座，重新敲铆内盖的中心轴即可应急修复。

另外，一些罩极式电动机的短路环松动或铁芯松动而产生电磁噪声，应采取夹紧措施。

5. 空调步进电动机维修方法

步进电动机主要用来控制挂机的室内摆风方向，所以也称摆风电动机，该类电动机有 5根引线连接到电路板的插座上，其中有一根是电源线，另外 4 根是控制线，控制线由 CPU 输出四路脉冲信号控制。摆风电动机运行精度高、控制特性好，CPU 提供的脉冲电压控制步进电动机的运转，使挂机摆风叶片来回循环。

很多柜机的风向控制也是使用步进电动机的，有的空调使用电子节流阀，也是由步进电动机驱动的。

步进电动机使用低压直流电源，通常使用+12V 或+5V。

由于电脑程序设计考虑到开关机时，摆风叶片必须到位，在开机和关机时有短时间的过步现象，产生一定的抖动是正常的。

摆风电动机的检修，要先判断是摆风叶片卡住了，还是电动机不能运转了，当确定是电动机不能运转时，可以从两个方面进行检修。

（1）电压检测。

首先检查直流供电电压是否正常，若没有电压，检查供电电路，若电压正常，再测量电源线和其他 4 线之间的电压是否相同，即各相电压。+12V 供电的电路，相电压大约为 4.2V；+5 V 供电的电路，相电压大约为 1.6V，若相电压不等或异常，检查脉冲提供电路，或测量电动机的绕组。

（2）电动机绕组的测量。

拔下电动机插头，测量电动机的相绕组阻值，若有明显开路、短路或阻值不等的现象，可判断电动机绕组损坏。相绕组是指以电源端子为基准，分别测量其他 4 个端子，阻值应该相等。电动机的相阻值参考数据：+12V 供电的电路，大约为 200～400 Ω；+5 V 供电的电路，大约为 70～100 Ω。

通过上述测量，判断电动机损坏，可整体更换电动机。

二、任务的完成过程

常见空调电动机识别训练：

请通过实训室设备、商场、书籍、网络等途径在表 7-1 中写出以下实物的名称。

表 7.1 常见空调电动机识别表

编号	实　物	编号	实　物
1		2	
名称		名称	
3		4	
名称		名称	
5		6	
名称		名称	
备注	参考器件名称有：压缩机电动机、空调风扇电动机、步进电动机		

三、任务的评价（表 7.2）

表 7.2　常见空调电动机识别评价表

序号	评 分 内 容	配分	评 分 标 准	自评得分	小组互评	教师评分
1	常见空调电动机实物类型识别表	100	识别正确，书写规范，无错别字			
	合计得分	100				

项目二　启动继电器与过载保护器

任务　知道启动继电器与过载保护器的结构与维修

一、任务的准备

（一）明确任务

本任务主要是知道空调器启动继电器与过载保护器的结构与维修。同时还要掌握空调器启动继电器与过载保护器的识别。大家在学习的时候，也可以借鉴其他书籍、网络资料。

（二）知识准备

1. 启动继电器

启动继电器是单相异步电动机启动的专用部件。依据工作原理可分为电流型启动继电器和电压型启动继电器。

（1）电流型启动继电器。

电流型启动继电器的结构及工作原理如图 7.4 所示。其线圈与压缩机电动机的主绕组串联，平时电触头处于常开状态。压缩机刚启动时，启运电流很大，启动继电器线圈会产生足够大的电磁力使衔铁向上动作，动、静触头闭合。随着电动机转速的升高，电流下降，线圈对衔铁的电磁力减少，衔铁下落，触头断开，则完成了一次启动动作。

（a）结构　　　　　　　　　　　　（b）工作原理

图 7.4　电流型启动继电器

（2）电压型启动继电器。

电压型启动继电器的结构及工作原理如图 7.5 所示。这种启动继电器的线圈与压缩机电动机的副绕组并联，常闭触头与启动电容串联。加在启动继电器线圈两端的电压随着电动机转速的增加而增加。当电动机接近工作转速时，线圈上的电压使线圈具有足够的吸力吸引衔铁，使常闭触头跳开，启动电容从电路中断开。当电动机停止转动时，在启动继电器内部弹簧的作用下，常闭触头闭合。

（a）结构　　　　　　　　　　　（b）工作原理

图 7.5　电压型启动继电器

2. 过载保护器

过载保护器可防止电动机过载烧坏，一般兼有温度保护和电流保护双重功能。它的结构如图 7.6 所示，它由双金属片、壳体、动触点、固定触点、调整螺钉等组成，它安装在压缩机的外壳上，当压缩机超负荷运行或空调器工作时的环境温度超过 43℃ 时，保护器就自动切断电源，使压缩机停止运转。

图 7.6　过载保护器结构

3. 启动继电器故障维修

空调器的电压式启动继电器若发生故障，会使压缩机的运转失调、启动电容器在启动后不能从电路上切断或一开始常闭触点断开压缩机不能启动等。

若压缩机不能启动而考虑到启动继电器有故障时，可用跨接法对其进行试验。参照电路图将启动继电器暂时从电路上甩掉，而以带绝缘外皮的导线代替，若压缩机能顺利启动，则该启动继电器已坏，应更换新的。还可用万用表测试其在通常情况下是否能导通，也可用置换法将同一型号、规格的新继电器置入，代替原有启动继电器，以判断其好坏。启动继电器在电源电压太低时会发生颤动，触点凹凸不平会产生噪声，遇此情况应进行修复，用细砂纸将触头打磨平整或更换新的启动继电器。

4. 过载保护器故障维修

小型空调器上有两个端子的和三个端子的过载保护继电器。过载保护继电器发生故障，会引起空调器无法正常运转。过载保护器的断路故障原因主要是电热丝烧毁或触点烧损，也有的是零部件质量欠佳，如双金属片稳定性差，内应力发生了变化，致使触点断开后不能复原。上述故障大多是压缩机出现频繁启动时引起的，而压缩机的频繁启动，可能是由于电压过低，机内冷却效果不好及超载运转，系统内制冷剂过少或过多也会使压缩机频繁启动。

检查过载保护继电器可用"置换法"和"跨接法"。也可用万用表进行检查，在正常情况下，应有几十欧的电阻值，若电阻值为无穷大，即为断路。

过载保护继电器出现故障时，除接触不良可以修复外，其他故障均应采用更新的办法。

内埋式过载保护器经常出现的故障是绝缘破坏、触点失灵等，一般不能修复，也不易更换，只有连同压缩机一起进行更换。

二、任务的完成过程

常见空调启动继电器与过载保护器识别训练：

请通过实训室设备、商场、书籍、网络等途径在表 7.3 中写出以下实物的名称。

表 7.3　常见空调启动继电器与过载保护器识别表

编号	实　物	编号	实　物
1		2	
名称		名称	
3		4	
名称		名称	
5		6	
名称		名称	
备注	参考器件名称有：电流型启动继电器、电压型启动继电器、空调过载保护器		

三、任务的评价（表7.4）

表7.4　常见空调启动继电器与过载保护器识别评价表

序号	评分内容	配分	评分标准	自评得分	小组互评	教师评分
1	常见空调启动继电器与过载保护器实物类型识别表	100	识别正确，书写规范，无错别字			
	合计得分	100				

项目三　主控开关及温控器

任务　知道主控开关及温控器的结构与故障维修

一、任务的准备

（一）明确任务

本任务主要是知道空调器主控开关及温控器的结构与维修。同时还要掌握空调器温控器实物的识别。大家在学习的时候，也可以借鉴其他书籍、网络资料。

（二）知识准备

1. 主控开关

主控开关也称主令开关或选择开关，通常安装在空调器控制面板上。它是接通压缩机、风扇或电热器的电源开关，也是切换空调器运行状态的选择开关。常见的主控开关有机械旋转式和薄膜按键式两种。机械旋转式主控开关的外形如图7.7所示，它由塑料外壳、旋转轴、接线端子及内部多路转换触点组成。薄膜式主控开关是一种轻触式按键开关，性能稳定、外表美观，近年新生产的空调器多采用这类开关。这两种主控开关的电气性能基本一致，图7.8所示为主控开关的电气符号。

图7.7　机械旋转式主控开关

（a）单冷型　　　　　（b）冷暖型

图7.8　主控开关的电气符号

2. 温控器的功能

温度控制器（简称温控器）。空调器中的温度控制器可对房间的温度进行自动控制，使空调器房间的温度保持在某一个范围内。空调器上常用的温控器有如下 3 种。

（1）波纹管式温控器。窗式空调器上多采用这种温控器。这是一种压力式温控器，其外形和结构如图 7.9 所示。感温包、毛细管和波纹管中充有感温剂。感温包置于空调器回风口，能直接感受室内温度。当室内温度发生变化时，波纹管伸长或缩短，通过杠杆结构控制微动开关的开、关，进而控制压缩机的转、停，使室温保持在一定范围内。

（a）外形　　　　　　　　　　　　　　（b）结构原理

图 7.9　波纹管式温控器

（2）膜盒式温控器。膜盒式温控器的结构如图 7.10 所示，膜盒式与波纹管式温控器的结构类似，作用原理相同，只是把波纹管改为膜盒。

（3）电子式温控器。这种温控器通常以具有负温度系数的热敏电阻作为感温元件，并与集成电路配合使用。为了提高温控器的灵敏度，常将热敏电阻接在电桥电路中，作为电桥的一个臂，如图 7.11 所示。图中 Rt 为热敏电阻，其他电阻为定值电阻，J 为继电器。其工作原理与电冰箱上用的电子式温控器相同。

3. 温控器的分类

依据温度控制器的结构可分为压力式和非压力式两大类。采用压力作用的温控器有波纹管式、膜盒式温控器，非压力式的温控器有电子温控器。

图 7.10　膜盒式温控器

图 7.11　电子式温控器热敏电阻电路

4. 空调温控器的检修

（1）波纹管式或膜片式温控器。

故障现象一：触点接触不良或烧毁，造成电路不能接通；触点频繁动作起弧粘连，造成电路不能断开；感温腔内的感温剂泄漏，造成触点不能动作而失去控制作用等。

检修方法：将温控器旋钮正、反方向转动几次后，用万用表 $R \times 1\Omega$ 挡测量温度控制器接通状态的两个接线端子，若电阻值很小，表明触点正常；若电阻很大，表明触点接触不良；若不通，可能是感温剂泄漏。是否泄漏可首先进行外观检查，观测感温封焊头是否破裂、感温包是否有损伤和裂纹、感温管有无弯折痕迹等，然后把感温包放入 30~40℃ 的温水中，测试触点是否闭合，若触点仍不闭合，表明感温包内的感温剂已漏完；若触点能够闭合，再把感温包从水中取出，在低温环境中放置一段时间后触点又断开，说明温控器的调温范围不当，可通过调节温度范围的调节螺钉加以矫正，逆时针方向转动 1/2 圈后再试。

故障现象二：温控器触点由于打火出现粘连后，触点不能自动跳开，压缩机不能停机。

检修方法：把感温包放在冰箱冷藏室（5~10℃）内，测量温控器两线端子是否断开。若不断开，表明触点粘连。可用平口螺丝刀拨动机械强迫触点断开；若触点能够跳开，表明温控器的控温范围漂移而偏低，可顺时针调整温控范围调节螺钉。

故障现象三：感温剂泄漏。

检修方法：用热毛巾给感温管加热，并将旋钮调到最低温度，用万用表测量温控器的开关是否接通。若开关不通，则表明感温剂已泄漏，此时应重新更换新的温控器。

（2）冷热两用温控器。

电热型空调器中所使用的温控器，触点控制盒中有两组触点机构（冷触点和热触点）。使用同一个感温波纹管对冷热度进行控制。它的故障现象与检查方法与普通温控器基本相同，但需要注意的是还应检查冷、热切换动作是否灵敏，即在制冷位置时应接通压缩机电路，在制热位置时应接通电加热器电路。

（3）除霜温度控制器。

除霜温度控制器是设置在热型空调器控制电路中的专为切换电磁换向阀的元件。它的感温管置于室外侧换热器的盘管上。当冬季制热、室内侧换热器霜层加厚使温度低于某一设定值时，除霜控制器的触点动作，断开电磁换向阀，使原来的制热循环变为制冷循环。常用的结构形式有两种：一种是热敏双金属片式，另一种是普通温控器。检测的方法是把感温部分置于对应温度的水中或空气中，用万用表测量两接线端子是否断开或导通，便可知道好坏。热敏双金属片式温控器也用于室内侧防冷风控制。

（4）感温电阻。

电子式温控器或微电脑控制的空调器，均以热敏电阻作为感温元件。热敏电阻是一种其阻值随温度的变化而显著变化的元件，用于空调器回风温度测量的热敏电阻，一般具有负温度系数特性，即电阻值随温度的增加而减小。具体到某种品牌的空调器所使用的热敏电阻，它的阻值随温度变化的特性一般都在随机说明书中绘制成图表供检测使用，检测时可在某种环境下，用半导体温度计和万用表进行测量，对照温度传感特性曲线或特性数值表判断是否正常，当热敏电阻老化、性能漂移，即温度与阻值的对应关系发生变化时，应更换新的热敏电阻传感器。

二、任务的完成过程

常见空调温控器识别训练：

请通过实训室设备、商场、书籍、网络等途径在表 7.5 中写出以下实物的名称。

表 7.5　常见空调温控器识别表

编号	实　物	编号	实　物
1		2	
名称		名称	
3		4	
名称		名称	
5			 1. 2. 3. 4.
名称	(在上图中的数字后面写出对应器件的中文名称)		
备注	参考器件名称有：压力式空调温控器、电子温控器		

三、任务的评价（表 7.6）

表 7.6　常见空调温控器识别评价表

序号	评分内容	配分	评分标准	自评得分	小组互评	教师评分
1	常见空调温控器实物类型识别表	100	识别正确，书写规范，无错别字			
	合计得分	100				

项目四 化霜及压力控制器和遥控器

任务 知道化霜及压力控制器和遥控器的结构与故障维修

一、任务的准备

（一）明确任务

本任务主要是知道空调器化霜及压力控制器和遥控器的结构与维修。同时还要掌握空调器化霜及压力控制器和遥控器实物的识别。大家在学习的时候，也可以借鉴其他书籍、网络资料。

（二）知识准备

1. 化霜控制器的功能

化霜控制器又称化霜温控器，外形与一般的机械式温控器相似，安装在热泵型空调器的外机靠近热交换器的位置，一般制冷型空调器没有这个部件。对于热泵型空调器冬季制热时，外机的热交换器是低温的蒸发器，由于室外温度较低，蒸发器表面温度可达 0℃ 以下，蒸发器盘管表面就会结霜，而且时间越长，霜层越厚，厚霜层会使空气流动受阻，影响空调器的制热能力。此时必须化霜，否则可能损坏压缩机，制热效果也会下降。除霜的方法一般有两种：一是停机除霜，使霜自己融化，这种方式在温度较低时不行，且融霜时间较长；二是制热除霜，即换向阀改向，使室外侧的蒸发器转为冷凝器。

制热除霜的工作过程是这样的：由于化霜控制器靠近热交换器，所以它能很快地感受到热交换器的温度。当热交换器温度低于设定温度时，化霜控制器就会动作，切断四通阀的电源，使制热循环切换为制冷循环，同时室外热交换器也由制热时的蒸发器，转变为制冷时的冷凝器，开始化霜。

在化霜过程中，冷凝器的温度逐渐上升，很快地融化掉结在盘管上的冰霜。

化霜结束后，化霜控制器又会动作，使四通阀切换到制热循环。热泵式空调器在化霜运转时，室内热交换器由制热时的冷凝器，转变为制冷时的蒸发器。此时为防止室内机风扇把冷风吹入室内，空调器在电路中设置一个防冷风控制器。空调器在化霜运转时，当室内蒸发器的温度降到设定值时，防冷风控制器自动使室内风扇停止运转。当化霜结束时，空调器恢复制热，室内冷凝器温度又开始上升，上升到设定值时，防冷风控制器又把室内风扇电路接通，风扇运转送热风。

化霜控制器也是利用温度控制触头动作的一种电开关，它是热泵制热时去除室外热交换器盘管霜层的专用温控器。其化霜方式一般为逆循环热化霜，即通过化霜控制器开关触点的通、断，使电磁换向阀换向。

2. 家用空调器上常用的化霜控制器

家用空调器上常用的化霜控制器主要有波纹管式、微差压计和电子式化霜控制器。

（1）波纹管式化霜控制器。

其工作原理与波纹管式温控器相同，其外形如图 7.12 所示，感温包贴在蒸发器表面，当感受温度达到 0℃ 时，将换向阀的线圈电路切断，将空调器改成对室外制热运行。经除霜后，室外蒸发器表面温度逐渐上升，当感温包达到 6℃ 时，接通换向阀线圈电路，又恢复对室内的制热循环。在化霜期间，室内风机停转。

波纹管式化霜控制器有单感温包化霜控制器和双感温包化霜控制器两种，下面分别加以介绍。

① 单感温包化霜控制器。

单感温包化霜控制器的外形如图 7.13 所示，其结构与普通温控器无异，即由感温包、波纹管及杠杆等组成。感温包内充有感温介质（如氟利昂等），将其紧贴于室外换热器盘管上，以感受盘管表面温度及周围空气温度。当感温包温度达到 0℃时，电磁线圈断电，换向阀换向化霜。化霜时，盘管表面温度不断上升，当感温包温度达到 6℃时，电磁线圈通电，换向阀再次换向，化霜结束，空调继续制热。

② 双感温包化霜控制器。

图 7.12　波纹管式化霜控制器

双感温包化霜控制器的外形如图 7.14 所示。它有两个感温包，右侧感温包安装在换热器的盘管上，感应换热器的工作温度；左侧感温包安装在室外风机进风处，当风机或换热器工作时，感应空气温度。在一般情况下，以室外环境温度和换热器工作温度的差值来控制化霜。当该差值处于正常范围时，换热器无霜，空调系统维持制热循环。当换热器结霜时，换热器温度降低并影响吸热，此时该差值增大，当超出正常范围时，空调系统即进入化霜循环。

图 7.13　单感温包化霜控制器外形

图 7.14　双感温包化霜控制器外形

（2）微差压计除霜控制器。

它利用微差压计感受室外热交换器结霜前后的压差来自行控制。如图 7.15 所示，高压端接在室外热交换器的进风侧，低压端接出风侧。热交换器盘管结霜后，气流阻力增加，前后压差发生变化，从而接通化霜线路，使电磁换向阀换向化霜。这种化霜方式仅与盘管结霜的程度有关，因而化霜性能好。

（3）电子式化霜控制器。

电子式化霜控制器是通过温度和时间两个参量来控制化霜的。它先通过热敏电阻来感受室外热交换器盘管表面的温度，并以此来控制电磁换向阀的换向；同时，通过集成电路来控制化霜的时间。热泵型空调器还常有辅助电热器，化霜期间还可以在集成电路的控制下，启用电热器，并向室内吹送热风。

图 7.15　微差压计化霜控制器

3. 压力控制器的功能

当冷凝器严重积灰、风扇有故障、冷却风量不足、制冷剂过量、系统中存在有空气或其他不凝性气体时，会产生过高的排气压力。同时，当蒸发器翘片严重积灰、室内机的循环风量减小、制冷剂不足、蒸发器结霜或结冰时，会出现吸气压力过低。无论是排气压力过高，还是吸气压力过低，都会降低空调器的工作效率和制冷效果，严重时会损坏压缩机。因此空调器一般都要安装高压控制器和低压控制器，它们统称为压力继电器。

压力控制器又称压力继电器，它监测制冷设备系统中的冷凝高压和蒸发低压（包括油泵的油压），当压力高于或低于额定值时，压力控制器的电触头切断电源，使压缩机停止工作，起保护和控制作用。

4. 压力控制器的分类

压力控制器有高压控制器和低压控制器两种，也有将高、低压控制器组装在一起的。高压控制器安装在压缩机的排气口，以控制压缩机的出口压力。低压控制器安装在压缩机的进气口，以控制压缩机的进口压力。

（1）波纹管式压力控制器。

KD 型高低压控制器就是一种传统的波纹管式压力控制器，其工作原理如图 7.16 所示。高压气态和低压气态制冷剂通过连接管道，分别进入压力控制器的高、低压气室，使波纹管对传动机构产生一定的作用力，这个作用力与传动机构弹簧弹力相平衡。当压缩机排气侧的压力过高或吸气侧压力过低时，都会打破上述平衡状态，使开关触头动作，切断压缩机电源。转动压力调节盘，可以调整弹簧的弹力，从而可以调节压力的控制值。

（2）薄壳式压力控制器。

薄壳式压力控制器的性能优于波纹管式压力控制器，其外形与工作原理如图 7.17 所示。进入压力控制器压力室的气态制冷剂压力超过限值时，薄壳状膜片就会产生一定的位移，从而推动传动杆，使开关触头闭合或断开。这种压力控制器既可用于过压保护，也可作为防泄漏保护。

图 7.16　KD 型高低压控制器

（a）外形　　　　　（b）结构原理

图 7.17　薄壳式压力控制器

空调遥控器通常用红外线作为载体，发送控制信号。它由遥控信号发射器和遥控信号接收器两部分组成。

5. 空调遥控信号发射器

遥控信号发射器是独立于空调器本机的键控开关盒，故又叫遥控开关。其原理框图如图 7.18 所示。键盘由矩阵开关电路组成。开关盒内的 IC1 扫描脉冲和键盘信号编码器构成键命令输入电路。当按下某个功能键时，相应的扫描脉冲通过键开关输入 IC1，使 IC1 内的只读存储器中相应的地址被读出，产生相应的指令代码，再由指令编码器转换成二进制数字编码指令。而指令编码器输出的编码指令送到编码调制器，形成调制信号。调制信号经缓冲级到激励管，由 VT1，VT2 组成的红外信号激励级放大到足够的功率，去驱动红外发光二极管，发射出经调制的指令信号。

图 7.18　遥控信号发射器原理框图

6. 空调遥控信号接收器

遥控信号接收器装在空调器本机面板内，其原理框图如图 7.19 所示。当红外指令信号被接收器的光敏二极管接收后，光敏管将光信号转换成电信号。该信号经放大增益、限幅、滤波、检波、整形、解码后，输出给有关电路，执行相应的功能。

图 7.19　遥控信号接收器原理框图

7. 压力控制器的检修

压力控制器是中大型空调系统必不可少的保护装置之一，小型家用空调器 3 匹或以上的柜式空调也会装有高低压力控制器。在检修时，可利用该控制原理及压力控制器结构原理进行检修。压力控制器故障主要有两种：一是自身问题所引起的故障，二是系统压力异常而导致的保护性故障。不管是哪种故障，都可以通过安装到系统前与安装到系统后进行检测。

（1）安装到系统前检测。

在一个大气压下对低压压力控制器进行检测，用万用表电阻挡测量其两个接线端子，应该是断开的，若处于短接状态，说明该控制器已损坏。

同样，高压压力控制器的检测方法也是一样的。不同的只是在常压下，其两个接线端子，正常时应该短接，故障时才是断开状态。

（2）安装到系统后检测。

安装到系统中的高低压力控制器，在空调开机时分别监控着系统高低压的压力，当压力低于（或高于）正常值设定值时（表 7.7 列出了空调器制冷系统高、低压正常压力值），通过内部构件的作用，断开压缩机主电路，起到保护作用。所以，判断压力控制器故障与否，可通过两种方法进行。

表 7.7　空调器制冷系统高、低压正常压力值表

制冷剂	室外环境温度/℃	低压系统		高压系统	
		吸气压力/MPa	蒸发温度/℃	排气压力/MPa	冷凝温度/℃
R22	30	0.47～0.5	4～6	1.25～1.4	35～40
	35	0.48～0.52	5～7	1.4～4.84	40～50
	40	0.58	10	2.2	58

① 关机状态监测。

空调关机时，系统高低压力均处于平衡状态，一般是 0.9～1MPa。在这个压力范围下，无论是高压还是低压控制器，其接线端子两端都是处于正常接通状态。如果用万用表电阻挡检测发现处于断开状态，说明该控制器已经损坏。

② 开机状态检测。

空调器正常运行时，其高低压压力根据所使用制冷剂不同，以及环境温度的变化而会在一定的范围内波动，变化不会很大。一旦系统出现故障，比如堵塞、制冷剂泄漏、室外机散热效果差等情况，系统压力会出现异常情况，不但会影响正常制冷，还会影响空调设备的使用寿命。

所以，在开机状态下用万用表交流电压挡分别对高低压控制器的接线端子的零线进行检测。正常时，两端子应该都有 220V 电压，初步判断问题就在该压力控制器，那究竟是压力控制器本身故障，还是系统压力保护呢？可通过两个方法进行判断。

方法 1：先关闭空调器断开电源，用剪钳剪断压力控制器上的两条线，把它们短接起来，重新开机实验，如果系统运行正常，且压力值都在正常范围内，那么可以准确判断问题在该压力控制器。采取的措施是更换同型号的控制器。

方法 2：关掉空调器用压力表检测系统停机时压力，如果压力正常，再用万用表电阻挡检测压力控制器两个接线端子，这时如果压力控制器本身没问题，两个端子应该是导通的，且电阻为 0Ω。如果是断开的，说明问题在压力控制器本身。采取的措施也是更换同型号的控制器。

8. 空调遥控器的检修

空调遥控器系统的故障有接收部分故障和发射部分故障。其中接收部分主要由光敏二极

管和接收集成块组成。正常情况下，遥控接收头输出端应有＞4V 的电压，当有遥控信号输入时，输出端电压在 3～4V 之间摆动。电路常见故障是接收头受潮漏电和输出端滤波电容损坏。若接收头电路损坏后不能修复，可用价廉（约 4 元）易购的彩电用 SM3381 接收头直接代换，基本上都能代换成功。

空调发射器的主要故障有遥控器全部按键不起作用、个别按键不起作用、遥控器遥控距离较短、按压任何一键均只执行某种功能等故障。

若全部按键都不起作用，则故障可能是电源供电开路、晶振损坏、驱动三极管损坏。此时可以用手机摄像头观察红外发光二极管是否发光，用电压法判断电源供电故障，用电压法测试按键时红外发光二极管、三极管、集成块相应引脚电压变化是否正常，用代换法排除晶振不良及损坏故障。

若个别按键不起作用或按压任何一键均只执行某种功能，则很可能是按键的接触点接触不良或按键电路板漏电所造成的。一般不建议维修，因为维修后不能根本解决问题，可以更换同型号的遥控器或用市场上出售的空调万能遥控器代替。

若遥控器遥控距离较短，则分为遥控接收器故障和遥控发射器故障。若是遥控发射器问题，则可能是电池电压过低，或遥控器中的推动三极管质量不良所致。检修遥控接收电路故障时，遥控接收头输出端应有＞4V 的电压，当有遥控信号输入时，输出端电压在 3～4V 之间摆动。电路常见故障是接收头受潮漏电和输出端滤波电容损坏。若接收头电路损坏后不能修复，可用易购的彩电用 SM3381 接收头直接代换，基本上都能代换成功。

二、任务的完成过程

常见空调化霜控制器、压力控制器、遥控器识别训练：
请通过实训室设备、商场、书籍、网络等途径在表 7.8 中写出以下实物的名称。

表 7.8　常见空调化霜控制器、压力控制器、遥控器识别表

编号	实　物	编号	实　物
1		2	
名称		名称	
3		4	
名称		名称	

续表

编号	实　　物	编号	实　　物
5		6	
名称		名称	
7		8	
名称		名称	
备注	参考器件名称有：化霜控制器、压力控制器、遥控接收头、遥控板		

三、任务的评价（表 7.9）

表 7.9　常见空调化霜控制器、压力控制器、遥控器识别评价表

序号	评 分 内 容	配分	评 分 标 准	自评得分	小组互评	教师评分
1	常见空调化霜控制器、压力控制器、遥控器实物识别表	100	识别正确，书写规范，无错别字			
	合计得分	100				

项目五　控制电路

任务　空调器的控制电路

一、任务的准备

（一）明确任务

本任务是知道窗式空调、分体壁挂式空调、柜式空调器的控制电路组成以及工作过程。由于本部分工作原理比较复杂，大家在学习的时候要注意信号的输入和控制输出，即什么条件下，哪些设备被控制了，这对理解空调系统的工作过程也有较大帮助。

（二）知识准备

空调器的控制系统主要由电源、信号输入电路、电脑芯片、输出控制（室温给定、运转控制）和 LED 显示等组成。这里介绍几种不同类型的空调器控制系统的基本结构。

1. 窗式空调控制电路组成

窗式空调器的控制系统主要由电脑芯片、驱动电路、显示器、继电器、电源及各种传感器组成。图 7.20 是一种窗机遥控器的典型电路，这种遥控器采用集成电路μPD6121 做芯片电路，外围元器件很少。

图 7.20　窗机遥控器典型电路

电路中，S1~S8 为功能键。使用者按键时，遥控器芯片相应引脚得到脉冲电压，经处理后由 5 脚发出经过编码的脉冲信号，这个信号加到三极管 N1 的基极，控制红外发光管 L1 发出红外线信号。不同按键按下后，电路发射的红外线信号编码是不同的。

2. 窗式空调控制电路工作原理

图 7.21 是一种典型的电脑控制窗式空调器电路。控制电路中，芯片发出的指令是通过相应引脚电平高低变化来表现的，一般说来，由于引脚不能输出大的驱动电流，所以指令不能直接控制压缩机等大功率元件的动作。为了将芯片发出的指令付诸实施，系统内设有驱动电路，由它来带动继电器的动作，就能直接控制空调器部件工作了。

图 7.21　电脑控制窗式空调器电路

分体壁挂式空调器的控制电路由室内外机组控制电路和遥控器电路组成。遥控器发射控制命令，控制电路中电脑芯片处理各种信息并发出指令控制室内机组与室外机组工作。

3. 17202A 芯片液晶显示遥控器

图 7.22 所示是以 NEC 17202A 芯片为核心的液晶显示遥控器电路。17202A 芯片是 NEC 公司产品，为 4 位微处理器，有 64 条引脚。芯片的 1~25 脚、62~64 脚用来驱动 LCD（液晶显示）；28~43 脚为 I/O 接口，用于按键扫描，控制信息由这里输入；45 脚用于控制红外线发射，该脚输出的是调制波。液晶显示屏有两个电极，由于加高电平易损坏液晶，因此两极间加的是脉冲信号。

遥控器有 3 种工作状态：一是正常工作状态，这时电路的主副时钟同时工作，电流为毫安级；二是休眠状态，这时电路仅主时钟工作，电流不到 1mA；三是停止状态，这时只有副时钟振荡电路工作，电流小于 80μA。

图 7.22 NEC 17202A 液晶显示遥控器电路

4. 热泵型空调器控制电路

图 7.23 是热泵型分体式壁挂式空调器室内外机组的控制电路简图，电路具体工作过程如下。

（1）制冷运行。制冷运行的温度设定范围为 20~30℃，当室内温度高于设定温度时，电脑芯片发出指令，压缩机继电器吸合，通过室内外机组的信号连线送出信号，于是压缩机、室外风扇运转。制冷运行时室内风扇始终运转，可任意选择高、中、低挡风速。当室内温度低于设定温度时，压缩机、室外风扇停止运转。

（2）湿运行。当选择抽湿工作方式后，空调器先制冷使室内温度达到遥控器指定的温度，然后转入抽湿工作方式。抽湿时，室内风扇、室外风扇和压缩机先同时运转，当室内温度降至设定温度后，室外风扇和压缩机停止运转，而室内风扇继续运转 30s 后才停止。风扇停转后，室温将慢慢回升，但相对温度已经变小了。5min 后再同时开启室内外机组，如此循环进行。与正常制冷状态相比较，抽湿运行时室温降低速度较慢，而空气中的水分却能较多地在蒸发器上凝成水滴排出。在抽湿运行时，室内风扇自动设定为低速挡，而且睡眠、温度设定等功能键均有效，如果遥控器发出变换风速的信号，空调器可接收信号，但并不执行。

图 7.23 热泵型壁挂式空调器控制电路简图

（3）送风运行。送风运行时，可任意选择室内风扇自动、高、中、低挡风速，但室外机组不工作。

（4）制热运行。空调器制热运行后，可在 14~30℃范围内以 1℃为单位设定室内温度。当室内温度低于设定温度时，压缩机继电器、室外风扇继电器吸合，空调器开始制热运行。制热运行中，当室外机冷凝器温度小于（或等于）20℃时，室内风扇停转；当冷凝器温度高于28℃时，室内风扇运转。

此外，为了提高制热效率，电脑芯片会根据室外铜管的温度及压缩机的运转情况来判断空调器是否需要除霜。在除霜时，压缩机运转室外风扇，室内风扇停止工作，待除霜结束后再恢复工作。

（5）自动运行。空调器进入自动运行工作方式后，室内风扇按自动风速运转，芯片根据接收到的外界信息自动选择制冷、制热或送风运行。

5. 柜式空调器的控制电路

柜式空调器的控制电路结构如图 7.24 所示。与分体壁挂式空调器相比柜机的功率往往更大，有的要使用 380V 三相电源供电。柜机的控制系统功能更多，并增加了显示面板，通常用液晶显示器和 LED 发光管两种形式，来显示空调器的运转方式。

图 7.24 中，M1、M2 为室内风扇，M3 为导风板电动机，M4、M5 为室外风扇，C1、C2、C4、C5 为风扇电动机电容器。AP1 为显示面板，一般装在柜机正面，并有精致的装饰框。AP2

为主控板，装在室内机中。J1 为继电器，K1 为交流接触器，FR 为热继电器，P 为高压控制器，SW 为除霜温控器，V 为四通阀，M6 为压缩机。此外，L1、L2、L3 代表三相交流电源（380V、50Hz）接线端，N 代表零线，E 代表接地线。

图 7.24   柜式空调器控制电路简图

当空调器正常制冷时，L1、L2、L3 为 380V 三相电源输入，作为压缩机供电线。C 线是压缩机控制线，电压为 220V，V 线为 0V。此时，交流接触器 K1 的线圈得电，K1 的常闭触点断开，切断压缩机的预加热，而常开触点闭合，压缩机风扇运转。此时 S 线为 220V。当空调器正常制热时，C 线为 220V，V 线也为 220V，四通阀吸合，压缩机、室外风扇运转。此时 S 线也为 220V。因此，在正常的制冷、制热运行时，S 线总为 220V，这也是判断空调器工作是否正常的依据。

同时，柜式空调器控制系统中有较完善的保护电路。当经过热继电器 FR 的电流超过规定值时，FR 的常闭触点就会跳开，常开触点吸合。而当系统压力过高时，高压控制器 P 的触点也会跳开。因此，只要出现上述任意一种情况，就可使继电器 J2 的线圈通电。J2 动作使 S 线电压为零，这时空调器不能正常工作，显示面板上就会出现故障提示。

柜式空调器在制热运行时，也需要不定时地除霜来提高制热效果，要使空调器除霜运行，必须具备以下两个条件。

（1）室外热交换器管路温度低于−10℃。这时除霜控制器动作，继电器 J1 的线圈接在 V 和 L 两线之间。由于这两条导线的电压都是 220V，两线之间并没有电压，所以 J1 线圈不通电。

（2）制热运行 50min 以上。当这两个条件同时满足时，主控电路板发出指令使室内风机停转，四通阀断电，则 V 线电压变为零，因而 J1 的线圈通电，J1 的常闭触点断开，使室外风扇也停止运转。此时，只有压缩机工作，空调器进入除霜运行。当室外热交换器管路温度回升使除霜控制器复位，或者除霜运行时间在 10min 以上时，主控电路板发出指令，室内风扇运转，四通阀通电，室外风扇也运转，空调器开始制热运行。

在维修时，应先检测 S 线所处的状态。当 S 线电压为零时，就应该检查热继电器、高压控制器等保护装置是否动作。如果 S 线电压为 220V，但空调器压缩机不工作，则故障很可能为交流接触器触点损坏。这在柜式空调器中比较常见，通常是由于电源电压过低引起的大电流或者触点频繁吸合、断开引起的拉弧烧毁触点。

二、任务的完成过程

常见空调控制电路板识别训练：

请通过实训室设备、商场、书籍、网络等途径在表 7.10 中写出以下实物的名称。

表 7.10 常见空调控制电路板识别表

编号	实 物
1	
名称	请将接线板、电源电路板、控制电路板、变压器分别填写到上图中空白处
2	
名称	请将变压器、继电器、遥控板、按键、LED 显示屏分别填写到上图中空白处。

三、任务的评价（表 7.11）

表 7.11 常见空调控制电路板识别评价表

序号	评分内容	配分	评分标准	自评得分	小组互评	教师评分
1	常见空调控制电路板实物识别表	100	识别正确，书写规范，无错别字			
	合计得分	100				

模 块 ⑧

空调器的故障维修实例

【知识目标】

（1）理解窗式空调器的故障维修方法。

（2）理解分体式空调器的故障维修方法。

（3）理解分体式空调控制电路工作原理和维修方法。

（4）知道变频空调器的检修方法，理解检修方法。

【技能目标】

（1）能对窗式空调故障进行判断并指出维修措施。

（2）能对分体式空调故障进行判断并指出维修措施。

（3）能对分体式空调控制电路常见故障进行分析维修。

（4）能比较出变频空调和普通空调的差异。

（5）能对变频空调常见故障进行故障分析。

（6）培养良好的职业素养。

项目一　空调器的故障维修实例

任务 1　窗式空调器的故障维修

一、任务的准备

（一）明确任务

本任务主要是理解窗式空调器的故障分析及检修思路、检修方法步骤。同时还要能对窗式空调器的常见故障进行故障划分和采取正确处理措施。大家在学习的时候一定要参看前面章节的相关知识，以加强分析和理解。

（二）知识准备

1. 窗式空调器常见故障

故障现象一：空调器不运转。

故障分析与维修：引起空调器不运转的原因及维修方法如下。

（1）熔丝熔断，更换熔丝。

（2）电路接点松断，检查并重新接牢。

（3）电压低于额定值 10% 以上，用电压表检查，确认是此原因。

（4）联动开关失灵。修理或更换联动开关。

故障现象二：风扇运转而压缩机不运转。

故障分析与维修：引起风扇运转而压缩机不运转的原因及维修方法如下。

（1）温度控制器失灵。如将温控器旋到常冷位压缩机仍不启动，若短接温控器两个串联接点后压缩机运转，则说明确是温控器失灵，应更换。

（2）电压低。用电压表检查，确认是此原因。

（3）电路接点松断。检查并重新接牢。

（4）过流保护装置触点断开。待双金属触片复原后再试之，如仍不接触，可调整。

故障现象三：压缩机开停频繁。

故障分析与维修：引起压缩机开停频繁的原因及维修方法如下。

（1）电压低。以电压表检查，确认是此原因。

（2）冷凝器通风不畅，影响散热性能。检查轴流风扇并注意冷凝器翅片有无脏物堵塞或落灰太多，及时排除。

（3）温控器的感温包安放位置不对。检查感温包，不应太靠近蒸发器。

（4）过电过热双保护装置失灵。检查、调整或更换。

故障现象四：空调器振动。

故障分析与维修：引起空调器振动的原因及维修方法如下。

（1）压缩机装运垫木或螺钉未拆除。将压缩机外弹簧架上的垫木和螺钉去掉。

（2）排气管或吸气管碰敲金属声。将配管微弯曲一下，使之远离金属件。

（3）风扇叶片弯曲或松动。检查、调整或重新上紧。

故障现象五：空调器冷凝水往室内流。

故障分析与维修：引起空调器冷凝水往室内流的原因及维修方法如下。

（1）空调器水平位置不对。调整水平，一般窗式空调器应向外下方略倾斜。

（2）接水盘、排水盘堵塞或渗漏。清理堵塞物，用防水密封物质堵漏。

故障现象六：风扇噪声大。

故障分析与维修：引起风扇噪声大的原因及维修方法如下。

（1）风扇动平衡不好。查找动平衡或更换合格品。

（2）叶片变形。检查并校正。

（3）风扇与电动机轴之间连接松动或间隙过大。检查并重新上紧，如轴与孔间隙过大可用铜箔垫紧或更换。

故障现象七：空调器制冷不良。

故障分析与维修：引起空调器制冷度不够的原因及维修方法如下。

（1）空气滤清器阻塞。清洗滤清器。

（2）新风过量。关小新风栅。

（3）冷凝器有脏物堵塞或蒙尘太多。检查清理。

（4）压缩机或制冷系统的原因。检查有无毛细管堵塞、制冷剂不足、压缩机故障等原因。

故障现象八：蒸发器表面结冰。

故障分析与维修：引起蒸发器表面结冰的原因及维修方法如下。

（1）空气滤清器阻塞。清洗滤清器。

（2）离心风扇故障。检查离心风扇及其电动机。

（3）室温过低。当室温低于 21℃时进行制冷运行，蒸发器表面会结冰。

2. 窗式空调器故障分析速查

窗式空调器的故障分析速查表见附录 3。

3. 窗式空调器检修实例

一台窗式空调器制冷量不足。

故障分析：顾客反映该空调器能开机，但房间温度降不下来，且耗电量比以前增加。经通电试机，发现压缩机、风机工作均正常，出风口温度较低，但工作约 30min 左右，压缩机停止运转，只有风机在继续工作。而正常的空调器在修理部里试机时，因房间较大，连续运转 3h 也不会自动停机，故怀疑是温度控制器或过热保护器出现故障。

故障维修：取下前面板，将温度控制器的感温管拨离蒸发器，使其感受的温度高一些，同时把温度控制旋钮拨至高挡。但通电试机后，仍出现上述现象。

在断电后，取下压缩机外壳，露出空调机芯。检查时发现，压缩机温升较正常，且过热保护器也没有因温度较高而跳断，因而怀疑是压缩机故障，如图 8.1 所示。

（a）压缩机　　　　　　　　　（b）保护器

图 8.1　检查压缩机和保护器

检查压缩机电动机绕组，其阻值基本正常，绝缘电阻也在 2MΩ以上。再次通电让其启动运转。当其再次停转时，立即拔掉电源，取下压缩机上的 3 根接线后进行测量，发现公共端与启动端和运行端都不通，而总阻值却依然存在，且与前测值相同。

让压缩机冷却一段时间后，又对其绕组进行测量，发现两绕组阻值恢复。而在通电运行一段时间后，又重复上述现象。由于该压缩机既装有外接的过热保护器，又有内过载保护器（埋入式热保护器），故判定为：由于压缩机绕组温升较快（可能绕组内有局部短路现象存在），从而使内过载保护器动作，致使压缩机停转。该压缩机的内、外过载保护器和分相电容器及其绕组的电路如图 8.2 所示。

图 8.2　过载保护 PSC 系统

一台 KC—20 冷风型窗式空调器使用一段时间后压缩机启动频繁。

故障分析：在发现这台窗式空调器启动频繁之后，虽然用户将温度控制器旋钮调到强冷位置，但室内温度仍降不下来，清洗过滤后也无济于事。

经检查，在空调器运转过程中，过载保护器不动作，在刚启动及运转时，电源进线的熔丝也不熔断，说明电流正常，也说明压缩机内部及其线路部分没有什么问题。但温控器的故障，也会造成压缩机启动频繁。温度控制器的调节除了通过旋钮调节挡位外，还要受到感温管的影响。即感温管的状态不同，压缩机的运行和停机时间也会不同。

故障维修：拆下窗式空调器的前面板和空气过滤网后发现，固定在蒸发器前方下部的感温管头蒙上了一层湿乎乎的积尘，蒸发器的翅片之间也有积尘，使得感温管不能与流动空气直接接触，也就不能随时感受到真实温度变化。感温管感受到的只是覆盖在其上面的积尘的温度，而这些积尘盖在蒸发器上，其本身温度就较低，使自动调节温度开关经常动作，从而导致压缩机频繁启动。

将感温管头附近的积尘用刷子刷干净，蒸发器翅片之间的积尘用吸尘器吸出，或用高压氮气吹净，再把面板和空气过滤网装回，通电试机后，压缩机启动频繁现象消除，空调器运行正常后，室内温度明显下降。通过此例可以看出，为使空调器保持正常状态，在日常维护工作中，感温管处的清洁不容忽视。

一台新乐牌电热型窗式空调器无法制热。

故障分析：该机电路原理如图 8.3 所示。检测中，在电源线上测工作电流，置制热挡开机，抽出机芯，拆除上罩板，用万用表电阻挡测电加热器阻值，其阻值正常。电热式空调器的制热部分，为安全起见都装有过载和温度保险，以防止温升过高而出现事故。再测过热继电器，性能正常。当测温度保险时，其阻值为无穷大，即已被烧断。当用线将其短路后通电，电热器发热，整机工作电流正常。因而，该机不制热的原因就是温度保险烧断。

故障维修：换上相同规格的温度保险，问题就解决了，但绝不可用铜丝代替。

图 8.3　KCD 窗机电路原理图

一台窗式空调器蒸发器泄漏。

故障分析：一台国产窗式空调器，压缩机和控制电路均工作正常，但不制冷。将空调器机芯从外壳里抽出后，看到蒸发器弯头处有许多油渍，可见制冷剂 R22 已泄漏。向制冷系统充入 1MPa 的氮气后进行检漏，发现漏点在蒸发器翅片之中。故取下蒸发器后，充入氮气再将其置于水中，发现如图 8.4 所示处冒泡，说明该处铜管穿孔泄漏，这可能是铜管本身有缺陷，在装配翅片时的预应力及制冷剂高速冲刷摩擦的综合作用下产生的结果。

图 8.4　蒸发器泄漏

故障维修：该翅片铜管规格为 $\phi10mm\times0.75mm$，虽然可以将翅片破坏后，露出泄漏点进行补焊，但这样做还要修复被破坏的翅片。这里介绍利用穿管修复的方法，具体过程如下。

（1）将弯头锯断（接孔管的 U 形头的一边可靠近镀锌板锯断，另一边可离开镀锌板一定距离锯断）。

（2）将进液管在 90°弯管处割断，如图 8.5 所示。

（3）用 $\phi8mm\times0.5mm$ 的铜管与锯断的 U 形管弯头焊成如图 8.5 所示形状的穿孔管。

（4）将图 8.5 中较长的 $\phi8mm$ 管套入穿孔的 $\phi10mm$ 管内，较短的套入未穿孔的 $\phi10mm$ 管中，即用 $\phi8mm$ 管替代穿孔的整根 $\phi10mm$ 管。

（5）先将短的 $\phi8mm$ 与 $\phi10mm$ 管焊牢，再将穿过蒸发器的 $\phi8mm$ 管经 90°弯管与空调器上的进液管焊牢，最后将蒸发器的出管与压缩机吸管相接焊牢，并固定好蒸发器。

（6）对整机进行试压、抽真空，并充灌制冷剂，试运转正常，则修复完毕。

图 8.5　穿孔管形状及尺寸

二、任务的完成过程

窗式空调器故障检修训练：

在表 8.1 中，列出了窗式空调常见的故障，请根据故障现象、故障范围提示，写出具体的处理方法。

表 8.1　窗式空调器常见故障分析及处理表

序　号	故 障 现 象	故障范围划分	处理措施（办法）
1	开机后室内温度很冷但仍然不能停机	A：温控器失灵	
		B：温控器被设置到最低温处	
2	出风口风量非常小，长时间温度降不下来	A：过滤网有尘灰堵塞	
		B：风扇电动机转速度慢	
3	开机噪声大，振动大	A：安装不当，安装架的固定螺钉脚没有垫好或没有拧紧	
		B：因长途运输安装螺栓脚偏斜，引起压缩机不平，挤压引起振动和噪声	
		C：风扇扇叶碰到管路	
		D：管路碰到外壳	
4	通电后空调器不能运转	A：主令开关（选择开关）触点损坏，松动	
		B：接线有错，导线插片有脱落	
		C：温控器或过载保护器开路故障	
5	空调漏电	A：用户插座没有接地，属感应电压	
		B：控制板潮湿，对地绝缘电阻小于 2MΩ	
		C：窗机的温控主令插片挤压，防护套老化变质引起漏电	
		D：电动机或压缩机漏电	

三、任务的评价（表 8.2）

表 8.2　窗式空调器常见故障分析及处理评价表

序号	评 分 内 容	配分	评 分 标 准	自评得分	小组互评	教师评分
1	窗式空调器常见故障分析及处理	100	思路正确，用词严谨准确，方法正确可行，书写规范，无错别字			
	合计得分	100				

任务 2　分体式空调器的故障维修

一、任务的准备

（一）明确任务

本任务主要是理解分体式空调器的故障分析及检修思路、检修方法步骤。同时还要能对分体式空调器的常见故障进行故障划分和采取正确处理措施。大家在学习的时候一定要参看前面章节的相关知识，以加强分析和理解。

（二）知识准备

1. 带有供液阀和吸气阀的分体式空调器

这种空调器，即以扩口技术进行室内外机组连接的分体式空调器，可以在室外机组上找到供液阀（简称液阀，为二通阀）和吸气阀（简称气阀，为三通阀）。阀的结构由表 8.3 所示，利用三通阀修理口，实现打压、找漏、抽真空和充灌制冷剂操作。

表 8.3　室外机组阀口结构及调节原理

结构			
通断关系	旋至底面，a-b断 旋离底面，a-b通	旋至底面，a-b,a-c断 旋离底面，a-b通 按c顶针，b-c通	旋至底面，闭a 旋至上面，闭c 中间，a-b-c通
用途	液体侧用	气体侧用	气、液两用
名称	外阀杆二通阀	内阀杆三通阀	外阀杆三通阀

图 8.6 为外阀杆三通阀维修连接图，若吸气阀为内阀杆三通阀，可参考有快速接头的分体式空调器的连接图。

图 8.6　打压、找漏、抽真空及充灌制冷剂

（1）试压。

将吸气阀修理口直接与氮气瓶的减压相连，进行打压（0.19MPa 为宜），打压时供液阀不要关闭，不要启动压缩机。

（2）检漏。

用肥皂水涂抹各接头处，尤其是两个调节阀及各焊处，以没有微小的气泡为正常。

（3）抽真空。

将吸气阀的修理口直接接真空泵，然后同时开启吸气阀和供液阀，再开启真空泵即可进行系统抽真空。单侧抽真空应运转压缩机。

（4）充灌制冷剂。

抽真空后顺时针关闭吸气阀，其修理口直接接 R22 制冷剂瓶，然后逆时针开启吸气阀，再开启制冷剂瓶的旋钮，即可向系统内充灌制冷剂，操作时应先排去加液管中的空气。

2. 有快速接头的分体式空调器

这种空调器在吸气管快速接头的雌接头一端（位于室外机组）留有一充注制冷剂的修理口，其内有小顶针，平时顶针被弹簧顶起，顶针上有一个小盖片，由盖片将修理口接住。修理时先将修理口的螺母拧下来，然后用专用的针阀拧在修理口上。也可用汽车充氟的专用管（内有顶针，拧在修理口即与外接管相通），再与三通修理阀连接起来，如图 8.7 所示。具有内阀杆三通阀的分体空调器（大多数扩口接的空调器均采用此种吸气阀）也可依照此图进行连接。

图 8.7　从快速头的吸气管打压、找漏、抽真空及充灌制冷剂连接示意图

（1）试压、检漏。

先开启氮气瓶和减压阀（压力 0.19MPa），开启修理三通阀，氮气则进入系统内，然后用肥皂水找漏，或保压检漏。因三通阀上接有压力表，所以保压检漏只需要关闭三通阀，24h 后，以表压不明显下降为正常。

（2）抽真空。

将修理阀上的连管从修理阀上拧下来，接上真空泵即可对系统进行抽真空。此时应运转压缩机。

（3）充注制冷剂。

抽真空后（也可做真空试漏），将修理阀顺时针关闭，然后拆去真空泵的连接管，连接上 R22 制冷剂瓶，先开制冷剂瓶顶出管内空气再与修理阀口拧紧，逆时针开启修理阀，制冷剂 R22 即可充入系统。最好采用定量法充注。

3. 分体空调器常见制冷剂泄漏点

分体空调器常见制冷剂泄漏点如图 8.8 所示。

图 8.8　分体式空调器的检漏点

4. 分体壁挂式空调器控制系统故障检修流程

（1）分体壁挂式空调器压缩机不运转故障检修流程如图 8.9 所示。

图 8.9　压缩机不运转检修流程图

（2）分体壁挂式空调器运转异常故障检修流程如图 8.10 所示。

图 8.10 运转异常检修流程图

（3）分体壁挂式空调器室外机组开关反复动作故障检修流程如图 8.11 所示。

注：制冷运转→室外热交换器
制热运转→室内热交换器

图 8.11 室外机组开关反复动作检修流程图

（4）分体式空调器室内风扇不运转故障检修流程如图 8.12 所示。

图 8.12 室内风扇不运转检修流程图

（5）分体式空调器室外风扇不运转故障检修流程如图 8.13 所示。

图 8.13 室外风扇不转检修流程图

（6）分体式空调器室外风扇转动但压缩机不转检修流程如图 8.14 所示。

图 8.14 压缩机不转而风扇转动检修流程图

5. 分体壁挂式空调器制冷制热故障检修流程

（1）分体壁挂式空调器完全不制冷检修流程如图 8.15 所示。

（2）分体壁挂式空调器制冷量不足检修流程如图 8.16 所示。

图 8.15 完全不制冷检修流程图

图 8.16 制冷量不足检修流程图

（3）分体壁挂式空调器不制热检修流程如图 8.17 所示。

图 8.17　不制热检修流程图

（4）分体壁挂式空调器冬天风不太暖检修流程如图 8.18 所示。

图 8.18　风不太暖检修流程图

6. 科龙、华宝分体式空调器控制系统检修表

科龙、华宝分体式空调器控制系统检修表见表8.4和表8.5。

表8.4　一拖二室内电气特性、检测方法及常见故障现象

项　目	电 气 特 性	检测方法和工具	常见故障现象
系统自检	1. 温度自检 1.1 当 TH1=（252），TH2=（152），运行 LED（绿）、膨胀阀开度指示 LED 排的第 2，4 只应同时点亮 1.2 当 TH1,TH2 任一只超出上述范围时，运行 LED（绿）灭	1. 按住"应急运转"键，插上电控器电源插头，待蜂鸣器"哗"的一声后，松开按键即进入温度自检状态	
	2. 运行自检 2.1 强制制冷：室外风扇及压缩机立即启动，运行 LED（绿）同时点亮 2.2 强制制热：室外风扇、压缩机、四通阀应立即启动，运行 LED（绿）同时点亮 2.3 可用遥控器调节室内转换，可观测高、中、低三挡风速的变化 2.4 可用遥控器启停室内风向板 2.5 电加热：强制制热模式下，连接室外电控板并与之通电后，电辅加热器能立即启动，LED（红）同时点亮	2. 温度自检结束时，按"应急运转"键一次，蜂鸣器"哗"的一声后，即进入运行自检状态 2.1 将遥控器设置为"制冷"模式，设定温度为23℃，按"开/关"键启动强制制冷 2.2 用遥控器将模式转换成"制热"，即启动"强制制热"模式 2.3 按"风速"键，观察室内风速的变化 2.4 按"风向"键，观察风板的变化 2.5 按"电加热"键，启动电辅加热器	
功能检查	1. 制冷状态下 1.1 温度下降：室内>（设定温度−1℃）时，室内风扇按弱风运行。设定温度>室内温度（设定温度−3℃）时，室内风扇按中风运行。室内温度<设定温度时，按弱风运行 1.2 温度上升：室内温度<（设定温度−2℃）时，室内风扇按强风运行。（设定温度−2℃）<室温，按中风运行，室温>设定温度，按弱风运行		压缩机不启动、不停机 （1）室内热敏电阻失效 （2）室内热敏电阻电路中磁片电容失效
	2. 防冷风功能 在制热模式下，室内风扇按防冷风运行 2.1 温度下降：室内温度>25℃时，按设定风量运行。25℃>室内温度>18℃时，按弱风运行。室内温度<18℃时，室内风扇暂停 2.2 温度上升：室内温度<25℃时，室内风扇暂停。25℃<室内温度<30℃时，按弱风运行。室内温度>30℃时，按设定风量运行	2. 启动用户制热模式，用电阻模拟室内温度的变化，观察室内风扇的转速应符合"电气特性"的要求	

表8.5　一拖二室外电气特性、检测方法及常见故障现象

项　目	电气特性	检测方法和工具	常见故障现象
系统检查	1. 双机制冷 A阀开度150，B阀开度150。压缩机、室外风扇立即启动 2. A机制冷 A阀开度120，B阀开度0。压缩机、室外风扇立即启动 3. B机制热 A阀开度0，B阀开度150，压缩机、室外风扇立即启动 4. 排气管温保护 排气管温高于110°C时，压缩机停机 5. 压力保护 压力开关置于开路状态，压缩机停机 6. 加热带 室外管温低于7°C时，加热带开，高于8°C时，加热带关	1. 室外机控制器开机前不接室内机并短接通信A，B口，开机约10s后，进入双机制冷状态。观察膨胀阀开度、压缩机室外风扇运行情况 2. 如1条，短接通信口A，即进入A机制冷状态 3. 如1条，短接通信口B，即进入B机制热状态 4. 用390Ω电阻热敏电阻（110°C），压缩机应停机。用450Ω电阻热敏电阻，压缩机应启动 5. 短接压力开关连线，压缩机应能启动。断开压力开关连线，压缩机应停机 6. 用37kΩ电阻室外管温，加热带应关闭	1. 室外风机停转、自转，晶闸管失效 2. 室外机不受控 （1）熔丝断 （2）压缩机故障 （3）通信线接插件接触不良 3. 压缩机不启动 压缩机继电器故障

7. 分体式空调常见故障检修实例

一台三菱SRK325分体式空调器制冷量和制热量逐年下降。

观察该机外观良好，热交换器无积尘，内外机组连接管道也无积尘。拆开接头处的保护层观察，亦完全没有油迹。因此，估计是制冷剂轻微泄漏，可用仪器来检漏。常用检漏仪器有卤素检漏灯和电子检漏仪。

图8.19　卤素检漏灯

图8.19为卤素检漏灯的结构，实际上它是一种酒精喷灯，当氟利昂与喷灯火焰相遇时，就会被分解为氟、氯气体，而氯气与灯内烧红的铜皮帽接触，便化合成氯化铜气体，使火焰的颜色变为蓝色或绿色。

卤素检漏灯的操作方法为：将底盖旋下来，加满酒精，盖上底盖并旋紧。将灯竖直放置，向酒精盆内加入酒精，点燃，以加热灯体和喷嘴，使酒精汽化，压力升高。待盆内酒精快烧完时，稍微打开阀杆，让酒精蒸气从喷嘴喷出而持续燃烧。喷嘴的上面有一个旁通孔，空气从旁通孔吸入，于是旁通孔就成为有吸气能力的吸气口。在吸气口处装上一段塑料软管，将软管口靠近检漏部位，就会使泄漏部位的氟利昂泄漏量增多，火焰颜色的变化顺序为微绿、浅绿、黄绿。阀门不能关得太紧，以免因阀体冷却收缩而使阀门开裂。

微量氟利昂泄漏很难用卤素检漏灯查出来，而电子检漏仪灵敏度极高，可查出每年仅1g左右的微量氟利昂泄漏。电子检漏

仪的构造原理如图 8.20 所示。其阳极和阴极之间形成一个直流电场，炽热灯丝会发射电子，仪器探头（吸管）借助风扇作用将探测处的空气吸入并通过电场。若空气中含有氟利昂，则它与炽热的铂阴极接触，使卤素分解，从而电场中的离子数剧增，该离子电流经过放大，在电流表上显示出来，并使蜂鸣器发出音响。

图 8.20　电子检漏仪

　　检查结果，该机确实发生轻微泄漏，修复漏点后，补充适量的 R22。其常用充灌方法有气体充入法和加压充入法。气体充入法就是将 R22 在充注阀钢瓶中直立放置，并浸在 40℃的温水中，R22 因升温而增压，加快充灌速度。但水温切勿超过 40℃，以免压力过高而发生意外。

　　在抽真空后接着充灌 R22 极为简单，因为这时压缩机的工艺管仍接在修理阀的中间接口上，而真空泵还接在修理阀的左边接口，因此充满时只要把 R22 的钢瓶通过软管接在修理阀右边接口即可。然后开启修理阀的高压阀旋钮，逐渐旋开 R22 的钢瓶阀，R22 就会被吸入压缩机。不过，制冷剂软管应先与 R22 钢瓶连接，而后微开钢瓶的角阀，用 R22 将软管内的空气赶净，然后才把软管的另一端接在修理阀上，为了增加制冷系统内的干燥效果，在 R22 钢瓶与修理阀之间，最好加设干燥过滤器。在充灌制冷剂过程中，必须注意观察各种现象，判断并适时控制正确的充灌量，其掌握原则是宁少勿多。因为充灌量少，补充较容易；而充灌量过多，排放却比较麻烦。判断、控制充灌量的方法很多。

　　（1）称重量。

　　将 R22 小钢瓶放在台秤上，观察台秤指针的下降值，就可掌握 R22 的充灌量。

　　（2）看刻度。

　　如图 8.21 所示，便携式 R22 充注器是一个可充灌 1~2kg R22 的金属筒，筒径为 8~10mm，其玻璃计量管上刻印上有不同温度下的重量刻度，根据液面的位置，就可以知道 R22 的充灌量。

图 8.21　便携式充注器

（3）测压力。

用修理阀上的压力表，测量充灌过程的压力变化，就可掌握 R22 充灌量是否合适。如对于 R22 来说，蒸发温度为 7.2℃的空调器，其低压表的表压应为 0.55MPa。

一台裕年 TGC-012 分体式空调器使用不久，因制冷剂泄漏修复后，发现压缩机运行 40min 自动关机，停 1h 后才能开机，开机运行时间一次比一次短。

自动停机后，打开室外压缩机和风机箱体盖板，检查发现控制压缩机的交流接触器接线端子和螺钉烧黑，靠接线端子的胶木壳烧焦（换新）。压缩机外壳温度过高，手不能触及。用万用表检查压缩机过载保护器，已断路。启动压缩机，用电流表测启动电流，高达 25A，比额定电流 17A 高许多。综合上述现象，自动关机的主要原因是压缩机电动机电流过大，烧坏了接触器，过载保护器动作。引起压缩机电流大的原因有：电源电压过高、压缩机动电机绕组短路或接地、R22 过量等。

检查电源电压正常，压缩机电动机绕组电阻符合标定值，绕组也不接地，判定 R22 过量。启动机组，慢慢松动膨胀阀一端螺母，缓缓放出 R22，同时观察电流表变化，到接近额定电流 17A 时，拧紧螺母停止，压缩机温度降低，自动关闭故障消除，空调器正常运行。

一台华宝 KFR-35GW 热泵型壁挂空调器制冷量不足。

该机热泵制热运行时基本正常，仅是制冷运行时制冷量不足，这说明压缩机、过滤器、换向阀等器件都没有什么问题。由于该机设置单向阀以防止制冷剂逆向流动，因此，应首先考虑是否是单向阀出故障。打开室外机组外壳，通过试运行时发现，压缩机温升偏高，单向阀两边管路温差较大，换上新的单向阀后，故障排除。

一台华宝 KFR-35GW 壁挂空调器制热不正常，并且不时停机，噪声大，工作几分钟后还出现尖叫声。

检查室外机组，气管截止阀压力达 2.0MPa，且温度过高。压缩机工作电流大（6.5A），液管截止阀端温度较高，初步判断为管道内过压力。造成过压力的原因有：R22 充入过量、室外机组通风不良及压缩机电动机故障等。本例无通风散热不良情况，应先从调整系统压力开始。边排 R22 边观察，发现随压力下降，噪声减小，尖叫声消失，运行电流下降。将压力调至 1.5MPa 时，室内机组出风口仍有较强的热风，观察 30min，机器工作正常。

二、任务的完成过程

分体式空调器故障检修训练

在表 8.6 中，列出了分体式空调常见的故障，请根据故障现象、故障范围提示，写出具体的处理方法。

表 8.6　分体式空调器常见故障分析及处理表

序　号	故　障　现　象	故　障　范　围　划　分	处理措施（办法）
1	空调器能运行，但制冷量不足	A：制冷系统泄漏或制冷剂不足	
		B：电磁四通换向阀气密性不好，泄漏	
		C：温度设定过高	
		D：制冷系统堵塞	
2	空调器制热时无热气	A：电加热器损坏	
		B：电磁四通换向阀线圈损坏	
		C：电磁四通换向阀泄漏或机械卡死	
		D：制冷系统泄漏或不足	

续表

序　号	故 障 现 象	故障范围划分	处理措施（办法）
3	空调器运行噪声过大	A：空调器安装时摆放不平整	
		B：压缩机底脚固定不好	
		C：部件固定螺钉松动	
		D：管路碰到外壳	
4	热泵型空调器冷热切换失控	A：转换开关失效	
		B：电磁四通换向阀线圈损坏	
		C：电磁四通换向阀机械卡死	
		D：控制电路板损坏	
5	空调器漏水	A：排水孔堵塞	
		B：室内机组位置高于室内机组	
6	制冷系统高压偏高	A：制冷剂过量	
		B：制冷系统内有空气	
		C：冷凝器散热不良	
		D：高压管道内堵塞	
7	制冷系统低压偏低	A：制冷剂不足或泄漏	
		B：膨胀阀供液量过少	
		C：空气过滤器堵塞	
		D：膨胀阀或毛细管堵塞	

三、任务的评价（表 8.7）

表 8.7　分体式空调器常见故障分析及处理评价表

序号	评分内容	配分	评分标准	自评得分	小组互评	教师评分
1	分体式空调器常见故障分析及处理	100	思路正确，用词严谨准确，方法正确可行，书写规范，无错别字			
	合计得分	100				

任务 3　分体式空调器控制电路的故障维修

一、任务的准备

（一）明确任务

本任务主要是理解分体式空调器的控制电路工作原理及故障分析。同时还要能对分体式空调器的控制电路常见器件损坏所产生的故障进行预判。大家在学习的时候一定要参看前面章节的相关知识，以加强分析和理解。

（二）知识准备

海尔分体式空调器的内机电脑板电路基本相同，这里以海尔 KFR—25GW 挂机为例介绍该机的电脑控制原理及常见故障检修，海尔 KFR—25~KFR—35 等多款空调器的电脑控制板采用 CM93C—0057 等引脚、功能相同的系列芯片，控制电路原理图如图 8.22 所示。

1. 海尔分体空调器电脑板的电源电路

AC220V 市电经变压器 T 降压，D4~D1 整流和 C2 滤波后得到约+12V 的直流电压。该电压分为两路输出，一路为继电器、反向器供电，另一路为 7805 三端稳压器输出+5V 的稳压电源为 CPU 供电。

2. 海尔分体空调器 CPU 的基本电路

（1）+5V 供电。

由 7805 三端稳压器输出的+5V 直流稳定电源送至 CPU 的 64 脚，使 CPU 有正常的供电。

（2）复位电路。

CPU 的复位电压由 20 脚输入，复位电压由集成专用复位块 T600D 产生，当+5V 电压低于 4.5V 瞬间，T600D 输出低电平。当+5V 电压高于 4.5V 时，T600D 输出高电平。由于+5V 建立有个过程，使得复位端的供电比+5V 有一延时，从而使 CPU 完成了延时复位。

图 8.22　海尔 KFR—25GW 空调器控制电路原理图

（3）时钟振荡。

其由 CPU 和 18 脚、19 脚外接的晶体振荡器构成，振荡频率为 6.0MHz，为 CPU 提供准确的时钟信号。

3. 海尔分体空调器 CPU 的信号输入回路

该电脑控制板有如下 7 路输入信号。

（1）遥控信号输入端。

由遥控接收点接收并将信号处理后送至 CPU 的 16 脚。

（2）应急运行控制输入端。

由应急按键 SW 和 R45 组成，SW 的一端接地，另一端通过 R45 接 CPU 的 62 脚，当按动该键时，62 脚便输入一个低电平，空调器执行应急运转功能。

（3）室温传感器。

室温传感器 ROOM TH 一端接+5V 电源，另一端接 R31，经过这两只电阻分压后的室温信号电压由 CPU 的 38 脚输入。

（4）室内管温度传感器输入端。

室内管温度传感器 PIPE TH 与电阻 R30 分压后，由 CPU 的 37 脚输入，该电压信号反映了内机盘管的温度。

（5）交流过零检测信号输入端。

为了防止可控硅损坏，在控制时必须让其在交流电的零点附近导通，CPU 必须输入一体现交流电零点的信号。该信号由 DQ1 和 D1 产生，从 CPU 的 44 脚输入。

（6）压缩机过流信号输入端。

为了防止压缩机因过流而损坏，该电路设有过流保护电路，由互感器 CT1 等电路组成，检测的压缩机电流信号由 CPU 的 35 脚输入。

（7）内风机速度检测信号。

为了精确控制内风机转速，风机必须给 CPU 反馈一个运转速度信号。该信号由内风机的霍尔元件产生，从 CN7 输入，经晶体管 DQ2 放大后从 CPU 的 17 脚输入。

4. 海尔分体空调器 CPU 的输出控制电路

（1）指示灯控制电路。

它由 DQ4~DQ6 等电路组成，分别由 CPU 的 56、57、58 脚控制。其中 56 脚控制的是电源灯 LD31，为绿色；57 脚控制的是定时灯 LD32，为黄色；58 脚控制的是压缩机运行指示灯 LD33，为绿色。当 CPU 输出高电平时，相应的指示灯发光。

（2）蜂鸣器控制电路。

蜂鸣器 PB 与 R3、R4、IC3、DQ3 及 IC1 的 31 脚构成蜂鸣器驱动电路。在开机和主芯片接收到有效控制信号后，输出各种命令的同时，31 脚输出低电平，经 DQ3 和 IC3 反相器两次反相后，使 PB 发出蜂鸣叫声，提示操作信号已被接收。

（3）压缩机控制电路。

IC1 的 2 脚为压缩机工作控制信号输出端，该脚输出高电平，经 R27 输入 IC3，经反相后输出低电平，使 RL1 继电器线圈通电，触点吸合，压缩机得电工作；反之压缩机不工作。

（4）内外风机控制电路。

IC1 的 29、30 脚分别为内风机和外风机控制端，当 29、30 脚按设定输出低电平控制信号时，光耦可控硅的发光管发出脉冲信号，光耦可控硅即按 CPU 的信号控制内外风机的运转。

IC1 的 17 脚为内风机转速检测端，由霍尔元件检测到的转速信号经 DQ2 输入 IC1 的 17 脚，从而使 CPU 能控制内风机的运转速度。

（5）四通阀控制电路。

IC1 的 4 脚为四通阀控制脚，制冷模式时，该脚输出低电平，经 IC3 反相，输出高电平，RL2 中线圈无电流，四通阀不动作；制热工作时，与上述控制过程相反，4 脚输出高电平，继电器 RL2 吸合，四通阀因得电而换向。

（6）导风板控制电路。

由 IC1 的 5、6、7、8 脚控制导风板的摇摆。遥控设定导风板处于摇摆状态时，5、6、7、8 脚依次输出高电平，经 IC3 反相，依次输出低电平，从而使摇摆电动机 LP 的四个线圈绕组依次得电工作，反之则不工作。

5. 海尔分体空调器保护电路

该机的保护电路有三个，分别为 CT1 等组成的过流保护电路及压缩机顶部安装的过载保护器等。

6. 海尔分体空调器常见故障检修

故障现象一：空调器整机不运转。

故障分析与维修：首先，判断是遥控信号接收部分有故障，还是主板有故障。按应急开关，若空调器运转正常，则说明故障点在遥控器或遥控器接收头 PD1；若仍不工作，则应检查 IC2 的 20 脚电压，正常时开机瞬间为低电平，后转变为 +5V 高电平；若无此变化电压，则应检查 IC2、R10、D2、C10、C6 等是否损坏，若正常，再检查晶振 CX1 及两只电容是否损坏，如果都正常，则是 IC1 损坏。

故障现象二：开机后运转灯即灭，机器不工作。

故障分析与维修：首先，测电源电压若大于 198V，应检查是否过流保护。断开压缩机工作电源线，开机若正常，则大多数为压缩机启动电容、压缩机绕组不良，压缩机卡缸；若仍不工作，再检查是否是 CT1、D3、VR1 损坏，使过流保护值减小。此外热敏电阻 PIPE/HT 的阻值变小等，也是原因之一。

故障现象三：内风机运转不正常。

故障分析与维修：主要检查 CPU17 脚的运转脉冲是否正常，一般为 CN7 未插好，风机霍尔元件损坏等。

故障现象四：空调不制热。

故障分析与维修：首先检查遥控器的设定是否正确，若设定温度偏高，不制热是正常的；若设定正常，首先检查内机是否发出了制热运行指令，再查外机是否收到这个运行指令；若外机已收到指令而不运转，主要查压缩机及运行电容；若内机未发出指令或发出了外机未收到，则检查继电器 RL1 和反向器 IC3 及压缩机运行控制端 2。

若室外机运转而机器不制热，应检查四通阀是否换向，重点检查 CPU 的 4 脚和 RL2，检测四通阀线圈是否有 220V 电压，线圈阻值是否正常（25、27 型为 1.3kΩ，32、35 型为 1.1kΩ）。此外，室外内机管温度与室温相近或略高于室温，则可能是机器少氟、压缩机排气不良或四通阀串气等。先检测机器内平衡压力值（正常情况下，0℃时约为 0.4MPa，10℃时约为 0.6MPa，30℃时约为 0.8MPa），压力值偏小，则是机器少氟，应先检漏，再充氟。待平衡压力正常时，再测工作压力（正常制热时为 1.6~2.0MPa），工作压力偏低时，也可能存在缺氟，或单向阀关闭不严、四通阀串气、压缩机排气不良等；工作压力过高，则可能为氟多、管路堵塞、室内机通风不良等原因造成。

7. 海尔 2 匹柜机控制面板

海尔 2 匹柜机电控部分主要由三块电脑板组成，如图 8.23 所示。这三块电脑板为控制面板、内机电脑板和遥控器控制板。

图 8.23　海尔 2 匹柜机的电控框图

控制面板采用 NEC753106 单片机作为核心控制单元。其功能是将所期望的信息发送到执行控制单元，即空调机内的电脑板，采用 LCD 显示，显示内容为发送出去的运行信息，并表示空调机的运行状态。信息发送传递形式是采用有线传送。发送的信息可以用遥控器遥控，也可通过面板上的开关按键进行控制。

（1）基本工作电路。包括电源、复位电路、时钟电路（振荡电路），如图 8.24 所示。

① 电源：采用+5V 稳压电源供电，由 64 脚输入。

② 复位电路：由 600D 完成复位电压，由 18 脚输入。

③ 时钟振荡电路：该 CPU 有两个时钟电路，主晶振为 4.19MHz，为 CPU 提供基准时钟，子晶振频率为 32.768MHz，供液晶显示电路用。

（2）辅助电路如图 8.25 所示。

图 8.24　面板 CPU 的基本电路

图 8.25　面板 CPU 的辅助电路

① 液晶分压电路：提供液晶显示分段电压，调整液晶显示各部分的亮度，由 CPU 1～4 脚外接电阻组成。

② 功能设定电路：当 CPU 的 8 脚设定为高电平时，空调为单冷机，当 8 脚设定为低电平时，为冷暖双制式。

③ 键扫描电路：由面板 CPU 的输入电路交叉矩阵输入，每个交叉点都有一个运行功能，当按动该键时，空调器便执行该功能。

④ 遥控信号接收电路：从接收头送来的信号自 CPU 的 30 脚输入。

（3）面板的信号驱动电路如图 8.26 所示。

图 8.26　面板信号驱动电路

① 信号驱动电路：将 CPU 输入的各种信号进行处理后由 35 脚输出，经 Q2 放大后送给内机电脑板的 46 脚，以完成控制功能。

② 液晶显示电路：采用 CPU 内置的 LCD 驱动电路，由 37~64 脚输出信号驱动信号，直接驱动 LCD 液晶显示器。

③ 电热指示灯驱动电路：面板上有一只电热指示灯，该指示灯不是由内面板控制，而是由内电脑板 59 脚控制，通过面板上的 Q1 进行驱动。

8．海尔 2 匹柜机内机电脑板电路

该电路采用了东芝的 47P862 芯片作为 CPU 控制系统。其功能是根据面板发送过来的信号和自身系统的信息综合运算分析后对各执行电路进行开关控制，并在特定的条件下执行电路保护程序。图 8.27 为电路原理图，表 8.8 为 CPU 各引脚功能。

表 8.8　海尔 2 匹柜机内机 CPU 各管脚功能

引　脚　号	功　　能	引　脚　号	功　　能
1	压缩机加热带控制	37	热交传感器输入
2	压缩机控制	38	宝温传感器输入
3	四通阀控制	40~43	输入口（10K 接地）
4	摆风控制	44	电源频率检测
9	加热管控制	46	信号接收
10	内风机低速控制	48	接地
11	内风机中速控制	56	运转灯控制
12	内风机高速控制	57	定时灯控制
13~14	输入口（10kΩ接地）	58	电源灯控制
15	单冷/热泵选择	59	电辅灯控制
16	输入口（10kΩ接地）	60	接地
18~19	晶振接口	61	机型选择：柜机接地
20	复位	62	应急开关选择
22	看门狗	63	快测选择；接地检测
30	外风机控制	64	电源
31	蜂鸣器控制	32~34	电源地、接地端
35	电源	36	过电流检测

图 8.27 海尔 KFR 502GW 柜机内机电脑板图

（1）CPU 的供电电路。

图 8.28　CPU 的供电电路

供电电路与普通分体式空调器的电源电路相同，除了输出 +12V、+5V 电压外，还输出过零检测信号，在 AC220V 的输入端还设有过压保护电路（ZE1 和保险丝 B 组成），如图 8.28 所示。

（2）CPU 的基本电路。

内机 CPU 的基本电路如图 8.29 所示。CPU 的 +5V 供电由 64 脚输入，复位电压由 600D 产生，自 20 脚输入，时钟振荡电路接在 18、19 脚，外接晶振频率为 6.0MHz。

（3）电脑板 CPU 的输入电路。电脑板 CPU 的输入电路如图 8.30 所示。

图 8.29　内机 CPU 的基本电路

图 8.30　内机 CPU 的输入电路

① 面板控制信号输入电路，自面板送来的控制信号自 CPU 的 46 脚输入。

② 交流电过零检测信号自 CPU 的 44 脚输入。

③ 压缩机运行电流检测信号自 CPU 的 36 脚输入。

④ 应急运行信号自 CPU 的 62 脚输入。

⑤ 两路传感器自 CPU 的 37、38 脚输入。

（4）内机板 CPU 的输出电路。

① 指示灯、蜂鸣器、外风机控制电路：如图 8.31 所示，59 脚为电辅加热指示灯控制端，58 脚为电源指示灯控制端，57 脚为定时灯控制端，56 脚为压缩机运行控制端。当 CPU 输出为高电平时，相应的指示灯发光。当空调通电或收到一个有效输入指令时，31 脚输出一个持续 0.5s 的高电平，使蜂鸣器发声。外风机的控制端为 30 脚，当该脚输出低电平时，光耦可控

硅 SR1 导通，使外风机运转。

图 8.31　内机 CPU 的指示灯、蜂鸣器、外风机控制电路

　　② 反相器输出控制电路：该机采用了 8 路反相器 2803，分别控制 8 路继电器，如图 8.32 所示。当 CPU 的控制端输出高电平时，经过 ULN2803 反相器驱动，相应的继电器便吸合，执行 CPU 输出的运行指令。加热带的作用是冬天防止压缩机因黏度过大而难以启动，一般在气温低于 5C 时，CPU 发出指令，使 RL7 吸合，为压缩机加热。

图 8.32　内机板的反向器控制输出电路

9. 海尔 2 匹柜机遥控器电路

　　该遥控器采用日本 NEC 公司的 753106 芯片作为遥控器的核心控制单元（与面板所采用的芯片相同）。其功能一是将设置的空调器运转信息通过红外线发送到空调器，使空调器执行所设定的运转功能，二是显示空调器的运转信息，显示器采用 LCD 液晶显示。

由于与面板控制电路采用的芯片相同，所以，大部分电路与面板相同。由于遥控器的供电为两节 1.5V 的干电池，信号采用无线发射，只有 CPU 的复位电路和信号输出电路与控制面板有差别。

（1）复位电路。

如图 8.33 所示，复位电路由 Q3 和 Q4 组成。当电池通电的一瞬间，R16 给 C8 充电，Q3 截止，Q4 导通，使 CPU 完成低电平复位；当 C8 充电结束时，Q3 导通、Q4 截止，使复位端有+3V 的电压输入。

（2）红外信号发射电路。

由 CPU 35 脚输出的信号经 Q2 放大后，推动红外二极管 D1、D2，使红外二极管发出的信号受 35 脚的信号调制，从而将遥控器所设置的信号发射出去。

10. 海尔 2 匹柜机常见故障检修

（1）遥控器常见故障检修。

故障现象一：显示不全。

图 8.33　遥控器的复位和发射电路

故障分析与维修：这种故障可能由于固定螺钉未上紧或漏上，芯片引脚虚焊，芯片引脚锡渣短路，斑马条、印制板、LCD 引线处脏污，LCD 损坏，分压电路等引起。修复或更换即可。

故障现象二：不发射。

故障分析与维修：这种故障可能由于 Q2 三极管损坏（引脚损坏、三极管烧坏），芯片引脚虚焊（第 10 脚），帖片电阻虚焊或损坏等引起。修复或更换即可。

故障现象三：按键不灵

故障分析与维修：这种故障可能由于按键下炭膜脱落或脏污，芯片引脚虚焊，芯片引脚短路（螺渣造成），卡键等引起。修复或更换即可。

故障现象四：不工作

故障分析与维修：这种故障可能由于复位端电平不对（第18脚应为高电平）引起。原因主要是 C5 漏电，子晶振或主晶振损坏，电池正极弹簧处印制线路板断裂。修复或更换即可。

故障现象五：不接收。

故障分析与维修：这种故障可能是接收头损坏，芯片脚虚焊或短路（30脚）。修复或更换即可。

（2）内机电脑板常见故障排除。

故障现象一：不工作。

故障分析与维修：这种故障是由于复位端电平偏低，变压器故障，Vcc 端电压不对，晶振损坏。查找基本电路各点电压有无不对。修复或更换即可。

故障现象二：执行元件不工作。

故障分析与维修：这种故障可能是继电器或固态继电器失效，2803 损坏。在输入状态正确的情况下，执行元件对应 CPU 输出电平是否正确，并逐渐查到执行元件控制元件（继电器或固态继电器）的线圈两端有无电压，无电压时，查芯片输出和 2803 输出。

故障现象三：指示灯不亮。

故障分析与维修：这种故障可能是灯损坏，驱动管损坏，芯片引脚无输出。测 CPU 引脚及输出控制电路各点电压。

故障现象四：指示灯闪烁，整机不工作。

故障分析与维修：这种故障可能是传感器短路或开路。测 CPU 输入端电压。

故障现象五：蜂鸣器不响。

故障分析与维修：这种故障可能是蜂鸣器坏（通常是"脱帽"），驱动管损坏等。测 MCU 输出变化和各点电压变化。

故障现象六：外机不工作。

故障分析与维修：这种故障可能是内外机连线错误，外机运行电容坏，室内热敏电阻变值。如图 8.34 所示，按照图中的要求连接好内外机的所有接插线，并查各执行元件是否工作，相关器件是否损坏。

（a）室内机线路图

（b）室外机接线图

图 8.34　海尔 2 匹柜机的实际接线图

11. 格力空调器控制系统

这里主要介绍格力 KFR—25GW/35GW 空调器控制电路原理与检修。其整机电控原理图如图 8.35 所示，主要由电源、单片机、信号输入电路和继电器驱动道路等组成。

图 8.35 格力 KFR—25GW/35GW 空调器整机电控原理图

（1）电源电路。

稳压集成电路 IC1（7812）向 IC4、IC5（2003）、继电器线圈和蜂鸣器电路供电，稳压集成电路 IC2（7805）向 IC3、IC6 和 IC7 等电路供电。VR201 为压敏电阻，起过压保护作用。

（2）芯片引脚功能。

图 8.36 是 IC3（MC6805R3）的引脚功能。RESET 为复位输入，低电平有效，只要开机时加在此端的低电平保持 0.2s 的时间，就能使 CPU 复位，正常工作时此端电压恢复高电平。EXTAL 和 XTAL 为时钟输入端。B4~B7 为输出端口，用于驱动步进电动机。AN0~AN3 为 A/D 输入口，接收温度信号。A0~A5 为输出端口，A6 为检测输出端。B0~B3 为 LED 显示输出端，用于驱动继电器。V_{RL} 为模拟参考电压 VL 端，本电路接地。V_{RH} 为模拟参考电压 VH 端，用来接收遥控信号。

图 8.36　MC6805R3 芯片的引脚功能

（3）晶体振荡电路。

4MHz 晶振、电容 C103、C104 和 IC3 的 5、6 脚组成晶体振荡电路，为单片机工作提供稳定的基准时钟。

（4）复位电路。

复位电路由集成块 IC6（NE555P）及其外围电路组成多谐振荡电路，输出的波形经 RC 滤波后，给单片机提供复位信号。IC6 的 2 脚电压为 1.3V，3 脚为 4.2V，C105 对地为 3.2V。

（5）红外遥控输入电路。

IC7（CX20106A）1 脚为输入端，接收遥控器发出来的编码信号。2 脚外接的 R301、C301 为反馈网络。3 脚外接的 C302 为检波电容。5 脚为幅频曲线调整端。6 脚外接的 C302 为积分电容。遥控信号经 IC7 前置放大、限幅放大、带通滤波器、检波和比较、积分、波形整形后，由 5 脚输出至 CPU 的 18 脚。

（6）手动强制控制电路。

该机除遥控器外，也可用强制方式实现开机。K101 按一次为强制制冷，再按一次停机；K102 按一次为强制制热，再按一次停机。

（7）自动温控电路。

室内温度传感器 TR1 和 R105 分压后，送到单片机的 24 脚。当室内温度变化时，TR1 阻值随之变化，将温度变化转变为电压变化，输入单片机以进行自动温控。

（8）化霜电路。

室外温度传感器 TR2 和 R106 分压后，送到单片机的 23 脚。当室外温度降到−6℃时，23 脚升为高电平，化霜电路开始工作。当室外温度高于+6℃时，TR2 阻值增大，23 脚转为低电平，化霜电路停止工作。

（9）显示电路。

绿色 LED 作为开机指示（常亮），橙色 LED 作为睡眠指示（常亮）和除霜指示（闪烁），黄色 LED 为定时指示（常亮）。单片机输出低电平（0.3V）时，发光二极管负极为 3V，发光二极管发光；单片机输出高电平（4.8V）时，发光二极管不发光。

（10）蜂鸣器驱动电路。

蜂鸣器由单片机 IC3 的 9 脚通过三极管 V1 来驱动，当开机或接到有效指令时，单片机 9 脚输出频率为 2048Hz 的方波，持续 1s，驱动蜂鸣器发出声音。平时单片机 9 脚为低电平，输出电压为 0V，当有输出时为高电平 2.5V。

（11）风叶驱动电路（步进电动机驱动电路）。

单片机 29~32 脚输出脉冲电压，通过反向器 IC5（2003）驱动，使风叶电动机转动。反之，风叶电动机不转动。

（12）继电器驱动电路。

单片机 33 脚、34 脚和 35 脚分别为压缩机继电器 J207、室外风机继电器 J205 和四通换向阀继电器 J204 提供驱动信号。单片机 36 脚、37 脚、38 脚分别为室内风机的高速运转、中速运转和低速运转提供驱动信号。单片机输出高电平（3.2V）时，反向器驱动电路输出低电平（0.7V），继电器动作；单片机输出低电平（0V）时，反向驱动器电路输出 12V，继电器不动作。

（13）过载保护和欠压保护。

OLP1 和 OLP2 分别为室内风机和压缩机过载保护元件。单片机 21 脚为欠压保护检测点，当此点电压低于 4.5V 时，单片机停止工作，整个电气控制系统随之停止工作。

（14）遥控发射电路。

遥控器电路如图 8.37 所示，晶振 Z201 和 Z202 为芯片 N201 提供主时钟频率和子时钟频率。复位开关管 V203 截止时，芯片 N201 完成复位。按各键时 CPU 便输出发射指令，使 V202 驱动红外发射管 V201。LCD 为液晶显示器。

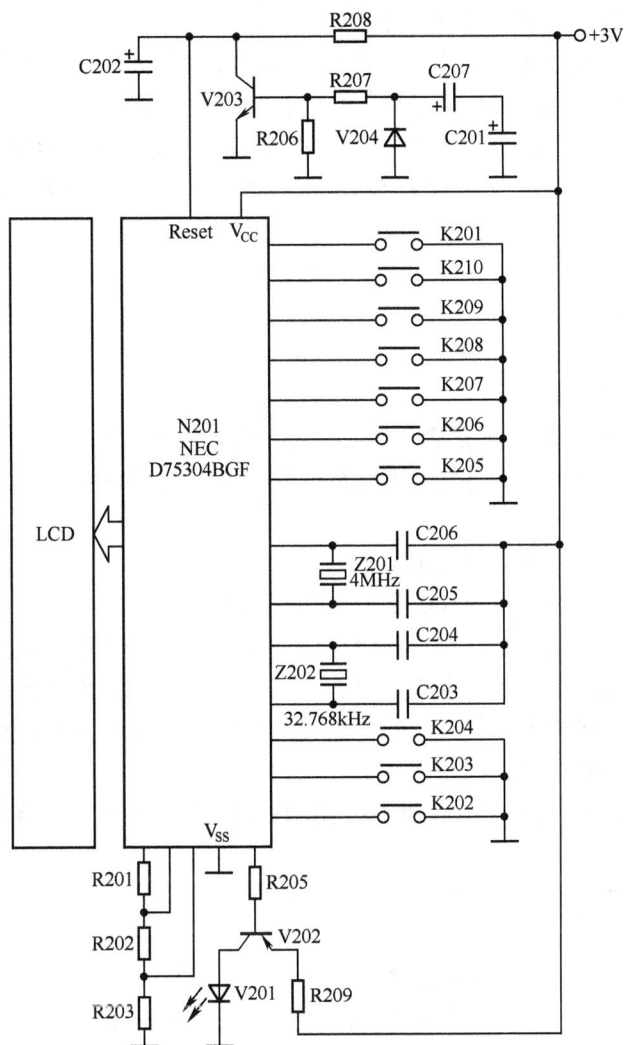

图 8.37 遥控器电路

12. 格力空调器常见故障检修

在维修空调器电气控制系统时，先要弄清单片机的组成、输入信号和输出信号，然后根据故障现象进行分析，并对单片机外围部件进行检测。若外围部件（指传感器、风机和换向阀等）正常，而空调器工作不正常，则应检查电源及单片机主控板。

（1）电路不能启动。

接通电源，按遥控器 POWER ON 键和空调器的应急键，蜂鸣器无声，风机均无反应，发光二极管不发光，先查电源，特别是单片机的 5V 电源，然后再查晶振和复位电路。检查电脑控制系统的基本方法是：首先测 7805 输出电压是否正常，测单片机 2 脚复位电压是否正常，晶振是否工作。

（2）连烧熔丝。

采取逐一拔去有关接插件的方法分段检查。产生故障的原因有：压敏电阻过压击穿、变压器初级或次级有匝间短路、电容 C202 短路、室内风机匝间短路或其电容损坏。

（3）遥控失灵，但手动制热或制冷正常。

这说明单片机和各执行电路正常。检查接收电路各脚静态电压正常后，再检查遥控电路。检查电池是否高于 2.4V，查晶振是否正常（正常时主晶振频率为 4MHz，子晶振为 32.768kHz）。查复位电路是否正常，重点检查三极管 V203 是否损坏，这些故障都将使液晶不显示，无发射信号输出。查驱动或红外发光二极管是否正常，这部分有故障时虽然液晶有显示，但无发射功能。

（4）压缩机不启动。

检查继电器 J207 能否吸合，压缩机接线端内热保护器 OLP2 是否闭合，压缩机线圈电阻值是否正常。

（5）能制冷但不能制热。

先检查室内温度传感器 TR1 是否失效。将传感器的探头浸在水中，测其电阻值，如果阻值逐渐下降，则说明传感器性能良好。再检查电容 C102 是否短路，换向阀是否开路，或继电器 J204 是否能吸合。

（6）冬天制热效果差，无化霜功能。

室外温度传感器 TR2 失效，R106 变值或 C114 短路。

（7）制热一会儿，自动停机，过一段时间后能重新开机，但仍重复上述故障。

当外电压过低或加入制冷剂过量时，压缩机工作电流会超过额定值，引起热保护动作。当室内机风机堵转时，风机会发热，其热保护 OPL1 动作，切断主控板电源。

（8）风扇电动机不转，其他能正常控制。

查运行电容是否击穿，查接插件 SP102 接触是否良好，检查风机绕组是否开路，风叶是否被卡住。

二、任务的完成过程

分体式空调器控制电路故障分析训练：

根据本任务所学的知识，以及表 8.9 中的故障元件，分析故障现象，并将自己分析的故障现象填入表 8.9 中。

表 8.9　分体式空调器控制电路故障分析表

序号	机　型	故　障　点	故障现象预判
1	海尔 KFR—25GW	控制板电源变压器输入端开路	
		控制板上蜂鸣器开路	
		控制电路板上继电器 RL1 线圈开路	
		控制电路板上继电器 RL2 线圈开路	
2	海尔 2 匹柜机	控制电路板上主晶振 4.19MHz 损坏	
		控制电路板上红外接收器损坏	
		外风机控制电路可控硅 SR1 内部断路	
		扫风电机控制电路继电器 RL6 线圈断路	
3	格力 KFR—25GW/35GW	空调强制启动按键 K101 开路	
		空调化霜检测元件 TR1 接线头松动开路	

三、任务的评价（表 8.10）

表 8.10　分体式空调器常见故障分析评价表

序号	评分内容	配分	评分标准	自评得分	小组互评	教师评分
1	分体式空调器控制电路故障分析	100	思路正确，判断正确，用词严谨准确，书写规范，无错别字			
	合计得分	100				

项目二　变频空调器的故障维修

任务 1　变频空调器的检修方法及常见故障

一、任务的准备

（一）明确任务

本任务主要是理解变频空调器的检修方法，知道变频空调器的常见故障。同时还要能区分普通空调和变频空调的区别。由于变频空调目前还是一个比较新的技术，相关新技术还在不断发展，所以大家在学习的时候可以多多参考网络及其他方面的资料，以加强分析和理解。

（二）知识准备

变频空调器的电路及运行方式与普通定速空调有本质上的区别，因此检修时不能完全套用旧有的思路，而应当结合变频空调器的特点及具体电路来进行检修。

1. 变频空调器的基本特点

（1）变频空调器的运行频率是可变的，工作电流和管路工作压力也是变化的，因此检修时不能以随意测量的电流、压力数据来判断故障，而应当以强制定频运行状态下测量结果为依据。

（2）变频空调器对系统制冷剂充注量要求准确，不能过多也不能过少。因此最好采用定量设备充注制冷剂，如果没有定量充注设备，则应在强制定频制冷状态下充注。

（3）变频空调器断电后一段时间内，室外机主工作电源整流后的 310V 直流电压还存在于滤波电容上。检修时，正确的操作方法是首先将电容储存的电荷短路放掉，既能防止触电，又能避免电容放电损坏其他部件。

（4）变频空调器室内外机组采用单线串行双向通信方式，当机组通信不良时，空调器室内机、室外机都不工作。这与检修普通空调器有较大差别，应特别注意。

（5）检修时，在利用故障代码进行故障判断的同时，也应考虑到故障代码的局限性，因为电脑芯片发出的故障代码不一定完全准确。

2. 基本检修方法

（1）了解故障出现前后基本情况。

变频器的电路复杂，检修也比较困难，因此在确认故障部位之前，不要盲目动手拆卸调整，而应当首先了解用户的使用情况、故障发生过程，以及用户的电源、安装位置等基本情况，仔细观察故障现象，以及相关运行情况，如噪声、开停机的声音等，首先确定故障是在室外机还是在室内机。

（2）充分利用故障自检显示功能。

变频空调器检修的重点和难点在室外机。室外机由主电源供电，含有变频模块和电脑芯片板及其附属电路，维修难度远大于普通空调器。因此，在判断故障时，应尽量利用故障自检功能。

若室内机有故障代码显示，检修时可根据故障代码进行故障判断和检修。要注意的是除故障代码提示的部位外，其相关电路也属于故障检查范围。例如，故障显示为传感器不良时，那么传感器的相关电路，如分压电阻、并联的电容及接插件等都属于故障范围。

（3）确认室内外通信良好。

变频空调器有许多奇特的故障现象，通常是由于通信电路不良造成的，所以通信电路是变频空调器检修重点，确认通信良好是排除故障的前提。

一般情况下，只要内外机组通信正常即接线端子的1、3端，2、3端间有抖动电压，可基本确定内外机的电脑芯片工作正常。

（4）室内机故障排除。

变频空调器室内机检修与普通空调器基本相同。首先检查电源供电电压正常，再检查电脑芯片基本电路，看是否满足正常工作条件（电源、复位和时钟振荡）。

室内机故障主要发生在电脑芯片的输入回路，这些故障都会有故障代码显示，可以据此进行判断。室内机输出电路会影响室外机的工作，若控制系统不向室外机发出通电指令，室外机电源的控制继电器就不会吸合，压缩机也不工作。由此，在室外机不运行时，应通过检查室内机的输出指令和继电器驱动器的输出电平高低，来进行故障判断。

（5）室外机的故障排除。

首先检查直流 310V 的主电源电压是否正常。由于该电压受电网供电电压高低的影响较大，在工作时，只要满足该电压值等于 1.2～1.4 倍的交流输入电压即可认为正常。一般情况下，直流主电源电压应在 250V 以上，否则整流滤波电路有故障。

其次检查室外机电脑芯片供电是否正常。室外机电脑板所需的 5V、12V 供电和变频功率模块所需的 4 路 15V 供电均由开关稳压电源提供，当这几路电压工作不正常时，应当检查开关电源的工作情况。一般情况下，电源开关管和开关电源的熔丝是易损元件。

再由于室外机有软启动电路，当软启动电路的 PTC 开路时，室外机无供电，整机不工作。当软启动电路的功率继电器损坏或不工作时 ，室外机一开即停，此时由于交流 220V 电压全加在 PTC 上，会导致 PTC 发烫。

室外机供电正常，电脑芯片工作条件满足要求，而开机后变频模块无输出时，可检查控制板 6 路变频输出是否正常。方法是测量 6 路变频输出所串接的电阻上是否有电压降，如果有电压降，说明输出的变频信号正常，故障出在功率模块；否则，故障出在电脑芯片。

压缩机变频功率模块是易损元件。模块工作时，它的 U、V、W 端两两之间应当有 50～160V 交流电压为变频压缩机供电，功率模块的好坏，可用万用表的电阻挡进行初步判断。

下面介绍一下变频空调器常见故障，并分析其形成原因。

3．开机后变频空调器无反应故障分析

（1）观察有没有显示故障代码，若有便按故障代码指出的思路检修。

（2）没有故障代码显示时，按下应急开关，使空调器强制启动。若能启动，故障在遥控器及红外接收电路。

（3）按应急开关不能启动，检查 220V 电网供电是否正常，室内控制电路是否正常。

（4）检查室内外机组通信连接线。测量 1 脚、3 脚间与 1 脚、2 脚间电压，万用表表针应有抖动。如有抖动电压，证明通信正常，故障在室外机，否则要检查室内机控制板和通信电路。

4．室外机无交流供电故障分析

（1）变频空调器室外机电源是由室内机提供的，所以首先要检查室内机端子供电是否正常，以及室内外机电源连接线。

（2）检查室内机中，控制室外机电源供电的继电器是否吸合，如有故障检查继电器本身和相关连线。

（3）检查室内机电脑芯片输出端，是否有控制继电器吸合的高电平。

（4）检查室内机电脑芯片工作条件。

5．室内机不工作故障分析

（1）开机后室内机无任何反应，应首先查有无 5V 电源电压，然后依次检查电脑芯片复位电路、时钟振荡电路等，确保电脑芯片能正常工作。其故障可能是外接晶振和复位集成电路等损坏。

（2）检查 12V 直流电压是否正常，通常 12V 与 5V 供电的三端稳压器是易损元件。

（3）12V 直流电压不正常的原因来自整流滤波电路和电源变压器，电源输入端的压敏电阻也是易损元件。

（4）如果电源熔丝烧断，应查明原因后再更换同规格新熔丝。

6．室外机不工作故障分析

（1）室外机 220V 供电正常，但不能自检运行，应首先检查通信是否正常，判断故障在室内机还是在室外机。

（2）若确认故障在室外机，测量主电源输出电压，正常为 250V 以上，再查开关电源各路输出电压。

（3）开关电源输出正常则检查外控制板电脑芯片工作保证电路，确认电脑芯片和相关电路正常，否则要检修开关电源。

（4）主电源电压失常的原因多是 PTC 元件损坏，否则应检查功率模块和整流滤波电路。

7．室外机一启动就停机故障分析

（1）这是室外机功率继电器不能吸合，或压缩机过流造成保护性停机故障的典型表现，故障原因多在主、副电源及功率模块。如果测量主电源电压在 250V 以上，不能开机故障多为功率模块损坏。

（2）检查功率模块 U、V、W 三个输出端之间有无 40～160V 的交流电压，如果模块测量正常再检查压缩机有无短路、卡缸故障。

（3）主电源电压在 100V 以下，故障原因多为功率继电器不能吸合，或它的触点、插线有故障，也可能是整流滤波电路或继电器控制电路不良。

8．开关电源损坏故障分析

开关电源是室外机上的易损部件，发生故障后控制系统完全不能工作。开关电源常见故障是开关管损坏，检查电源板熔丝正常后，可试换开关管。

另外，开关电路中任何元件虚焊，电路不能起振，都会造成故障，应仔细检查更换。

二、任务的完成过程

变频空调器与普通空调器比较训练：

根据本次任务所学的知识，请根据表 8.11 中的特性描述，将各个描述分别填写到对应空调器的框中。

表 8.11　变频空调器与普通空调器比较表

空调类型	空调特点（写编号）	空调类型	空调特点（写编号）
普通空调器		变频空调器	
特性描述	1. 压缩机工作电压适应范围大，启动电流小		
	2. 制冷制热迅速、省电、室温波动小		
	3. 压缩机以固定功率运转，通过频繁开关机维持室内温度		
	4. 当室外低温时仍能供给大的制热能力		
	5. 空调器运行后外机的振动和噪声较小		
	6. 空调器的电器元件较多，接线复杂，检修难度大		
	7. 同种功能的空调相比价格较低		
	8. 通过改变压缩机电动机的转速来控制输出功率大小		
	9. 制冷系统只采用毛细管节流		
	10. 制冷系统有的采用毛细管节流，有的采用电子膨胀阀节流		
	11. 压缩机供电频率可变，压缩机采用三相结构，且无启动电容		
	12. 室内机和室外机采用串行通讯方式，其信息传输量较大		
	13. 室外机增加了变频器，将220V交流电变成可变高频交流电供给三相变频压缩机。		

三、任务的评价（表 8.12）

表 8.12　变频空调器与普通空调器比较评价表

序号	评分内容	配分	评分标准	自评得分	小组互评	教师评分
1	变频空调器与普通空调器比较	100	思路正确，判断正确，书写规范。			
	合计得分	100				

任务 2　变频空调器检修实例

一、任务的准备

（一）明确任务

本任务主要是理解变频空调器的检修实例，掌握变频空调常用的检修思路和方法。同时还要能对变频空调器常见故障原因进行划分。由于变频空调目前还是一个比较新的技术，相关新技术还在不断发展，所以大家在学习的时候可以多多参考网络及其他方面的资料，以加强分析和理解。

（二）知识准备

1. 变频空调器制冷系统故障

故障现象一： 使用 3 个月后，制热效果变差。

故障分析与检修： 上门后查用户电源正常，上电开机制热，室内外机工作正常，但室内机出风不热，手摸室外机接头处的粗管有温热感，不烫手。试将空调器置制冷运行，测工作压力为 4.5kg/cm²。考虑到变频空调采用电子膨胀阀节流，仅以工作压力判断故障不太准确，所以再测量室外工作电流，测量发现工作电流只有 10.5A，比额定值小得多，确定故障为"亏氟"。

加氟首先要找出制冷剂泄漏部位。试开机制热，用洗涤灵液涂在各接头处检漏，查出室内机接头没拧紧，是制冷剂泄漏原因。紧固后再次检漏，确保管路完好，然后为系统充注制冷剂。

变频空调器最好使用"定流充注法"。为了保证制冷剂充注量的准确，先把排气管温度传感器悬空。开机后，用电流表测室外电源线上的电流，随着制冷剂补充量增加，电流会逐渐变大，当达到额定电流值到 12A 时（70 式变频柜机为 16A），制冷剂充注量合适。这种方法常在上门维修时采用。

如果空调大修后或泄漏处过大，长期暴露于空气中，系统内制冷剂已经漏光，可采用定量法充注制冷剂。首先对系统进行排空，采用抽真空或利用外气排空的方法均可。然后按标准对系统充注制冷剂，若为外气排空的，应比标准量稍少一点，且在冷机状态下进行。春兰变频 50 式柜机的标准制冷剂充注量为 2.1kg，70 式柜机的标准充注量为 2.35kg。

故障现象二： 制热效果差。

故障分析与检修： 这是刚刚安装 3 个月的新机，因而制冷剂泄漏造成故障的可能性较大，但查各接口无漏氟形成的油迹。试加氟后，工作电流超过 18A，熔丝熔断，说明机器并不缺氟。检查管路时发现有大量的剩余铜管被一圈一圈地盘在室外机背后，怀疑此外有堵塞。拆下管路检查，果然有大量的冷冻机油排出。

用四氟化碳和氮气冲洗系统管路后，把多余的管子割去，重新加氟后，出风口温度达到 44℃，制热正常。

此机故障原因是冷冻机油过多地积蓄在管子里，造成制冷剂流动不畅，使制冷（热）效率降低。因此，如果用户同意，在装空调时把多余的管子割下，效果会更好些。当然，要向用户说明，这样做会影响以后移机的需要。

故障现象三： 制热效果不好。

故障分析与检修： 检测压缩机在最高频率工作时，管路高压侧压力正常。故障特征：在设定温度为 30℃ 的情况下，用钳形电流表测量室外机运转电流为 13A。空调器运行 5min 后，进入降频运转，电流下降到 6A，制热效果比较差，这表明制冷系统内制冷剂不足。检查管路没有发现泄漏情况，试为空调器补充制冷剂后，制热功能恢复正常。

故障现象四： 运行 3 个月后即需要补充制冷剂。

故障分析与检修： 新装一台空调器制冷效果逐渐变差，3 个月后需要补充制冷剂，以后每 3～4 个月就要补充一次，才能维持较好的制冷效果。

按住应急开关 5s 以上，使空调器定速运行。这时测量运行压力都偏小，结合对故障现象的分析，判断管路有泄漏点。实际检查时，只在室外机粗管接头螺帽上看到很少一点油渍，而用洗涤灵液涂在管道所有接口处，却始终看不到有冒气泡的地方。

回收制冷剂后，拧开粗管螺帽，发现管端嗽叭口上有细微裂纹。重新扩管安装后，试机正常。经几个月的运行考验，故障排除。

注意： 这种故障是安装时不使用扭力扳手，没有按扭力标准拧螺帽，而是用活扳手野蛮安装，用力过大造成的。由于变频式空调器检查电流与压力必须在定速状态进行，对极细微的泄漏点，洗涤灵液不一定能检查出来，一定要先仔细观察，确认漏点。否则，泄漏点的少量油渍甚至会被洗涤灵液洗掉，失去查找漏点的线索。

2. 变频空调器控制系统故障检修

故障现象一：电源指示灯不亮。

故障分析与检修：由于电源指示灯不亮，初步判断故障在电源电路。

开机检查主机电源继电器能正常吸合。检查电源基板 AC-1 和 AC-3 插脚，发现 AC-3 插脚无电压。沿电路检查插座 3P-1 和滤波磁环，发现滤波磁环已损坏开路。更换滤波磁环后，电源指示灯点亮，试机，故障排除。

故障现象二：开机后室外机不工作，压缩机不转。

故障分析与检修：开机后面板上的 3 个指示灯都闪烁，显示故障出在变频数据处理上。测量功率模块 P、N 端之间有 310V 直流电压，而模块输出端都没有输出电压。取下压缩机功率模块，用万用表测量各端子之间的直流电阻，发现其 P 端与其他引脚间正、反向电阻值均为无穷大，说明引脚内部开路，模块已损坏。正常时，P 端与 W、V、U 输出端正反向电阻应符合二极管特性。更换模块后，故障排除。

故障现象三：开机运行情况下，其他正常，但压缩机不启动。

故障分析与检修：正常情况下，功率模块 U、V、W 输出端两两之间应有 60～150V 的交流电压。现在用万用表的交流电压挡测量，三端之间没有电压输出，而测量模块的输入端 310V 电压正常，表明模块已经损坏。为确认功率模块是否损坏，在拆下所有引线后，再通过测量其各端子间电阻，做进一步判断。测量时，万用表置 $R \times 100$ 挡，功率模块正常时各引脚间阻值见表 8.13。

表 8.13　功率模块各引脚间正常阻值

表笔位置	测量端子											
红笔（+）	输入 P			输入 N			U	V	W	U	V	W
黑笔（−）	U	V	W	U	V	W	输入 P			输入 N		
正常阻值/Ω	500~1000			∞			∞			500~1000		

故障现象四：开机运行情况下，其他正常，但压缩机不启动。

故障分析与检修：正常情况下，功率模块 U、V、W 输出端两两之间应有 60～150V 的交流电压。现在用万表的交流电压挡测量，三端之间没有电压输出，而测量模块的输入端 310V 电压正常，表明模块已经损坏。为确认功率模块是否损坏，在拆下所有引线后，再通过测量其各端子间电阻，做进一步判断。测量时，万用表置 $R \times 100$ 挡，功率模块正常时各引脚间阻值表 8.13。

故障现象五：室内机工作正常，但室外机开停频繁。

故障分析与检修：开机后，自诊断显示为通信故障，但检查内外机组间连接正常。拆开外壳，测室外机电源电路整流后的 310V 直流电压正常，功率模块 U、V、W 三个输出端电压正常，且每 3min 有一次电压变化，说明变频控制良好。检查室外机控制板，没有发现异常情况。

查室内机时发现有一个继电器闭合频繁，测量它的前级有 12V 电压，但驱动器 U2003 控制继电器的引脚下没有控制信号。更换此驱动器后，一切恢复正常。

　　故障现象六：一会儿制冷，一会儿制热。

　　故障分析与检修：这台空调器在制冷时停电，来电后不重新开机，空调器也会自制热运行。关机后过一会再开机，又能正常制冷。由于用户地区经常停电，这种故障反复出现，可以认定不是偶然现象。

　　变频空调器室外机工作信号是由室内机发出的，所以故障原因可能是输入指令错误或通信不良。经仔细观察，发现连接管和连接均被加长，而加长线连接处正好在洗手间里，怀疑连接线接头防潮绝缘不好。打开包扎带，发现接头处只用普通胶布绝缘，而且两条线的接头并列，没有相互错开。重新按标准将线头相互错开连接，做好防潮绝缘后，故障排除。

　　故障现象七：设置制冷功能时，实际制热运行。

　　故障分析与检修：试机时室内机自检正常，内外机组连接线接线正确。空调器制冷还是制热，是由四通阀状态决定的，所以检修重点在四通阀自身和相关指令传输电路。

　　在制冷模式下，测量四通阀线圈有电，这是不正常的。断开室内外机组连接线，用万用表 $R\times10k$ 挡测试信号线与地线之间阻值小于 $250M\Omega$，取出连接线，发现连接线加长，接头用黑胶布包扎，长时间胶布受潮导致故障。处理后试机正常。

　　故障现象八：海尔 KFR—50LW/BP 变频柜机新装机不能启动，键控和遥控均无反应。

　　故障分析与检修：通电后，空调器电源灯不亮。查接线无误，电源、变压器、保险管、12V 和 5V 供电均正常，测主板显示板的插座各电压正常。测量显示板插头电压，各脚均为 5V，说明通向显示板的接地线开路。顺着地线检查果然发现该线的外皮未剥净，就被卡进接线槽内。剥去塑料外皮重新卡线后，整机工作正常。这种故障是厂家装配失误造成的，修变频空调器时如能弄懂电路原理，排除这类"小毛病"，可免往返换机，费时费力。

　　故障现象九：海信 KFR—40GW/BP 变频柜机工作 1h 左右，整机保护。

　　故障分析与检修：测室内机各路输出电源均正常。拆开室外机，发现机内结满了霜，风扇的扇叶已被折断，测管温传感器只有几十欧的变化范围。更换一只管温传感器后，机器工作正常。变频空调传感器较易损坏，检修时，应首先对其进行检查。一旦损坏，应更换同型号的热敏电阻，不能随便代换，否则会造成系统工作紊乱。

　　故障现象十：海信 KFR—35GW/BP 室外机不工作。

　　故障分析与检修：接通电源，只有电源指示灯闪烁，定时、运行指示灯均不亮。这种空调器采用直流变频双转子压缩机。在工作时，变频器的电子传感器测得的数据，送至电脑芯片后，经分析处理后发出指令，控制压缩机在 15～150Hz 范围内运行。若压缩机或功率驱动模块及传感器有故障，则室外机不工作。经检查压缩机及 HIC 模块电阻值均在正常范围，判断故障原因在室内机温度传感器 DTN-7KS106E。拆下传感器，常温（25℃）用万用表测量这只热敏电阻的阻值为无穷大，而正常应为 58kΩ。更换这只作为传感器的热敏电阻后，故障排除。

　　故障现象十一：海信 KFR—35GW/BP 型室内机不送风。

　　故障分析与检修：空调工作时面板的电源指示灯亮，但没有冷风送出。将室内机电源开关置于"OFF"位置，5s 后蜂鸣器响 3 声，面板指示灯增色亮。从自检结果得知，故障出在室内风扇电动机上。检查风扇电动机各绕组间的直流电阻值，发现红、蓝引线间的电阻为无穷大（正常应为 6.18kΩ），说明风扇电动机已烧坏。取下风扇电动机，修复后装机。将电源开关拨到"DEMO"位置，清除自诊断显示。再将电源开关置于"ON"与"DEMO"的临界位置，面板上运行指示灯无反应，说明诊断内容已清除。试开机运转，故障排除。

二、任务的完成过程

变频空调器常见故障原因划分训练：

根据本次任务所学的知识，根据表 8.14 中列出的故障现象，在故障原因中，选出与本故障相关的可能原因，填写到表中。

表 8.14　变频空调器常见故障原因划分表

序号	变频空调故障现象	本故障可能的原因	备选原因
1	空调器室外风机不转		1. 室外机风机电容损坏
			2. 室外机风机卡死或内部绕组开路、短路
			3. 室内机风机开路
			4. 室外机风机控制线路无信号输出，相应继电器未吸合
2	空调能够制冷不能制热		1. 外机控制器未输出控制信号到电磁四通阀
			2. 单向阀堵塞
			3. 电磁四通阀线圈开路或短路烧毁
			4. 电磁四通阀线圈驱动电源丢失或过低
			5. 室内环境感温包检测误差大或感温包电路故障，导致检测值与实际温度相差太大
			6. 制冷系统有微量的泄漏
3	空调器制冷/制热效果均较差		1. 制冷系统制冷剂有泄漏
			2. 蒸发器过滤网、冷凝器外表因灰尘脏堵严重
			3. 毛细管堵塞或蒸发器堵塞
			4. 空调器内外风扇的电动机损坏，电动机转速偏低
			5. 电磁四通换向阀串气
			6. 压缩机串气或运转不正常
			7. 房间面积与空调器功率大小不匹配
4	空调器工作时噪声大		1. 电路工作时点的电磁声音过大
			2. 室外机工作时碰响或压缩机有不连续的"嗡嗡"声
			3. 低频振动碰撞的声音
			4. 室外机传入室内机的声音
			5. 室内机风扇电动机风声、电动机噪声、扫风叶片碰撞声音、部件热胀冷缩的声音
			6. 制冷系统制冷剂流动声音

三、任务的评价（表 8.15）

表 8.15　变频空调器常见故障原因划分评价表

序号	评分内容	配分	评分标准	自评得分	小组互评	教师评分
1	变频空调器常见故障原因划分	100	思路正确，判断正确，书写规范			
	合计得分	100				

知识拓展一：变频方式和控制原理

变频空调器是新一代家用空调产品。目前大多数的家庭空调器，还是以开关方式控制压缩机的启动和运转，也就是说压缩机要么以固定转速运转，要么停止。这种空调器可以称为传统空调，或定频空调、恒速空调。

而变频空调器采用变频调速技术，它与传统空调器相比较，最根本的特点在于它的压缩机转速不是恒定的，而是可以随运行环境的需要而改变的，所以空调器的制冷量（或制热量）也会随之变化。为了实现对压缩机转速的调节，变频空调器机组内装有一个变频器，用来改变压缩机和风扇电动机的供电频率，控制它们的转速，达到调节制冷量的目的。所以，装有变频器的空调器称为变频空调器，能改变输出电源频率的装置称为变频器。

目前，在变频式空调中变频方式有两种：交流变频方式和直流变频方式。

1. 交流变频

交流变频的原理是把220V交流市电转换为直流电源，为变频器提供工作电压，然后再将直流电压"逆变"成脉动交流电，并把它送到功率模块（晶体管开关等组合）。同时，功率模块受电脑芯片送来的指令控制，输出频率可变的交流电压，使压缩机的转速随电压频率的变化而相应改变，这样就实现了电脑芯片对压缩机转速的控制和调节。

采用交流变频方式的空调器压缩机要使用三相感应电动机，才能通过改变压缩机供电的频率，来控制它的转速。交流变频过程的原理框图如图8.38所示。

在变频过程中，空调器为了使制冷或制热能力与负荷相适应，它的控制系统将根据从室内机检测到的室温和设定温度的差值，通过电脑芯片运算，产生运转频率指令。这个频率可变的运转指令，通过逆变器产生脉冲状的模拟三相交流电压，加到压缩机的三相感应电动机上，使压缩机的转速发生变化，从而控制压缩机的排量，调节空调器制冷量或制热量。

图8.38 交流变频过程的原理

2. 直流变频

直流变频空调器同样是把交流市电转换为直流电源，并送至功率模块，模块同样受电脑芯片指令的控制，所不同的是模块输出的是电压可变的直流电源，驱动压缩机运行，并控制压缩机排量。

由于压缩机转速受电压高低的控制，所以要采用直流电动机。直流电动机的定子绕有电磁线圈，采用永久磁铁作为转子。当施加在电动机上的电压增高时，转速加快；当电压降低时，转速下降。利用这种原理来实现压缩机转速的变化，通常称为直流变频。实际上，正因为这种空调器压缩机是直流供电，并没有电源频率的变化，所以严格地讲不应该称为"直流变频空调器"，而应该称为"直流变速空调"。

由于压缩机使用了直流电动机，空调器更节电，噪声更小，但这种压缩机的价格要高一些。

3. 变频空调器的控制系统

变频空调器的控制系统采用新型电脑芯片，整个系统电路结构如图 8.39 所示。从图中可以看出，变频空调器的室内机和室外机中，都有独立的电脑芯片控制电路，两个控制电路之间有电源线和信号线连接，完成供电和相互交换信息（室内、室外机组的通信），控制机组正常工作。

变频空调器工作时，室内机组电脑芯片接收各路传感元件送来的检测信号：遥控器指定运转状态的控制信号、室内温度传感器信号、蒸发器温度传感器信号（管温信号）、室内风扇电动机转速的反馈信号等。电脑芯片接收到上述信号后便发出控制指令，其中包括室内风机转速控制信号、压缩机运转频率的控制信号、显示部分的控制信号（主要用于故障诊断）和控制室外机传送信息用的串行信号等。

同时，室外机内电脑芯片从监控元件得到感应信号：来自室内机的串行信号、电流传感器信号、电子膨胀阀温度检测信号、吸气管温度信号、压缩机壳体温度信号、大气温度传感信号、变频开关散热片温度信号、除霜时冷凝器温度信号 8 种信号。室外电脑芯片根据接收到的上述信号，经运算后发出控制指令，其中包括室外风扇的转速控制信号、压缩机运转的控制信号、四通电磁阀的切换信号、电子膨胀阀制冷剂流量控制信号、各种安全保护监控信号、用于故障诊断的显示信号、控制室内机除霜的串行信号等。

与传统空调器的控制系统相比较，可以看出变频空调器的传感器、检测信号项目更多，监控也更全面、更准确。因而变频空调器具有独特的运行方式和众多的优点。

图 8.39 变频空调器的控制系统

4. 变频空调器特有元件——功率变频模块

变频空调器要使压缩机转速连续可调，并根据室内空调负荷而成比例变化。当需要急速降温（或急速升温），室内空调负荷加大时，压缩机转速就加快，空调器制冷量（或制热量）就按比例增加；当房间到达设定温度时，压缩机随即处于低速运转，维持室温基本不变。这就向压缩机的供电方式和供电器件提出了新的要求。

目前变频空调器使用最多的是功率晶体管组件，通过 PWM 脉冲控制，实现对压缩机的交流变频供电方式。功率晶体管组件也称功率变频模块，它的外形和电路原理如图 8.40 所示。图中的功率晶体管 PWM 脉冲共同控制各晶体管依次通断。PWM 脉冲是间隔很小的多个脉冲，它和矩形开关脉冲组合，形成良好的正弦波形，用来推动三相感应电动机转动。

功率晶体管组件中有 6 只晶体管，开关脉冲依次控制它们的通断，切换一次后，电动机就转动一周。如果每秒切换 90 次，则电动机的转速为 90r/s，也就是 5400r/min。开关脉冲频率越高，电动机转动越快。

图 8.40　功率晶体管组件工作示意图

5．变频空调器特有元件——变频压缩机

变频式空调器中使用的变频压缩机，其转速是随供电频率变化的，所以压缩机的制冷量或制热量均与供电频率成比例地变化。这样，压缩机可以在较低的转速下，在较小的启动电流下启动。之后依靠连续运转时转速的变化，使其制冷量或制热量发生变化，以便和房间负荷相适应。因此，变频空调器启动后，能很快地达到所要求的房间温度，之后又能使室内温度变化保持在较小的范围内。

变频压缩机和传统空调器的压缩机的结构不同，有专门的生产型号和规格。变频压缩机也采用全封闭结构，设计上能保证在高转速和低转速时都有良好性能。例如日本三菱公司生产的旋转活塞式压缩机，采用圆环形排气阀，通道面积大、阻力损失小。新型的双汽缸压缩机和变频电动机结合使用，能发挥更大的效能。在高转速时，能增大润滑油循环供应量，以适合活塞高速运转摩擦增大的需要，并降低了噪声。压缩机还采用优质材料，以避免长时间高速运动造成的疲劳损耗，同时还要避免低速运转时可能出现的共振现象。变频压缩机的优点如下。

（1）在频率变化时，变频压缩机的制冷量或制热量变化范围大，能很好地适应空调房间因室外气温变化时引起的负荷变化的要求。特别是冬季严寒季节，房间温度低、散热量大的情况下，变频压缩机可以高速运转，使空调器产生较大的制热量，维持舒适的供暖室温。此外，变频压缩机启动后高频运转，可以使房间温度很快升高。

（2）在低频率下运转时，变频压缩机的制冷能效和供暖性能系数显著提高。因此，变频压缩机比传统压缩机开关运转方式能节省电力消耗，根据统计，节能在 30%以上。

6．变频空调器特有元件——电子膨胀阀

空调器制冷循环系统中，常用的节流方式有毛细管节流和电子膨胀阀节流两种。毛细管的结构简单、价格低廉，但缺点是当机组的工作状态发生变化时，适应能力较差。变频压缩机的特点是制冷或制热能力会在较大的范围内变化，所以都采用电子膨胀阀控制流量的方式，使变频压缩机的优点得到充分发挥。

电子膨胀阀节流的变频空调器，它的室外电脑芯片根据设在膨胀阀进出口、压缩机吸气管等多处温度传感器收集的信息，来控制阀门的开启度，随时改变制冷剂流量。压缩机的转速与膨胀阀的开启相对应，使压缩机的输送量与通过阀的供液量相适应，蒸发器的能力得到最大限度的发挥，从而实现对制冷系统的最佳控制。

采用电子膨胀阀作为节流元件的另一优点是没有化霜烦恼。利用压缩机排气的热量先向室内供热，余下的热量输送到室外，将换热器翅片上的霜融化。这一先进的"不停机化霜"技术，已在新型变频空调器中采用。

知识拓展二：变频空调器的使用及发展

1. 充分发挥省电节能优点

节约电能是变频空调器的突出优点。例如 KFR—28GW/BP 型直流变频空调器一周内每天开机 4h，每月平均用电约 120 度，而相同功率的普通（定速）空调器，在相同使用条件下每月用电量达 270 度左右。变频空调器节电特点体现在以下几个方面。

（1）变频空调器的压缩机只在短时间处于高频、高速、满负荷运行状态，而长时间处于低频、低转速、轻负载状态下工作。在此状态下压缩机的制冷量变得很小，而室内换热器与室外热风热面积并不改变，因此，室内外热交换效率都大大提高。此时空调器制冷/制热能效比极高，达 2.8:3.3 左右，这与开机时间长，开停频繁的普通定速空调器相比，节电效果十分显著。

根据测定，变频空调器启动最初阶段，压缩机以高出额定功率 16%的高速运转，当室温达到设定温度后，则只有 50%的小功率运转，不但能维持室温恒定，而且还节约电能。当室温与设定温度之温差较大时，变频器自动地增大压缩机电源的频率（最大可达 120Hz），提高压缩机的转速，在极短的时间内使室温达到设定的温度。

（2）传统空调器由交流电网直接供电，启动电流较大，约为额定电流的 5 倍以上。而变频空调器软启动，压缩机以低速小电流启动，启动功耗小。变频空调器运行中，没有频繁的启停，更降低了压缩机启动期间的冲击电流。

（3）变频空调器在制冷系统中采用了电子膨胀阀节流，可以配合压缩机随时调节供液量，使空调器始终工作在高效运行状态下，提高了制冷或制热量，达到节电目的。

变频空调器的这一特点在冬季供暖时更为明显。在供暖刚开始时，压缩机以最高频率运转，急开式电子膨胀阀的开度也随之变大，一般房间室温从 0℃上升到 18℃只需 18min，而传统空调器冬季供暖时得到同样升温效果却需要 40min。

（4）变频空调器室内风扇电动机采用永磁无刷直流电动机，脉冲宽度调制方式，速度分为 7 级，功率由普通空调的 30W 左右降至 8～15W。

（5）传统空调器除霜方式运转时要中断 5～10min 供暖，因此室温受到干扰会降低 6℃左右，但变频空调器却没有这种缺陷。变频空调器室外换热器采用不间断的运转方式除霜，在室外温度为 0℃以下时，空调器尚能保持较高的供暖能力。

（6）采用直流变频技术的新型空调器没有逆变环节，比交流变频更省电。它采用无刷直流电动机。定子为四极三相结构，转子为四极磁化的永磁体，比交流变频压缩机更省电。

2. 避免长时间高负荷使用

变频空调器在刚开机时，机组通常先以 20～30Hz 低频运转状态启动，然后很快从低速转入高速运转状态，使房间迅速达到设定温度。在随后较长的时间范围内，压缩机处于低速运转状态，以维持室温。只有在室温或设定温度发生明显的变化时，压缩机再进入高频高速状态工作。由于机组大部分时间工作在低频低速状态，室内温度恒定，所以比较节能。

要尽量避免变频空调器长时间高负荷运行。因此，在空调器选购时就应注意，如 1 匹的变频空调器，只适合不大于 $14m^2$ 的房间使用，同时不要将温度设置过低。注意不要用变频空调器的最大制冷量做仅限选用标准。因为变频空调器并不能长期工作在最大制冷量状态，它的最大制冷量仅限于在特定面积的房间里短时间运行。如果不注意这些使用特点，房间大而制冷量小（例如 $16\sim18\ m^2$ 房间安装 1 匹的变频空调器）或者在制冷时设置的温度过低，可能使压缩机一直处于高负荷下工作，长时间高速运转，它的变频调速优点就不能体现。

另外，使用变频空调器时应注意，如果每次使用时间很短，例如数十分钟，也难以达到理想的节电效果。

3. 尽量设定"自动"挡运行

变频空调器控制系统中，设置了多路环境检测监控功能，有很强的自动调控能力。在使用中，用户应充分利用这一优点，尽量将空调器设定在"自动"挡运行，能得到更完美的使用效果。

4. 利用电网适应能力

变频空调器对电网电压适应性很强。实践证明，变频空调器在供电电压 $160\sim250V$ 之间都能可靠地工作，这大大超过了国家标准规定的 $198\sim242V$ 市电电压波动范围，更适合在电网供电品质较差地区使用。这是因为变频空调器没有启动电流对电网的频繁冲击，减少了对电网供电质量的干扰。另外，变频空调器压缩机供电频率是内部控制电路决定的，与供电电源无关。

变频空调器长时间工作在低于额定值的状态，压缩机的机械损耗减小，又避免频繁的大电流冲击，能延长压缩机使用寿命，可靠性亦大为提高。

5. 变频空调器的发展

（1）发展。

目前市场上供应的变频式空调器的品种和款式较多，同时不断有新产品问世。日本各大公司如日立、松下、三洋、夏普、东芝等空调企业，早在 20 世纪 80 年代初已相继将变频技术应用在家用空调器上，到了 20 世纪 90 年代其占有量已达 95%以上。另外，变频技术已从交流式向直流式方向发展，控制技术由脉冲宽度调制（PWM）发展为脉冲振幅调制（PAM）。根据空调发展趋势，由于 PWM 控制方式的压缩机转速受到上限转速限制，一般不超过 7000r/min，而采用 PAM 控制方式的压缩机转速可提高 1.5 倍左右，这大大提高了制冷和低温下的制热能力，所以采用 PAM 控制方式的变频空调器是今后国内外空调器发展的主流。

（2）产品介绍。

各种品牌的变频空调器主要结构与功能大同小异，仅在使用的材质、器件，采用技术与款式上有所区别。近年国产海信牌变频空调器推出一系列新产品，其中的"工薪空调"更是市场畅销。海信变频空调器采用双转子式压缩机，平衡性好、噪声低（低速时 30dB）。工作频率可在 $15\sim150Hz$ 范围内，压缩机转速可在 $850\sim8500r/min$ 范围内连续变化，可高速运转，迅速制冷制热，实现智能变频，制冷制热范围大（制冷 $400\sim3800W$，制热 $300\sim6500W$），能效比可达 2.85:3.5。表 8.16、表 8.17 中列出的几种变频空调器，占领市场比较早，有较大的社会保有量，厂家生产技术也比较成熟。

表 8.16　国产变频空调器介绍

型　号	规　格	技术方案
上海—夏普 AY 26EX	1HP 冷暖型	
上海—夏普 AY 36FX	1.5HP 冷暖型	
海信 KFRP 35GW	1.5HP 冷暖型	日本三洋电动机
春兰 KFR 70LW/BPD	3HP 冷暖型柜机	
春兰 KFR 65GW/BP3	冷暖、一拖三型	
科龙 KFR 28BP	1.25HP 冷暖型	
海尔 KFR 36GW/BP	2HP 冷暖型	日本三菱电动机
海尔 KFR 28BPA	1.25HP 冷暖型	日本三菱电动机
海尔 KFR 20BP×2	0.7HP×2 冷暖型	日本三菱电动机
美的 KFR 48GW/BPY	2HP 冷暖型	日本东芝
上海—日立 KFR 28GW/BP	直流变频 1.25HP 冷暖型	日本日立

表 8.17　进口变频空调器介绍

型　号	规　格
三菱 SRK 28G2	1HP 冷暖型
东芝 TOSVERT 130GI	
大金日本 H 系列	一拖多联系列
三菱 MSZ J12QV MVZ J12QV	
松下 G90	1HP 冷暖型
松下 G120	1.5HP
日立 RAM 103CNM×2	一拖二冷暖型

6. 海尔分体壁挂式变频空调器电路分析

海尔变频分体壁挂式空调器在市场上有多种型号，主要有 KFR—20GW/BP、KFR—28GW/A（BP）、KFR—32GW/BP、KFR—36GW/BP、KFR—40GW/BP 和带有负离子发生器的健康型空调器等。这里以 KFR 36GW/BP 型机为例。

变频空调器的室内机和室外机各有一块控制板，它们不但有独立的电脑芯片构成控制系统，还通过电缆连接。两块控制板之间从通信端口互相发出控制指令，室内机可以控制压缩机的开停，室外机也要向室内机发回信息，反映机组运行状态。这与普通空调器有很大区别。

（1）室内机的控制电路。变频空调器的室内控制电路与普通空调基本相同，区别在于没有对压缩机和室外风扇的控制功能，而增加了与室外机通信回路，以实现内外机组正常联络。

海尔 KFR—36GW/BP 交流变频空调的控制系统，由主控制板、室温传感器、室内热交换传感器、显示板、导风板、步进电动机和晶闸管调速风机组成。控制电路结构如图 8.41 所示，它的电源电路和输入电路与普通空调器完全相同，这里重点介绍它的风扇控制电路和遥控、显示电路。

图 8.41 室内控制系统电路结构

① 风扇驱动控制电路。

室内风扇控制电路如图 8.42 所示。室内风扇电动机从插件 CN302 接出，C304 为内风机的运行电容，风扇选用交流 220V 晶闸管调速电动机，它的工作由光电耦合器 Q301 控制，驱动信号来自电脑芯片。风扇电动机运转状态由电动机内的霍尔传感器检测，检测到的感应脉冲信号经 R9、C3 整形，送到电脑芯片处理。

图 8.42 室内风扇控制电路

② 遥控接收及显示电路。

这两部分电路由插件 CN1 接入系统，如图 8.43 所示。遥控接收信号经 R114 和 C113 整形滤波，消除干扰杂波后，送往电脑芯片处理。

图 8.43　室内遥控及显示电路

空调器室内机有 3 个指示灯。黄绿双色灯是电源接通指示，同时作为遥控开机指示，在电源接通时呈黄色，开机后转为绿色。当室内机发生故障时，它开始闪烁，起到故障显示作用。黄色灯为定时开/关指示，也称睡眠指示灯，它在室外机发生故障时闪烁，作为故障显示。绿色灯为运行指示，室外机电源接通后点亮。

3 个指示灯采用 3 只发光二极管，分别由 BG102、BG103、BG104 三只开关管驱动。负离子灯另外由负离子开关电路控制。

海尔 KFR—36GW/BP 变频分体壁挂式空调器室内机控制系统的布线结构如图 8.44 所示。

图 8.44　室内机控制系统的实际布线

（2）室外机控制电路。

室外机控制系统由软启动电路、整流滤波电路、电抗器及主控制板、功率模块、室外温度传感器、管温传感器、压缩机湿度传感器等部件组成，它的电路结构如图 8.45 所示。

图 8.45 室外机控制系统结构

① 主电源电路

变频空调器的室外机电源与普通空调器差别较大。由于室外机的主电源电路要为变频功率模块供电，因此电路形式与功率模块的型号有关，不同类型的变频空调电源电路也有所不同。变频空调器的功率模块有两种，一种功率块内部带有开关电源，当加上 310V 直流电源后，可输出 5V、12V 电压，多用于变频"一拖二"机；另一种功率模块中不带开关电源的，需要外部另设电源提供多路高低电压。

海尔变频分体壁挂式空调器室外机主电源电路如图 8.46 所示。使用的是第 2 种变频模块，为了保证模块及控制板的供电，不仅在室外机中设有 310V 的主电源，为变频功率模块和开关电源供电，为了保证空调器的正常工作，室外机还设置了软开机电路、功率因数提升电路和过电流检查电路。

软开机电路。它由 PTC 和功率继电器等组成，其中 PTC 为正温度系数的热敏电阻，在正常温度下的阻值为 30～50Ω。开机时，由于 PTC 的限流作用，既减小了开机时对电网的冲击，也保护了主整流桥。整流滤波后得到的 310V 直流电源为开关电源供电，开关电源输出 12V 电压为功率继电器供电，使继电器吸合，将 PTC 短路，使主电源电路直接与 220V 市电相通，以保证空调器正常工作。

功率因数提升电路。它由电抗器和两只整流二极管组成。其中电抗器的直流电阻小于 1Ω，整流二极管为正向连接，对直流电路基本没有影响，但对交流电来说却减小了电压与电流的相位差，提高了空调器的功率因数。同时，电抗器与滤波电容组成滤波器，使输出的直流电更加平滑。主电源回路中增加功率因数提升电路后，使变频空调器的无功功率较小，减少了不必要的浪费。

过电流检测电路。为了防止空调器因工作电流过大而损坏，主电源电路中设置了过电流检测电路，它由电流互感器和整流桥等组成，将检测到的信号送入电脑芯片。由于互感器的输出电压与主电源的电流成正比，当空调器的运行电流超过由 PL1 设定的电流值时，电脑芯片便发出指令，使变频模块停止工作，保护了模块和压缩机。

图 8.46　室外机主电源电路

② 开关电源。

室外机开关电源电路如图 8.47 所示。CN401 为室外机主电源经整流、滤波后的直流 310V 电源输入口。输入的直流电压经 R1、R2 和 R3 的分压后，再经 R4、C1 滤波，作为电源电压的取样值送往电脑芯片，供过、欠压保护电路参考。

图 8.47　开关电源及电压取样电路

开关电源的主要作用是提供功率模块用的 4 路 15V 直流电源及控制板上继电器和部分 IC

用的 12V 驱动电源，并作为控制板上的电脑芯片和部分 IC 用的 5V 直流电源。为保证电脑芯片可靠地工作，5V 电源由三端稳压器 7805 提供。

开关电源工作时，310V 直流电源通过 R402 向开关管 BG2 基极供电，由于开关变压器 T3 初级线圈的反馈作用，电路频率产生 20kHz 左右的振荡，开关变压器的次级即输出需要的感应电压。稳压管 D401 可为 BG2 提供基准电压，从而使输出的电压基本稳定。

③ 电脑芯片电路。

室外机主控制电路如图 8.48 所示。与室内机一样，电脑芯片也需要有供电、复位和时钟振荡电路提供工作保证。5V 电源从芯片 54 脚输入，而由集成块 D600 向 25 脚送入复位信号，时钟振荡则由 26 脚、27 脚外接元件完成，频率为 4MHz。

室外机控制输入信号包括：3 路温度检测信号、过流保护信号、电源电压取样信号、通信信号。其中 3 路温度检测信号都采用热敏电阻作为传感器，并将检测信号电压加到电脑芯片的 14 脚、16 脚。检测点温度升高时，热敏电阻的阻值减小，传感电压随之降低。

过流保护信号来自电流检测电路，由电脑芯片 18 脚输入；电源电压采样信号来自于分压电路，由 17 脚输入；通信信号由 63 脚输入。这些信号送进电脑芯片后，通过内部运算，由输出电路发出指令，控制相应的电路工作。

输出控制电路包括：控制变频功率模块工作的 6 路变频信号、控制四通阀和外风扇电动机运行的信号、软启动电路的继电器控制信号及通信输出信号等。其中，6 路变频信号由电脑芯片 4 脚、9 脚输出，直接控制压缩机的开停和运转频率，控制四通阀、外风扇电动机、软启动继电器工作。功率因数提升电路由电抗器的 3 路信号，送到 2003 反相驱动器，分别驱动相应的继电器，以实现预定的运行功能。

图 8.48　室外机主控制电路图

图 8.49 所示是海尔 KFR—36GW/BP 型变频空调室外机的实际接线图，供维修时参考。

图 8.49　室外机的实际布线

④ 室内、室外机的通信回路。

变频空调器室内机与室外机之间的通信，采用的是将信号加在电源线上的双向串行通信方式。这种通信方式又分为两种，一种是室内机与室外机同时通信，另一种是室内机与室外机分时通信。海尔 **KFR—36GW/BP** 变频空调器采用分时通信方式。

该机的通信电路如图 8.50 所示。室内机与室外机各有 4 个接线端子，称为 1 号线、2 号线、3 号线和地线。其中 1 号线、2 号线为 220V 电源供电电线，3 号线为通信信号传输线（通信线），地线在图中未画出。

图 8.50　变频空调器通信电路

由图 8.50 可见，空调器室内外机的通信是由各自的电脑芯片通过光电耦合器完成的。IC2 与 IC3 配合完成室内机向室外机发送信号，IC4 与 IC1 配合完成室外机向室内机发送信号。这种电路充分利用交流电的正负半周电流方向不同这个特点，正半周由室外机向室内机发信号，而负半周由室外机向室内机发送信号，这就是分时通信方式。

由于变频空调器的特殊设计，实现了单线双向通信。该通信电路的特点是将小信号叠加在 220V 的交流电上进行，这种方式传输可靠，但存在电路复杂、易受干扰的缺点。

由于空调器室内机与室外机通信是每时每刻都在进行的，当电路通信正常时，用万用表测量接线端子的 1、3 端之间和 2、3 端之间电压，读数都应在 100V 左右，而且表针有明显的抖动。这是判断控制系统通信是否正常的可靠办法，如果测量时表针不动，或电压读数偏离较大，则可判断空调通信不良。

由于变频空调器的通信电路较复杂，是故障多发部位，所以设计时分别设置了室内机与室外机通信电路的自检功能。检修时如果怀疑通信电路有问题，可以启动其自检功能，根据自检结果判断故障所在。

室内机通信电路自检方法是，拆下 3 号线，并用导电线将 1 号线与 3 号线短路连接在一起。通电后按下应急开关，如果室内机通信电路正常，室内机的 3 个指示灯应都点亮，室内风扇运转，导风板摆动。这时拆下短路线，按应急开关没有反应；再将 1、3 号线短接一下后断开，按应急开关，内机停止运转。检测时，若不能完成这些操作，说明内机通信电路或其他相应电路有故障。

室外机通信电路自检方法是：拆下 3 号线，用导线将 1 号线、3 号线短路连接。通电后，室外机四通阀吸合，压缩机和风扇电动机运转，处于制热状态；此时将 1 号线与 3 号线断开，四通阀失电，电路转入制冷运行。若室外机能完成这些操作，说明室外机通信功能正常，否则表明室外机通信电路或相关部件有故障。

7. 海尔柜式变频空调器电路分析

KFR—50LW/BP "金元帅柜机王" 是海尔变频柜机的代表机型，它的控制电路和变频原理也用在 KFR—25GW/BP×2（F）、KFR—50LW/BPF 等机型上，相关电路基本相同。

海尔柜机的室内机和室外机有各自的控制电路，两者通过电缆和通信线相联系。室内机控制电路采用的电脑芯片型号为 47C862AN-GC51，室外机则使用 C9821K03。

（1）电脑芯片 47C862AN—GC51。

室内机控制电路采用变频空调专用电脑芯片 47C862AN GC51，该芯片内部除了写入空调器专用程序外，还包含有电脑芯片、程序存储器、数据存储器、输入输出接口和定时计数器等电路，可对输入的信号进行运算和比较，根据结果发出指令，对室外机、风扇电动机和定时、制冷制热、抽湿等电路的工作状态进行控制。电脑芯片 47C862AN GC51 的主要引脚功能如下。

① 35 脚、64 脚为电脑芯片供电端，典型的工作电压为 5V。

② 32 脚、33 脚、34 脚、39 脚、48 脚、60 脚为接地端。

③ 31 脚是蜂鸣器接口。芯片每接到一次用户指令，31 脚便输出一个高电平，蜂鸣器鸣响一次，以告知用户该项指令已被确认。若整机已处于关机状态，遥控器再输出关机指令，蜂鸣器不响。

④ 36 脚、37 脚、38 脚是温度采集口，其中 36 脚、37 脚为室内机热交换器温度检测输入口，38 脚为室内温度检测输入口。

⑤ 复位电路由 IC103、R101、D101、C103、C109 等元器件构成。复位信号送到芯片 20 脚，低电平有效。空调器每次上电后，复位电路产生一低电压，使电脑芯片内的程序复位。当空调器正常工作时，20 脚为高电平。

⑥ 62 脚为开关控制口（多功能口），低电平有效。62 脚在低电平时，56 脚输出一个高电平，点亮电源指示灯 LED1，同时电脑芯片执行上次存储的工作状态。若为初次上电，用户没有输入任何指令，电路执行自动运行程序，即空调器在室内温度大于 27℃时，空调器按抽湿状态运行。按下电源开关，使该脚持续 3s 以上高电平，蜂鸣器连响两下，空调器即可进入应急运行状态。

⑦ 红外线接收器收到控制信号后，从 6 脚输入电脑芯片，与温度检测元件采集的数据一起控制空调器的运行状态，完成遥控信号的接收。

⑧ 56 脚、57 脚、58 脚是显示接口，高电平有效。56 脚为电源指示灯接口，57 脚为定时运行指示端口，58 脚为运行指示端口。室内机正常运行时，点亮运行指示灯 LED3。

⑨ 电脑芯片的时钟频率由 6MHz 的晶振产生，它通过芯片 18 脚、19 脚内部电路共同产生时钟振荡脉冲。

⑩ 2 脚、4 脚、10 脚、11 脚、12 脚为驱动接口，实现空调器各主要功能的驱动，各接口均为高电平有效。其中 2 脚控制室外机供电继电器 SW301；4 脚控制步进电动机，带动导风板，实现立体送风；10 脚为室内风扇电动机低速挡控制端；11 脚为中速挡控制端；12 脚为高速挡控制端。

（2）电脑芯片 9821K03 的功能。

室外机控制系统采用海尔变频空调器专用的大规模集成电路 9821K03（或 98C029）。这种电脑芯片具有温度采集、过流、过热、防冷冻等保护功能，还可以输出 30～125Hz 的脉冲电压驱动压缩机，使空调器制冷功率从 1HP 升高到 3HP。应急运转时，输出固定 60Hz 驱动信号，使压缩机按这个频率定速运转，这时可以开展压力、电流测量等检修工作。9821K03 电脑芯片的主要引脚功能如图 8.51 所示。

图 8.51 9821K03 的主要引脚功能

9821K03 在室外机控制电路中，收到室内机传送来的制冷、制热、抽湿、压缩机转速等控制信号，经分析处理发出指令，驱动室外风扇电动机、四通阀相应动作，并通过变频器调节压缩机电动机的供电频率和电压，改变压缩机的运转速度，同时也将室外机运行的有关信息反馈给室内机。

（3）室内机控制电路原理。

室内机控制电路如图 8.52 所示。整个电路可以分成电源供给、电脑芯片工作保证、检测传感和驱动电路几部分。

图 8.52　室内机控制电路原理

空调器工作时，市电网的 220V 交流电压加到室内机的接线端子排座 CN5。电源变压器初级从 CN5 上得到 220V 交流电源，次级输出 13V 的交流电压，经二极管 D204～D207 整流，C214 滤波后，得到 12V 的直流电压。

该电压一路给 IC102、微型继电器 SW301～SW30 和蜂鸣器供电，另一路经三端稳压器 V202（7805）和 C106 稳压滤波后，得到 5V 电压，加到电脑芯片 IC1（47C862AN-BG51）的 64 脚，作为工作电源。

电脑芯片的复位电路和时钟振荡电路是其正常工作的保障。复位电路由 IC103（MC34064P5）等组成。电路刚刚接通时，IC103 的 3 脚产生低电压复位信号，此复位信号送入 IC1 的 20 脚复位端，IC1 开始工作。电路正常工作后，IC1 的 20 脚为高电位。

电脑芯片的时钟振荡脉冲由 IC1 的 18 脚、19 脚外接晶振 CR1101 提供，脉冲频率为 6.0MHz。

当红外遥控器发出开机制冷指令后，红外接收器 JR 将遥控信号送入电脑芯片 IC1 的 46 脚，电脑芯片 31 脚输出高电平脉冲，驱动蜂鸣器发出"嘀"的一声，确认信号已经收到。同时，输入机内的遥控器温度设定信号与 38 脚送到的室内温度传感信号进行运算比较，若设定温度高于室温，电脑芯片将不执行制冷指令；若设定温度低于室温，电脑芯片发出指令，空调器开始制冷。

空调器的室内送风强弱也由电脑芯片控制。风速设定为高速挡时，IC1 的 12 脚输出高电平，加到反相器 IC102 的 7 脚。反相器是继电器 SW301～SW305 的驱动器件，此时从 IC102 的 10 脚输出低电平，SW303 得电吸合，室内风扇即高速运转。与此同时，IC101 的 2 脚输出高电平，送到 IC102 的 5 脚，经反相后从 12 脚输出低电平，SW301 得电吸合，给室外机提供 220V 的交流电源。IC1 还向室外机发出制冷运行信号，IC101 的 52 脚输出高电平，点亮绿色运行指示灯 LED3。设定功能后，IC1 的 4 脚输出高电平，送到 IC102 的 3 脚，信号经过反相从 14 脚输出低电平，SW305 得电吸合，驱动步进电动机运转，实现立体送风。

海尔 KFR—50LW/BP 变频柜机室内机控制板的实际接线如图 8.53 所示。使用时，注意不同部位使用的导线颜色，能很快弄清线路连接走向。

图 8.53 海尔 KFR 50LW/BP 室内机控制板接线

（4）室外机控制电路工作原理。

海尔 KFR—50LW/BP 变频柜机室外控制电路如图 8.54 所示。

① 电源电路。

室外机电源从接线端子引入，220V 交流电压经过压保护元件 PTC1、整流器 H（1）、H（2）整流滤波后，得到 280V 左右的直流电压。该直流电压经电抗器、电容器滤波后，一路给功率模块提供直流电源，另一路加到插件 CN401 的正端（CN401 负端接地）。从 CN401 正端（图中左下角）又分为 3 路：一路经 R1、R2、C404、R3、L3、R4 降压成约 8V 左右的直流电压（称为电源值班电压），加到电脑芯片 IC2 的 17 脚，使芯片首先得电工作；一路进入开关电源电路，经开关变压器 T1 的 1、2 绕组加到开关管 N2（C3150）的集电极；另一路经 R402，为开关管 N2 的基极提供偏置电流，使它导通，开关管 N2 一旦导通，通过 T1 绕组的反馈作用使电路产生自激振荡，并从 T1 的次级感应出稳定的高频交流电压。

图 8.54　海尔 KFR—50LW/BP 变频柜机室外机控制电路

　　开关电源提供的 4 路 14V 的直流电压经插件 CN108 给功率模块供电。从 T1 的 8 端产生的电压经 D116、C412 整流滤波成 12V 的直流电压，给微动继电器 SW1～SW4 和反相器 IC1

供电。

② 电脑芯片工作保证电路。

电脑芯片 IC2（9821K03）的工作电压来自开关电源。T1 的 6 端感应出的交流电压，经 D17、C413、三端稳压器 7805、C106 等整流稳压，得到 5V 稳定直流电压，给 IC2 等供电。

IC6（MC330）等组成的复位电路，由它的 1 脚将低电位复位信号送到电脑芯片 IC2 的复位端 27 脚。IC2 开始工作后，27 脚为高电位。IC2 的 30 脚、31 脚外接石英晶体，构成时钟振荡电路。时钟脉冲频率为 10MHz。

③ 检测信号及控制指令电路。

控制电路工作时，首先检测室外温度、压缩机温度及室外热交换器温度。如果检测数据不正常。通过串行通信接口向室内机发出异常信息，并显示故障报警。检测正常的话，则接受室内机传来的制冷命令，从 IC2 的 52 脚输出高电平给驱动集成电路反相器 IC1 的 4 脚，IC1 的 13 脚变成低电平，使 SW3 得电吸合，短路电阻元件 PTC1，以给功率模块提供大的工作电流。

电路经延时后，IC2 从 55 脚输出高电平，送到 IC1 的 1 脚，反相器 IC1 的 16 脚输出低电平，使 SW1 得电吸合，室外风扇电动机得电工作，以低速运转。同时 IC2 从 4 脚、5 脚、6 脚、7 脚、8 脚、9 脚输出 0～125Hz 驱动信号给功率模块，使压缩机工作。

电脑芯片工作时，若设定温度与室内温度相差较大，室内机电脑芯片向各室外机发出满负荷运转信号，空调器压缩机的输出功率即由 1HP 变到 3HP，同时室外风扇电机自动变换成高速运转。

室内机发出制热指令时，室外机 IC2 则从 53 脚输出高电平给 IC1 的 3 脚，IC1 从 14 脚输出低电平，SW4 吸合，电磁四通阀得电吸合，制冷剂改变流向，空调器以制热方式运行。与此同时，室外机电路板上的 LED 指示灯亮。

空调器工作后，电流检测元件 CT 由压缩机供电线路中取样，检测压缩机运转情况。电流检测信号送入 IC2 的 18 脚。若连续两次出现过流信号，电脑芯片则判断压缩机电流异常，立即关闭室外风扇电动机和压缩机，并发出室外机故障信号到室内机，室内机关闭并显示故障报警。

一般情况下，室外风机与压缩机同时启动，但延迟 30s 关闭。

（5）室内外机组的通信。

室外电脑芯片 IC2 的 63 脚为通信信号输入端，1 脚为通信信号输出端。这两个引脚的外接电路组成室外机通信接口，与室内机进行数据交换。

室内机组与室外机组之间采用异步串行通信方式。空调器工作时，以室内机为主机，室外机为从机进行通信联系。控制系统的电脑芯片连续两次收到完全相同的信息，便确认信息传输有效。而连续 2min 不通信或接收信号错误的话，电脑芯片就发出故障报警并关停室外机和室内风扇电动机。

海尔 KFR—50LW/BP 机的室外机控制板接线如图 8.55 所示，可供修理员参考使用。

图 8.55 海尔 KFR—50LW/BP 室外机控制板接线